Rosbach, 12.05.96

Liebe Mama,

alles Liebe und

Gute zum

Muttertag!

Damit Du in Cornwall

was zu lesen hast.

Vielen Dank für alles,

was Du für mich getan hast

und noch tust!

Irea

BASTEI LÜBBE

Elizabeth Glaser

Kein Engel an meiner Seite

Aus dem Amerikanischen von
Jutta Hein

BASTEI
LÜBBE

BASTEI-LÜBBE-TASCHENBUCH
Band 25 278

Deutsche Erstveröffentlichung
Die amerikanische Originalausgabe erschien
unter dem Titel IN THE ABSENCE OF ANGELS
im Verlag G. P. Putnam's Sons, New York

Printed in Germany, Dezember 1995
Einbandgestaltung: Manfred Peters
Satz: hanseatenSatz-bremen, Bremen
Druck und Bindung: Elsnerdruck, Berlin
ISBN 3-404-25278-0

Der Preis dieses Bandes versteht sich einschließlich
der gesetzlichen Mehrwertsteuer.

Für Ariel, Jake und Paul,
die für alle Ewigkeit meine Familie sein werden

Prolog

Kein Wort, kein Ton war zu hören. Alles verschwand hinter dem einzigen Ziel, dem, ins Krankenhaus zu kommen. Ich konzentrierte mich vollkommen auf die Umrisse der vorbeihuschenden Gebäude. Western, La Brea, La Cienega, die Alleen glitten vorüber. Alles Vertraute wirkte plötzlich fremd. Es war, als sei ich bewegungslos und die Welt draußen würde an mir vorbeigezogen.

Als ich im Cedars-Sinai-Hospital eintraf, kam Paul, mein Mann, auf mich zugeeilt, und ich konnte die Angst in seinem Gesicht sehen. »Es wird alles gut«, beruhigte ich ihn. Eine Pflegerin half mir in den Rollstuhl, und wir wurden sofort in die Entbindungsabteilung gebracht. Ich hatte keine Wehen, und ich sollte auch mein Kind noch nicht zur Welt bringen. Ich atmete tief durch und versuchte, ruhig zu bleiben. Ich war im siebten Monat, und es hatten Blutungen eingesetzt. Das sollte eigentlich nicht sein. Mein Baby sollte erst in elf Wochen kommen. Ich hatte die Kontrolle über meinen Körper verloren und war vor Angst wie versteinert.

Paul blieb bei mir in meinem Zimmer. Er war tapfer, und seinetwegen versuchte ich es auch zu sein. Kanülen führten in meine Venen, und ein fetales Überwachungsgerät übertrug die Herzschläge meines Babys als Piepser und Leuchtpunkte auf einen Monitor. Ärzte und Schwestern rannten kreuz und quer durch unser

Zimmer in einer Nacht, die kein Ende zu nehmen schien.

Man hatte bei mir eine Plazenta previa diagnostiziert, was bedeutete, daß die Plazenta über den Gebärmutterhals wuchs. Wir konnten nichts weiter tun als beten, daß die Blutung aufhören würde, denn mein Kind war vermutlich zu klein, um außerhalb meines Körpers lebensfähig zu sein. Ich bekam eine Spritze, um die Lungenentwicklung meines Babys anzuregen, damit es eine bessere Überlebenschance hatte, falls ich vorzeitig niederkommen sollte. Ich hatte noch siebenundsiebzig Tage vor mir. Es war alles so schwer zu verstehen. Ich hatte das Gefühl, daß ich das Leben nicht mehr in der Hand hatte, daß ich nichts tun konnte, um mich oder mein Baby zu retten. Ich mochte mich nicht einmal bewegen vor lauter Angst, daß ich noch mehr Probleme verursachen könnte. Ich lag da, einen Tag nach dem anderen, Paul an meiner Seite, wartend, die Stunden zählend. Ich wollte nur noch einschlafen und erst wieder aufwachen, wenn mein Baby bereit war, auf die Welt zu kommen.

Am sechsten Tag hatte mein Arzt das Gefühl, daß ich wieder bei Kräften sei und stabil genug, um das Krankenhaus verlassen zu können. Ich wurde nach Hause geschickt mit der Anordnung, für den Rest der Schwangerschaft im Bett zu bleiben. Ich hatte solche Angst, daß ich noch weniger tat, als der Doktor mir erlaubt hatte. Ich duschte einmal täglich, ging ins Wohnzimmer, ging kurz nach draußen und dann wieder ins Bett. Wie im Krankenhaus tat ich für mein Baby alles, was in meinen Kräften stand.

Paul probte in der Zeit für ein Stück mit dem Titel »The Lady Cries Murder«. Meine Mutter kam und kümmerte sich um mich. Sie brachte mir mein Frühstück auf einem Tablett, und den ganzen Morgen saßen wir im Bett und lösten Kreuzworträtsel. Ich wollte nicht viele Leute sehen, aber es war wunderbar, sie im Haus zu haben. Ich mußte mich entspannen und brauchte jemanden, der sich um mich kümmerte. Ich war immer ihr Glücksmädchen gewesen, und sie sagte immer wieder: »Betsy, du schaffst das. Alles wird gut. Es klappt alles.«

Ich wollte ihr gern glauben, aber immer wenn ich allein war, wurde mir kalt vor lauter Angst. Da war die Angst vor Blutungen und die Angst vor dem Sterben. Da war die Angst davor, ein totes Kind zur Welt zu bringen, und die Angst, ein Kind zu bekommen, das nicht normal war. Da war die Angst vor der Entfernung der Gebärmutter, wenn wirklich etwas schiefging, und dann war da die Angst, nie eigene Kinder bekommen zu können.

Ich redete immer wieder mit dem Baby und sagte ihm: »Halt durch da drinnen. Du und ich, wir können es schaffen. Wir können es schaffen. Das weiß ich.« Jeder Tag war ein Sieg, der nächste eine Herausforderung.

Paul und ich hielten den Atem an. In jenen Wochen sprachen wir nicht viel über das, was geschehen könnte. Ich erzählte ihm nichts von meinen zahlreichen Ängsten. Je weniger wir sagten, desto leichter war es für uns, im Gleichgewicht zu bleiben.

Am 4. August 1981, nachdem die Blutungen wieder eingesetzt hatten, fuhr Paul mich schließlich ins Krankenhaus, und Ariel Glaser kam mit einem Kaiserschnitt zur Welt. Sie kam dreieinhalb Wochen zu früh und wog nur 2320 Gramm, aber das war mir egal. Als Paul sie mir auf die Brust legte, sagte er: »Wir haben eine wunderschöne Tochter. Sie ist vollkommen in Ordnung.« Wir waren so erleichtert.

Als ich zum erstenmal in ihre Augen blickte, war ich

sprachlos, daß dieses Wunder mir gehörte. Monatelang hatten unsere Herzen gemeinsam in meinem Körper geschlagen. Nun war sie da, lebendig und großartig. Ich gab ihr einen Kuß. Ich starrte auf ihre zarten Händchen, die sich zu kleinen Fäusten ballten und wieder öffneten. Ich sah auf ihre Lippen und fragte mich, was sie wohl alles sagen würden. Ich küßte sie und sah zu, wie sie atmete und blinzelte. Dann gab ich sie ihrem Papa. Unsere Ängste waren geschwunden. Paul nahm Ariel, um sie zu baden, und der Arzt fing an, mich zu nähen.

Ich versuchte, mit den Ärzten zu reden, ihnen zu sagen, wie froh ich war, daß es überstanden war, als ich hörte, wie der Anästhesist sagte, daß etwas nicht stimmte.

Noch mehr Ärzte kamen herein. Ich konnte nicht atmen. Ich blutete. Es fühlte sich an, als ob . . . Ich schnappte nach Luft, als ob ich erstickte. Paul war wieder im Zimmer. Irgend jemand setzte mir eine Sauerstoffmaske auf. Mein Arzt drückte auf meinen Bauch, und ich konnte spüren, wie das warme Blut herausschoß. Ich war so entsetzt, daß ich nicht einmal schreien konnte. Was passierte mit mir? Paul ging mit den Ärzten nach draußen. Er hatte bei drei erfolglosen Versuchen, die Blutung zu stillen, zugesehen. Er wollte wissen, was los war, aber niemand wußte das so genau.

Ich verlor zu schnell zuviel Blut. Ich hörte, wie jemand fragte, ob eine Gebärmutterentfernung vorbereitet werden sollte. Ich hörte das Wort »lebensbedrohlich«, und als mir plötzlich klar wurde, daß ich in diesem Zimmer vielleicht sterben würde, fing ich wieder an, um mein Leben zu kämpfen. Ich wollte mich nicht wieder hilflos fühlen. Ich wollte nicht sterben! Wenn es mich retten würde, betete ich, dann sollen sie eben meine Gebärmutter herausnehmen.

Die Bluttransfusionen begannen. Ich sah zu, wie das

dunkelrote Blut aus dem flachen Plastikbeutel tropfte, durch eine Kanüle und dann in eine Vene in meinem Arm floß. Ich bekam mehr als dreieinhalb Liter Blut übertragen. Und erst als die Ärzte mich mit Watte zustopften, eine alte und selten angewandte Methode, hörten die Blutungen auf.

Als ich in den Wachraum geschoben wurde, sah ich Paul an und fragte: »Ist mit mir alles in Ordnung?« In seinem beruhigendsten Tonfall antwortete er: »Dir geht es gut – alles ist gut.« Aber ich hatte immer noch zuviel Angst, um Erleichterung zu empfinden. Eine Schwester fragte, ob ich meine Tochter sehen wollte. »Nicht, wenn ich sterben muß«, sagte ich.

Stunden vergingen, und mein Zustand blieb stabil. Erst als ich meine kleine Tochter wiedersah, fingen die Erschöpfung und der Schrecken an zu schwinden, und an ihre Stelle trat eine instinktive Liebe. Sie *war* schön, und wir hatten beide überlebt. Es war vorbei. Uns konnte nichts mehr passieren. Ich werde nie den Augenblick vergessen, in dem mir zum erstenmal bewußt wurde, daß ich Mutter war und wir drei jetzt eine Familie bildeten. Ariel lag neben meinem Bett in einem Wärmebettchen und war in eine pastellfarbene Decke eingewickelt, und Paul und ich sahen sie einfach nur an. Sie atmete friedlich – das einzige Geräusch im Zimmer. Ich schlief schließlich ein, hörte dabei auf ihren Atem und dachte an das wunderbare Leben, auf das wir drei uns freuen konnten.

Am nächsten Tag stillte ich mein Baby zum erstenmal. Es war ein wunderbares Gefühl, voller zärtlicher Intimität. Ariel und ich würden richtig dicke Freundinnen werden. Ich stellte mir vor, wie sie ihre ersten Schritte machte und am Strand Möwen aufscheuchte. Ich sah sie mit Zöpfchen und auf einem Fahrrad, in feinen Kleidern und Lackschuhen. Ihr Papa würde ihr das

Malen beibringen und ich das Skilaufen. Sie hatte Pauls blaue Augen und mein braunes Haar. Ariel war das schönste Baby, das wir je gesehen hatten, und Paul und ich waren verliebt in sie. Sie war unsere Tochter.

Es gab Augenblicke, in denen ich böse Vorahnungen hatte. Ich hatte so lange Angst gehabt, das konnte nicht in der nächsten Minute einfach aufhören und vorbei sein. Verzweifelt wünschte ich mir, daß meine guten Gefühle anhalten würden, aber ich machte mir Sorgen. Ich fragte mich, wann bei mir die Blutungen wieder einsetzen würden.

Als wir zu Hause waren, beruhigte ich mich nach und nach, während die Erinnerungen an die Schrecken des Krankenhauses schwächer wurden. Meine winzige Tochter kuschelte sich neben mir, vollkommen und in Sicherheit. Unser gemeinsames Leben begann. Ich lächle immer noch, wenn ich an diese Augenblicke denke und daran, wie glücklich wir alle waren.

Drei Wochen später las ich eines Morgens im Bett die Zeitung, als ich auf einen Artikel über ein neues Virus mit der Bezeichnung AIDS stieß. Sofort rief ich meinen Frauenarzt an.

»Ich habe eben einen Zeitungsartikel über AIDS gelesen, ein Virus, das durch Bluttransfusionen übertragen werden kann. Ich hab' grad mehr als dreieinhalb Liter gekriegt!«

»Ach, Elizabeth«, sagte er, »Sie haben schlimme Torturen durchgemacht, aber die haben Sie hinter sich. Beruhigen Sie sich und freuen Sie sich über Ihr Baby. Ihr Alptraum ist vorüber. Mit AIDS werden Sie nie etwas zu tun haben.«

1

Ich dachte an Schweinekoteletts, nicht an Leidenschaft, als ich Paul kennenlernte. Ich kam von einer Sitzung bei meinem Therapeuten nach Hause und war entschlossen, zwei Koteletts aufzutauen und allein zu Abend zu essen.

Ich hatte in der Tat gerade fünfzig Minuten mit der Erklärung verbracht, warum ich keinen Mann brauchte. Es muß geklungen haben wie das Aufsagen von Titeln von Selbsthilfebüchern, als ich meinem Therapeuten verkündete, daß ich mich selbst um mein Glück kümmern und auch allein ein vollkommenes Leben führen würde. Ich selbst würde über mein Leben bestimmen und dank vieler Dinge auch allein Erfüllung finden. Das klingt heute ein bißchen dumm, aber ich weiß, daß ich damals aus vollem Herzen davon überzeugt war.

Als ich dann an der Kreuzung Santa Monica und Beverly Boulevards darauf wartete, daß die Ampel umsprang, sah ich in das Auto neben mir.

»Mein Gott, das ist der tollste Kerl, den ich je gesehen habe«, dachte ich. Ich lächelte. Er lächelte. Die Ampel sprang um.

Sein dunkelblauer Mazda blieb neben mir. Ich beschloß, noch einmal hinzugucken, um zu sehen, ob er wirklich so toll war, wie ich dachte. Mit dem Gefühl, etwas Dummes zu tun, schielte ich vorsichtig zur Seite. Er sah mich. Ich lächelte noch einmal. Er winkte. Ich bog rechts ab. Er bog rechts ab.

Mein Herz fing an zu klopfen. Das einzige, woran ich jetzt noch denken konnte, waren Massenmörder. Ein Fremder verfolgte mich, nachdem ich ihm Mut gemacht hatte. Was tat ich da? Man würde meine Körperteile einzeln in einem Cañon finden.

Ich guckte in den Rückspiegel, und er gab mir mit dem Arm ein Zeichen. Ich war in der Nähe meines Appartements und beschloß anzuhalten, bevor ich ihm zeigte, wo ich wohnte. Ich gab den Gedanken auf zu versuchen, ihn in einem Hochgeschwindigkeitsrennen loszuwerden – das war Fernsehen.

Meine Freundin Donna Arost wohnte in der Nachbarschaft, also fuhr ich vor ihr Appartement. Ich dachte: »Wenn er mich hier umbringt, kann sie die Leiche identifizieren.« So lächerlich es auch klingt, aber das dachte ich wirklich.

Ich war ängstlich und nervös, als ich anhielt. Er stieg aus seinem Auto aus und kam auf mich zu. Ich ließ die Seitenscheibe herunter, und er sagte: »Also, gut, zeigen Sie mir Führerschein und Zulassung.«

Ich sah ihn an und lachte. Er war komisch und entwaffnend. Ich sagte: »Wovon reden Sie?«

»Mein Gott«, sagte er, »Ihr Auto ist so dreckig wie meins.« Mein kleiner BMW schien immer wie ein Kramladen auszusehen mit all dem Krimskrams und Plunder, der darin herumlag. Das war zu meinem Markenzeichen geworden.

»Was sieht es mit dem Abendessen bei Ihnen aus?« fragte er.

Mit dem Gedanken an die Therapie erzählte ich ihm, daß ich nach Hause gehen und mir Schweinekoteletts machen wollte.

»Würden Sie nicht lieber chinesisch essen?«

»Doch«, sagte ich, ohne auch nur den Bruchteil einer Sekunde zu zögern. Eine Therapiesitzung aus dem Fenster geschmissen. Ich sagte ihm, er solle mir zu meiner Wohnung nachfahren. Als wir angekommen waren, parkte ich mein Auto und ging zu seinem.

»Ich heiße Betsy. Ich bin Betsy Meyer.«

»Ich bin Paul. Paul Glaser. Nett, Sie kennenzulernen. Ich treff' Sie um acht.«

Ich ging ins Appartement und rief meine Freundin Maryly Benzian an. Da wir täglich zusammen unterrichteten, waren Maryly und ich eng befreundet. »Ich hab' gerade die größte Dummheit der Welt gemacht. Ich hab' keine Ahnung, wer der Typ ist. Du *mußt* mich heute abend um elf anrufen. Wenn ich dann nicht zu Hause bin, alarmier die Polizei. Er hat gesagt, er heißt Paul Glaser. Er fährt einen blauen Mazda. Verdammt, ich hätte mir die Nummer merken sollen. Versprich mir, daß du anrufst. Wenn du das nicht tust, kann ich nicht zu der Verabredung gehen.«

Sie sagte »Gut«, und wir lachten beide.

Ich wusch mir die Haare und versuchte, hübsch auszusehen. Für mich war er immer noch der bestaussehende Mann, der mir je begegnet war.

Um acht klopfte Paul an die Tür, und als er eintrat, sagte er ruhig: »Ich steck' in Schwierigkeiten.«

Ich fand, daß das eine ungewöhnliche Bemerkung war, denn ich hatte nichts weiter gemacht, als die Tür geöffnet. Ich wohnte in einem kleinen Appartement mit Rattanmöbeln, über die ich weißen Stoff gelegt hatte. Es gab ein paar Wandbehänge und Palmen in Töpfen. Es war klassisch in seiner Einfachheit. Es war mein erstes Appartement, und ich hatte mir große Mühe damit gegeben. Doch Paul, der immer einen feinen Sinn für Ästhetik hatte, sagte später, daß er in dem Moment, in dem er meine Wohnung sah, gewußt hatte, daß ich anders war als die Frauen, mit denen er sich in Los Angeles getroffen hatte. Ich weiß nicht, was er erwartete – Kerzen in Chiantiflaschen? Aber genau das fand er nicht.

Wir gingen zu Al Fong in Beverly Hills. Es war dunkel und das Essen grauenhaft. Als das Schweinefleisch und das Hühnchen mit Cashewnüssen halb aufgegessen waren, fragte ich Paul, was er von Beruf war. Ich hatte mir ausgemalt, daß er der kluge jüdische Arzt oder Anwalt war, den ich gesucht hatte, zumindest bis zu diesem Morgen in der Therapie.

Paul sagte: »Ich bin Schauspieler.«

Verdammt. Ich war so enttäuscht. Ich lebte schon lange genug in Los Angeles, um zu wissen, daß es absolut gar nichts bedeutete, Schauspieler zu sein.

»Arbeiten Sie?« fragte ich höflich.

»Ja, das mach' ich. Ich bin in einer Serie, die gerade angenommen wurde. In einem Monat beginnen die Dreharbeiten. Der Sender ABC strahlt sie im Herbst aus.«

»Wie heißt sie?«

»›Starsky und Hutch.‹ Es ist eine Krimiserie über zwei Detektive. Ich spiel' den Starsky.«

Ich wußte, daß eine Serie nach zehn Wochen wieder abgesetzt werden konnte, also sah mir das nicht nach einer großen Sache aus. Ich suchte die dauerhafte Sicherheit, mit der man Hypotheken und Studium bezahlen konnte. Zehn Wochen waren nicht das, was mir vorschwebte.

Das Essen war wenig aufregend, aber zwischen uns herrschte ziemliche Spannung. Ich erzählte ihm, daß ich Lehrerin sei. Wir fanden heraus, daß wir beide gern reisten und Tennis spielten und ursprünglich aus dem Osten stammten. Pauls Vater war Architekt in Boston, und ich hatte auf der anderen Straßenseite gegenüber von seinem Büro gewohnt, als ich an der Universität von Boston studierte. Paul und ich hätten uns vor meiner Wohnung kennenlernen können, wenn er seinen Vater besuchte.

Er kam mit in meine Wohnung, und um elf klingelte wie verabredet das Telefon. Ich sagte Maryly, daß alles in Ordnung sei. Tatsächlich mehr als in Ordnung; es war großartig.

Ich wußte an jenem Abend, daß er – obwohl Schauspieler – der Mann für mich war. Er hatte mich vom ersten Augenblick an der Angel. 9. Juni 1975. Das war's. Ich ging mit keinem anderen mehr aus.

Als wir uns besser kennenlernten, erzählte Paul mir, daß er den Perschik in dem Film »Anatevka« gespielt hat. Dumme Schwärmerei war nicht meine Art (schon gar nicht für jemanden in einem Film), aber als ich »Anatevka« im Kino gesehen hatte, fühlte ich mich hingezogen zu diesem Mann, der sowohl nobel als auch sexy zu sein schien. Es war unheimlich, aber es schien vom Schicksal bestimmt zu sein, daß unsere Wege sich kreuzten.

Bei unserem dritten Treffen schrieb ich einen Scheck aus, und Paul sah mir über die Schulter und fragte: »Warum steht da Elizabeth?«

»Weil ich so heiße.«

»Warum nennst du dich dann Betsy?«

»Das ist mein Kosename. Meine Eltern nennen mich so.«

»Aber Elizabeth ist so ein schöner Name. Warum nennst du dich nicht Elizabeth?«

»Willst du mich Elizabeth nennen?« fragte ich.

»Auf jeden Fall.« Seitdem werde ich Elizabeth genannt.

In mein Tagebuch schrieb ich all die Dinge, die

laut ausgesprochen so albern klingen, wenn man bis über beide Ohren verliebt ist.

Mein Körper kribbelt, mein Kopf rast. Ich möchte nur noch schreien und der ganzen Welt erzählen, wie hingerissen ich bin! Aber ich habe auch Angst. Ich befehle mir, nicht so glücklich zu sein. Ich versuche, mir selbst Zügel anzulegen, weil ich mit den Füßen nicht mehr auf der Erde stehe, sondern ganz oben in der Atmosphäre durch flauschige Wolken und über einen blauen Himmel schwebe. Es ist ein Land der Phantasie. Leidenschaft packt meinen Körper und läßt mich von innen erzittern. Es ist wundervoll und zugleich beängstigend. Kann er überhaupt so empfinden wie ich? Solche Dinge passieren in Wirklichkeit nicht.

Soweit das Manifest einer Junggesellin. Ich schrieb es zwölf Tage, nachdem ich Paul kennengelernt hatte. Ich war siebenundzwanzig und verliebt.

*

Nach dem Ende meiner ersten Ehe war ich in die Stadt gezogen, weil Lynn Arost, meine beste Freundin vom College, sich hier niedergelassen hatte. Lynn und ich hatten uns im zweiten Studienjahr an der Universität von Wisconsin kennengelernt. Wir teilten uns im Jahr darauf ein Zimmer und sind seitdem wie Schwestern. Lynns Liebenswürdigkeit ist grenzenlos. Die Jahre, die manche Menschen zu Zynikern werden lassen, haben sie noch freundlicher und mitfühlender gemacht. Sie ist die Art von Freundin, nach der Menschen sich sehnen.

Nach dem College gingen Lynn und ich gemeinsam

nach Europa. Instinktiv wußten wir, daß Jugend etwas ist, mit dem man großzügig, nicht sparsam umgehen muß. Nach der Europareise lebten wir ein Jahr in Boston, wo sie arbeitete und ich meinen Abschluß als Erzieherin für Vorschulkinder machte.

Danach nahm ich mir ein Jahr frei, um Ski zu laufen, und im Sommer darauf heiratete ich einen Mann, den ich am College kennengelernt hatte, Hank Koransky. Wir heirateten auf Long Island bei Freunden meiner Eltern auf dem Hinterhof, der auf den Macy-Kanal ging, und statt durch ein Kirchenschiff zu schreiten, wankte ich über die Planken des Hausbootes von Mama und Papa.

Alle mochten Hank sehr gern, der Ausstrahlung hatte und sehr lieb war. Er wollte College-Professor werden, und wir zogen nach Boulder in Colorado, wo er seinen Abschluß in Geschichte machen wollte. Es war sehr leicht, sich unser künftiges Leben auf einem Universitätsgelände vorzustellen – wie wir beide unterrichteten und dazu beitrugen, junge Persönlichkeiten zu formen. Ich suchte Arbeit als Lehrerin, aber die war schwer zu bekommen, weil Männer sich um die Stellen bemühten, um so ihre Einberufung zum Militär und den Einsatz in Vietnam zu vermeiden. Die Kennedy-Jahre hatten dem Unterrichten zu neuem Ansehen verholfen. Wenn man fragte, was man für sein Land tun konnte, war Unterrichten eine der Antworten. Ich arbeitete als Serviererin im International House of Pancakes, bis ich eine Vollzeitstellung bei einem Sonderprogramm in Denver bekam, in dem benachteiligte Vorschulkinder gefördert wurden.

Aber nach zwei Jahren Ehe und Hanks Entscheidung, das Studium aufzugeben, war es klar, daß wir unterschiedliche Ziele verfolgten und einfach nicht die Richtigen füreinander waren. Traurig entschlossen wir uns zur Trennung. Ich hatte nie allein gelebt und wußte nicht, wo ich hin sollte. Ich hätte wieder nach New York ziehen können, wo meine Eltern lebten, aber sie hatten vor, nach Puerto Rico umzuziehen. Sie ermunterten mich, nach Westen zu gehen und mich Lynn anzuschließen. Dazu boten sie mir ihre Unterstützung an, bis ich Arbeit als Lehrerin gefunden hatte.

Es dauerte fast neun Monate, bis ich den richtigen Arbeitsplatz gefunden hatte, aber im September 1973 unterrichtete ich Lesen und Gemeinschaftskunde an einer Privatschule, dem Zentrum für frühkindliche Erziehung in West-Hollywood. Ich unterrichtete Sechs- bis Neunjährige nach einem gemeinsamen Lehrplan ohne Unterteilung in Klassen. Ich hätte nie gedacht, daß Unterrichten soviel Spaß machen konnte.

Einige meiner kreativsten Lehrerfahrungen machte ich in diesem Zentrum. In Gemeinschaftskunde spielten wir griechische Mythen nach und bastelten die komplette Geschichte von Los Angeles – von den Dinosauriern bis zu den Autobahnen – in Pappe. Für mich war es sehr anregend, einen phantasievollen Unterricht zu entwickeln. Die Schüler waren lebhaft und schöpferisch.

Zu der Zeit war mein Leben so normal, daß man es nach Portland oder Indianapolis hätte verlegen können, und es wäre ohne Unterbrechung weitergelaufen. Ich unterrichtete jeden Tag und arbeitete dreimal in der Woche ehrenamtlich im Beratungszentrum der Gemeinde in Beverly Hills. Zur Hollywood-Szene hatte ich wenig Verbindung. Unterrichten war meine Leidenschaft und mein Beruf. Ich ging kaum einmal ins Kino. Ich war immer noch neu in Los Angeles und mußte mich immer noch an den Lebensstil dort gewöhnen, der so anders war als in New York, wo ich aufgewachsen war. In L.A. hatte man immer das Gefühl, es sei Samstagvormittag: vielleicht arbeitet man, vielleicht spielt man Tennis, vielleicht tut man beides.

Weil mir die emotionalen Verletzungen meiner Scheidung immer noch zu schaffen machten, hatte ich angefangen, zu einem Therapeuten zu gehen. Ich wollte sicher sein, daß ich die richtigen Entscheidungen traf, als ich zum erstenmal in meinem Leben auf mich selbst gestellt war. Von meinem Lehrergehalt konnte ich mir keinen privaten Psychiater leisten, also ging ich zum Chefarzt der Klinik für geistige Gesundheit an der Universität von Los Angeles und zahlte fünf Dollar für die Stunde. Ich war gerade bei ihm gewesen, als ich Paul kennenlernte. Das war 1975. Nachdem ich gerade beschlossen hatte, nicht mehr nach der großen Liebe meines Lebens zu suchen, fand ich sie.

Pauls Anziehungskraft wirkte sofort auf mich. Später erzählte er mir, daß er mich hübsch, sexy und gewitzt fand. Daß ich »nicht im Geschäft« war, gefiel ihm. Er wußte sofort, daß es eine wichtige Beziehung werden könnte, aber er hatte Angst vor Ehe und Verpflichtungen. Ich nicht. Wenn ich Paul anschaute, sah ich uns glücklich bis ans Lebensende.

Paul und ich lernten uns im Juni kennen und lebten ab September zusammen. Ich zog in den Ein-Zimmer-Bungalow am Appian Way in den Hügeln von Hollywood ein, den er mit einem Hund namens Max teilte. Wie die meisten Junggesellen lebte Paul in einer sparsam möblierten Wohnung, in der Jeans auf dem Fußboden herumlagen und ein Glas Mayonnaise im Kühlschrank stand.

Er hatte nicht einmal einen Fernsehapparat. Wir sahen die erste Folge von »Starsky und Hutch« mit David Soul, dem Darsteller des Hutch, im Haus von Davids Agenten. Das Urteil war einstimmig. Alle, einschließlich der Stars, hatten das Gefühl, daß die Serie in acht Wochen abgesetzt werden würde. Dennoch kaufte Paul einen Fernsehapparat, damit wir sie mittwochs abends sehen konnten. Ende November war es die heißeste Serie im Fernsehen, und Paul und David waren so berühmt wie Rock-Stars.

Das paßte nicht zu meinem Plan. So wie ich mir mein Leben vorstellte, hätte Paul Professor oder möglicherweise Jurist oder Arzt sein sollen. Ich hatte nie vor, mich in einen Schauspieler zu verlieben. Ich war auch nicht sicher, ob ich zu einem Menschen gehören wollte, der beim Fernsehen alle Einschaltquoten sprengte. Andererseits war ich nie jemand, der Herausforderungen aus dem Weg ging.

Paul arbeitete irrsinnig schwer. Jeden Morgen stand er um sechs Uhr auf und arbeitete jeden Abend bis neun, außer freitags, wenn es bis Mitternacht durch ging. Am Drehort waren wir wie eine Familie, ich ging oft zu ihnen, und dann gingen wir alle italienisch essen, wenn das Team endlich für die Woche zusammenpackte.

Paul und ich waren ganz fassungslos darüber, daß er auf einmal so berühmt war. Jahrelang hatte er stetig als ernsthafter Schauspieler gearbeitet und alles gemacht, von Shakespeare bis zu Seifenopern. Neben »Anatevka« hatte er am Broadway und anderswo Theater gespielt. Paul war sehr stolz auf seine Arbeit und war ein Perfektionist.

Er hatte sich nicht vorgestellt, mit so etwas wie »Starsky« berühmt zu werden, und es fiel ihm sehr schwer, seinen Erfolg zu genießen. Weil der sich so leicht einstellte, dachte er irgendwie, daß er ihn nicht verdiente. Starsky zu spielen, war einfach für Paul. Wenn er je erfolgreich sein würde, so hatte er gedacht, dann, weil er eine Herausforderung gemeistert hatte.

In diesem ersten Jahr von »Starsky und Hutch« mußten wir uns auf viel Neues einstellen. Die fünfzehn Stunden, die Paul täglich am Drehort verbrachte, waren schwer genug, aber am schlimmsten war, daß wir unser Privatleben aufgeben mußten. Mit dem schlichten Vergnügen, am Wochenende in Jeans und Sweatshirt einen Strandspaziergang zu machen, war es vorbei. Wir liefen barfuß am Ozean entlang, und mitten im Geschrei der Möwen und dem Rauschen der Brandung hörten wir den Ruf des »Starsky-Vogels«. Zuerst war er nur schwach.

»Starsky, Starsky, Starsky.«

Dann wurde er lauter.

»Starsky, Starsky, Starsky.«

Wir drehten uns um, und hinter uns zockelte eine kleine Menschenmenge, flüsternd und auf Paul zeigend. Wenn sie kein Autogramm von ihm bekamen, kein Foto machen oder ihn berühren konnten, verfolgten die Leute ihn einfach. Nur zu Hause konnten wir uns entspannen.

Wir hörten auf, an den Strand zu gehen. Wir hörten auf, mit unseren Rädern spazierenzufahren. Einfache Sachen, wie an einem Supermarkt anzuhalten, um Brot und Saft zu kaufen, wurden zu Wahnsinnsereignissen. Wir mieden Restaurants, die Leute von außerhalb bevorzugten.

Eines Abends gingen wir mit unseren Freunden Lucy Fisher und Peter Ivers ins Kino. Ich hatte Lucy bei einem Abendessen kennengelernt, etwa einen Monat bevor ich Paul zum erstenmal begegnet war. Lucy und ich hatten angefangen, uns zu unterhalten, und unsere Begleiter für den Rest des Abends vergessen. Lucy ist eine der stärksten Frauen, die ich kenne, und eine der Freundinnen, die zum emotionalen Urgestein meines Lebens gehören. Weil Paul in den Anfangsjahren soviel arbeitete, spielten Lucy und ich oft Tennis oder hingen in ihrem kleinen Haus herum, kochten und redeten. Wir ergänzten uns perfekt, denn Lucy beobachtet sehr genau und half mir, Paul richtig einzuordnen, was nicht immer leicht war.

Der Film, den wir alle sehen wollten, lief zufällig in Grauman's Chinese Theater in Hollywood, das ein Haltepunkt für jeden Touristenzug durch die Stadt ist. Paul warnte uns und meinte, er sollte lieber nicht hingehen. Es widerstrebte ihm, in eine Touristenmenge hineinzumarschieren. Wir anderen fanden, daß »er zuviel Aufhebens davon mache«. Aber als wir zur Kasse gingen, machten die Leute ein Geschrei um uns, als wären wir die Beatles. Irgendein Mädchen kam und versuchte, Paul das Hemd vom Leib zu reißen, ein anderes wollte eine Haarsträhne von ihm. Als wir schließlich im Vorraum waren, sahen wir nur Paul an und sagten: »Himmel, du bist wirklich sehr, sehr berühmt.«

Es war für uns alle ein totaler Schock, wie berühmt Paul in so kurzer Zeit geworden war. Die meisten seiner Freunde, wie Lucy und Peter, hatten die Serie nicht einmal gesehen. Sie gratulierten ihm nicht und zeigten wenig Reaktion. Sie merkten nicht einmal, was passierte. Erst wenn man mit Paul in die Öffentlichkeit ging, wurde einem klar, wie überwältigend, anstrengend und lächerlich es war, berühmt zu sein.

Einmal führten Paul und ich in einer Nische in einem Restaurant ein äußerst schwieriges Gespräch. Ich weinte, auch wenn ich nicht mehr weiß, warum. Obwohl wir offensichtlich in eine intensive Diskussion vertieft waren, kamen zwei Leute auf Paul zu und baten um ein Autogramm. Ich war erstaunt, daß Menschen so unsensibel sein konnten.

Paul war wütend. Er gab nie Autogramme und sagte das auch, was die Situation oft noch verschärfte. Manche Leute wurden ärgerlich, während andere nicht aufgaben und ihn anflehten, seine Meinung zu ändern. Aber er hatte das Gefühl, daß er weiteren Wünschen Tür und Tor öffnen würde, wenn er erst einmal eins gab.

Wenn die Leute in ihren Wohn- oder Schlafzimmern jemanden im Fernsehen sehen, halten sie ihn für ein Familienmitglied und haben keinerlei Skrupel, in dessen Leben einzudringen, um ein Foto zu machen oder ihm die Hand zu schütteln. Paul haßte die Aufmerksamkeit, die er außerhalb des Drehorts erregte, und verabscheute das Gefühl, eine Touristenattraktion zu sein. Er weigerte sich, an dem Wahnsinn, den eigenen Ruhm zu pflegen, teilzunehmen. Dennoch machte die Tatsache, daß er ein Star war, es ihm nahezu unmöglich, sich zu entspannen und die begrenzte Freizeit, die ihm blieb, zu genießen.

In den Jahren, in denen »Starsky« lief, haben wir uns nie am gesellschaftlichen Leben Hollywoods beteiligt, von dem die Leute immer meinen, es sei so aufregend. Und einen extravaganten Lebensstil hatten wir auch nicht. Wir sparten unser Geld in dem Wissen, daß es magere Zeiten für Schauspieler gab, ganz gleich, wie erfolgreich sie sind, und darauf wollten wir vorbereitet sein. Das Putzen und Einkaufen erledigten wir selbst. Ich kochte gern, und Paul kümmerte sich immer um den Abwasch. (Als »Starsky« ein Erfolg wurde, bestand Pauls einziger Luxus darin, sich einen blauen BMW zu kaufen.) Unsere Vorstellung von Vergnügen war es, nach Hause zu kommen und beim Abendessen fernzusehen. Wir aßen einfache Dinge wie braunen Reis mit gebratenem Huhn und Gemüse, dabei saßen wir auf dem Bett und ließen den Fernseher laufen. Bei zehn herum schliefen wir, weil Paul am nächsten Tag früh wieder aufstehen mußte. Es war eigentlich nicht aufregend, aber wenn man verliebt ist, ist das alles nicht wichtig.

Der Preis, den ich für Pauls Berühmtheit zahlte, war Unsichtbarkeit. Ich lernte, mich nicht darauf zu verlassen, daß die Welt des Show-Business mir irgendeine Bestätigung zukommen ließ. Wohin Paul und ich auch gingen, die gesamte Aufmerksamkeit konzentrierte sich auf ihn. Ich mußte Wege finden, das zu akzeptieren; eine Möglichkeit war, daß ich mein eigenes Leben gestaltete, unabhängig und erfüllt.

Ich unterrichtete weiter und arbeitete weiterhin freiwillig am Maple Center, einem Beratungszentrum der Gemeinde, und ich wurde noch selbständiger, als ich sowieso schon gewesen war. Ich fing an, mehr Zeit mit meinen Freundinnen zu verbringen. Ich führte lange, endlose Gespräche über Paul und die Achterbahnfahrt, die wir gerade machten. Lucy und Lynn müssen sich oft gelangweilt haben. Lynn unterrichtete jetzt in derselben Schule wie ich, und so waren wir wieder jeden Tag zusammen.

Leute aus Hollywood nickten und lächelten, wenn ich sagte, daß ich Lehrerin sei oder später Ausstellungsdirektorin im Kindermuseum. Ich wußte, viele Leute fanden das, was ich tat, alltäglich, und während Paul ungewöhnliche Aufmerksamkeit und Lob für seine Arbeit erhielt, bekam ich fast nichts davon. Niemand interessierte sich je dafür, mit mir über meine Arbeit zu reden. Los Angeles ist eine Stadt der Filmindustrie, und die meisten Leute reden über Geschäfte.

Es war eine komplizierte Zeit, aber auch eine aufregende. Wir erfuhren beide viel über uns selbst und über einander. Ende 1976 war Paul für Tausende von Frauen ein Sexsymbol. Sie schrieben ihm ihre Phantasien und ließen ihn Dinge wie diese wissen: »Ich finde, Du bist der tollste und wunderbarste Mann der Welt, und ich würde mir wünschen, daß Du diese Elizabeth einfach wegschickst.« Oder: »Ich warte auf Dich! Wenn Du Elizabeth auf den Müll wirfst, ruf mich einfach an!«

Wenn wir ausgingen, flirteten die Frauen erbarmungslos mit ihm. Direkt vor meiner Nase knöpften sie praktisch ihre Blusen auf. Es gibt viele hinreißende junge Frauen in Los Angeles, die hierherkommen, um bei der Filmindustrie zu landen oder als Models arbeiten, bis sie es schließlich schaffen. Ich habe mit Sicherheit nicht versucht, wie ein Sternchen auszusehen und mich so zu benehmen, und ich bin überzeugt, viele von diesen Frauen dachten: »Die ist nicht hübsch genug, um ihn zu halten, dann komm' ich und setz' meinen Schuß.«

Welcher Mann würde es nicht aufregend finden, wenn schöne Frauen um ihn herumscharwenzeln? Wenn bei einer Party eine auf ihn zukam, zwinkerte ich ihm zu und ging. Später kehrte ich zurück und fragte lächelnd: »Na, was wollte sie?« Ich muße lernen, darüber zu lachen und mich nicht bedroht zu fühlen.

Es gab Zeiten, zu denen ich Paul sagte, daß er, wenn er losgehen und einen draufmachen wollte, das meinetwegen tun könnte. Ich wäre dann sehr niedergeschlagen gewesen, aber ich wußte, daß es nicht gut war, wenn er sich wie in einer Falle fühlte oder grollte. Ich sagte ihm deutlich, daß ich, wenn er sich zum Herumziehen entschloß, mit Sicherheit nicht dasitzen und darauf warten würde, daß er nach Hause käme.

Die Beziehung zwischen Paul und mir war leidenschaftlich. Er war intensiv, sensibel und entflammbar, alles zur gleichen Zeit. Er konnte sprunghaft sein, aber das fand ich überzeugend und faszinierend. Er konnte geistvoll sein, und ich empfand das als Herausforderung. Mit ihm machte alles Spaß, und ich war gern mit ihm zusammen. Wir konnten endlos flirten.

Ich wußte genau, daß ich heiraten und Kinder haben wollte. Ich hatte eine wunderbare Kindheit gehabt und freute mich darauf, eine eigene Familie zu gründen. Doch Pauls Kindheit war komplizierter als meine gewesen, und er hatte vor Ehe und Familie Angst. Ich erklärte ihm, wieviel Sicherheit ein Familienleben geben konnte und wieviel Spaß ich mit meinen Eltern und meinem Bruder hatte. Aber damals waren wir einander nicht verpflichtet. Wir genossen das Leben des Augenblicks, auch wenn ich daran glaubte, daß die Zukunft gut werden würde.

*

Paul sagte immer, daß ich die »Starsky«-Jahre mehr genoß als er, und das stimmt wahrscheinlich. Es gefiel mir, neue Menschen und Orte kennenzulernen. Da die Serie in 67 Ländern ausgestrahlt wurde, mußte Paul Werbeauftritte absolvieren, und wir flogen um die ganze Welt. Ich hatte nie damit gerechnet, Neuseeland, Argentinien oder Venezuela kennenzulernen. Ein Abenteuer folgte dem anderen. Nach dem College war ich auch gereist, aber jetzt flogen wir erster Klasse und wohnten in Hotels mit fünf Sternen. Ich schlürfte in Südfrankreich meinen Aperitif mit

Roger Moore und James Clavell und genoß das Leben in vollen Zügen.

Paul arbeitete die meiste Zeit. Auch das verabscheute er an der Tretmühle der Berühmtheit. Aber wir fanden immer ein paar Stunden, um durch die Straßen von Madrid zu bummeln oder an den Kanälen Venedigs entlangzuwandern, und das war jedesmal zauberhaft.

Eine unserer wichtigsten gemeinsamen Reisen führte uns nach Israel, wo »Starsky« ungewöhnlich populär war. Anders als ich war Paul schon einmal dort gewesen. Seine Eltern kannten Israel nicht, und er war sehr aufgeregt, daß er sie mitnehmen konnte. Wir flogen zur Feier des dreißigsten Jahrestages der Gründung Israels hin.

Ich hatte zwar immer gewußt, daß ich Jüdin bin, aber die Religion wurde in unserer Familie nicht sonderlich groß geschrieben. Tatsächlich war das christliche Weihnachten ein großes Fest bei uns zu Hause. Jedes Jahr gingen mein Bruder und ich mit meinem Vater los, um einen Baum auszusuchen. Mama wollte immer einen kleinen, runden, und grundsätzlich suchten wir den größten aus, den wir finden konnten.

In dem Augenblick, als ich in Israel das Flugzeug verließ, fühlte ich mich zu Hause. Das hatte ich nicht erwartet. Ich spürte in Jerusalem eine tiefe geistige Verbindung und ein stilles Gefühl, dahin zu gehören, das mich nie wieder verlassen hat.

In diesen Jahren gab es positive und negative Dinge. Ich sah die Welt draußen und stärkte meine innere Welt. Ich war Lehrerin, aber mein Foto zierte die Titelseiten von Klatschblättern und Zeitschriften. Von Anfang an war das für Paul und mich ein Balanceakt.

Nach zwei Jahren mit »Starsky« beschloß Paul, den Vertrag zu lösen und auszusteigen. Er hatte die Anstrengungen der Serie und den Streß, ein Fernsehstar zu sein, satt. Niemand dachte daran, daß er das ernst meinen könnte, und als sie merkten, daß es ihm tatsächlich ernst war, hielten sie ihn für verrückt. Sein Manager und Agent versuchte es ihm auszureden.

Ich war nicht Pauls Frau, aber ich wußte, daß meine Meinung großen Einfluß auf seine Entscheidung haben würde. Ich sagte Paul, daß er meine volle Unterstützung hätte. Ich wußte, wie unglücklich er war. Wir waren nicht verheiratet und hatten keine Kinder, also konnte er Risiken eingehen. Es klingt wie ein Klischee, aber ich wollte wirklich, daß Paul das tat, was ihn am glücklichsten machte. Das ist das Geschenk, das ich von meinen Eltern bekommen habe. Sie hatten mir beigebracht, an mich zu glauben und zu Risiken bereit zu sein. Ich sagte, er solle aus der Serie aussteigen, wenn er sich unglücklich fühle. Ich wurde Resonanzboden und unerschütterlichste Stütze für ihn. Letzten Endes, denke ich, stärkte das unsere Beziehung, weil er wußte, daß ich immer hinter ihm stand. Das war eines der ersten Male, daß wir als Paar vor einer Herausforderung standen.

Doch am Ende gab es keine Möglichkeit, aus dem Vertrag herauszukommen. Paul machte das Beste daraus und blieb noch zwei Jahre bei der Serie, bis sie abgesetzt wurde. Paul und ich waren erleichtert, als »Starsky« endlich vorbei war. Paul schwor, nie wieder eine Fernsehserie zu machen — und wieder dachte sein Agent, er sei verrückt. Aber Paul lehnte jedes Fernsehangebot ab, das man ihm machte. Er wollte einen Spielfilm machen und auch seine Karriere als Regisseur weiterverfolgen.

Paul hatte bei mehreren »Starsky«-Episoden Regie geführt und festgestellt, daß ihm das Spaß machte. Im kreativen und intellektuellen Bereich war Regie sehr stimulierend für ihn. Beruflich war das für ihn ein Wendepunkt. Er sagte immer: »Als Schauspieler war ich ein Kind, aber als Regisseur mußte ich erwachsen werden.« Wieder einmal schwamm Paul gegen den Strom. In vieler Hinsicht war das ein Teil dessen, was ich an Paul mochte und was mir am meisten Angst einjagte. Er fürchtete sich nicht, gefährlichere Pfade zu betreten. Die Leute konnten nicht verstehen, warum jemand, der als Schauspieler so erfolgreich gewesen war, etwas so Riskantes tun wollte, wie Regie zu führen.

Aber Paul war überzeugt, daß er das tun wollte, und ich unterstützte ihn. Es war ein Lotteriespiel, aber Paul hatte großes Talent, und ich wußte das. Ich habe nie bezweifelt, daß er alles in die Tat umsetzen konnte, was er wollte. Mit »Starsky« hatte er das bewiesen. Wir hatten Geld gespart, und ich wollte, daß er die notwendige Freiheit hatte, um seine eigene Kreativität zu erforschen und damit zu experimentieren. Diese Übergangsjahre 1979 und 1980 waren auf ihre eigene Weise kompliziert. Paul spielte eine Hauptrolle in John Hustons Film »Labyrinth der Angst«, der nie ein großer Erfolg an der Kasse wurde. Er arbeitete, um Projekte zu entwickeln und sicherzustellen, daß die Leute ihn als Regisseur ernstnahmen. Mit soviel mehr Zeit zur Verfügung, stürzte er sich in Yogaübungen und ins Gitarrespiel. Es war eine Zeit der Beruhigung und des Nachdenkens. Ich hatte mit dem Unterrichten aufgehört und half dabei, das Kindermuseum in Los Angeles einzurichten.

Etwa ein Jahr nach dem Ende von »Starsky« bat Paul mich, ihn zu heiraten. Diese Verpflichtung einzugehen, war viel schwerer als das Zusammenleben. Paul wußte, daß ich ihn nicht drängte, und am Ende hatte er beschlossen, den Sprung zu wagen. Ich war außer mir vor Freude und erzählte es allen. Papa arbeitete jetzt in Puerto Rico, und wir hatten vor, auf dem Weg in unseren Karibikurlaub dort einen Zwischenaufenthalt zu machen.

Doch auf dem Flug nach San Juan, drei Monate nach seinem Antrag, sagte Paul mir, daß er das mit der Ehe einfach nicht durchziehen konnte.

»Liebling, es tut mir leid, aber ich kann es jetzt einfach nicht.« Meine Augen wurden immer größer vor Ungläubigkeit. Panik ergriff mich.

»Aber warum? Wir sind glücklich, und du weißt, daß wir uns lieben.«

»Ich weiß es nicht. Es ist nichts, das ich in Worte fassen könnte. Meine Gefühle haben sich nicht verändert, es ist nur, daß ich mich irgendwie noch nicht bereit fühle.«

Ich war enttäuscht und verärgert. Wir lebten seit vier Jahren zusammen. Ich war fast einunddreißig und wußte, daß ich Kinder haben wollte. Ich konnte mein Leben nicht bis in die Unendlichkeit zurückstellen, während er sich damit herumschlug, welche Verpflichtung das Eingehen einer Ehe bedeuten würde.

Ich dachte ernsthaft daran, unsere Beziehung zu beenden. Paul und ich sprachen alles durch, und schließlich stimmte er zu, daß wir heiraten würden, wenn wir bereit wären, Kinder zu haben. Ich war schon einmal verheiratet gewesen und hatte kein Interesse an der Ehe nur um der Ehe willen. Ich wollte wirklich eine Familie gründen und entschied, daß es sich immer noch lohnte, auf Paul zu warten. Es war keine leichte Entscheidung, und an manchen Tagen fürchtete ich, daß ich auf etwas wartete, was ich nie bekommen würde.

Dann, etwa ein Jahr später, machten wir einen Schaufensterbummel in Beverly Hills, und da sagte

Paul: »Vielleicht sollten wir heiraten.« Ein kleines Lächeln erschien auf meinem Gesicht. Ich fragte ihn, ob er es dieses Mal *wirklich* wollte, und er sagte ja. Ich sagte: »Gut – erledigen wir es heute.« Ich vermute, als der Rausch der anfänglichen Romantik verflog und unsere Liebe tiefer wurde, beschloß Paul, das Risiko einer Familiengründung einzugehen, obwohl er Angst hatte.

Das war an einem späten Freitagnachmittag, und wir riefen den Rabbi an, mußten aber feststellen, daß es zu spät war, um noch vor Sonnenuntergang zu heiraten. Samstag war Sabbat, also vereinbarten wir, daß wir am Sonntagvormittag im Arbeitszimmer des Rabbi heiraten würden.

In einer schlichten Zeremonie heirateten wir am Sonntag, den 24. August 1980. Außer unseren vier Trauzeugen erzählten wir vorher niemandem etwas.

Hinterher riefen wir beide unsere Eltern an und sagten: »Wir sind verheiratet!« Und dann gingen wir mit acht Freunden zum Segeln. Wir erzählten ihnen, daß wir für den Nachmittag ein Segelboot gemietet hatten, aber nicht, aus welchem Grund. Als wir alle zusammen waren, wurde es ein richtiges Fest. Der Tag war wunderbar. Nachdem wir uns so viele Gedanken über das Heiraten gemacht hatten, stellten wir es nie in Frage, als der Schritt erst einmal getan war. Unser Leben wurde in Wahrheit schöner, nachdem der Streß, die Bindung einzugehen, nicht mehr bestand.

Drei Monate später war ich schwanger. Paul war begeistert, Vater zu werden. Alles Gute in der Welt schien auf unserer Seite zu sein. In neun Monaten würde ich das haben, was ich mir immer am meisten auf der Welt gewünscht hatte – ein Kind von dem Mann, den ich liebte.

Wir besuchten Pauls Schwester Connie in Boston

und redeten darüber, wie das Baby heißen sollte. Sie schlug den Namen Ariel vor; das ist der Geist, der in Shakespeares »Der Sturm« die Schiffe durch den Sturm lenkt. Als ich den Namen zum erstenmal hörte, fand ich ihn zauberhaft, hatte ihn aber verworfen, weil er nicht hebräisch war. Meine Reise nach Israel hatte mir das Gefühl gegeben, daß es wichtig war, das Erbe fortzuführen. Ein paar Monate später brachte Paul mir ein Namensbuch mit, und da stand auf der ersten Seite der Name Ariel. Als ich sah, daß er hebräischen Ursprungs war, blätterte ich gar nicht mehr weiter. Der Name bedeutet »Löwe Gottes«.

Während meiner Schwangerschaft arbeitete ich im Kindermuseum von Los Angeles. Ich war drei Jahre dort, hatte im ersten Jahr ohne Bezahlung gearbeitet und wurde dann als erste Erziehungs- und Programmdirektorin des Museums eingestellt. Es war sehr kreativ und anregend, daß ich Ideen aus dem Klassenzimmer aufgreifen und sie für alle Kinder der Stadt zugänglich machen konnte. Eines der ersten Projekte, an denen ich arbeitete, war eine Ausstellung unter dem Titel »Omas Dachboden«. Die Kinder sollten etwas über das Leben in den Pioniertagen lernen, indem sie in alten Koffern stöbern, mit alten Spielsachen spielen durften, Butter herstellten und andere alte Gegenstände in einer greifbaren Umgebung erlebten.

Ich hatte die Ausstellung mit einer Frau namens Susie Zeegen entwickelt. Wir hatten schon ein paar Monate zusammengearbeitet, als wir eines Tages anfingen, über unsere Vergangenheit zu reden. Sie fragte mich, wo ich aufgewachsen sei, und ich erzählte ihr, daß es eine kleine Stadt auf Long Island war, von der sie mit Sicherheit noch nie etwas gehört hatte.

»Das ist nicht dein Ernst! Ich bin auch in so einem Ort aufgewachsen.«

»Also«, sagte ich, »ich bin in Hewlett Harbor groß geworden.«

»Ich auch!« rief sie ungläubig. Als wir unsere Vergangenheit stückweise zusammensetzten, stellten wir fest, daß wir in der zweiten Klasse in derselben Pfadfinderinnengruppe gewesen waren. Weil wir inzwischen andere Namen trugen, hatten wir uns im Museum nicht wiedererkannt. Aber von dem Augenblick an, wo die Verbindung wieder hergestellt war, wurden Susie und ich enge Freundinnen. Sie rief mich jeden Tag an, als das Trauma meiner Schwangerschaft begann.

Ich hatte gerade im Museum gearbeitet, als die Blutungen einsetzten. Ich rief meinen Frauenarzt an, der mir sagte, ich sollte sofort ins Krankenhaus gehen. Die folgenden drei Monate verbrachte ich zu Hause im Bett, und dann, am 4. August 1981, wurde ich Mutter.

Nach den Blutungen und den Transfusionen nach Ariels Geburt hatten die Ärzte den Eindruck, daß die Krise vorüber war. Aber wir kamen erst zur Ruhe, als ein paar Tage ohne weitere Blutungen vergangen waren.

Wir kehrten zurück in unser kleines spanisches Haus am Woodrow Wilson Drive auf den Hügeln Hollywoods. Von einem riesigen Olivenbaum geschützt und von einer Fülle von Oleander und Bougainvillea umgeben, war es wie eine Oase. Wir waren ruhiger und auch ein bißchen glücklich, daß wir diese schreckliche Belastung überstanden hatten. Die ersten paar Tage waren eine Zeit der großen Liebe und des Lernens. Paul hielt das Baby zum erstenmal in den Armen. Er wechselte die Windeln und half mir beim Baden. Ich lernte zu stillen. Unsere Tochter schlief viel, und wir sahen sie einfach an und sprachen dabei nur im Flüsterton, als ob ein lautes Geräusch sie zerbrechen könnte.

In den ersten drei Monaten zu Hause hatte Ariel viele Koliken und weinte oft. Das war für uns alle belastend, aber vor allem für Paul, der »The Lady Cries Murder« spielte und seinen Schlaf am Tag brauchte. Nachts standen wir abwechselnd auf, um sie zu füttern. Wenn Paul an der Reihe war, pumpte ich Milch ab und stellte die Flasche in den Kühlschrank, damit er sie dann aufwärmte. Aber wenn Ariel um fünf Uhr morgens schreiend erwachte, stand ich auf, legte sie in den Kinderwagen und ging mit ihr zwei Stunden spazieren, damit Paul schlafen konnte. Wir bummelten bis zum Morgengrauen durch Hollywood Hills, wo die Luft nach Eukalyptus duftete.

Anfangs ist die Mutterschaft anstrengend – aber ich hatte Glück, daß ich eine wunderbare Hilfe bekam. Als Ariel zwei Wochen alt war, kam Graciela Salazar als Haushälterin zu uns. Von dem Tag an, an dem sie schüchtern unser Haus betrat, brachte sie eine Liebe und eine Loyalität mit, die im Laufe der Jahre noch tiefer wurden. Graciela liebte Ariel genauso abgöttisch wie Paul und ich. Eines der ersten Worte, die Ari lernte, war »Ga Ga«, und so nannte sie Graciela auch noch, als sie schon sprechen konnte. Graciela und ich waren Verschworene, die ständig versuchten, neue Methoden zu finden, mit denen wir Ariel an Tagen, an denen Paul zu Hause arbeitete, ruhighalten konnten. Wir lachten viel zusammen, während ich mich mit den Anforderungen der ersten Mutterschaft herumschlug.

Zuerst erwartet man, daß das Baby eine Miniaturausgabe von einem selbst ist. Man glaubt, daß Stimmungen und Temperament sich in Übereinstimmung befinden und daß die Mutterschaft nur noch ein Lüftchen ist, wenn das Kind erst einmal nachts durchschläft. Aber natürlich ist das Leben mit einem Neugeborenen um einiges chaotischer. Ariel war nicht nur ein erfreuliches, kluges Baby mit ausgeprägtem Willen, sie stellte auch Ansprüche. Es war eine Herausforderung, der ich mich von ganzem Herzen stellte.

Paul war wie verzaubert von Ariel. Als mit »Starsky« Schluß war, konnten wir uns wieder wie normale Menschen in der Welt bewegen. Wir konnten mit Ariel spazierengehen, ohne Menschenmassen anzuziehen. Ariel liebte ihren Vater, und er war ein sehr aufmerksamer Papa. Er trug sie mit Begeisterung herum und zeigte ihr alles mögliche im Haus.

Oft sehen die Leute nur Pauls ernste Seite, aber er kann auch ganz schön albern sein, und Ariel schien ihn dazu zu verführen. Es machte ihm Spaß, den Clown für sie zu spielen, und sie lachte dann immer und entlockte ihm weitere Albernheiten. Sie kniff ihn in die Nase, und dann gab er ein dämliches, tutendes Geräusch von sich, das sie beide unglaublich komisch fanden.

Meine Freundin Rena Kramer, die mit mir am Maple Center als ehrenamtliche Beraterin gearbeitet hatte, hatte auch eine Tochter; Sara war fast gleichaltrig mit Ariel. Sie wohnten in der Nähe, und wir gründeten eine Spielgruppe für Mutter und Kind. Wir waren alle gut ausgebildete, berufstätige Frauen, die mit Anfang Dreißig Familien gegründet hatten und nun das neue Leben überglücklich und mit Begeisterung genossen. Nichts kann einen auf die überschwengliche Freude und den Streß der ersten Mutterschaft vorbereiten – und nichts macht soviel Spaß, wie dauernd darüber zu reden. Frauen reden über ihre Babys wie Männer über Sport.

Wir redeten über das Zahnen und die Ehemänner und die Veränderungen in unserer Ehe. Jede Einzelheit in der Entwicklung unserer Babys war faszinierend für uns. Wir zählten neue Zähne, spielten »Bakke, backe Kuchen« und »Baby ist sooooo groß«. Wir schnallten unsere Babys in unsere Sicherheitssitze im Auto und kannten alle Kinderlieder.

Ari wuchs schnell, entwickelte sich normal und war sehr aufgeweckt. Als sie sechs Monate alt war, lasen sie und Graciela zusammen das Kinderbuch »Pat the Bunny«, und das wurde zu einem ihrer Lieblingsrituale.

Paul und ich werden nie den Tag vergessen, an dem sie zum erstenmal lief. Wir waren in ihrem Zimmer, und Paul stand an der Tür. Ich war am anderen Ende des Raums, und er sagte: »Los. Lauf zu Mama.« Und das machte sie. Wir strahlten alle von einem Ohr bis zum anderen. Es war einer dieser unvergeßlichen Augenblicke.

Auch Paul und Ariel hatten ihr eigenen Rituale. Jeden Sonntagmorgen fuhren sie den Cañon hinunter, um bei Arts Delikatessen zu frühstücken. Sie standen immer um sechs auf und verließen das Haus so leise, daß ich nie aufwachte. Es war Mamas Morgen zum Ausschlafen und Papas Morgen, um mit »seinem Mädchen« auszugehen. Das fand regelmäßig statt und war etwas ganz Besonderes. Paul hatte eine wunderbare Beziehung zu Ari aufgebaut. Obwohl sie noch so klein war, sahen sie Dinge mit derselben Sensibilität.

Sobald Ari einen Pinsel halten konnte, fingen sie gemeinsam zu malen an und verbrachten Stunden damit, auf Papier Welten zu schaffen, die kein anderer kannte.

Ich glaube, Paul sah in Ari viel von dem Künstler, der in ihm selbst steckte. Und wenn der Blick aus seinen blauen Augen auf ihre traf, waren sie eins.

Ari schlief jeden Abend mit ihrer rosa Steppdecke ein, die Tante Connie und Cousine Alisa gemacht hatten, und mit ihrem kuscheligen, grauen Häschen, das Paul und ich in New York kauften, als ich im fünften Monat schwanger war. Es war für uns ein ganz besonderer Augenblick gewesen. Es war das erste, was wir für unser Kind, das doch erst noch geboren werden sollte, gekauft hatten. Das graue Häschen war warm und weich und symbolisierte alle unsere Hoffnungen für die Zukunft. Sie ließ es nie von ihrer Seite. Mit dem grauen Häschen fühlte sie sich gut und sicher, und Paul und ich fühlten uns gut und sicher mit unserem neuen Leben.

Als Ari etwa eineinhalb Jahre alt war, fingen wir an, nach einem größeren Haus zu suchen. Paul und ich wußten, daß wir weitere Kinder wollten, und ich versuchte, schwanger zu werden. Wir wollten auch in eine normalere Umgebung umziehen, in der es Bürgersteige und richtige Gärten gab. Die Hügel Hollywoods sind großartig für Panoramaaussichten, aber lausig für Limonadenbuden und andere Vergnügungen.

Nach einiger Zeit fand ich, was ich suchte. In dem Augenblick, in dem ich das weitläufige, mediterrane Haus in Santa Monica betrat, wußte ich, daß es das Heim für meine Familie war. Ich war in jeder Hinsicht begeistert. Es war einfach zauberhaft, wie das Licht hineinströmte. Das Haus war um ein von natürlichem Licht durchflutetes Atrium gebaut. Als ich das erstemal durch die Räume ging, lag das Wohnzimmer voll in der Morgensonne, und ich hatte das Gefühl, im Freien zu sein.

Ich verliebte mich auch in die riesige Küche. Ich

hatte schon vor Augen, wie Lynn und Lucy mit mir redeten und Wein tranken, während wir Lasagne kochten und einen großen Salat für das Abendessen zubereiteten. Küchen sind das Herz der Häuser, und diese war einfach perfekt.

Ich wußte, daß Paul sich in den geräumigen Zimmern des Hauses in Santa Monica wohl fühlen würde. Paul ist ein großer Mann, der viel Platz braucht, und der »idyllische Winkel« ist nichts für ihn. Ihn in ein gemütliches Häuschen mit niedrigen Decken im New-England-Stil stecken zu wollen, wäre, als ob man einen langen Dänen in einen VW-Käfer setzen würde.

Nur Kinder fehlten diesem Haus. Es war ein Haus, das für Kinder bestimmt war. Als ich dastand, konnte ich mir schnell meine Zukunft vorstellen. Ich konnte sehen, wie Kinder die Treppen auf und ab rannten, Türen knallten und durch das Atrium tobten. Ich konnte Fünfjährige mit Rädern sehen, Zehnjährige mit ihren besten Freunden und Teenager bei ihren Rendezvous am Swimming Pool im hinteren Garten. Unsere Kinder würden heranwachsen und aufs College gehen, und dann würden die Glaser-Kinder mit Glaser-Enkeln nach Hause kommen.

Paul liebte das Haus genauso wie ich. Wir kauften es und zogen ein, sechs Wochen, bevor der Umbau beendet war. Wir mußten alle drei unten im Arbeitszimmer schlafen.

Es war zu der Zeit, daß ich anfing, mit Ari in Santa Monica herumzubummeln. Wenn sie frühmorgens aufwachte, setzte ich sie in die Kinderkarre, und wir schlichen uns davon, damit Paul schlafen konnte. Wir stellten Milch für streunende Katzen hinaus, und wir freundeten uns mit einigen der obdachlosen Männer an, die im Park schliefen, oder mit den älteren Leuten, die früh wach waren und auf der Veranda ihres Altenheims saßen.

Eines Morgens gingen wir spazieren, und Ari sah den ersten Regenbogen ihres Lebens über dem Pazifik. Ihr stockte der Atem. Es war eine ungeheure Freude zuzusehen, wie Ariel heranwuchs und die Welt erlebte. Ich glaube, eine der großen Freuden, Lehrerin und besonders Mutter zu sein, liegt in der Möglichkeit, das Leben mit den Augen eines Kindes neu zu entdecken. Wenn ich zusah, wie Ari und ihre Freundinnen sich verkleideten, hatte ich vermutlich genauso viel Spaß wie sie. Mit alten Krinolinenreifen und buschigen Federboas konnten sie sich stundenlang beschäftigen.

Im Auto sangen wir jedes Lied, das sie aus dem Kindergarten kannte, und jedes, das ich aus dem Unterricht oder meinen Kindertagen im Camp Fernwood in Erinnerung hatte. Wir sangen und tanzten wie richtige Ballerinen für Paul, während er Gitarre spielte. Wir wußten immer, daß wir ihn zum Lachen bringen konnten, wenn wir die Fernwood-Lieder sangen, denn er haßte sie, und Ari neckte ihn gern auf diese Weise.

Wir fanden in unserer Nachbarschaft einen wunderbaren kleinen Kindergarten, und als sie zwei Jahre alt war, ging Ari hin. Am allerersten Tag sah ich eine andere Mutter, die ihre Tochter auf der Schaukel im Hof anstieß. Sie stellte sich als Susan De Laurentis vor. Ihre niedliche Tochter Francesca war bald Ariels beste Freundin, und Susan wurde eine meiner engsten Freundinnen. Susan und ich waren beide im Osten aufgewachsen und beide mit Männern verheiratet, die zur Unterhaltungsindustrie gehörten. Sie war wie eine Schwester, und wenn wir uns nicht täglich sahen, telefonierten wir miteinander. Wir hatten denselben Sinn für Humor und genossen es von Herzen, unsere Kinder großzuziehen.

In diesem Jahr schloß Ari zwei weitere wichtige und dauerhafte Freundschaften. Beide, Amy und Taylor, wurden feste Bestandteile ihres Lebens, und in Hilary, Amys Mama, fand ich eine weitere liebe Freundin. Im Rückblick muß ich sagen, daß es eine wirklich wunderbare Zeit war.

Alles schien gut zu laufen. Ich war schwanger geworden und hatte eine Fehlgeburt, aber ich war wieder schwanger, und weil ich schon ein bißchen älter war, mußte ich dieses Mal eine Fruchtwasseruntersuchung machen lassen, um sicherzugehen, daß das Baby normal war. Wir freuten uns riesig, als wir erfuhren, daß das Baby ein gesunder Junge war.

Paul und ich hatten immer gewußt, daß wir mehr als ein Kind wollten. Die Ärzte hatten gesagt, daß die Komplikationen meiner Schwangerschaft mit Ari sich höchstwahrscheinlich nicht wiederholen würden.

Wir waren aufgeregt und voller Vertrauen, daß alles glatt verlaufen würde. Sechs Wochen vor dem Termin hatte ich ein paar vorzeitige Wehen, und ich mußte im Bett bleiben. Aber diesmal hatte ich keine Angst.

Paul war in Miami und führte Regie bei einer Episode von »Miami Vice«, deshalb kam Lucy und blieb eine Woche bei mir. Ich genoß die letzte ruhige Zeit mit Ari. Ich entspannte mich in dem warmen Licht unserer ganz besonderen Welt, von der ich wußte, daß sie sich mit dem Neugeborenen verändern würde. Mein Arzt, Paul und ich hatten beschlossen, daß ich es mit einer normalen Geburt versuchen sollte, statt automatisch einen Kaiserschnitt einzuplanen.

Jakes Geburt war ein riesiger Triumph. Ich brachte ihn am 25. Oktober 1985 auf natürliche Weise zur Welt, was Paul und mich mit großer Freude erfüllte.

Selbst mein Frauenarzt war aufgeregt. Ich erinnere mich daran, daß Dr. Brooks mir erzählte, daß ich ihm einen seiner strahlendsten Augenblicke bescherte, weil sie erst meine Gebärmutter retten konnten und ich jetzt ein zweites gesundes Baby bekommen hatte.

Ari war dreieinhalb Jahre alt und grundsätzlich gut vorbereitet auf die Ankunft ihres kleinen Bruders, der entweder Sam oder Jake heißen sollte; wir konnten uns nicht entscheiden. Ich hatte ihr aus Büchern über Neugeborene vorgelesen, und wir hatten viel darüber geredet, daß sie eine große Schwester sein würde. Dennoch wurde sie, als wir nach Hause kamen, sehr wütend und beschimpfte mich, weil ich diesen Schreihals mitbrachte, der unser Leben vollkommen auf den Kopf stellte. Sechs Wochen lang wollte sie es nur mit ihrem Papa zu tun haben. Er war wieder zu Hause, und die beiden taten alles gemeinsam.

Paul hat hinter dem Haus ein eigenes Büro, und sie verbrachten dort Stunden mit Malen und Zeichnen. Ich lag im Bett und stillte Jake, und dann erschienen die beiden mit wunderhübschen Bildern, die sie gemalt hatten. Wir hängten sie in der Küche auf. Dann wieder machten Paul und Ari lange Spaziergänge in der Natur. Sie brachten kostbare Schätze mit nach Hause und erzählten mir von den wundervollen Aloepflanzen, die sie entdeckt, oder von einer ungewöhnlichen Feder oder Blume, die sie gefunden hatten. Wir waren eine normale Familie, die lernte, mit neuen Mitgliedern und nach neuen Regeln zu leben.

2

Es war zehn Monate später, kurz bevor Ariel im Frühling 1985 vier wurde, daß Paul das Angebot bekam, bei seinem ersten Spielfilm, »Gnadenlose Clique«, Regie zu führen. Er wurde von Michael Mann für TriStar produziert.

Als Michael bei »Starsky« Berater für die Drehbücher war, hatten er und Paul sich kennengelernt. Michael produzierte dann »Miami Vice«, und in Erinnerung an Pauls starke Regiearbeit bei »Starsky und Hutch« bat er Paul, bei drei Episoden dieser Serie Regie zu führen.

Michael spielte eine zentrale Rolle bei Pauls Wechsel von der Schauspielerei zur Regie. »Gnadenlose Clique« sollte in Miami gedreht werden, so packten wir gleich nach Aris Geburtstag im August alles zusammen und mieteten ein Haus am Strand, wo wir während der dreimonatigen Dreharbeiten wohnten. Es war eine große Chance für Paul, und es schien, als sollte es für den Rest der Familie ein großes Abenteuer werden.

Anfang September besuchte ich zusammen mit den Kindern von Miami aus meine Eltern in Puerto Rico. Wir waren gerade von dieser Reise zurück, als Ari anfing, unter Magenschmerzen und Krämpfen zu leiden. Sie hatte ziemliche Schmerzen.

Ich ging zu einem Kinderarzt in Miami, der sagte, daß sie sich vermutlich in Puerto Rico irgend etwas geholt hatte. Als es ihr nach ein paar Tagen nicht besser ging, suchte ich mir einen anderen Kinderarzt, der eine Blutuntersuchung machte und sagte, daß ihr Hämatokritwert, der den Anteil der roten Blutkörperchen angibt, zwar niedrig, aber immer noch im normalen Bereich war. Er schlug vor, wegen ihres Magens zu einem Facharzt zu gehen.

Ich rief unseren Kinderarzt in Los Angeles an, und wir sprachen die wenigen Tatsachen, die wir kannten, durch. Er sagte, ich sollte sie wegen des Durchfalls auf Diät setzen, und dann müßte in einer Woche oder in höchstens zwei alles in Ordnung sein. Ich war nicht sonderlich besorgt, aber Paul und ich wollten einfach wissen, was los war.

Dann wurden an einem Sonntag Aris Lippen ganz weiß. Ich werde das nie vergessen, weil es sie so zerbrechlich und gespenstisch aussehen ließ. Sie wurde auch so schnell müde. Wenn ich sie aus dem kleinen Kindergarten, den sie besuchte, abholte, schlief sie immer ein, sobald ich sie im Auto angeschnallt hatte. Sie war nur den halben Tag dort, und es war ihr gar nicht ähnlich, so erschöpft zu sein.

Aber es war die kalkweiße Farbe ihrer Lippen, die mir Angst machte. Freunde aus Los Angeles wie Lynn riefen an und fragten, wie es uns ging.

»Ari scheint immer noch unter der Krankheit zu leiden, die sie sich in Puerto Rico geholt hat, und das ist so merkwürdig«, sagte ich. »Ihre Lippen sind weiß – wie der Lippenstift, den du am College immer benutzt hast.«

»Was sagen die Ärzte?«

»Sie wissen nicht weiter. Sie glauben immer noch, daß sie einen Parasiten hat, und die Sache sollte sich legen, wenn ich auf ihre Ernährung achte. Aber ich mach' mir Sorgen, weil sie so schwach zu sein scheint.«

»Elizabeth, ich bin sicher, wenn du erstmal wieder

Essen in sie hineinkriegst, kommt sie wieder auf die Beine. Kinder sind in dem Alter unverwüstlich.«

»Ich weiß nicht, Lynn, manchmal sieht das sehr ernst aus. Paul und ich bekommen beide Angst. Sie wacht nachts auf und schreit vor Schmerzen, weil sie auf die Toilette muß. Manchmal sieht es nach viel Schlimmerem aus als nach einem Magenvirus oder Durchfall. Wir gehen morgen zu einem Spezialisten. Ich lass' dich wissen, was passiert.«

Paul steckte mitten in den Dreharbeiten, was bedeutete, daß er an sechs oder sieben Tagen in der Woche von sechs Uhr morgens bis Mitternacht weg war. Er stand unter ungeheurem Druck, denn dieser Film bedeutete seinen ersten großen Durchbruch als Regisseur. Wenn es irgendwie ging, nahm er sich frei, aber ein Film kann 50 000 Dollar am Tag kosten, und als Regisseur konnte Paul den Drehort nicht oft verlassen. Er konnte nicht einfach sagen: »Ich muß jetzt zu meiner Familie.« Abgesehen von der Verantwortung für einen riesigen Tagesetat sind auch noch rund zweihundert Leute am Drehort vom Regisseur abhängig und warten darauf, daß er alle Entscheidungen trifft. Deshalb lastete der größte Teil der Sorge um Ari auf meinen Schultern.

In den Zeitungen las ich immer öfter Artikel über AIDS, doch weder Paul noch ich hatten irgendwelche Freunde mit dieser Krankheit, und die Seuche schien immer noch in weiter Ferne zu sein. Es gab damals viele Diskussionen darüber, ob Leute mit AIDS in Restaurants arbeiten durften. Ich erinnere mich, daß ich ganz verwirrt und durcheinander war wegen dieser neuen Krankheit, von der ich nicht genug wußte. Sollte ich mir Sorgen machen, daß ich daran erkranken könnte? Aber solche Gedanken verflogen schnell wieder und kamen mir auch nur am Rande. Ich dachte, wenn wirklich Befürchtungen bestanden, würden die Ärzte uns das schon sagen.

Der plötzliche Streß in der Familie war vor allem für Jake belastend. Er war gerade ein Jahr alt, Paul war nicht da, ich war mit Ari beschäftigt, Graciela hatte ihre Tochter Cindy für einen Monat mit zu uns nach Miami gebracht, aber sie war gerade nach Hause gefahren, um bei ihrer Familie zu sein, und Maria Lopez, unsere neue Haushälterin, war vor kurzem erst zu uns gekommen. Für Jake waren das schwierige Übergangszeiten. Ich hatte Lucy in L.A. angerufen, um sie zu fragen, ob sie kommen und ein paar Tage bei mir verbringen könnte, aber es war unmöglich.

Im Oktober ging ich mit Ari zu einem Arzt, der auf Magenerkrankungen bei Kindern spezialisiert war. Er war überzeugt, daß Ari sich in Puerto Rico irgendeinen Parasiten oder so etwas geholt hatte, und meinte, es wäre am besten, wenn man zur Identifizierung neun oder zehn Stuhlproben hintereinander nehmen würde. Da wir so weit entfernt von Labor und Krankenhaus wohnten, schlug er vor, daß wir drei Tage im Krankenhaus blieben. Ich könnte in Aris Zimmer schlafen, und nach der Analyse der Proben würden wir herausfinden, was nicht in Ordnung war. Ich erzählte Ari, daß wir ins Krankenhaus gehen würden, aber wir wollten einfach so tun, als gingen wir in ein Hotel, und die ganze Sache zu einem Abenteuer machen. Wir kauften hübsche Kleider und neue Haarschleifen.

Das Krankenhaus war altersschwach und deprimierend. Die Aufnahme war erschreckend für mich. Wegen Ari blieb ich äußerlich fröhlich, aber innerlich war ich nicht glücklich.

Nach der Aufnahme zapften sie ihr sofort Blut ab. Bisher war ihr das Blut immer mit einem Piekser in den Finger abgenommen worden, doch dieses Mal nahmen sie es aus der Vene, und sie wurde hysterisch. Ich war entsetzt, als ich sah, wie ein Fläschchen nach dem anderen mit Aris Blut gefüllt wurde. An diesen Anblick konnte ich mich nie gewöhnen, aber beim erstenmal war ich fassungslos.

Um zehn Uhr abends kamen die Ärzte in unser Zimmer geeilt und sagten, daß Aris Hämatokritwert auf 20 gefallen sei, was gefährlich niedrig war. Sie brauchte sofort eine Transfusion, weil das Blut für den Transport von Sauerstoff eine bestimmte Anzahl von roten Blutkörperchen benötigt. Die Ärzte sagten, daß sie keine Ahnung hätten, was mit Ariel nicht stimmte, aber in den nächsten drei Tagen beobachteten sie sie, als ob sie sterben könnte.

In diesem Augenblick sah ich ihr Leben wieder gefährdet. Ich konnte fühlen, wie alle meine Träume und Pläne in sich zusammenstürzten. Meine Ängste kehrten zurück. Ohne überhaupt zu wissen, was nicht in Ordnung war, kämpfte ich wieder um ihr Leben. Für Paul war es eine Qual, nicht bei uns sein zu können.

Am wichtigsten war zunächst, ihren Hämatokritwert zu stabilisieren. Wir warteten, daß wir die Zahlen aus dem Krankenhauslabor bekamen – das Warten auf die richtigen Zahlen, das bald jeden Tag einsetzen sollte. Die Zahlen sagten uns, wie gut es ihr ging. Wenn sie hoch waren, hatten wir das Gefühl, daß da etwas war, woran wir uns festhalten konnten. Wenn sie niedrig waren, konnte ich nur um höhere Werte am nächsten Tag beten. Wieder fühlte ich mich vollkommen machtlos.

Wenn ihr Hämatokritwert sinken würde, das wußte ich, dann würden wir mehr Blut brauchen. Die Blutkonserve sollte AIDS-frei sein, da die Blutbänke seit

Anfang 1985 die Blutspenden daraufhin untersuchten. Aber ich hatte immer noch Angst, daß die Untersuchungen nicht hundertprozentig zuverlässig waren und daß Ari eine Transfusion mit infiziertem Blut bekommen und noch kränker werden könnte.

Außer meiner neuen Freundin Janet Goldstein hatte ich keine engen Freunde in Miami. Paul arbeitete Tag und Nacht. Es war, als wären Ari und ich allein auf einer Insel. Ich mußte tapfer sein, damit sie keine Angst bekam, aber wenn sie eingeschlafen war, suchte ich die Oberschwester, eine wunderbare Frau mit Namen Debbie Delaney, und sie nahm mich in die Arme, während ich weinte und weinte und weinte.

Meine Freundin Rena Kramer, die ich kennengelernt hatte, als ich nach L.A. kam, und ihre Tochter Sara, die eine der ersten Spielgefährtinnen von Ari gewesen war, hatten einen Besuch bei uns in Miami geplant. Rena kam, obwohl Ari krank war. Ich brauchte eine Freundin an meiner Seite. Am Abend, bevor Ari und ich das Krankenhaus verließen, schafften Rena und ich es, essen zu gehen. Aus den drei Tagen war eine Woche geworden, und es war das erstemal, daß ich aus der Klinik herauskam. Ich hatte Angst, Ari auch nur eine Minute allein zu lassen, aber ich brauchte frische Luft.

Wir gingen in ein kleines italienisches Restaurant, wo wir im Freien sein konnten. Ich saß an dem kleinen Tisch und redete mit Rena, als mir etwas passierte, was mir noch nie passiert war – es war wie ein Erlebnis, das außerhalb meines Körpers stattfand. Während ich im Restaurant saß, hatte ich eine Vision von mir, und über meinem Kopf schwebte eine häßliche schwarze Wolke. Ich war weit oben, und blitzartig schoß ich durch die Wolke hindurch in einen strahlend blauen Himmel. Ich zerriß die Dunkelheit und kam ins Licht. Es war eine unglaubliche visuelle Erfahrung, und innerhalb von Sekunden war sie vorbei.

Ich hatte keine Ahnung, wodurch sie ausgelöst worden war. Ich bin sicher, daß mir keine Silbe unseres Gesprächs entgangen ist. Es war nicht beängstigend, nur verwirrend und so merkwürdig, daß ich niemandem davon erzählte. Ich wußte nicht, was das bedeuten sollte. Es war der Anfang einer Reihe merkwürdiger Visionen, Träume oder Erlebnisse, die ich haben sollte. Ich wollte nur an eine Bedeutung glauben: daß wir die Dunkelheit, die Aris Krankheit umgab, durchbrochen hatten. Ein paar Minuten später rief das Krankenhaus an, um mir zu sagen, daß Ari aufgewacht war und sich ohne mich fürchtete. Eilig kehrten wir zurück.

Wie sehnte ich mich danach, mit Ari wieder am Strand zu sein. Von meiner Mutter hatte ich gelernt, wieviel Spaß es machte, nach Muscheln zu suchen, und ich hatte angefangen, es Ari beizubringen. Bevor sie krank geworden war, waren wir am Strand spazierengegangen und hatten gemeinsam nach Schätzen gesucht. Ari entdeckte Glanz und Schönheit selbst in zerbrochenen Muschelsplittern, die die meisten Leute gar nicht beachten würden. Wir beobachteten, wie die Muscheln das Licht einfingen, und stellten uns die kleinen Tierchen vor, die darin gelebt hatten. Ich hatte die Natur immer geliebt, aber Ari half mir, sie mit Ehrfurcht zu erleben.

Ariel wurde schließlich aus dem Krankenhaus entlassen, und als wir Florida im November verließen, war sie zwar kräftiger, aber nicht gesund. Gesicht und Lippen hatten wieder Farbe, aber sie hatte immer noch Anfälle von Durchfall und wachte mit Schmerzen auf. Die Ärzte in Florida hatten diagnostiziert, daß Ari an einem hämolytischen Harnsyndrom litt, einer Blutkrankheit, die im allgemeinen zu Nierenversagen führt.

Nach unserer Rückkehr nach Los Angeles gingen wir zu Dr. Richard Fine, der an der Universitätsklinik von L.A. Spezialist für Nierenerkrankungen bei Kindern war. Er arbeitete mit seiner Frau Shawnee zusammen, einer Krankenschwester, die sich auf dasselbe Fachgebiet spezialisiert hatte. Als wir uns kennenlernten, zog Richard Fine mich auf, weil ich nicht gerade wie die Frau eines Fernsehstars aussah. Ich trug Turnschuhe und einfache Baumwollkleider, die bequem, aber alles andere als schick waren. Die Fines sollten bald wie eine Familie für uns werden. Richard war väterlich, aber nicht auf herablassende Weise, und ich hatte vollkommenes Vertrauen zu ihm. Er und Shawnee wirkten beruhigend, und ich verließ mich ganz auf die beiden.

In den folgenden Monaten, von Januar bis April 1986, führten wir einen Test nach dem anderen durch, versuchten herauszufinden, welche Ursache hinter Aris Erkrankung steckte. Wir wußten alle, daß irgend etwas nicht stimmte, aber es gab Phasen, in denen Ari ein paar Wochen lang auf der Höhe und relativ stabil war und meistens das normale Leben einer Vierjährigen führte. Fröhlich ging sie jeden Tag in den Kindergarten und war jeden Nachmittag mit Freunden zum Spielen verabredet, mit Amy oder Francesca oder Sara oder Taylor.

Paul war bei der Endfertigung von »Gnadenlose Clique«. Und so wie in Miami waren die Anforderungen und der Druck groß, aber er versuchte immer, am frühen Abend zu Hause zu sein, damit wir alle zusammen essen konnten. Ich informierte Paul jeden Abend über das, was im Laufe des Tages passiert war. Er war besorgt und frustriert, weil die Ärzte nicht in der Lage waren, eine Diagnose zu stellen.

Paul und ich hatten Ari erzählt, daß irgend etwas mit ihrem Blut nicht stimmte und daß das der Grund dafür sei, daß sie oft so müde war. Wir sagten ihr, daß die Ärzte weiterhin Tests machen und einen Weg finden würden, um ihr zu helfen.

Ich hatte großes Vertrauen in Ärzte, aber hier schienen sie überfordert zu sein. Mein Leben lang hatte ich geglaubt, daß Ärzte auf alles eine Antwort wüßten. Als ich zum erstenmal vor der Tatsache stand, daß das nicht der Fall war, stieg meine Verletzbarkeit.

Die Menschen verhalten sich ganz unterschiedlich, wenn sie sich verletzbar fühlen. Ich unternehme etwas, damit ich mir nicht hilflos vorkomme. In dieser Zeit fing ich an, mich anderweitig umzusehen, um Antworten in einer verwirrenden Situation zu erhalten. So war ich auch bei Dr. Jim Blechman, den ich meinen homöopathischen Arzt nenne. Jim wurde in Schulmedizin ausgebildet, aber er setzt auch alternative Behandlungsformen wie Homöopathie, Heilkräuter und Akupunktur ein. Er glaubt, daß es Situationen gibt, in denen die Naturheilkunde eine wertvolle Ergänzung, kein Ersatz, für die Schulmedizin sein kann. Wenn man mit Jim zusammen ist, fühlt man sich getröstet durch seine Ruhe und beschützt durch seine Stärke.

Ich ging mit Ari zu ihm, aber sie reagierte auf Jim wie auf alle Ärzte – er war für sie eine mögliche Bedrohung. Ari war kritisch. Sie gehörte zu den Kindern, die einen entweder in die Arme schließen und annehmen oder auf Distanz halten. Sie umarmte die Welt nicht sofort. Sie schätzte ab und traf dann ihre Entscheidung. Aber man wußte immer, woran man bei ihr war. Obwohl sie Jim mochte, war sie nach ihrer Erfahrung in Miami mißtrauisch gegen Ärzte.

Jim meinte, daß Ari ein schwaches Virus hatte, und er verabreichte homöopathische Mittel, die bei der Blutbildung helfen sollten. Er war verunsichert, als sie nicht so schnell reagierte, wie er erwartet hatte, und obwohl wir in den Anfangsmonaten keine schnellen medizinischen Fortschritte machten, fiel es mir leicht, Jim zu vertrauen.

Jede Woche mußten bei Ari Bluttests gemacht werden. Das war immer entsetzlich, weil sie stets vor Angst schrie und kreischte, wenn ihr Blut abgenommen wurde.

Man nahm ihr Blut ab, und dann mußten wir bis zum Abend warten, um zu erfahren, ob alles stabil war. Meine Angst steigerte sich im Laufe des Tages immer mehr, und abends war ich ein reines Nervenbündel. Im allgemeinen mußte ich wegen der Ergebnisse anrufen, und ich fürchtete mich davor. Das Telefon wurde zum Feind, aber am Ende hatte ich dann Mut genug, um anzurufen. Dann war der Arzt immer nicht da, und wir mußten warten, daß er zurückrief. Wenn das Telefon dann schließlich klingelte, gab es zwischen Paul und mir immer kleine Auseinandersetzungen darüber, wer das Gespräch annahm, denn wir wußten, daß der Arzt am Apparat war, um die Laborergebnisse mitzuteilen. Meine Angst war mit Händen zu greifen.

Manchmal waren wir beim Abendessen, wenn der Anruf kam. Ich sah dann Paul an und sagte: »*Du* mußt rangehen!« Ich sah Ari an und weinte innerlich.

Paul starrte mich dann mit einem Blick an, der sagte: »Geh du ran!« Er sagte nie irgend etwas, weil wir beide nicht wollten, daß Ari merkte, wieviel Angst wir hatten.

Das Telefon klingelte dann ein zweites und ein drittes Mal. Ich sah Paul an und schüttelte den Kopf, um ihn wissen zu lassen: »Nein, ich geh' nicht ran.« Dann nahm Paul das Gespräch an und gab mir, während er zuhörte, irgendein Zeichen, um mir mitzuteilen, daß alles in Ordnung war.

Meine Freundinnen wurden immer wichtiger für mich. Sie waren diejenigen, die immer für mich da waren, wenn es mir im Laufe des Tages schlecht ging. Im Notfall konnte ich Paul erreichen, aber es waren meine Freundinnen, auf die ich mich verlassen konnte, wenn ich das Gefühl hatte, daß alles danebenging.

An einem Nachmittag sah ich kurz bei Lynn herein, die jetzt als Produzentin bei MGM arbeitete. Morgens war Ari Blut abgenommen worden, und die Ergebnisse sollten nachmittags vorliegen. Ich war wie versteinert. Immer saß die Angst in mir, daß wir wieder ins Krankenhaus mußten, wenn die Werte niedrig waren.

Ich saß in Lynns Büro und rief immer wieder an. Jedesmal wenn besetzt war, wurde ich noch nervöser. Als die Sekretärin schließlich aufnahm und mich zu Dr. Fine durchstellte, konnte ich kaum noch atmen. Ich hörte seine Stimme, hörte ihn sagen, daß alles stabil war. Ich wußte, daß wir in dieser Woche nicht wieder ins Krankenhaus mußten, und brach in Tränen aus. In mir hatte sich so viel Angst aufgebaut, daß ich nur noch zitterte und schluchzte, als alles vorbei war. Es war für uns beide schrecklich.

Gott sei Dank war Lynn da. Sie war wie ein Fels für mich. Unsere Freundschaft reicht zurück in die Zeit, als wir an der Universität von Wisconsin in derselben Studentinnenvereinigung waren. Damals schwebten wir mit der Unschuld von studentischen Ballköniginnen durchs Leben.

Als wir 1965 in Wisconsin anfingen, war es eine Uni

der fröhlichen Feste mit vierzigtausend Studenten, und wir kamen gerade zur richtigen Zeit hin. Aber als wir 1969 unseren Abschluß machten, explodierte die Universität in ihrem Protest gegen den Vietnam-Krieg, und die Nationalgarde war auf dem Gelände. Im Laufe der Jahre verloren Lynn und ich unsere Unschuld gemeinsam. Wir verloren unsere Unschuld im Kummer unserer ersten Lieben. Wir verloren unseren unschuldigen Idealismus in den Protesten gegen den Krieg, und wir verloren unsere »Glücklich für immer«-Unschuld, als unsere ersten Ehen mit Scheidung endeten. Aber das hier war schwieriger als alles, was wir bis dahin erlebt hatten.

Wenn ich also weinte, nahm sie mich in die Arme und beruhigte mich, daß die Ärzte irgendwann und irgendwie schon herausfinden würden, was mit Ari los war, und dann würden sie ihr mit den Wundern der Medizin auch helfen.

Während wir versuchten, eine Lösung für Aris medizinische Probleme zu finden, planten wir für die Zukunft und sahen uns nach einer Vorschule um, in die sie ab Herbst gehen konnte. Wir kamen überhaupt nicht auf den Gedanken, daß es ihr nicht besser gehen könnte. Als Lehrerin war ich für eine staatliche Schule, aber ich war auch bereit, mich an privaten umzusehen. Ich sah mir nur eine an, mehr nicht.

Crossroads ist eine Privatschule, die bis zur zwölften Klasse führt. Obwohl sie ihren Schwerpunkt auf traditionelles, wissenschaftliches Lernen legt, fördert sie Kreatives, und sie ermuntert die Kinder, fordert sie geradezu heraus, etwas zu suchen, das sie aufregend finden. Ich erinnere mich daran, daß Mimi Baer, die Direktorin der Unterstufe, uns bei unserem Gespräch fragte, ob wir diese Bewerbungsgespräche um einen Platz an einer Schule nicht leid wären. Als ich ihr sagte, daß wir uns nur um Crossroads bemüht hatten, schien es ihr die Sprache zu verschlagen, weil sich so viele Leute um Aufnahme bewarben.

Sechs Monate nach der Bewerbung wurden wir angenommen. Es war ein Votum für die Zukunft. Als Lehrerin wußte ich, daß diese Schule außergewöhnlich war. Sie lag nur acht Häuserblocks von unserem Haus entfernt, also ganz in der Nachbarschaft. Alles war perfekt. Gleich nachdem wir den Brief mit der Bestätigung gelesen hatten, stiegen wir ins Auto, und ich zeigte Ari ihre zukünftige Schule. Wir waren beide aufgeregt.

Als die Zeit verging und sich immer noch keine Besserung einstellte, wurde Ariel auf alle möglichen ungewöhnlichen Krankheiten hin untersucht, einschließlich Lupus, eine Erkrankung, von der ich noch nie etwas gehört hatte. Der Test war negativ. Man zog in Betracht, aus Leber und Niere Gewebeproben zu entnehmen, aber die Sache wurde zurückgestellt.

Ein paar Wochen später sagte Richard Fine, daß er auf Leukämie untersuchen wollte. Leukämie? Ich wußte, daß Ariel nicht daran litt, aber Dr. Fine sagte, daß er ihr Knochenmark untersuchen und prüfen wollte, ob sich da irgendeine bösartige Krankheit versteckt hatte. Wir würden für kurze Zeit ins Krankenhaus gehen müssen.

Dr. Fine enthielt uns immer noch seine schlimmsten Befürchtungen vor. Er und Shawnee hatten insgeheim das Gefühl, daß bei Ari ein AIDS-Test gemacht werden müßte, aber zu dieser Zeit herrschte die Meinung vor, daß man direkten Kontakt mit Blut oder Sperma haben mußte, um das Virus zu bekommen. Von Muttermilch als Übertragungsquelle war nirgends die Rede.

Shawnee überzeugte ihn, und sie berieten, wie sie

uns das beibringen sollten, da die Ärzte die Zustimmung zu einem AIDS-Test einholen mußten. Da sie uns nicht mit dem HIV-Test konfrontieren wollten, beschlossen sie, andere Tests zu machen, die AIDS als Diagnose ausschlossen.

Als der Leukämie-Test negativ ausfiel, hatte ich das Gefühl, daß wir eine weitere diagnostische Runde gewonnen hatten. Ich war erleichtert. Richard Fine war nicht so fröhlich. Er wußte, was wir nicht wußten — Aris Durchfall war ein Symptom für AIDS. Er machte eine Dickdarmspiegelung und entnahm eine Gewebeprobe, um zu untersuchen, warum sie immer wieder Durchfall bekam. Wir bekamen auch heraus, daß sie im Krankenhaus auch Aris T-Zellen untersucht hatten. Der einzige von all den Tests, der überhaupt auf etwas Neues hindeutete, wies auf AIDS hin: die Zahl der T-Zellen war niedrig.

T-Zellen sind weiße Blutzellen, die das Immunsystem gegen Angriffe verteidigen. Das HIV-Virus dringt in diese Zellen ein und reproduziert sich in jeder neuen T-Zelle, die produziert wird. Die infizierten T-Zellen sterben dann ab. Während die Krankheit fortschreitet, geht die Anzahl der T-Zellen langsam aber sicher zurück und nimmt dem Immunsystem genau die Zellen, die es braucht, um Infektionen zu bekämpfen.

Dr. Fine hatte den Hämatologen gebeten, sich Aris Blutbild anzusehen.

Ich wußte nichts von seinen zunehmenden Befürchtungen. Ich glaubte immer noch, wenn wir erst einmal Aris Krankheit erkannt und behandelt hätten, würde sich alles zum Guten wenden. Doch ganz gleich, was ich glaubte, es war eine belastende Zeit voller Ängste. Ich brauchte Hilfe. Ich stand bereits vor Aufgaben, von denen ich nie geglaubt hatte, daß sie mir je gestellt würden.

Der andere Mensch, an den ich mich damals wandte, war Rabbi Jonathan Omer-Man, der eine Mischung aus Therapeut und Religionslehrer ist und sich selbst etwas poetisch als einen Mann beschreibt, der mit Menschen arbeitet, denen die eigene Lebensgeschichte verlorengegangen ist.

Mit Jonathan zu arbeiten, ist ein Prozeß der Stärkung, des Wiedergewinnens der Kontrolle, nachdem eine Tragödie oder ein Aufruhr der Gefühle dein Leben aus der Bahn geworfen hat. Ich war zum erstenmal zu Jonathan gegangen, als wir aus Miami zurückgekehrt waren, und ich hatte keine Ahnung, wie sehr ich ihn im Laufe der Zeit noch brauchen würde. Jonathan sagte, ich sei wie Stahldraht, der vollkommen verdreht auf dem Boden lag. Aber er sagte auch, daß der Draht große Kraft hat, wenn man ihn erst einmal entwirrt und strammgezogen hätte.

Äußerlich hatte mein Leben immer noch einen Sinn, aber innerlich stand ich zum erstenmal vor einer Situation, die ich nicht kontrollieren konnte. Die alten Methoden führten zu keinen Lösungen. Ich war in dem Bewußtsein erzogen worden, daß ich ein Mensch war, der Dinge in Bewegung setzen konnte; aber jetzt war ich nicht in der Lage dazu.

Im Frühling brauchten Paul und ich Erholung. Es gehörte für uns viel dazu, den Mut aufzubringen, Ari und Jake allein zu lassen, wenn auch nur für kurze Zeit. Wir waren immer noch um Aris Gesundheit besorgt, aber sie schien relativ stabil zu sein. Wir wußten, daß wir Zeit für uns allein brauchten. Paul hatte endlich »Gnadenlose Clique« beendet, und das schien ein guter Zeitpunkt zu sein, uns gegenseitig ein bißchen Aufmerksamkeit zu schenken. Wir beschlossen, nach Hawaii zu fliegen.

Müde und erschöpft taumelten wir ins Paradies, fühlten uns aber schnell wie neugeboren. Wir lernten neue Leute kennen, die in den kommenden Monaten und Jahren noch sehr wichtig werden sollten: Steven Spielberg, der damals mit Amy Irving verheiratet war, Richard Dreyfuss und seine überschwengliche Frau Jeremy und Ron und Carol Herman. Wir erzählten ihnen, daß es unserer Tochter nicht gut ging, aber daß wir mit Optimismus daran glaubten, daß alles gut werden würde, wenn die Diagnose erst einmal gestellt wäre.

Es war für uns eine willkommene Abwechslung, die üppige Schönheit Hawaiis zu genießen, uns zu lieben und mit neuen Freunden zu lachen. Wir überzeugten uns gegenseitig davon, daß ein Glück, das wir festhalten konnten, direkt vor uns lag. Mitte Mai kamen wir wieder nach Hause, und zwei Wochen später bekam ich einen Anruf von Dr. Fine.

»Hören Sie, ich möchte nicht, daß Sie sich Sorgen machen, weil ich sicher bin, daß es unmöglich ist, aber der Hämatologe, der sich Aris Blutbild angesehen hat, hat es an die Leute weitergegeben, die sich mit Infektionskrankheiten befassen, und es gibt da ein paar Dinge, die nach ihrer Meinung darauf hinweisen, daß es klug wäre, einen AIDS-Test zu machen.«

»Gut, in Ordnung«, stimmte ich zu. Zu der Zeit gehörten Richard und Shawnee fast schon zur Familie. Ich hatte vollkommenes Vertrauen zu ihnen. »Wir haben den Test auf Lupus gemacht. Wir haben auf Leukämie untersucht. Also machen wir den AIDS-Test.«

Ich glaube nicht, daß ich vor dem AIDS-Test mehr Angst hatte als vor den anderen. Wie solle Ari AIDS bekommen haben? Ich machte mir keine Gedanken wegen der Transfusionen, die sie in Miami bekommen hatte, denn da war sie schon krank gewesen. Genau wie ihre Ärzte Lupus und Leukämie ausgeschlossen hatten, würden sie AIDS ausschließen.

Aber Paul wurde fuchsteufelswild, als er hörte, daß Dr. Fine einen AIDS-Test machen wollte. Das schien ihm grotesk zu sein. Er rief Richard Fine an, wütend, daß die Krankheit schon sechs Monate dauerte, ohne daß es ein Ergebnis oder eine Besserung gab. Der Gedanke an AIDS ließ Paul erstarren. Aber als er sich seine Frustration erst einmal von der Seele geredet hatte, stimmte er dem Test zu.

Wir gingen zur Blutabnahme. Ich mußte ein Formular unterschreiben, mit dem ich die Erlaubnis für den Test gab.

Paul war zu Hause, als das Telefon am nächsten Tag klingelte. Wir waren im Schlafzimmer. Er nahm das Gespräch an, und ich sah, wie er nickte und irgendwas wie »Hm, hm« murmelte. Als er aufgelegt hatte, sagte er: »Sie müssen den Test wiederholen. Da sind irgendwelche positiven Anzeichen. Vermutlich liegt ein Fehler vor, und in zwei Tagen wissen wir Bescheid.«

Diese zwei Tage waren wie eine Ewigkeit. Ich kann mich nicht erinnern, daß ich mit Paul darüber sprach. Wenn einer von uns davon angefangen hätte, hätte der andere gesagt: »Hör mal, das ist dumm, wir wissen ja nichts. Es wäre Zeitverschwendung, irgendwelche Spekulationen anzustellen. In zwei Tagen wissen wir, was los ist, und vermutlich ist alles in Ordnung.«

Ich erinnere mich daran, daß ich ein paar Freundinnen erzählt hatte, daß der Test wiederholt wurde, weil die Ergebnisse ein bißchen merkwürdig waren und das positive Resultat vermutlich falsch war. In

Wahrheit stand ich unter Schock. Nur um Aris willen ließ ich mir nichts anmerken.

Die zwei Tage vergingen langsam, waren aber schließlich vorbei. An diesem Morgen Ende Mai rief Richard Fine an. »Der Test ist wieder positiv. Sie müssen morgen alle kommen und den Test machen.«

Zuerst fand ich keine Worte. Und dann platzte ich heraus: »Wie konnte das passieren? Wie konnte das *passieren?*«

»Das wissen wir nicht. Wir müssen Sie alle testen. Es tut mir so leid, Elizabeth.«

Die Diagnose bei Ari war gestellt. Aris Krankheit hatte jetzt einen Namen. Ariel hatte AIDS.

Ich weiß noch, daß ich ins Badezimmer ging und so laut schrie, wie ich konnte. Ari und Jake müssen nicht zu Hause gewesen sein, denn in ihrer Gegenwart hätte ich mich nie so gehenlassen. Ich schrie und weinte. Ich weiß nicht, wie lange ich dort blieb. Ich weiß gar nichts mehr.

Paul kam ins Badezimmer. Aber wir konnten uns nicht berühren. Wir konnten uns nicht einmal ansehen. Er drehte sich um und ging hinaus. Ich weinte immer noch. Er kam wieder herein. Er sagte: »Du mußt dich zusammenreißen.« Ich dachte: »Warum? Mein Leben ist zu Ende. Wieso sollte ich irgendwas zusammenreißen? Warum sollte ich mir Mühe geben, weiterzumachen? Das Wichtigste in meinem Leben – meine Tochter – würde sterben.« Mehr konnte ich in dem Augenblick nicht denken. Warum also weitermachen?

Ich wurde immer hysterischer. Schließlich setzte Paul sich neben mich auf den Rand der Badewanne und sagte nur: »Wir wissen es nicht. Du mußt dich für Ari und Jake unter Kontrolle bekommen, Elizabeth. Du mußt – also *tu* es jetzt.«

Von dem Moment an hatte ich keine andere Wahl, als absichtlich schizophren zu werden. Was ich fühlte und dachte war eine Sache, wie ich mich meinen Kindern und der restlichen Welt gegenüber gab, eine andere.

Es mag unglaublich erscheinen, aber ich fing noch an jenem Abend damit an. Ich hatte ehrenamtlich in Tom Haydens Büro mitgearbeitet und für diesen Abend eine Cocktail-Party organisiert, auf der es um eines von Haydens Umweltzielen ging. Da ich reden sollte, hatte ich das Gefühl, daß ich nicht einfach wegbleiben konnte. Lucy begleitete mich. Aris Diagnose hatte Lucy vollkommen umgehauen. Sie zitterte und war verzweifelt, aber ich war noch zu benommen.

Es war, als wäre ich die zweite Besetzung meiner eigenen Person geworden. Da war eine Frau, die auf die Bühne gehen und für mich einspringen mußte. Sie kannte meinen gesamten Text und sah auch so aus wie ich. Aber die wirkliche Elizabeth Glaser war irgendwo anders, irgendwo in einem dunklen, schwarzen Loch, das zu tief zu sein schien. Irgendwo anders und so voller Angst, daß sie das niemanden sehen lassen konnte.

Am nächsten Morgen fuhren wir in die Universitätsklinik von Los Angeles und wurden alle getestet. Später rief Richard Fine an. »Wir müssen die Tests bei Elizabeth und Jake wiederholen.« Und da wußten wir schon, was das bedeutete. Es bedeutete, daß wir positiv waren. Es bedeutete, daß sie uns kein positives HIV-Testergebnis geben wollten, bevor sie es nicht zweimal bestätigt bekamen.

Paul und ich fuhren zur Uniklinik zurück und saßen benommen mit Dr. Fine in seinem Sprechzimmer; auch Dr. Richard Stiehm, der Kinderimmunologe, der Aris Arzt werden sollte, war dabei. Wir saßen da wie

Statuen. Wir standen unter Schock. Da waren wenig Emotionen. Wir nickten zustimmend zu Worten, die keinen Sinn ergaben.

Sie erklärten uns, daß es in den Anfangsjahren der Epidemie viele infizierte Blutkonserven im Cedars-Sinai-Hospital gegeben hatte, weil es am Rand von West-Hollywood liegt, einer von Homosexuellen bevorzugten Gegend. Sie fragten mich, ob ich je eine sexuelle Beziehung mit einem anderen Mann als Paul gehabt hätte. Ich lachte, weil mir die Frage dumm vorkam. Ich hatte nicht einmal einen anderen geküßt als meinen Mann, seit ich ihn kennengelernt hatte.

Dr. Stiehm glaubte, daß ich durch die Bluttransfusionen infiziert worden wäre und daß ich das Virus an Ari beim Stillen und an Jake im Mutterleib weitergegeben hätte.

Paul und ich saßen nur da. In unseren schlimmsten Alpträumen hätten wir uns nicht die Verwüstungen vorstellen können, die dieser Besuch anrichtete. Unsere gesamte Welt war zusammengebrochen. Ari, Jake und ich konnten sterben. Es war zuviel, um es zu begreifen. Auch heute ist es noch zuviel, um es zu begreifen.

Es gab Dinge, um die wir uns kümmern mußten. Sie sagten, daß Ari sofort mit Gammaglobulin behandelt werden sollte, um ihr Immunsystem zu stützen. Dazu müßte sie nicht stationär ins Krankenhaus, sondern sie könnte die Infusionen in der Uniklinik bekommen; sie würde dann vier Stunden mit einer Kanüle im Arm dasitzen. Dr. Stiehm sagte, wir sollten niemandem etwas von der Diagnose erzählen, denn andere Familien mit AIDS hätten keine guten Erfahrungen gemacht.

»Die Welt ist noch nicht reif für Ihre Familie«, so

drückte er es aus. Er riet uns, es nicht einmal unseren engsten Freunden zu erzählen.

Dennoch, sagte er, müßten wir es Aris Kindergarten mitteilen oder sie herausnehmen. Zu der Zeit sahen die Vorschriften der Gesundheitskontrolle vor, daß ein Kind mit AIDS nicht im Kindergarten sein durfte, wenn dieser nicht seine Einwilligung gab.

Es war unwirklich. Zusammen mit dieser grauenhaften medizinischen Diagnose wurde uns mitgeteilt, wie wir mit dem Rest der Welt umzugehen hatten.

Dr. Stiehm sagte mir, daß der Test bei mir durchaus HIV-positiv sein konnte, ohne symptomal zu sein und ohne daß Anzeichen der Erkrankung auftraten. Mit anderen Worten: Es bestand ein großer Unterschied, ob man HIV-positiv war oder unter vollem Ausbruch von AIDS litt.

Ich fragte Dr. Stiehm: »Können Sie mir sagen, wie es um mich steht?«

Er sagte, daß es bestimmte Dinge gäbe, auf die man untersuchen könnte. Meine Angst wuchs.

»Gut«, sagte ich, »gehen Sie mit mir in ein Untersuchungszimmer und untersuchen Sie mich hier und jetzt. Würden Sie das tun? Können Sie das tun?« Ich brauchte zu dem Zeitpunkt alle Informationen, die ich bekommen konnte.

Er suchte zwischen meinen Fingern und Zehen nach Soor, einer Pilzerkrankung. Er prüfte, ob meine Lymphknoten geschwollen waren. Er fand keine Symptome. Er sagte, daß ich einen Arzt für Erwachsene brauchte, und empfahl mir einen Besuch an der Uniklinik bei Dr. Michael Gottlieb, einem Immunologen, der seit Ausbruch der Seuche in vorderster Linie stand.

Obwohl Jake HIV-positiv war, waren alle anderen Tests bei ihm normal. Weil er erst achtzehn Monate alt und Ari erst mit vier Jahren krank geworden war, hatte ich, glaube ich, das Gefühl, daß Jake noch Zeit hatte. Sofort richtete sich meine Aufmerksamkeit hundertprozentig auf Ari.

An dem Tag sagte ich Dr. Stiehm, daß ich nicht leben konnte, ohne meinen Freunden davon zu erzählen. Sie waren der Mörtel, der unser Lebenshaus zusammenhielt. Sie hatten auch Aris Erkrankung seit Miami verfolgt, und ihre Hilfe und Anteilnahme waren ungeheuer wichtig gewesen. Paul und ich befanden, daß wir zwei Möglichkeiten hatten. Wir konnten es einigen Freunden erzählen oder wir konnten unsere Sachen packen, unser Haus verkaufen und irgendwo neu anfangen, wo uns niemand kannte. Aber Paul und ich wußten beide, daß das Weglaufen sinnlos war.

Wir fuhren nach Hause, ich sah meine Kinder an und hatte ein Gefühl, das sich immer noch jedesmal einstellt, wenn ich Jake ansehe: »Ich liebe euch so sehr, und ich habe keine Angst, daß ich euch verlieren könnte.«

Das Leben, so wie wir es gekannt hatten, war vorüber. Von jetzt an konnte nichts mehr als selbstverständlich hingenommen werden. Wenn ich mir vorher auch Gedanken darüber machte, daß ich verantwortlich für Aris Wohlergehen war, so spürte ich die Belastung jetzt ständig, und sie war um ein Vielfaches größer geworden. Gleichzeitig war es eine Pflicht, bei der ich nicht ein einziges Mal daran gedacht hatte, mich davor zu drücken. Was meinen eigenen körperlichen Zustand anging, so wußte ich, daß ich stark bleiben mußte, um meine Kinder zu retten. Unsere ersten Schritte waren vielleicht die schwersten.

Einer der ersten Anrufe, die ich machen mußte, galt meinen Eltern. Ich sah das Telefon an und fand eine

Ausrede nach der anderen, um den Hörer nicht aufnehmen zu müssen. Ich wollte warten, bis die Kinder schliefen. Ich wollte warten, bis ich etwas gegessen hatte. Ich wollte warten, bis ich die Worte aussprechen konnte, ohne in Tränen auszubrechen.

Ich haßte den Gedanken daran, was das alles für ihr Leben bedeuten würde. Sie waren Ende Sechzig und lebten als fröhliche Pensionäre in Puerto Rico. Sie wohnten in einem Haus am Ozean, das sie selbst entworfen und gebaut hatten. Diese Jahre sollten die Belohnung sein, für die sie ihr Leben lang schwer gearbeitet hatten. Nun mußte ich ihnen sagen, daß ihre einzige Tochter und ihre Enkel eine Krankheit in sich trugen, für die es keine Behandlung oder Heilung gab, eine Krankheit, bei der niemand wieder gesund wurde.

Schließlich griff ich zum Hörer und wählte. Ich saß auf dem Bett. Meine Mutter nahm das Gespräch an.

»Hallo, Mom, ich bin's.«

»Wie geht es dir?«

»Also, es geht uns nicht gut.«

»Was ist los? Der Klang deiner Stimme gefällt mir nicht. Ist Ari wieder krank?«

»Es ist alles viel schlimmer. Schlimmer als alles, was man sich vorstellen kann. Ari hat AIDS, und Jake und ich sind HIV-positiv. Wir haben es gerade erfahren. Paul ist als einziger nicht infiziert.«

»O Gott, Betsy, das muß ein Irrtum sein.«

»Nein, es ist kein Irrtum. Sie haben alle Tests zweimal gemacht. Ich hab' es durch die Bluttransfusionen bei Aris Geburt bekommen.«

»Aber wie sollte sie es bekommen haben? Du hast die Transfusionen nach ihrer Geburt bekommen.«

»Aber ich habe sie gestillt, und Dr. Stiehm sagt, daß man es über die Muttermilch bekommen kann. Jake hat es schon vor der Geburt bekommen. Ich hab' solche Angst. Ich weiß nicht, was ich machen soll.«

Ich weinte und weinte am Telefon, und meine Mutter versuchte mich zu trösten. Sie sagte, sie würde sofort kommen, wenn ich sie brauchte, und ich sagte, daß ich sie brauchte, aber wir sollten noch ein paar Tage warten, bis wir unser Gleichgewicht wiedergefunden hätten. Sie kam ein paar Wochen später.

Die zweite Entscheidung, die wir sofort treffen mußten, drehte sich um Aris Schule. Es waren nur noch drei Wochen, bis sie in die Vorschule kam. Ich hatte das Gefühl, daß die Angelegenheit für die Schule zu wichtig war, als daß dort in so kurzer Zeit eine Entscheidung getroffen werden konnte. Dr. Stiehm hatte gesagt, wenn ich der Schule nicht mitteilte, was los war, müßte ich Ari abmelden. So fing ich an zu lügen. Ich erzählte der Direktorin, daß Dr. Stiehm, Aris Arzt, der Ansicht war, daß ihr ein ruhiger Sommer guttun würde, damit sie möglichst viel von ihrer Kraft wiedergewann, bevor sie in die Vorschule ging. Wenn ich mich intensiv genug konzentrierte, glaubte ich es fast selbst.

Ari aus dem Kindergarten zu nehmen, war eine Entscheidung, unter der ich sehr litt. Seit drei Jahren war sie dort. Gerade jetzt wollte ich, daß sie möglichst alles Schöne erlebte. Ich haßte es, sie aus einer Umgebung herauszunehmen, in der sie soviel Freude gehabt hatte. Was für einen Unterschied machten weitere einundzwanzig Tage? Sie war seit der Geburt infiziert. Was konnte in den nächsten drei Wochen passieren, was nicht schon passiert war? Ich wollte so gern, daß sie das Ende der Kindergartenzeit mit allen Freunden feiern konnte. Aber jetzt, wo wir wußten, daß sie AIDS hatte, war nichts mehr wie zuvor. Wir nahmen sie heraus.

Die Ärzte sagten mir, was ich machen sollte, und zu dieser Zeit befolgte ich ihre Anweisungen ganz genau.

Ari war für den Sommer zu einem Tageslager angemeldet. Das war wie eine Vorschule im Freien, jeden Vormittag ein paar Stunden. Ich mußte herausfinden, ob sie ein Kind mit AIDS nehmen würden, ohne daß ich direkt fragte. Gene Seymour, ein Arzt und einer von Pauls besten Freunden, nahm für uns Kontakt mit dem Direktor des Lagers auf und fragte, ob sie ein Kind akzeptieren würden, bei dem AIDS diagnostiziert worden war. Die Antwort war ein glattes Nein. Wir meldeten sie ab.

Ich erzählte Ari dasselbe wie allen anderen, nämlich daß ihr Doktor meinte, sie müsse sich ausruhen und kräftiger werden, damit sie im Herbst für die Vorschule bereit sei. Ariel nahm das hin. Ich versuchte, einen Ausgleich zu schaffen, indem ich mit ihr und Jake jeden Tag in den Park ging und mit ihnen alles unternahm, was uns am meisten Spaß machte. Das Verlassen des Kindergartens war für mich viel schwieriger als für sie, denn ich tat vor ihr so, als ob alles in Ordnung wäre, und sie glaubte es.

David Kantar, Pauls Neffe, sollte zwei Tage, nachdem wir unsere Diagnose erfahren hatten, zu uns kommen. Connie, seine Mutter, ist Pauls Schwester, und wir fahren jeden Sommer in das Haus der Kantars in Maine. David wollte die Schule für ein Jahr unterbrechen und den Sommer bei uns verbringen. Würde er immer noch bei uns wohnen wollen? Würde er Angst haben? Würde seine Familie Angst haben? Ich meine, wir wußten aus den Zeitungen, daß die Leute Angst vor AIDS hatten.

Wir riefen Connie und ihren Mann Billy an, erzählten ihnen von der Diagnose und fragten, ob sie es immer noch in Ordnung fanden, wenn David zu uns kam. Sie dachten nach, riefen uns wieder an und sagten: »David kommt trotzdem.«

Es war ein erleichternder Gedanke, daß noch jemand da sein würde, an den man sich anlehnen konnte, aber in Wirklichkeit war David ein junger Mann von erst einundzwanzig Jahren. Er kam mit dem Flugzeug an, betrat unser Haus, setzte sich mit uns an den Küchentisch, und ich heulte hysterisch. Er wurde mit einer Krise konfrontiert, die für einen so jungen Menschen unvorstellbar war. Aber seine Liebe war unerschütterlich, und er war für unsere Familie in dieser Zeit eine große Hilfe.

Paul und ich beschlossen, uns nur einer Handvoll Freunden anzuvertrauen, von denen einige Kinder hatten, die Spielgefährten von Ari und Jake waren. Die Mitteilung, daß wir AIDS hatten, war für diese Freunde wie die Mitteilung, daß ihre Kinder jahrelang in unmittelbarer Gefahr geschwebt hatten. Waren sie bereits verseucht? Wenn es um die Sicherheit der eigenen Kinder geht, ist nichts rational. Ich fragte mich, ob ich anders reagieren würde, wenn ich an ihrer Stelle wäre. Wir waren nervös, aber wir gingen davon aus, daß alles in Ordnung sein würde. Wir irrten uns.

Ich sagte es unseren Freunden persönlich, einem nach dem anderen. Ich rief sie an und sagte: »Du mußt sofort rüberkommen. Ich muß sofort mit dir sprechen.«

Bei mir zu Hause konnten wir in Gegenwart der Kinder nicht reden, und bei ihnen zu Hause auch nicht, also machten wir einen Spaziergang um den Häuserblock oder fuhren ein Stück mit dem Auto. Ich führte keins dieser Gespräche ohne Zigarette – ich rauche nur, wenn ich nervös bin –, deshalb mußten wir manchmal erst beim Spirituosengeschäft halten, um welche zu kaufen.

Als ich meiner Freundin Rena alles erzählte, fuhren wir zur Ocean Avenue und parkten unter den hohen Palmen am Rande des Parkplatzes. Ich zündete mir eine Zigarette an und sagte: »Das Entsetzlichste ist passiert. Ari hat AIDS, und Jake und ich sind HIV-positiv. Paul hat nichts.«

Wie meine Mutter dachte Rena, daß irgendein Mißverständnis vorliegen mußte. Daß all das nur ein schrecklicher Irrtum sei. Unter Schluchzen sagte ich, daß es leider kein Irrtum sei. Sie tröstete mich sehr, und während ich immer noch weinte, nahm ich Rena, wie später allen anderen auch, das Versprechen ab, niemandem außer ihrem Mann etwas zu erzählen.

Als Rena und ich wieder zu Hause waren, kam Paul nach draußen und setzte sich mit uns auf die Stufen. Er sagte, dieses Geschehen würde für uns alle eine Mutprobe sein, es würde die Grenzen unserer Moral, Integrität und Stärke erkennen lassen. In solchen Augenblicken, wenn ich meinte, daß ich nicht die Kraft zum Weitermachen hatte, fühlte ich, daß ich mich an Paul wenden konnte und er mir helfen würde, einen größeren Zusammenhang zu sehen. Er sprach dann von Reife und Erkenntnissen, die das ganze Geschehen zur Folge haben würde. Von Anfang an war Paul in der Lage, in der Krise auch ein Stück Lebenserfahrung zu entdecken.

Das Geheimnis . . .

Das Geheimnis.

Wenn wir den Leuten erzählten, daß wir AIDS hatten, zwangen wir sie, einer Verschwörung des Schweigens beizutreten. Unsere Lebensqualität war nun abhängig von der Fähigkeit unserer Freunde zu schweigen. Wenn ein Wort durchsickerte, dann, das wußten wir, würden wir grundlos wie Aussätzige behandelt werden.

Wir alle waren sehr verängstigt und verwirrt. Für uns und unsere Freunde war dies völliges Neuland. Zuerst reagierten alle sehr mitfühlend: »Oh, das ist schrecklich, es ist so entsetzlich. Wir haben euch lieb und werden alles tun, was in unseren Kräften steht, um euch zu helfen.« Für unsere Freunde, die keine Kinder hatten, die mit Ari und Jake spielten, war es leichter, uns ihrer Unterstützung zu versichern.

Für die Eltern der Spielgefährten unserer Kinder war das eine ganz andere Entscheidung. Vier Jahre lang waren die Kinder zusammen groß geworden, erst als Babys, die an der Flasche nuckelten und sabberten, dann als Krabbelkinder, die gemeinsam aßen und gebadet wurden, schließlich als Vorschulkinder, die zusammen schwammen und badeten. Jetzt hatten diese Freunde Angst, daß ihre Kinder mit einem Virus infiziert werden könnten, von dem wir wenig wußten. Die vernünftige Überlegung, daß »das, was passieren könnte, vielleicht schon passiert ist«, funktionierte nicht. Der anfänglichen Reaktion »Wie können wir helfen?« folgten ein paar Wochen später große Ängste und viele Einschränkungen. Wir sahen, wie die Qualität unseres Lebens vor unseren Augen dahinschwand.

Wegen all der Belastungen war ich nach unserer Rückkehr aus Miami zum Yoga-Unterricht gegangen. Die Übungen waren entspannend, und Yoga half mir, mich konzentriert und kontrolliert zu fühlen. Drei Tage nach der Diagnose ging ich zur nächsten Stunde. Als meine Lehrerin mir ein Glas Wasser anbot, geriet ich in Panik. Sollte ich trinken? Durfte ich trinken, wenn sie nichts wußte? Ich erzählte ihr von der Diagnose und bat sie, nachzudenken und mich wissen zu lassen, ob ich weiterhin zu ihr kommen könnte.

Sie rief an und sagte mir, sie wolle mich nie wiedersehen. Das haute mich um. Ich hatte gedacht, sie sei eine Person, die auf einer höheren geistigen Ebene stand als der Rest von uns. Vergiß es. Es war das erste konkrete Beispiel dafür, daß Leute nichts mit mir und meinen Kindern zu tun haben wollten, weil wir an dieser Krankheit litten.

Ungefähr zu dieser Zeit rief ich auch meinen alten Therapeuten Dr. Harry Brickman an, einen wunderbaren Mann, zu dem ich über Jahre hinweg unregelmäßig gegangen war. Als ich nicht mehr zu ihm ging, hatte Paul angefangen, ihn aufzusuchen, und daher kannte Harry Brickman unsere Familie sehr, sehr gut. Innerhalb von ein paar Stunden war Harry bei uns zu Hause. Paul und ich redeten und weinten und redeten und weinten. Wir sprachen über das Leben, wir sprachen über den Tod. Es war wirklich überwältigend. Ich sagte ihm, wieviel Angst ich um Ari hatte und daß ich wollte, daß sie wirklich sofort unterstützende Maßnahmen bekam. Ich bat ihn, ein paar Anrufe zu tätigen, um einen Therapeuten zu finden, der bereit war, mit ihr zu arbeiten, wenn wir es für nötig hielten. Ein paar Tage später rief er wieder an und sagte mir, daß die Psychiater, mit denen er gesprochen hatte, nicht mit meinem Kind arbeiten wollten, weil es AIDS hatte.

Die Yoga-Lehrerin mit ihren Körperölen und Atemtechniken konnte man vergessen – aber hier handelte es sich um Ärzte! Die Psychiater wollten kein Kind mit AIDS in ihrer Praxis haben, weil sie fürchteten, sie würden zu viele andere Patienten verlieren, wenn davon ein Wort nach außen drang. Die Leute reagierten mit soviel Angst, daß ich anfing, mich als Gefahr zu empfinden.

Eines Tages ging ich mit Ari und Jake in einen kleinen Park in der Nachbarschaft, und ich weiß noch, daß ich dachte: »Alle starren mich an. Was denken sie? Was ist, wenn sie alles wissen?«

Ich schob Ari in ihrer Karre die Montana Avenue in Santa Monica hinunter und fühlte mich wie eine Aussätzige. Jedesmal wenn ich in den Supermarkt ging, stellte ich mir vor, wie sich alle langsam und ruhig zurückzogen, als hätten sie gerade eine Klapperschlange entdeckt.

Man hatte mir geraten, sofort zu einem Arzt zu gehen, und so ließ ich mir einen Termin bei Dr. Michael Gottlieb geben, dem Immunologen, dessen Name in Los Angeles fiel, sobald man das Wort AIDS aussprach. Nach einem Stipendium an der Stanford University war er 1980 nach Los Angeles gekommen und hatte hier an der Universitätsklinik mit immunologischen Forschungen begonnen. Auf eine seltene Form der Lungenentzündung, die bei Homosexuellen auftrat, aufmerksam geworden, veröffentlichte Gottlieb das, was sich im Juni 1981 als erster Bericht über die Seuche herausstellen sollte, und seitdem stand er in vorderster Reihe. Als ich seine Patientin wurde, konzentrierte Gottlieb sich in seiner Praxis einzig auf AIDS. Im Sommer zuvor war er der Arzt gewesen, der der Welt schließlich bestätigte, daß sein Patient Rock Hudson AIDS hatte. Er war auch Mitbegründer der AMFAR (American Foundation for AIDS Research – Amerikanische Stiftung für AIDS-Forschung).

Ich ging allein zu meinem ersten Termin bei Gottlieb. Paul arbeitete, aber ich wäre auch ohne ihn gegangen, wenn er freigehabt hätte. Meine Mutter war vor kurzem aus Puerto Rico gekommen und wollte mich begleiten, aber ich lehnte ab. Ich wollte – und mußte – allein hören, was Gottlieb mir zu sagen hatte. Meine Mutter fühlte sich zurückgewiesen, und es war für uns beide ein schwieriger Augenblick.

Ich konnte den Gedanken nicht ertragen, daß irgend jemand bei mir war, wenn Michael Gottlieb mir sagte, daß ich in zwei Jahren tot sein würde. Ich mußte die Nachricht erst allein in mich aufnehmen, bevor ich sie mit Paul und meinen Eltern teilen konnte. Seit die Diagnose gestellt worden war, hatte ich nur an Ari und Jake gedacht. Während ich den San Vicente Boulevard hinunter in Richtung Universitätsklinik fuhr, versuchte ich, mich zu beruhigen und so positiv wie möglich zu denken.

Ich fühlte mich so gesund und stark wie immer und war seit meinem siebten Lebensjahr nicht mehr krank gewesen. Vielleicht hatten sie das falsche Mädchen erwischt. Ich war eine zu große Kämpferin, und Ari hatte genauso viel Mumm. Wir würden denen beweisen, daß wir es besiegen konnten. Wir würden den Weg für Jake bahnen. Es mußte einen Weg für uns alle geben, auf dem wir überleben konnten. Paul würde es nicht ertragen, einen nach dem anderen seiner Familie zu verlieren.

Als ich in die Praxis von Dr. Gottlieb kam, hatte ich so viel Mut gesammelt, wie ich konnte, und war bereit, mir anzuhören, was immer er mir zu sagen hatte.

Er untersuchte mich gründlich, nahm mir Blut ab, röntgte dann meine Brust und machte noch ein paar Basistests. Die Auskunft von Gottlieb war düster. Er sagte mir nicht, daß ich sterben würde, sondern er sagte, daß die dreißigprozentige Möglichkeit bestand, daß ich innerhalb der nächsten drei Jahre sehr krank werden würde. Er sagte mir, daß ich eine asymptomale HIV Infektion hatte, was bedeutete, daß ich das HIV-Virus im Blut hatte, sonst aber keine Symptome von AIDS zeigte. Mein T-Zellen-Anteil war mit 210 niedrig, und einer meiner Lymphknoten war leicht vergrößert.

Als ich zu ihm kam, hatte Gottlieb schon Hunderte von AIDS-Patienten behandelt, dennoch war er geduldig und mitfühlend. Ich hatte so viele Fragen: Werde ich sterben? Wie lange kann ich damit leben? Werde ich am Ende auf alle Fälle AIDS bekommen? Wenn ich nicht an AIDS erkranke, was ist mit den Erkrankungen, die mit AIDS im Zusammenhang stehen? Wird es ein langer, sich hinziehender Prozeß sein oder wird es schnell gehen? Was kann ich tun? Mehr Sport treiben? Vitamine nehmen? Ich brauchte etwas, um mich daran festzuhalten, *irgend etwas,* was Gottlieb mir anbieten konnte.

Michael beantwortete meine Fragen, so gut er konnte, obwohl ich bald entdeckte, wie wenig man überhaupt wußte. »Ehrlich gesagt, Elizabeth, wir haben nicht viele Informationen. Es ist so wenig geforscht worden. Sie können noch fünf Jahre leben oder zehn. Das ist nicht unmöglich.«

Mir war nicht in aller Deutlichkeit klar, wie verzweifelt meine Situation zu diesem Zeitpunkt war. Jetzt erkenne ich, wie wenig die Ärzte AIDS-Patienten 1986 anzubieten hatten. Die Aerosoltherapie mit Pentamidin stand damals noch nicht zur Verfügung, die heute allgemein vorbeugend gegen die pneumozystische Lungenentzündung eingesetzt wird, die so viele Menschen im Frühstadium von AIDS umgebracht hat.

Man fing gerade erst an, Medikamente zu testen, obwohl es die Erkrankung schon seit fünf Jahren gab. Es hatte so lange gedauert, bis sich die Regierung mit der Sache befaßte. Gottlieb war einer der ersten Ärzte im Land, der AZT (Azidothymidin) in klinischen Versuchen einsetzte. Er hatte es sechs Monate lang getestet, war durch die Ergebnisse ermutigt worden und hatte das Gefühl, daß die Medizin kurz davor war, Behandlungsmöglichkeiten für AIDS zu finden.

Gottlieb riet mir ab, Zeitungen zu lesen. »Werden Sie nicht zur AIDS-Süchtigen«, sagte er. »Wenn Sie Fragen haben, reden Sie mit mir. Manchmal ist die Informationsflut im Fernsehen und in den Medien sehr schädlich. Wenn Sie irgendwo in einem Zimmer sitzen und in den Nachrichten kommt etwas über AIDS, dann rennen Sie nicht los und drehen den Apparat lauter, denn vieles von dem, was Sie hören, ist irreführend oder falsch.«

So wie ich immer auf die Auszählung der roten Blutkörperchen von Ari gewartet hatte, so spielte ich jetzt das T-Zellen-Roulette. Wenn das HIV-Virus nachgewiesen wird, dann ist die Auszählung der T-Zellen eines der ersten Dinge, die die Ärzte tun, weil sie annehmen, daß dies eine direkte Meßmethode für das Fortschreiten des Virus ist. Gottlieb erklärte, daß bei einem gesunden Menschen der T-Zellen-Wert bei 1200 liegt, er sich aber zwischen 500 und 1500 bewegen kann. Bei meiner Diagnose lag die Auszählung bei 210, bei Ari lag sie schließlich bei 4. Je niedriger die Zahlen sind, desto anfälliger ist der Patient für Infektionen wie Lungenentzündung oder Kaposi-Sarkom und ein Dutzend weiterer Erkrankungen.

Als ich die Praxis von Dr. Gottlieb verließ, ging ich den Besuch in Gedanken noch einmal durch und versuchte, alles in mich aufzunehmen. Ich hatte eine erste Ahnung, daß ich in Zukunft die Dinge nicht durch die Brille der professionellen Medizin sehen würde.

»Halt!« dachte ich. »Warum hat er mir nicht gesagt, daß es eine siebzigprozentige Chance gibt, daß es mir in den nächsten drei Jahren genauso gut wie jetzt geht? Mit dem, was fehlt, hätte ich spielen können.« An diesem ersten Tag beschloß ich, daß ich mich nicht zur Geisel des Virus machen lassen würde. Wenn ich mich gut fühlte, dann ging es mir gut. Gottlieb hatte mir gesagt, daß ich alles tun konnte, was ich mir Spaß machte. Nachdem er sich fünf Jahre lang um AIDS-Patienten gekümmert hatte und angeniest und angehustet worden war, wußte er, daß AIDS nicht durch zufällige Alltagskontakte übertragen wurde. Er hatte gesagt, daß es keinen Grund gäbe, nicht für Freunde zu kochen und bei ihnen zu Hause zu essen. Er sah keinen Grund, den Umgang von Ari und Jake mit anderen Kindern zu verändern.

Aber meine Freunde waren keine Ärzte, und beruhigende Worte reichten bei ihren Ängsten nicht aus. Die ersten, an die sich meine Freunde mit ihren Fragen über AIDS wandten, waren ihre eigenen Kinderärzte. Im Mai 1986 gab es nicht viele Antworten, und es gab keine Garantien.

3

Woran sich die meisten unserer Freunde erinnerten, waren die Geschichten, die Schlagzeilen machten, wie Ryan White und die Rays. Ryan war ein Teenager aus Kokomo, Indiana, der 1984 vom Schulbesuch ausgeschlossen wurde, als man bei ihm AIDS feststellte. Im Jahr darauf klagten Ryans Eltern vor dem Bundesgericht auf Zulassung zum Unterricht. Während die Verhandlung noch lief, stand Ryan mit Hilfe eines speziellen Computer-Telefons mit seiner Klasse in Verbindung. Sein stiller Mut und seine entschlossene Tapferkeit hatten einen unauslöschlichen Eindruck im Land hinterlassen und anderen Antrieb gegeben, die für dieselbe Sache kämpften. Aber das schaffte das Problem nicht aus der Welt.

Nur ein paar Monate nach unserer Diagnose erhielten Clifford und Louise Ray die Nachricht, daß ihre drei Söhne, alle drei Bluter, durch Transfusionen mit einem Blutgerinnungsmittel, das sie zum Überleben brauchten, mit dem AIDS-Virus infiziert worden waren. In ihrer ländlichen Gemeinde Arcadia, Florida, wandten sie sich mit der Bitte um Hilfe an ihre Kirche und ihre Schule. Die Antworten von beiden waren gleichlautend: zu Hause bleiben.

Die Rays zogen vor Gericht und bekamen ein Jahr später das Recht zugesprochen, ihre Söhne zur Schule zu schicken. Dann begannen die Morddrohungen. In der ersten Schulwoche brannte ihr Haus bis auf die Grundmauern ab. Nachdem sie den Rechtsstreit gewonnen, aber den Krieg gegen die hysterische Angst verloren hatte, zog die Familie um.

Was die Angst und die Hysterie hätte beenden können, wäre eine starke Führung der Reagan-Administration gewesen. Aber in jenen frühen Jahren der Seuche war eine solche Führung nicht vorhanden. Jene von uns, die gegen AIDS kämpften, mußten an zwei Fronten kämpfen, an der medizinischen und an der gesellschaftlichen. AIDS mag mich eines Tages das Leben kosten, aber die Reaktionen der Gesellschaft kosten mich jetzt das Recht, für den Rest meines Lebens so zu leben, wie ich will. Das war mein erster Kampf.

Die meisten unserer Freunde waren ein Spiegelbild der Anfälligkeit der Nation. Sie wollten uns zur Seite stehen, aber sie wollten auch Versicherungen, daß absolut kein Risiko bestand, wenn ihre Kinder weiter mit Ariel und Jake spielten.

Mein Kinderarzt sagte, daß es keine Berichte von irgendeinem Fall gab, bei dem AIDS durch einfachen Kontakt übertragen wurde, etwa innerhalb von Familien, in denen ein Mitglied infiziert war. Aber er fügte hinzu, daß bis dahin nur etwa einhundert Familien untersucht worden waren. Im Sommer 1986 war noch nicht einmal Speichel endgültig aus Überträger ausgeschlossen worden. Es dauerte noch neun Monate, bis der Surgeon General (der ranghöchste beamtete Arzt im amerikanischen Gesundheitswesen) im Fernsehen auftrat und mit aller Deutlichkeit verkündete, daß AIDS nicht durch Speichel oder Küssen übertragen werden kann. Als bei uns AIDS festgestellt wurde, gab es immer noch viele Leute, die glaubten, daß man die Krankheit durch Niesen oder Mückenstiche bekommen konnte. Die Freunde, an die wir uns gewandt hatten, fanden, daß sie nicht zu uns stehen konnten.

Es war ein Klima der Angst Mitte 1986. Am Anfang des Jahres ergab eine Umfrage der New York Times und von CBS, daß siebenundvierzig aller Amerikaner glaubten, daß man AIDS bekommen konnte, wenn man aus demselben Glas wie ein Infizierter trank. Achtundzwanzig Prozent glaubten, daß das Virus über die Toilettenbrille verbreitet werden könnte, und zwölf Prozent aller Amerikaner glaubten, daß sie AIDS bekommen konnten, wenn sie einen Erkrankten berührten. Eine Umfrage der Washington Post, die etwa zur selben Zeit veröffentlicht wurde, ergab, daß vierunddreißig der befragten Amerikaner meinten, es wäre gefährlich, mit AIDS-Kranken »Umgang zu haben«, selbst wenn es zu keinerlei Körperkontakt kam, und weitere zweiundzwanzig Prozent waren sich nicht sicher.

Menschen mit AIDS verloren ihren Arbeitsplatz, wurden aus Schulen und Wohnungen geworfen, wurden vom Militär entlassen. Krankenhäuser verweigerten die Behandlung und lehnten es manchmal sogar ab, einen Krankenwagen zu jemandem zu schicken, der AIDS hatte. Es gab Berichte, um der Furcht entgegenzuwirken, aber Hysterie verbreitet sich schneller als Vernunft und ist schwer zu kontrollieren. Die Leute wollten Sicherheit und mehr als die vagen Dementis wie »scheint kein Risiko zu sein«.

Es war eine Zeit, die kaum vorstellbar wäre, wenn wir sie nicht miterlebt hätten. Und es waren alle Familien damit konfrontiert, die mit AIDS zu kämpfen hatten. Dir wurde gesagt, daß du und die Kinder vielleicht sterben würden. Dir wurde gesagt, daß es noch keine Hilfe gab. Und wenn du dann darum kämpftest, nicht vollkommen zusammenzubrechen, merktest du, daß nur sehr wenige Menschen die Hand ausstreckten, um zu helfen oder zu trösten.

Tatsächlich haben die meisten Menschen Angst vor dir. Die Ärzte sagen, daß kein Grund zur Angst besteht – aber das bedeutet gar nichts, denn die Nachbarn und Freunde sind nicht die Ärzte. Weil du nicht weißt, wieviel Zeit dir noch bleibt, wird die Art und Weise, in der du diese Zeit verbringst, noch wichtiger. Du bist entschlossen, nicht mehr vom eigenen Leben zu vergeuden, als unbedingt nötig ist.

Eines Tages rief Lucy an, und Paul war am Apparat. »Wo ist sie?« fragte Lucy.

»Elizabeth ist draußen im hinteren Garten. Ari und Jake spielen zusammen«, sagte er. Dann machte er eine Pause und fügte mit tiefem Groll in der Stimme hinzu: »Ich denke, sie werden sich dran gewöhnen müssen.« Und das taten sie. Von dieser Zeit an bestand ein Band der tiefen Liebe und Fürsorge zwischen ihnen, weil anfangs keiner von ihren Freunden mehr mit ihnen spielen durfte. Wir fühlten uns so allein. Wir hatten den Eindruck, daß niemand uns die Hand entgegenstreckte, um die unsere zu ergreifen und alles leichter zu machen. Wir wünschten uns einen Engel, einen Engel, der uns helfen würde, alles durchzustehen. Aber zu der Zeit schienen keine Engel über uns zu wachen. Meine Einstellung war: »Du kannst nicht mein Freund sein, wenn du meine Familie nicht akzeptierst.« Viele unserer Freunde wollten Freunde bleiben, aber nachdem sie mit ihren Kinderärzten und Internisten gesprochen hatten, machten sie ihre eigenen Spielregeln. Es war ein Alptraum für uns.

Anfangs erlaubte niemand seinen Kindern, zu uns zum Spielen zu kommen. Einige Freunde weigerten sich, meine Kinder zu sich nach Hause einzuladen. Einige sagten, Ari könne zu ihnen kommen, solange sie unter Aufsicht draußen spielte. Manche sagten, ihre Kinder dürften weiter mit meinen spielen, aber nur im Park. Andere fühlten sich nicht wohl bei dem Kontakt mit uns und strichen uns aus ihrem Leben.

Wann immer die Kinder spielten, beobachteten wir sie mit Adlerblick. Es fing im Park an. Bei den meisten Freunden fing es im Freien an. Ari und eine Freundin spielten zusammen, und immer wenn die Kinder ihren Standort veränderten, veränderte die Mutter ihre Position entsprechend, um »alles« zu sehen, was passierte. Wenn sie sich zufällig umarmten, löste das Panik aus. Mein Herz raste, weil ich fürchtete, daß auch das Spielen im Park gestrichen werden würde.

Wir diskutierten das aus. Ich sagte: »Hast du Angst?«

Sie sagte: »Ja.«

Ich fragte: »Willst du gehen?«

Sie sagte: »Nein.« Und wir machten weiter.

Nach einer Zeit wurde das Spielen im Park ausgedehnt, und mit einem gewissen Druck meinerseits versuchten wir es mit einer Verabredung zum Spielen zu Hause bei dem anderen Kind. Wenn die Kinder im Schlafzimmer waren, waren wir auch im Schlafzimmer. Wenn sie in der Küche waren, schwebten wir über ihnen. Wenn sie ins Bad gingen, folgten wir ihnen auch. Wir kämpften alle darum, unseren Verstand zu behalten und unsere Familien zu beschützen.

Ich rief meine Eltern in Puerto Rico an. Wir brauchten Unterstützung, auf die wir uns verlassen konnten. Ich fürchtete, daß wir nie wieder bei jemandem eingeladen werden würden. Paul und ich sprachen ausführlich darüber, meine Eltern zu bitten, nach Los Angeles zu ziehen. Wir wußten, daß es ein großes Opfer für sie sein würde, ihr ganzes Leben umzukrempeln, ihr Haus und ihre Freunde zu verlassen und in eine neue Stadt zu ziehen, in der sie niemanden kannten. Aber wir fanden, daß wir sie verzweifelt brauchten.

Als ich sie fragte, sagten sie, daß sie kommen würden. Ich habe die wunderbarsten und liebevollsten Eltern, die man sich vorstellen kann. Es war ein winziger Sonnenstrahl an einem sehr bedrohlichen Himmel.

Drei Wochen nach der Diagnose wollte eine meiner Freundinnen Ari zum fünften Geburtstag ihrer Tochter einladen. Sie und ihr Mann wollten beide, daß Ari kam, hatten aber das Gefühl, daß es unfair wäre, diese Entscheidung auch für die Eltern der anderen Kinder, die zur Geburtstagsfeier kamen, zu treffen. Das war für viele unserer Freunde immer der Kernpunkt des Dilemmas. »Für uns geht das in Ordnung, aber wie ist das bei unseren Freunden? Was werden sie sagen, wenn sie später erfahren, daß wir wußten, daß Ari AIDS hat, ihnen aber nichts gesagt haben?«

Also wurde Ari nicht zum Geburtstag eingeladen.

Ich war am Boden zerstört. Jede Ablehnung schottete meine Familie noch mehr von der Welt ab. Dieses war das dritte Fest, zu dem sie nicht kommen durfte. Es waren ihre besten Freunde. Es brach mir das Herz.

Aber dann, einen Tag vor dem Geburtstag, kam doch eine Einladung bei uns an. Meine Gefühle kamen total ins Schleudern, und ich weinte und weinte, weil ich so glücklich war. Ich war schnell von allen meinen Freunden abhängig geworden. In diesem ersten Monat erschien mir selbst die kleinste Geste wie ein ungewöhnlicher Akt der Güte.

Ich ging mit Ari zum Geburtstag und klebte an ihr wie ein Magnet, während ich darauf achtete, daß sie ihren Finger nicht in den Kuchen anderer Kinder steckte und nicht aus fremden Gläsern trank. Es war schon grotesk, daß ich mir in so einer alltäglichen Umgebung Sorgen machte.

Ich mußte jetzt um Erlaubnis bitten, zu dem Leben meiner Freunde Zutritt zu bekommen. Es war wie »Mutter, darf ich?«, das alte Kinderspiel. »Mutter, darf ich mit meinen Kindern in dein Haus kommen?« Wenn die Antwort ja lautete, machten wir einen siegreichen Schritt nach vorn. Wenn sie »Nein, du darfst nicht« lautete, blieben wir wie erstarrt an unserem Platz.

Es was dasselbe alte Santa Monica, aber meine Kinder und ich galten plötzlich als gefährlich. Anfangs fühlte ich mich so merkwürdig wie alle anderen. Wenn ich jemanden zu Hause besuchte, der nicht Bescheid wußte, spürte ich ein Kribbeln. Was, wenn mir jemand einen Kaffee aus der eigenen Tasse anbot? Sollte ich annehmen? Oder wenn jemand etwas zu essen teilen wollte? Oder wenn die Gabel nicht richtig abgewaschen wurde? Würde ich etwas

Unrechtes tun? Unsere Welt war beängstigend klein, und unser eigenes Haus wurde zu unserer Festung.

Ein erster Hoffnungsschimmer kam in jener Zeit von Jim Blechman, Aris homöopathischem Arzt. Ich weiß noch, daß ich zu ihm ging, nachdem diese dumme Yoga-Lehrerin mich abgewiesen hatte. Er war Aris Arzt gewesen, nun sollte er auch meiner werden.

Jim machte Akupunktur, um bei mir den Streß abzubauen. Ich ging einmal die Woche zu ihm, und er wurde Freund, Berater und Arzt. Er sah mich als starke Persönlichkeit, die noch stärker werden könnte, wenn ich meine innere Kraft sammelte. Er sagte mir, ich sei ein Krieger. Und so fühlte ich mich auch. Wenn man sich durchs Leben bewegt und die Familie AIDS hat, muß man auf der Hut sein und wachsam wie auf dem Kriegspfad.

Paul war wieder einmal durch ein Projekt sehr beansprucht. Er hatte gerade seine Regiearbeit für einen Teil von Steven Spielbergs Fernsehserie »Amazing Stories« (Erstaunliche Geschichten) beendet und arbeitete nun an einer Pilotsendung für das Fernsehen. Paul war Teil all dieser Schwierigkeiten mit unseren Freunden, aber wegen seiner Arbeit hatte er einen Schritt Abstand. Ich war diejenige, die für Ari und Jake Verabredungen zum Spielen traf, die sich um Termine kümmerte und jeden Tag unter dem Streß stand, sich mit Fragen und Ängsten unserer Freunde auseinanderzusetzen.

In dieser Zeit konnte ich mich nur in Jim Blechmans Praxis wirklich ausruhen und über meine mich fast erstickenden Ängste um das Leben meiner Kinder und mein eigenes sprechen. Ich konnte mich aussprechen über meine Enttäuschung über meine Freunde und über meine Traurigkeit darüber, daß meine Tochter vielleicht alle ihre besten Freunde verlieren würde.

Wir redeten, dann setzte er die Akupunkturnadeln, und ich schlief ein. Hier war mein einziger Zufluchtsort.

Jim schlug auch vor, daß ich zu einer Frau mit Namen Aetla Cirocco ging, die eine Heilerin war. Ich versuchte es mit ihr, weil ich Jim vertraute. Aetla ist eine Frau von Mitte Fünfzig und spricht mit einem deutlichen skandinavischen Akzent. Vor vierunddreißig Jahren war bei ihr ein Gehirntumor festgestellt worden, und man hatte ihr noch sechs Monate gegeben. Aetla glaubt, daß sie mit den Händen und ihrer Kraft heilen kann. Sie hat eine machtvolle, positive Stärke.

Ich habe immer die Fähigkeit besessen, mich ganz zu entspannen und mit einigem Humor zu beobachten, was passiert. Ich guckte an mir herunter und dachte: »Oh, mein Gott, hier liegst du also auf dem Tisch bei einer Frau, die mit Kristallen in den Händen über dir kreisende Bewegungen macht.« Ich konnte nicht glauben, daß ich daran beteiligt war, aber ich konnte nicht leugnen, daß ich es als sehr entspannend und angenehm empfand. Also sagte ich mir: »Warum sich über irgendwelche Empfindungen Gedanken machen, wenn sie keinem anderen Menschen schaden?« Vielleicht würde das hier helfen. Keiner meiner Schulmediziner wußte eine Antwort, also griff ich nach alternativen Heilmethoden.

Am ersten Tag, als sie mich kennenlernte, legte Aetla mir die Hände auf und sagte: »Ich arbeite mit vielen AIDS-Patienten, und ich sage es nicht nur einfach so hin: Sie werden leben. Diese Krankheit wird Sie nicht umbringen.« Ich antwortete ihr, daß ich natürlich hoffte, sie hätte recht, und ging noch viele, viele Monate zu ihr.

Für mich war es wichtig, daß es jemanden gab, der mir Hoffnung machte zu überleben. Es half mir, wenn ich mir sagte: »Vielleicht sterbe ich nicht. Ich fühle mich nicht krank, und ich fühle mich nicht so, als würde ich sterben.« Es gibt immer Überlebende.

Ich weiß noch, daß ich, es war noch ganz am Anfang, eines Tages nach Hause kam und einen Riß in der schuppigen Haut zwischen meinen Zehen entdeckte. Meine Mutter war da, und ich wurde hysterisch.

»Meine Zehen werden abfallen, das bedeutet, daß ich sterben werde!« Ich griff zum Telefon und rief Michael Gottlieb an. »Ich hab' da einen Riß zwischen den Zehen. Ist das was Schreckliches, was bedeutet das?«

»Es bedeutet, daß Sie Fußpilz haben, Elizabeth«, sagte er. »Behandeln Sie das mit einem Spray.«

Fußpilz. In Ordnung. Damit wurde ich fertig. Anfangs war alles, was nicht in Ordnung war, bedrohlich. Ein Husten. Eine Erkältung. Magenschmerzen.

Ich fing an, mich paranoid zu fühlen. Eines Tages schwamm in unserem Swimming Pool merkwürdiges Zeug. Paul und ich standen da und starrten auf die trübe weiße Schicht. Konnte sich unser Pool in eine gigantische Petrischale verwandelt haben?

»Das war gestern noch nicht da. Paul, du glaubst doch nicht, daß wir hier einen Nährboden für das Virus haben?«

»Ich weiß nicht. Es ist merkwürdig. Frag lieber jemanden deswegen.«

Ein paar Tage gingen wir nicht in den Pool, aber der weiße Film verschwand nicht. Ich rief schließlich Dr. Stiehm an, und der lachte. Das war die einzige einfache Frage, die ich ihm je stellte.

»Hören Sie, Elizabeth. Sie können keinen Nährboden für AIDS in Ihrem Pool haben!« Das Zeug stellte sich als dickflüssig gewordene Sonnenlotion heraus, die wir dann beseitigten.

Einer der Anrufe, die ich tätigen mußte und die ich am meisten fürchtete, war der in Crossroads, wo Ari angenommen worden war. Paul und ich wünschten uns verzweifelt, daß Ari im Herbst mit der Vorschule anfangen konnte. Das war eine unserer direkten Verbindungen in die Zukunft, und es bedeutete Ari soviel. Paul und ich hatten Paul Cummins, den Schuldirektor, nie kennengelernt, aber wir wußten, daß er derjenige war, mit dem wir reden mußten. Wir beschlossen, daß ich allein zu dem Gespräch mit ihm gehen sollte.

Paul Cummins hatte keine Ahnung, warum ich in sein Büro kam, das voller Bücher und bunter Poster war. Ich setzte mich auf das Sofa in der Nähe seines Schreibtisches, und er setzte sich mir gegenüber. Er wirkte selbstbewußt und entspannt. Ich war wie erstarrt und atmete tief durch, bevor ich begann.

»Wir haben uns an Ihrer Schule beworben, wir sind angenommen worden, und wir hatten vor, unsere Tochter Ariel ab September hier in die Vorschule zu schicken. Aber ich habe vor kurzem erfahren, daß sie, mein Sohn und ich selbst mit dem AIDS-Virus infiziert sind.«

Ich fing an zu weinen. Ich war sicher, daß er mich wegschicken und mir sagen würde, ich solle eine andere Schule suchen. Paul Cummins kam zu mir und legte den Arm um mich. »Sie sind ein Teil unserer Familie. Wir möchten Sie bei uns haben.« Er hielt mich fest, während ich weinte.

Das Erwarten einer Abweisung war so überwältigend gewesen, daß ich völlig aufgelöst war, als es sich schließlich als falsch herausstellte. Als ich mich wieder so weit in der Gewalt hatte, daß ich sprechen konnte, sagte ich: »Sind Sie sicher, daß Sie auch meinen, was Sie sagen?«

»Ja«, sagte er. »Natürlich bin ich sicher. Wir haben noch keine Bestimmungen über AIDS in der Schule, aber wir werden welche ausarbeiten. Es tut mir so leid für Sie.«

Paul Cummins war der erste Mensch, den wir neu kennenlernten und der ohne Zögern und ohne Angst meiner Familie die Hand reichte. Er sagte, er sei entsetzt gewesen über die Geschichten, wie Kinder mit AIDS in den Schulen überall im Land schlecht behandelt wurden. Er war überzeugt, daß AIDS nicht durch alltägliche Kontakte übertragen wurde, und er war der Meinung, daß ein Kind mit AIDS oder HIV ein Recht darauf hatte, so lange wie möglich ein weitgehend normales Leben zu führen.

Voller Erleichterung und Freude verließ ich sein Büro. Solange ich sah, daß uns nicht jede Tür verschlossen wurde, konnte ich hoffen. Und wenn ich hoffen kann, kann ich leben.

Ich versuchte, einige der Empfindungen aus dieser Zeit in meinem Tagebuch festzuhalten.

> Hier sind wir also, die typisch amerikanische, glückliche, wunderbare Familie – durcheinandergewirbelt. Es ist, als ob ein Orkan durch unser Haus gefegt wäre und nichts außer Paul verschont hätte. Alle Lichter sind ausgegangen, und nichts steht mehr an seinem Platz. Wer räumt das auf? Ich weiß, daß ich es tun muß, aber ich weiß nicht, wo ich anfangen soll. Wenn ich heute aufgebe und sie finden morgen ein Heilmittel für AIDS, dann wäre das tragisch. Ich muß diesen Krieg gegen die Zeit mit all meiner Kraft führen. Vielleicht endet alles ja gar nicht tragisch. Vielleicht finden sie ein

Mittel oder wenigstens ein stabilisierendes Medikament.

Es merkwürdig, daß alles um mich herum noch genauso wie immer aussieht.

Nichts, dachte ich, konnte mich mehr schrecken, wenn ich es mit AIDS verglich. Andere Katastrophen wie Erdbeben würden wenigstens auch bei allen anderen Leuten verheerenden Schaden anrichten, nicht nur bei mir.

Aber als ich in jenem Sommer eines Nachts bei einem leichteren Beben aus dem Bett sprang, ging mir keiner dieser Gedanken durch den Kopf. Ich wollte die Kinder holen und mich mit ihnen unter einen Türstock stellen wie immer. Aber das Beben war vorbei, bevor ich in ihren Zimmern war. Ich war erstaunt, daß ich überhaupt mit Angst reagierte. Wenn ich so reagieren konnte, dann bedeutete das für mich, daß ich die Hoffnung nicht aufgegeben hatte.

Im Laufe der Zeit geschahen auch gute Dinge. An einem frühen Abend klingelte es an der Tür. Ariel und Paul waren oben und malten zusammen Bilder. Es war Amy, eine von Aris Spielgefährtinnen, die Ari zum Abendessen einladen wollte. Mein Herz schlug wie verrückt. Niemand hatte mal kurz bei uns hereingeschaut, seit alles angefangen hatte!

Ariel hatte noch nie bei Amy zu Hause gespielt, und so sah es nach einem Durchbruch aus. Ich fragte Amy, ob Hilary, ihre Mutter, bei ihr sei. Sie erzählte mir, daß ihre Mutter Besorgungen machte und ihre Großmutter Babysitter spielte.

Der Mut verließ mich wieder. Die Großmutter wußte nicht, daß Ari AIDS hatte. Sie wußte nicht, daß die Kinder nicht zusammen im Haus spielen durften.

Ich suchte nach einer Erklärung. »Ich finde, das ist

eine wunderbare Idee, aber wir wollen sichergehen und auch deine Mutter fragen, ob sie nichts anderes für heute abend geplant hat.« Die beiden kleinen Mädchen standen in der Tür und jammerten. »Bitte, bitte, bitte, ganz doll bitte . . .«

»Kommt«, sagte ich. »Wir setzen uns auf die Räder und fahren hinüber und fragen, ob es in Ordnung ist.« Ich haßte es, Hilary in die Klemme zu bringen, aber die Situation hatte mich dazu gezwungen. Als sie von der Einladung hörte, zögerte sie kurz und sagte dann mit einem warmherzigen Lächeln, daß es okay sei.

Ich war so glücklich, daß ich zu weinen begann. Es war ein Freitagabend, und ich radelte nach Hause, um das Brot zu holen, das Ari und ich zum Sabbat gebakken hatten.

Meine Freunde und ich waren alle so ängstlich besorgt. Ich bin sicher, daß viele von ihnen das Gefühl hatten, daß ich übertrieb, aber ich konnte nicht anders. Jeden Tag hatte ich Angst. Ich wußte nicht, ob nicht eine Freundin ihre Meinung änderte und sagte: »Tut mir leid, ich hab' einen Fehler gemacht, ich will Ari nicht hierhaben.«

Eines Tages frühstückte ich mit Rena und versuchte mit ihr die Frage zu klären, ob unsere Töchter im Haus zusammen spielen durften. Eine Weile plauderten wir unverbindlich, und dann kam ich auf das Thema.

Sie sagte, die Mädchen könnten auch im Haus zusammen spielen, wenn ich zwei Bedingungen akzeptieren würde. Sie wollte, daß die beiden nicht aus demselben Glas tranken und im Bad nicht dieselben Handtücher benutzten. Ich war erleichtert. Nach so vielen großen Kompromissen fielen mir kleine wie diese leicht.

Etwa sechs Monate, nachdem wir unsere engsten

Freunde informiert hatten, beschloß ich, noch jemanden in den Kreis einzubeziehen. Suzanne Buhai war eine Freundin, der ich nichts erzählt hatte, weil sie mit ihrer Familie weiter weg wohnte und wir uns nicht so oft sahen. Ihre Tochter Sophie war so alt wie Ari. Ich habe mich Suzanne immer sehr verbunden gefühlt. Sie hat vor ein paar Jahren ein Kind bei der Geburt verloren und hat Überlebenswillen. Wir beide waren uns in vielen Dingen ähnlich, und ich war neugierig auf ihre Reaktion.

Meine Freunde hatten mich oft gefragt: »Was würdest du an unserer Stelle tun, Elizabeth?« Ich wußte nie eine Antwort darauf, aber ich hatte das Gefühl, daß meine Reaktion wie die von Suzanne sein könnte.

Sie war wunderbar. Sie fühlte sich überhaupt nicht bedroht. Sie wußte viel über AIDS und sagte, daß unsere Kinder zusammen spielen konnten wie immer. Sie war die erste Person mit kleinen Kindern, die sagte, daß für niemanden von uns ein Grund bestand, sich anders zu verhalten. Was sie mir schenkte, war Hoffnung. Wenn es eine Suzanne gab, dann könnte es noch viele andere geben.

An einem Wochenende machten Paul und ich eine Floßfahrt mit Carol und Ron Herman, unseren neuen Freunden, die wir auf Hawaii kennengelernt hatten. Sie wußten nichts von der Diagnose. Es war schon besonders merkwürdig, mit ihnen und all den anderen Fremden zusammen zu sein, die nur die Privilegien in unserem Leben sahen und nicht den Schmerz. Für Außenstehende waren wir eine beneidenswerte Familie.

Bei dem Ausflug mit dem Floß versuchte ich, meine Sorgen zurückzulassen, aber es gelang mir einfach nicht. Ich ertappte mich dabei, wie ich den Fluß hinuntertrieb und traurigen Gedanken nachhing. Ich machte mir Sorgen um Ari, dann machte ich mir Sorgen um Jake. Dann überlegte ich besorgt, was passieren würde, wenn ich mich an einem Felsen verletzte und zu bluten anfing und all die Leute warnen mußte, nicht mit meinem Blut in Berührung zu kommen. Ich zwang mich, zuzugeben, daß ich mich selbst verrückt machte, und sagte: »Elizabeth, du mußt jetzt dein Leben leben, sonst vergeudest du es.«

Kurz nach unserer Diagnose hatte ich einen Traum, der ganz anders war als jeder andere in meinem Leben.

Ich stand auf einer hohen Klippe und blickte über eine Bucht. Die Felsen sahen so aus wie die von Santa Monica am Ozean, aber die Stadt war alt und erinnerte mich an Jerusalem. Sie hatte gewundene, gepflasterte Straßen, die nicht breiter als ein Schubkarren waren. Wie ein Brennofen hatte die Sonne die Gebäude zu hartem, weißen Ton gebrannt. Es war ein friedlicher Tag, und ich blinzelte in die Sonne. Plötzlich sah ich, wie ein riesenhafter Drache durch die Wolken kam.

Der Drache war kalt, groß und bedrohlich. Er war eisblau und weiß, wie die Farben der Wolken und des Himmels, über den er sich langsam dahinbewegte. Der Drache verdunkelte die Sonne und begann seinen Abstieg zum Wasser. Mir wurde plötzlich klar, daß der Drache mich suchte. Unsere Blicke trafen sich, und ich hatte Angst. Der Drache fauchte nicht und spuckte kein Feuer, er ging auch nicht in Angriffsstellung. Er war einfach nur auf ungewöhnlich mächtige Weise anwesend.

Der Drache schlug auf das Wasser auf, löste eine große Welle aus, und ich wußte, daß das wirklich war.

Als er unter Wasser verschwand, erhob sich ein großer, eisblauer Mann mit kaltem, starrem Blick aus den Wellen. Er war so riesig wie der Drache. Er war weder freundlich noch böse, sondern er beherrschte den Himmel. Ich drehte mich um und floh in die Stadt hinter mir, um mich vor dem Drachen zu verstecken. Ich rannte, so schnell ich konnte, stolperte durch die engen Gassen, in die der Drache wegen seiner Größe nicht hineinkam.

Der Traum war zu Ende. Der Drache konnte nicht in meine Welt eindringen, es sei denn, er beschloß, alles zu zerstören.

Zuerst machte der Traum mir Angst. Ich versuchte, mich vor dem Drachen zu verstecken, weil ich fürchtete, er würde mich umbringen, und ich wollte nicht sterben. Aber der Traum führte dazu, daß ich anfing, mich meiner Angst zu stellen.

Jim Blechman, mein homöopathischer Arzt, sagte, daß der Drache mein Immunsystem sein könnte. Jonathan Omer-Man, mein Religionslehrer, sagte, der Drache könnte der Todesengel sein. Mein Psychiater, Dr. Brickman, sagte, daß der Drache vielleicht das allgegenwärtige medizinische Establishment repräsentierte. Ich redete mit ihnen allen, weil der Traum so anders war als alle, die ich je gehabt hatte. Das war wieder etwas, bei dem ich das Gefühl hatte, daß ich es verstehen mußte.

Ich fand schließlich selbst eine Erklärung. Für mich symbolisierte der Drache das Virus. Als ich über den Traum nachdachte, wußte ich, daß ich ihn noch einmal träumen wollte. Ich wollte vor dem Drachen stehen und sagen: »Ich werde vor dir stehen mit meiner Angst. Selbst wenn ich mich fürchte, werde ich nicht weglaufen. Meine Füße stehen fest auf dem Boden. Ich muß dich nicht töten, und du mußt mich nicht töten. Ich kann dir gegenübertreten, weil ich so stark bin wie du. Du und ich, wir führen einen Kampf, und wenn du mich nicht kriegst, dann soll das so sein, weil ich stark bin, nicht weil ich mich verstecke.«

Der Traum zwang mich, die Kraft zu finden, die ich bereits in mir hatte, und er zwang mich, mich meinem Leben zu stellen. Ich glaube, der Drache sagte: »Ich werde nicht gehen. Wenn du es mit mir aufnehmen willst, mußt du in die tiefsten Tiefen deiner Seele tauchen und eine Kraft finden, die meiner gleichkommt.« Ich nahm die Herausforderung an und wußte, daß ich nie wieder weglaufen und mich verstecken würde.

Während ich gegen mein Virus kämpfte, bekam Paul seinen eigenen persönlichen Krieg in den Griff – ein Schlachtfeld, auf dem er vielleicht alle verlieren würde, die er liebte, aber auf dem er überleben würde. Es war damals ein schwerer Kampf für ihn und ist es immer noch. Er begann mit Meditation und Yoga. Er sah nach innen, um Antworten auf sehr schwere Fragen zu finden. Er arbeitete, soviel er konnte, da ihm das die Kraft gab, weiterzumachen. Manchmal fällt es mir schwer zu glauben, daß mein Leben Wirklichkeit ist, aber mir vorzustellen, daß ich Paul wäre, ist noch schwieriger.

Mitte Juli ging es Ari gut. Dr. Stiehm war sehr zufrieden mit ihrem Blutbild und ihrer Leberfunktion. Die Leute sagten mir oft, was für ein auffallend schönes Kind sie sei. Wir waren für viele immer noch die perfekte Bilderbuchfamilie. Manchmal weinte ich deswegen.

Jeden Morgen saß ich mit Ari zusammen und suchte die Haarbänder oder Schleifen aus, die sie tragen wollte. Wir standen vor dem Badezimmerspiegel und bürsteten das Haar mit hundert Strichen, damit es glänzte. Für sie war es genauso einfach, weiblich zu sein, wie für mich, ein Wildfang zu sein. Aber ich war gern mit ihr sehr weiblich. Wenn ihr Haar glänzte, traten mir stumm Tränen in die Augen, und der Gedanke brach mir fast das Herz, daß ich sie verlieren könnte. Ich konnte nie mehr richtig glücklich sein, ohne auch schmerzliche Trauer zu empfinden.

Im August hatten wir zu Hause eine kleine Geburtstagsfeier, als Ari fünf wurde. Unser Neffe David war da, und die Seymours kamen mit Josh und Amanda, die wie große Geschwister für Ari und Jake waren. Ari strahlte immer, wenn sie mit Josh zusammen war. Gene und Judie Seymour waren uns gegenüber unerschütterlich loyal. Sie hatten Josh und Amanda noch nichts von AIDS erzählt, weil sie meinten, das würde sie zu sehr erschüttern. Als Josh und Amanda kamen und spielten, war es wirklich wie in alten Zeiten.

Graciela kam zu Aris Geburtstag, und Maria war auch da. Es gab eine von Aris wunderbar verzierten Torten. Sie wünschte sich sonst immer Blumen und Regenbogen, und dieses Jahr war es ein Einhorn. Nach dem Abendessen lagen wir alle auf dem Fußboden und spielten.

Am nächsten Tag bereiteten wir uns auf die Abfahrt in die Ferien vor. Es war, wie so viele, ein Tag der Gegensätze. Der gute Teil war der, daß Ari die Ohrläppchen für Ohrringe durchstochen wurden. Die Ohrringe waren ein Geburtstagsgeschenk, und wir wollten damit auch feiern, daß sie in die Vorschule kam. Ariel fühlte sich so erwachsen. Ich war froh, denn jedes Ritual des Älterwerdens, das wir gemeinsam erlebten, war für uns wie ein Sieg. Ich versuchte mir jedes Bild einzuprägen.

Doch am selben Tag mußten wir auch in die Uniklinik, damit sie ihre Infusion mit Gammaglobulin bekam. In der Klinik saß sie in einem großen Stuhl, vergleichbar mit einem Zahnarztstuhl. Sie weinte immer sehr, wenn sie versuchten, ihre Vene zu finden, wozu manchmal drei Anläufe nötig waren. Jeder Nadelstich war ein Greuel, und ich betete Schwestern wie Lesa Grovas an, die die Ader auf Anhieb fanden. Ich haßte die Schwestern, die nicht beim ersten Versuch erfolgreich waren. Ari überstand es wie immer, und wir fuhren nach Hause, um zu packen.

Am nächsten Morgen starteten wir in Richtung Maine. Meine eigenen schönen Erinnerungen an die Sommer in Camp Fernwood machten es für mich so wichtig, mit meinen eigenen Kindern nach Maine zu fahren. Als Kind fuhr ich sieben Jahre lang jeden Sommer hin. Vermutlich war das die schönste Zeit meines Lebens. Man spielte und trieb den ganzen Tag mit allen Freunden Sport. Im Lager herrschte ein ganz besonderer Geist. Man gehörte zu einer großen Familie, lernte, sich auf sich selbst zu verlassen, aber man lernte auch, sich auf andere Frauen zu verlassen und gemeinsame Abenteuer zu genießen. Seit Fernwood habe ich immer starke Frauen als Freundinnen gehabt.

Dieses Mal war die Rückkehr nach Maine besonders schmerzlich, weil wir seit drei Monaten unsere Diagnose kannten. Wir wohnten bei Connie und Billy, der Schwester und dem Schwager von Paul. Sie sind lieb und geradeheraus, und alles, was man mit ihnen unternimmt, macht Spaß. Da sie selbst vier Kinder großgezogen haben, sind sie die Unruhe, die Kinder mit sich bringen, gewohnt. Es war auch eine große Erleichterung, daß ich mir keine Gedanken um Aris Freunde und meine eigenen machen mußte.

Connie liebte die Natur genauso wie Ari. Wenn wir Spaziergänge machten, kamen wir nie sehr weit, weil genau da, wo wir uns aufhielten, alles so interessant war. Wir betrachteten Kräuter und wilde Blumen, die

Art, wie Moos auf den Bäumen wuchs, und all die kleinen Tiere, die unter einem Stein hervorgeschossen kamen, wenn man ihn umdrehte. Jake hatte nur wenig Geduld, aber er folgte Ari überall hin, und sie zeigte ihm alles. Auch wenn wir nie wieder eine normale Familie sein würden, gab es Augenblicke, in denen das Leben voller Schönheit und Hoffnung und wundervoll durchschnittlich war. Maine brachte mir die Bestätigung, daß ich immer noch Schönheit und Liebe in der Welt entdecken konnte wie zuvor.

Paul sollte bald mit der Regie von »The Running Man« beginnen, einem Film mit Arnold Schwarzenegger, für den die Produktion ihn für zwei Wochen geholt hatte. Seine Karriere als Regisseur, von der er immer geträumt hatte, nahm endlich Formen an. Wegen des Films kehrte Paul ein paar Tage vor uns nach Hause zurück. Niemandem von uns war klar, wie schwierig das für ihn werden würde. Als er das leere Haus betrat, kam ihm sofort der Gedanke, daß es so sein würde, wenn wir alle tot wären. Als wir dann nach Hause kamen, war er immer noch entsetzt und traurig. Es hatte die Grenzen seiner Kraft überschritten. Ich versuchte ihn zu überzeugen, daß wir zu denen gehörten, die es schaffen würden.

»Liebling, wir überleben alles. Manche Leute haben das Konzentrationslager überlebt. Menschen überlebten Stalin, manche entkamen Pol Pot und seinem Terror in Kambodscha. Es gibt immer einige wenige, die durchkommen. Wenn wir stark bleiben können, bis der Krieg zu Ende ist, gehören wir vielleicht zu diesen Überlebenden. Früher oder später wird jemand AIDS überleben, und es gibt keinen Grund, warum wir das nicht sein sollten, wenn wir positiv denken, stark bleiben und weiterkämpfen.«

Paul mußte für mich stark bleiben, denn von Anfang an war seine Stärke lebenswichtig für mein eigenes emotionales Überleben gewesen. Ganz allein stark zu sein, ist, glaube ich, viel, viel schwerer. Aber wenn man weiß, daß man jemanden direkt neben sich hat und Kraft aus dem eigenen Inneren schöpft, bekommt man Entschlossenheit und Mut.

Ich bin nie jemand gewesen, der aufgegeben hätte. Ein großer Teil meiner Stärke kommt aus meiner Unfähigkeit, aufzugeben oder die Möglichkeit eines Wunders auszuschließen. Ich sehe mich nicht als Opfer, und damit ich nicht das Gefühl bekomme, daß mein Leben mich zum Opfer macht, muß ich stark bleiben.

*

Meine Eltern sagten mir, ich könnte im Leben alles schaffen, was ich wollte, und ich glaubte ihnen. Durch ihre Erziehung entwickelte ich einen ausgeprägten Sinn für Werte und Ziele. Ich wurde am 11. November 1947 in New York geboren und wuchs in Hewlett Harbor, einer kleinen Stadt auf Long Island, auf. Mein Bruder Peter kam zur Welt, als ich drei Jahre alt war.

Mein erster Erfolg stellte sich ein, als ich etwa fünf Jahre alt war. Ich war stolz darauf, eine schnelle Läuferin zu sein, und eines Nachmittags forderte Papa mich zu einem Wettlauf auf dem Rasen vor dem Haus auf. Ich schlug ihn und war begeistert. Danach glaubte ich, ich könnte alles schaffen. Erst als Teenager begriff ich, daß er mich hatte gewinnen lassen.

In der Grundschule gewann ich immer die Sprints über fünfzig und hundert Yards. Ich liebte kurze, schnelle Rennen. Aggressiv und höchst ehrgeizig, machte es mir Spaß, mich voll zu verausgaben und bis an meine Grenzen zu treiben. Manche Dinge ändern sich nie.

Damals war ich eine sehr artige »Betsy«, denn ich hatte immer etwas von einer fröhlichen Anführerin. In der Familie war ich glücklich. Wir waren uns sehr nah und redeten viel miteinander, aber Gefühle wurden nicht immer ohne weiteres zum Ausdruck gebracht, und ich lernte, daß artige Mädchen nicht ärgerlich wurden.

Verglichen mit den Eltern meiner Freundinnen waren die meinen große Abenteurer. Sie lehrten Peter und mich, für den Augenblick zu leben. Das Leben war kein spektakulärer Sport, dem man von den Seitenlinien aus zusah. Wir reisten in Kuba herum, liefen Ski in Neuengland, segelten in den südlichen Buchten von Long Island und schnorchelten in der Karibik. Wir fuhren an die Ostküste und zelteten. In unserer Familie war gemeinsam verbrachte Zeit mehr als alles, was man für Geld kaufen konnte.

Mein Vater war Vizepräsident der General Cigar Company und war unter der Woche viel unterwegs. Meine Mutter blieb zu Hause, bis mein Bruder und ich ganztags die Schule besuchten, dann wurde sie Direktorin für Stadterneuerung in Hempstead. Sie ließ preiswerte Wohnungen für die Armen bauen, und alle in der Gemeinde sahen zu ihr auf. Ich hätte kein besseres Vorbild haben können. Meine Eltern waren überzeugt davon, daß man Kindern Werte beibrachte, indem man selbst ein vorbildliches Leben führte, und wir wurden mit der Überzeugung erzogen, daß es in unserer Verantwortung lag, Leuten zu helfen, die weniger hatten als wir.

Meine Eltern gaben mir das Gefühl, daß ich selbstbewußt und stolz auf mich selbst sein konnte. Ich glaubte voll und ganz an mich. Leistung wurde in meiner Familie nie nach Schulnoten bemessen, und ich hatte das Gefühl, sehr erfolgreich zu sein, obwohl ich in der Woodmere Academy, der Privatschule, die ich besuchte, meistens nur durchschnittliche Zeugnisse bekam.

Aus der Schulzeit erinnere ich mich an den Sport, nicht an die Unterrichtsstunden. Ich war eine hervorragende Sportlerin. Ich spielte Feldhockey und Volleyball im Herbst, Basketball im Winter und Tennis im Frühjahr. Ich war verwegen und gut durchtrainiert zu einer Zeit, in der es für Frauen noch ungewöhnlich war, sportlich in Form zu sein. Cathy und Leslie waren meine besten Freundinnen, aber die meisten meiner anderen Freunde waren Jungen. Joel, Michael und Harold sind auch heute noch wunderbare Freunde.

Als ich klein war, guckten mein Vater und ich uns immer zusammen die Football-Spiele der New York Giants im Fernsehen an. Y.A. Tittle war der Quarterback, und er war phantastisch. Es waren nur noch Sekunden zu spielen, und die Giants lagen zurück, und es sah aus, als ob alles vorbei sei, und dann lief Tittle zurück, zurück, zurück, warf den langen Ball, und sie gewannen das Spiel. Es war jedesmal unglaublich, und wir schrien: »Er hat's geschafft, er hat's geschafft!« Solche Augenblicke inspirierten mich als Kind und ließen mich glauben, daß alles möglich ist, wenn man es nur intensiv genug versucht.

*

Sobald wir nach der Rückkehr aus Maine ausgepackt hatten, bereiteten wir uns auf die Schule vor. Ariel war aufgeregt, daß sie nun endlich alt genug war für die Vorschule. Wir kauften Schulkleidung, und sie suchte sich einen lavendelfarbenen Ranzen aus, der hinreißend aussah, wenn sie ihn trug. Mit ihr einzukaufen, war ein Ereignis, wenn es um die Rüschen und Spitzen und Schleifen ging. An dem Tag kamen wir nach Hause und machten für Paul eine Modenschau. In dem Trubel der Aktivitäten vor dem Schulanfang erinnerte ich mich daran, wie gern ich in meiner Zeit als Lehrerin den Klassenraum für den ersten Schultag vorbereitet hatte.

In Crossroads fand ein Treffen für alle neuen Eltern statt. Der über sieben Jahre gehende Elementarlehrplan wurde erklärt, und die anderen versuchten sich vorzustellen, wie ihre Kinder am Ende mit zwölf Jahren sein würden. Ich versuchte, mich auf den Augenblick zu konzentrieren. Sieben Jahre kamen mir wie ein ganzes Leben vor. Ich wagte es kaum, sieben Tage im voraus zu denken. Die Leute waren freundlich zu uns, aber natürlich wußte niemand etwas. Auch wenn unser Geheimnis sicher war, fühlten Paul und ich uns zerbrechlich und verletzbar und taten nur so, als wären wir wie alle anderen.

Am 10. September ging es los mit der Schule. Ich hatte in der Nacht davor nicht viel geschlafen und stand früh auf, um für Ari ein ganz besonderes Frühstück zu machen. Sie trug ihr rosa Lieblingskleid mit Häschen darauf und hatte rote Schleifchen im Haar. Alle Eltern haben gemischte Gefühle aus Stolz und Traurigkeit, wenn ihr erstes Kind alt genug ist, um in die Schule zu gehen, und ich machte da keine Ausnahme. Ich war stolz auf Ari und glücklich, daß sie leben würde wie alle andern. Wir hatten einen weiteren Meilenstein erreicht.

Ich brachte sie zu ihrem Klassenzimmer, sie gab mir zum Abschied einen Kuß und ging dann hinein, um ihren Platz einzunehmen. Ich hatte Tränen in den Augen, aber alle anderen Mütter auch. Doch anders als die anderen Mütter war ich ebenso dankbar wie besorgt. Dankbar, in der Vorschule zu sein, aber besorgt, daß wir die erste Klasse nie erreichen würden.

Um Viertel nach zehn klingelte an diesem Abend das Telefon. Es war Paul Cummins, der Schuldirektor. Seine Stimme klang gequält. Er sagte, daß es ein Problem in der Schule gäbe, und er wollte uns gern am nächsten Morgen sprechen.

Was könnte nicht in Ordnung sein? Ari war erst einen Tag in der Schule gewesen. Paul und ich hatten soviel Angst, daß wir schweigend im Bett lagen. Innerlich waren wir vollkommen aufgewühlt. Schließlich rollte er sich zu mir herum, nahm mich in die Arme, und wir schliefen ein.

Das Gespräch fand am nächsten Morgen um zehn Uhr bei uns zu Hause statt. Paul Cummins hatte Mimi Baer und Charles Boxembaum aus dem Vorstand von Crossroads mitgebracht. Paul und ich versuchten, Fassung zu bewahren, aber die Anspannung war so groß wie am Tag unserer Diagnosen. Wieviel Falltüren würden sich in unserem Leben noch öffnen?

Paul Cummins begann und sagte: »Wir stehen in einer Ecke mit dem Rücken zur Wand und wissen nicht, wie wir da herauskommen.«

Ich war verwirrt. »Wovon reden Sie?«

»Wir möchten wirklich AIDS-Vorschriften herausgeben. Aber wir befürchten, wenn wir den Direktoren des Vorstands aus heiterem Himmel Bestimmungen vorlegen, dann werden sie uns fragen, warum wir uns jetzt darum kümmern. Sie werden wissen wollen, ob ein Kind mit AIDS an der Schule ist.

Wir können den Vorstand nicht belügen. Aber wenn wir ihnen die Wahrheit sagen, dann gehen wir das Risiko ein, daß die Angst so schnell zunimmt, daß die Regelung abgelehnt wird. Auch Ihr Privatleben wäre in Gefahr, denn sie würden weitere Einzelheiten wissen wollen.«

Durch seine besten Absichten hatte Crossroads sich in einer unhaltbaren Situation wiedergefunden, und meine Familie sollte leiden. Paul und ich sahen uns an und schüttelten die Köpfe. Kein Engel war da. Er sprach als erster.

»Was also meinen Sie? Was sollten wir tun?«

»Ich glaube nicht, daß wir eine Wahl haben«, sagte Paul Cummins. »Sie wissen, daß ich persönlich alles tun möchte, was in meiner Macht steht, um Ihnen, Ari, Elizabeth und Jake zu helfen. Aber als Direktor der Schule sehe ich die einzig durchführbare Möglichkeit darin, daß Sie Ari aus der Vorschule herausnehmen, bis wir unsere Vorschriften durch haben, und dann melden Sie sie wieder an.«

Ich kämpfte gegen Tränen und Wut. »Aber was sagen wir ihr? Sie hat schon angefangen. Heute ist ihr zweiter Tag!« Crossroads stand für alles, woran ich mich klammerte.

»Wir bekommen die Regelung vermutlich in ein paar Wochen durch, spätestens in ein paar Monaten. Sie könnten sie für den Rest der Woche vielleicht in der Schule lassen und sie dann am Montag in die staatliche Schule schicken.«

Und das taten wir. Am Ende des Gesprächs hatten Paul und ich eine neue Lüge in die Welt gesetzt. Wir erzählten Ari und unseren Freunden, daß wir sie umschulten, weil Dr. Stiehm der Meinung war, das Ganztagsprogramm in Crossroads sei zu anstrengend und könne ihre Gesundung gefährden. Später im Jahr, wenn sie wieder bei Kräften war, wollten wir sie nach Crossroads zurückschicken.

Mir war übel, all die alten Ängste tobten in mir. Aber Ari nahm die Nachricht ohne großes Theater auf, und alle anderen glaubten die Geschichte. Ari hatte Freunde in der Klasse in der Roosevelt-Schule, und das war eine große Hilfe für sie. Ihre Freundin Amy würde da sein, so wurde der Übergang viel einfacher.

Die Richtlinien für die staatlichen Schulen in Los Angeles sahen zu dieser Zeit vor, daß die Schule informiert sein mußte, wenn unter den Schülern ein Kind mit AIDS war, aber sie brauchten nicht zu wissen, wer es war und welche Klasse das Kind besuchte. Dr. Stiehms frühere Krankenschwester Kit Dreyfuss war jetzt als Schwester für die staatlichen Schulen in Santa Monica zuständig. Sie schaltete in den höchsten Gang und regelte übers Wochenende alles für Ari, so daß sie am Montag dort in die Schule gehen konnte. Es schien unmöglich zu sein, aber Kit schaffte es. Ich glaube, ohne sie hätten wir das nicht hinbekommen.

Also fing Ari wieder von vorn mit der Schule an, optimistisch und fröhlich. Ich fand ihre innere Kraft und Unverwüstlichkeit bemerkenswert.

Ich dagegen war sehr erschöpft von der Anstrengung, täglich über die Runden zu kommen. Es schien, als gäbe es in unserem Leben keinen Tag ohne größere Ereignisse.

Ich hatte Dr. Gottliebs Praxis gebeten, meine medizinischen Befunde an Jim Blechman zu schicken, aber sie kamen durch einen Irrtum bei uns zu Hause an. Ich las sie und war geschockt. Mein Zustand schien soviel schlimmer zu sein, als Gottlieb je zugegeben hatte. Ich dachte, daß ich vielleicht sterben müßte. Es war entsetzlich zu lesen, was da geschrieben stand. Ich rief Gottlieb sofort an, und er entschuldigte sich für den Irrtum. Er sagte mir, ich sollte versuchen zu vergessen, was ich da gelesen hatte. Aber es gab keine Möglichkeit, es aus meinen Gedanken zu verdrängen.

In den Monaten nach der Diagnose war Michael Gottlieb nicht nur mein Arzt geworden, sondern auch ein verläßlicher Freund. Er begriff, daß ich manchmal, wenn ich ihn besuchte, eigentlich nur einen sicheren Zufluchtsort brauchte, an dem ich mich einfach scheußlich fühlen durfte.

Alle sechs Wochen ging ich zu ihm und versuchte, so mutig wie nur möglich auszusehen. Dann plauderten Michael und ich ein paar Minuten lang, er fragte nach meiner Gesundheit, sah sich meine Werte an und fragte mich dann, wie es zu Hause aussah. Die Tränen stiegen dann immer so schnell in mir auf, daß mein Kopf unter dem Druck schmerzte.

»Es ist schrecklich. Ari kann niemanden zu Hause besuchen. Ich weiß nicht, ob Crossroads uns wieder annehmen kann. Sie wollen Jake nicht weitere vier Jahre im Kindergarten behalten. Was soll ich bloß machen?« Michael sagte nie, ich sollte aufhören zu weinen, er sagte nie, daß alles gut werden würde, und er sagte nie, ich sollte tapfer sein. Er schob mir nur ein Paket Papiertaschentücher hin.

Wenn ich seine Praxis verließ, fühlte ich mich erleichtert. Die Spannung war abgebaut, und ich war in der Lage, das zu tun, was gerade notwendig war. In der staatlichen Schule mußte Ari noch einmal die Klasse wechseln, und verständlicherweise war sie darüber unglücklich. Ihr *dritter* »erster« Tag machte sie hysterisch, und ich blieb eine Stunde bei ihr in der Klasse.

Als ich sie schließlich allein in der Schule lassen konnte, fuhr ich in sinnlosen, eintönigen Runden herum. Ich wollte aufgeben, weglaufen. Ich wollte, daß alles vorbei wäre. Ich fand, es war mehr, als ein Mensch ertragen konnte. Aber ich konnte es mir nicht leisten, zusammenzuklappen.

Jetzt, wo Ari schließlich in der Schule war, mußte ich ein Programm für Jake entwickeln. Es gab keine Zeit zum Entspannen. Dr. Stiehm sagte, ein Kind unter fünf dürfte nicht in den Kindergarten gehen, wenn die Schule nicht wußte, daß das Kind AIDS hatte. So waren die Vorschriften.

Paul und ich waren anderer Meinung. Wir fanden, daß diese Ansicht vielleicht stimmte, wenn es um eine ganztägige Institution mit vielen Kindern ging. Aber ich suchte nach einer »Mutter und Kind«-Einrichtung, die Jake und ich gemeinsam besuchen konnten. Wir hatten nicht das Gefühl, daß wir irgend jemandem etwas sagen mußten, wenn ich dabei war, und so blieben uns weitere zwölf Monate, um nach einem Kindergarten zu suchen, der ihn aufnehmen würde.

Was würde ich tun, wenn Jakes Freunde alle im Kindergarten wären und er nicht? Was, wenn jeder Kindergarten, dem ich es erzählte, sagte, er könnte nicht kommen? Was würde ich den Leuten erzählen? Er war gesund und normal, warum also war er nicht im Kindergarten? Würde Jake isoliert heranwachsen müssen? Würde ich ihn zu Hause unterrichten müssen? Ich dachte daran, eine Vorschule für Kinder mit AIDS zu gründen. Aber wenn sich jeder so versteckte wie ich, wie sollte ich da je Leute finden?

Es ist die unglaubliche Isolation, die AIDS nach sich zieht, die einen fertig macht. Man kämpft hinter Mauern der Angst um sein Leben, und man kämpft um die Normalität, die die meisten Menschen als Selbstverständlichkeit hinnehmen. Das ist ein Kampf, der eigentlich nie geführt werden dürfte.

Ich bat Michael Gottlieb um Rat. Er sprach mit einigen Ärzten im Land, die mit AIDS-Kindern arbeiteten; und diese Ärzte waren der Meinung, daß Jake ruhig in den Kindergarten gehen könnte, ohne daß der davon informiert sei – wenn ich dabei wäre.

Nach und nach lernte ich, daß man sich nicht immer darauf verlassen kann, daß die Ärzte einem sagen, was man tun soll. Ich mußte selbst Entscheidungen treffen. Ich hatte mir soviel ethische, medizinische und naturwissenschaftliche Information wie möglich besorgt, und letzten Endes mußte ich die Verantwortung für meine Entscheidungen und mein Leben übernehmen.

Paul und ich erklärten Dr. Stiehm, daß wir uns nicht an seinen Rat halten wollten und daß Jake und ich eine »Mutter und Kind«-Gruppe gehen würden, ohne jemanden von seinem Zustand zu unterrichten. Ich respektierte seine Meinung, aber diesesmal teilte ich sie nicht.

Meine Eltern waren uns eine Stütze und um uns besorgt, und sie im Haus und in der Nachbarschaft zu haben, war wunderbar. Aber es gab eigentlich nichts, was sie tun konnten, um uns zu helfen. Genauso war es mit unseren Freunden. Lynn oder Lucy oder Susan oder Hilary oder Rena hörten mir immer zu, aber was konnten sie wirklich tun, um irgendwas zu verändern? Das beste, was sie anbieten konnten, war Normalität, und selbst das gelang anfangs nicht.

Mit Jonathan Omer-Man – der Rabbi, mit dem ich arbeitete – traf ich mich oft am Strand in der Nähe unseres Hauses. Das war ganz ungewöhnlich für ihn, aber es schien zu funktionieren. Wir saßen dann im Sand, beobachteten die Möwen und manchmal auch Seehunde. Ich weinte viel, und dann legte er die Arme um meine Schultern und ließ mich einfach schluchzen. Manchmal war ich fast verrückt und wahnsinnig vor Wut.

Ich erzählte Jim Blechman, wie demoralisierend die

Schulsituation in diesem Herbst war. Er hatte stets ungewöhnliche und wichtige Gedanken, und an dem Tag sagte er mir, daß ich die Kraft des schwarzen Drachen in mir trüge. Wie er erklärte, ist das eine Kraft, mit der niemand kämpfen kann. Es ist wie die dunkle Kraft, von der die Japaner im Zusammenhang mit den Ninja-Kriegern sprechen. In der Natur ist das die Wucht eines Wirbelsturms oder der Ausbruch eines Vulkans. Es handelt sich um eine ehrfurchtgebietende Kraft, die schön oder entsetzlich sein kann, also besteht die Herausforderung darin, sie so zu nutzen, daß man ein Höchstmaß an Gutem bekommt. Blechman sagte mir, daß es für den Rest meines Lebens mein Schicksal sei, ein Krieger zu sein. Aber ich mußte lernen, die schwere Rüstung abzulegen, ohne das Schwert zurückzulassen.

Ich denke viel über die Menschen in den Konzentrationslagern nach. Sie waren vermutlich Leute wie ich, die – durch besondere Bedingungen ohne jegliche Kontrolle über ihr eigenes Leben – in Züge gepfercht und von allem weggebracht wurden, was ihnen vertraut war. Sie wußten, wie ich, daß es wahrscheinlich war, daß sie alle sterben würden, weil so viele vor ihnen schon gestorben waren.

Ich bin ein anständiger Mensch gewesen, und ich habe nicht das Gefühl, daß ich das »verdient« habe, was passiert ist. »Warum ich?« dachte ich. Darauf gibt es keine Antwort. Ich habe gelernt, daß man oft keinen Einfluß auf das hat, was mit einem passiert, aber man kann sich aussuchen, wie man die Folgen erträgt. Vielleicht ist nicht das, was wir vom Leben erwarten, so wichtig, wie jemand einmal geschrieben hat, sondern das, was das Leben von uns erwartet.

Kurz nachdem Ari sich in der Vorschule eingewöhnt hatte, wachte Paul nachts um zwei auf. Sein

Herz schlug so schnell, daß er glaubte, sterben zu müssen. Ich war entsetzt. Was, wenn er wirklich krank war? Was, wenn er starb? Ich hatte soviel Angst bei dem Gedanken daran, daß ich ihm sagte, es würde mich wütend machen, wenn wir alle AIDS besiegen und leben würden und er sterben müßte!

Am nächsten Morgen sprachen wir mit unserem Internisten Paul Geller. Er sagte, daß Paul wieder gesund werden würde. Es waren der Streß und die Ängste, die ihn krank gemacht hatten. Geller sagte uns, daß das Herzrasen an sich nicht gefährlich sei, aber zuviel Streß sei für jeden schädlich. Das wußten wir, aber was konnten wir machen? Unser Leben war ein einziger großer Streß. Doch Paul war gescheit, und er wußte, daß er zu Yoga und Meditation zurückkehren mußte, und das tat er auch.

In der Mitte jenes Herbstes wußten wir, daß Crossroads wahrscheinlich nicht vor Ende November seine AIDS-Regelung herausbringen würde. Immer wieder wünschte ich mir, daß bestimmte Dinge passieren würden. Ich wünschte mir, daß irgend jemand Ari zu sich nach Hause einladen würde und daß sie dort auch schlafen dürfte. Ich wünschte mir, daß einer von Jakes Freunden ihn zum Spielen einlud. Es wäre wunderbar, wenn Paul und ich zu einem Abendessen eingeladen würden.

Zu dem Zeitpunkt war der Umgang mit der Angst weit schwieriger als der Umgang mit AIDS. Der gesellschaftliche Druck war riesig und ungeheuer beängstigend. Ich wünschte mir von unseren Freunden sofortige Akzeptanz, aber einige von ihnen brauchten Zeit. Das machte mich manchmal hart, anspruchsvoll und tyrannisch, aber ich konnte es einfach nicht ändern. Ich hatte zuviel Angst, um höflich zu sein, und ich bin sicher, daß meine Härte für manche Leute befremdlich war.

Auch unsere Freunde hatten zu kämpfen, aber verständlicherweise wollten sie uns ihre Ängste nicht mitteilen. Oft taten sie so, als sei alles in Ordnung, aber ich entwickelte den Instinkt einer Blinden, die die Veränderungen in ihrer Umgebung, die sie nicht sehen kann, spürt. Wir machten alle weiter, so gut es eben ging.

Die Infusionen mit Gammaglobulin, die Ari in der Universitätsklinik bekam, schienen ihr zu helfen, bei Kräften zu bleiben, und sie sah wunderbar aus. Viele Leute wußten, daß Ari in Florida so krank gewesen war, und sie fragten immer, wie es ihr ging, und wir haßten es zu lügen. Daher schlossen wir viele unserer alten Bekannten aus unserem Leben aus. Wir riefen nie an oder machten irgendwelche Vorschläge, und nach und nach riefen sie uns auch nicht mehr an.

Daß wir das Geheimnis für uns behalten mußten, gab uns ein Gefühl, als bewegten wir uns durch einen Dschungel voller Tretminen. Man wußte nie, wann ein Schritt oder ein zurückschnellender Zweig die Welt direkt vor einem in die Luft sprengen würde. Die Angst vor Zurückweisung oder Entdeckung begleitete uns überall. Nicht jeder Tag war eine Krise, doch die Möglichkeit bestand immer, und daraus erwuchsen ungeheure Spannung und Traurigkeit. Unser Haus war eine Festung. Nur drinnen fühlten wir uns sicher.

Die meisten Leute haben Alpträume, wenn sie schlafen, aber wenn man eine Familie mit AIDS ist, fängt der Alptraum jeden Morgen von vorn an. Nur im Schlaf fühle ich mich wie jeder andere Mensch. Oft wache ich morgens auf und habe AIDS für einen Augenblick vergessen, aber das dauert nur einen Wimpernschlag lang.

Im Herbst 1986 wußten die Ärzte immer noch nicht weiter. Naiv glaubte ich, daß sie vorankamen. Da keiner von uns krank war und es niemandem schlechter ging, dachte ich, daß die Ärzte ein Heilmittel finden würden, wenn wir nur bei Kräften blieben. Ari war schon fünf Jahre alt, während die meisten Kinder mit AIDS im Alter von zwei Jahren starben.

Natürlich war ich wütend. Ich hatte das Gefühl, ein Recht darauf zu haben, wütend zu sein. Aber was half es? Würde es Ari gesund machen? Würde es Jake länger leben lassen? Ich konnte nichts dagegen tun, daß ich wütend war, aber ich konnte dafür sorgen, daß die Wut sich nicht in meinem Körper festsetzte, denn dann, das wußte ich, würde sie mich auffressen. Ich versuchte nie, die Wut zu leugnen – ich sorgte nur dafür, daß sie einen Weg fand, durch mich hindurch zu fließen.

Ich stellte mir immer ein Zimmer mit zwei Türen vor. Wenn die Wut durch eine Tür kam, die zuschlug und sich automatisch abschloß, dann gab es keinen Weg nach draußen. Die Wut saß in der Falle. Ich versuchte dafür zu sorgen, daß es immer noch eine zweite Tür gab, durch die die Wut entweichen konnte.

Ich begriff schließlich, daß ich lernen mußte zu vergeben, wenn ich nicht immer wütend bleiben wollte. Ich mußte dem Blutspender vergeben. Ich mußte den Ärzten vergeben. Ich mußte den Krankenhäusern und Schulen vergeben, und ich mußte dem Schicksal vergeben. Ich mußte Gott, wenn es einen gibt, vergeben, und ich mußte meinen Freunden vergeben, die ihrerseits mir vergeben mußten.

Paul hatte gleich erkannt, daß wir allen vergeben mußten, daß wir dafür sorgen mußten, daß die Wut durch uns hindurch strömte. Er half mir, das zu lernen. Es war schwer, bitter schwer. Wut ist ein Gift, das in den Körper einsickert und dort bleiben will.

Aber ich werde immer noch wütend.

Wenn ich wirklich wütend werde, dann auf Gott. Ich bin nicht einmal sicher, ob ich an einen Gott glaube. Vermutlich nicht. Aber manchmal scheint dieser Gott, ob es ihn nun gibt oder nicht, die einzige Person zu sein, auf die ich wütend sein kann. Wenn ich allein in meinem Auto sitze, schreie ich manchmal: »Wenn du da bist, Gott, dann hasse ich dich! Ich hasse dich dafür, daß du mein Leben so gestaltest. Ich hasse dich dafür, daß du es zugelassen hast, daß Ari krank wurde. Ich hasse dich dafür, daß du nicht alles beiseite räumst. Und ich hasse dich, weil ich eigentlich nicht glaube, daß es dich gibt.« Mir tut der Hals weh, wenn ich vom Schreien und Weinen völlig fertig bin. Aber im allgemeinen bin ich hinterher ruhiger, und wenn ich auch mit roten Augen das Haus betrete, so habe ich wenigstens ein wenig Erleichterung gefunden.

Neben der Wut gibt es noch andere Gefühle, mit denen ich zu kämpfen habe. So viele widerstreitende Emotionen zerren an mir. Ich spürte eine schmerzliche Eifersucht, wann immer ich Leute sah, die ein normales Leben zu führen und gesunde Kinder zu haben schienen. »O mein Gott«, dachte ich dann, »ich wünschte, ich wäre diese Person. Ich wünschte, ich wärc jetzt sonst jemand, nur nicht ich selbst.«

Ich empfand einen gräßlichen Neid auf Fremde und Freunde, die das hatten, was ich nie haben konnte. Und dann tat ich mir selbst sehr, sehr leid.

Ich mußte lernen, *alle* diese Emotionen abzulegen, die mich töteten und innerlich leer machten. Ich werde nie in der Lage sein, das zu haben, was andere Menschen haben. Einen meiner Kämpfe in diesem ganzen ersten Jahr führte ich gegen den Neid. Ich hab' noch damit zu kämpfen, aber viel, viel weniger. Weihnachten und andere Feiertage können schlimme Zeiten sein. Wenn das Kind von irgend jemandem die Schule beendet oder bei einer Theateraufführung in der Schule mitwirkt, werde ich daran erinnert, daß ich so etwas vermutlich nie erleben werde. Aber an irgendeinem Punkt fängt man an zu akzeptieren, daß das eigene Leben so ist und es nichts gibt, das die Wirklichkeit verändern wird, ganz gleich, wie intensiv man sich das wünscht.

Als Ari etwa ein Jahr alt war, hatte ich mich einer jüdischen Gemeinde angeschlossen. Ich hatte keiner Gemeinde angehört, seit ich ein kleines Mädchen war, aber seit meiner Reise nach Israel hatte ich gewußt, daß ich ein neues jüdisches Leben für mich und meine Kinder anfangen würde, wenn ich eine Familie gründete. Das hatte nichts damit zu tun, ob ich an Gott glaubte oder nicht, sondern mit dem Wunsch, mich als ein Teil jenes besonderen jüdischen Erbes zu fühlen, einer Familie, die größer war als meine. Zwar ging ich nie viel zu Gottesdiensten, aber als Ari älter wurde, feierten wir freitags abends den Sabbat.

Oft verbrachten wir den Freitagnachmittag damit, Brot zu backen. Wir kneteten den Teig und lasen dann oder malten, während wir warteten, daß er aufging. Der Teig wurde dann gedrittelt, und wir flochten ihn zu einem Zopf. Ari machte das Flechten Spaß, und mir machte es Spaß, ihr dabei zuzuschauen. Dann schoben wir das Brot in den Ofen und warteten darauf, daß sein Duft das ganze Haus erfüllte.

Bei Sonnenuntergang zündeten wir immer die Sabbatkerzen an und bewegten unsere Hände dreimal über die flackernden Flammen hinweg. Dann bedeckten wir unsere Augen und sprachen ein Gebet, denn man darf die Kerzen erst dann direkt ansehen, wenn sie gesegnet sind. Ich weiß noch, wie Ari auf dem Stuhl im Eßzimmer stand, die Händchen fest auf die Augen gedrückt. Wir fühlten uns in einer Tradition, die jüdische Frauen seit Jahrhunderten verband, und das schenkte mir Trost.

Jake saß in seinem Hochstuhl, schob mit den Fingerchen Spielzeugautos herum und machte entsprechende Geräusche – ein recht passiver Beobachter, aber ich bin fest davon überzeugt, daß er ganz tief drinnen noch Erinnerungen an seine Schwester und den Sabbat hat.

An den glücklichen Abenden kam Paul zu uns nach Hause, aber das war selten in jenen Tagen, als er in Pomona, Kalifornien, immer noch »The Running Man« drehte, und sechs Wochen lang konnte er nur samstags kommen. In dem Jahr war ich mehr oder weniger alleinerziehend. Aber so ist das eben, wenn man einen Film dreht, und zum Glück kannten wir das schon. Einmal in der Woche setzten Ari und ich uns ins Auto und fuhren anderthalb Stunden, um ihn zu besuchen. Wir blieben meistens etwa eine Stunde und fuhren dann wieder zurück. Jake blieb im allgemeinen zu Hause, aber manchmal kam er auch mit.

Für Paul war »The Running Man« eine Flucht zurück in eine Welt, die ganz anders war als unsere. Es war sehr frustrierend für ihn, daß niemand wissen durfte, was er durchmachte, und schließlich hatte er das Gefühl, daß er wenigstens einem Menschen am Drehort die Wahrheit sagen mußte.

Tim Zinnemann war der Produzent des Films, und er wurde Pauls Freund und Vertrauter. Er, seine Frau Meg Tilly und deren Kinder wurden zu einer wichtigen Brücke zwischen Pauls Arbeit und seinem Familienleben.

Die andere Verbindung war unser Neffe David

Kantar, der beschlossen hatte, bis Ende des Jahres bei uns zu bleiben. Er wurde Pauls Assistent bei »The Running Man« und war anfangs der einzige Mensch im Team, der unser Geheimnis kannte. In diesem Jahr entwickelte sich zwischen David und Paul eine ganz besondere Beziehung, die, wie ich glaube, beiden half, reifer zu werden.

Crossroads beschloß seine AIDS-Regelung, als Aris erstes Trimester in der Vorschule zu Ende ging. Man sagte uns, daß Ari im Januar kommen könnte, aber wir wollten bis zur ersten Klasse warten. Ari war so glücklich in der Klasse von Mrs. Watanabe, daß wir beschlossen, sie das Schuljahr an der Roosevelt-Schule beenden zu lassen.

Nach dem katastrophalen Anfang im September erlebte sie das glücklichste Jahr, das man sich vorstellen konnte. Sie fand neue Freundinnen, deren Familien nichts von der Diagnose wußten. Es war leichter, die Kinder ohne Einschränkungen miteinander spielen zu lassen. Natürlich mußte ich immer dabei sein. Ich trug eine große Verantwortung, aber ich wollte mich nicht darüber beschweren. Der schwierige Teil bestand darin, ständig so zu tun, als seien wir eine ganz normale Familie, und das war immer anstrengend.

Die anderen Eltern waren großartig, und unsere Gruppe hielt eng zusammen. Ich versuchte, jede Sekunde der Normalität zu genießen. Zwei Stunden in der Woche arbeitete ich freiwillig in der Schule mit. Es gefiel mir, wieder in einem Klassenzimmer zu sein, und daß Ari da war, machte die Sache perfekt. Zuzusehen, wie sie neue Freundschaften schloß, arbeitete und die Herausforderungen der Vorschule erfolgreich meisterte, war eine reine Freude.

Auch wenn wir nicht in Crossroads waren, war die Schule immer noch sehr um uns bemüht, und Mimi

Baer half uns, einen Kindergarten für Jake zu finden. Eine der Schulen, die sie empfahl, war die First Presbyterian Nursery School in Santa Monica. Ich verabredete mich mit der Direktorin Mary Hartzell zu einer Besichtigung, sagte ihr aber nichts über die Gegebenheiten.

Die kluge und spontan freundliche Mary beeindruckte mich sofort. Sie hat eine liebenswürdige Art, die sehr einladend wirkt. Mary ist Mitte Vierzig und Mutter von drei Kindern. Ihr welliges Haar umrahmt ihr Gesicht sanft. Ihre Aufgeschlossenheit erinnert in ihrer Freundlichkeit fast an die Menschen des Mittleren Westen, aber ihr Verstand ist geprägt von den Elite-Universitäten des Landes und ungeduldig gegenüber Heuchelei und Verstellung.

Wie bei mir ist auch Marys große Liebe das Unterrichten. Es fiel uns leicht, Kontakt zueinander zu finden, weil wir beide in der Welt der vorn abgerundeten Sicherheitsscheren und Ecken mit Kindergruppen aufblühten. Mary führte mich in der Schule herum und war optimistisch, daß im Januar ein Platz für Jake frei sein würde, und das entsprach auch ganz meinen Plänen.

Aber ich wußte, daß Mary Hartzell uns ablehnen könnte, sobald sie die Wahrheit erfuhr. Der erste Kindergarten, den ich mir für Jake angesehen hatte, lehnte mich ab. Die Direktorin sprach nie aus, daß es wegen AIDS war, und ich glaube auch nicht, daß das der Grund war. Sie sagte, die Warteliste sei zu lang. Wenn jemand nicht bereit ist, die Vorschriften frei auszulegen, dann schafft man es einfach nicht.

Ich bat und bettelte, aber sie war nicht bereit, Jake andere Kinder auf der Warteliste überspringen zu lassen. Sie fand es auch unfair den anderen Eltern gegenüber, Jake aufzunehmen, ohne ihnen zu sagen, daß er infiziert war, und so war an Ende vielleicht doch AIDS der Grund.

Jedenfalls war ich, als ich mich im Frühjahr ein zweites Mal mit Mary traf, von einer schleichenden Angst erfüllt. Aber Mary nahm die Information mit Gelassenheit hin und sagte, daß sie sich dennoch freuen würde, wenn Jake an die First Presbyterian kommen würde.

Mary ist ein Beispiel für die Tatsache, daß Führungsqualität und Mut das Gegengift zu der Angst und Diskriminierung sind, die Hysterie hervorruft. Mit den Vorstandsdirektoren hatte Mary bereits AIDS-Vorschriften ausgearbeitet, aber sie waren noch nicht in Kraft. Nach unseren Erfahrungen mit Crossroads glaubten Paul und ich an gar nichts mehr, bis die Vorschriften akzeptiert waren.

Diese Vorschriften besagten, daß ein Kind mit dem HIV-Virus die Schule weiterhin besuchen oder in sie aufgenommen werden durfte. Es gab auch einen Absatz über Vertraulichkeit. Mary erklärte, daß nur sie und Jakes Lehrerinnen wissen würden, daß er ein HIV-Kind war. Den anderen Eltern würde man nichts sagen, wenn unser Geheimnis nicht auf irgendeine andere Art herauskäme.

Wir brachten die Sache an der First Presbyterian ins Rollen, und dann warteten wir, daß bei der nächsten Vorstandssitzung alles zu einem guten Ende kommen würde. Die Sitzung sollte erst in einiger Zeit stattfinden, und das bedeutete weitere Monate voll unterschwelliger Angst. Aber Mary war überzeugt, daß es keine Probleme geben würde. Und so dachten wir, daß wir Glück gehabt und einen Kindergarten für Jake gefunden zu hatten.

Auf zermürbende Weise hatten wir schließlich zur Normalität zurückgefunden. Selbst unsere Freunde, die Bescheid wußten, spielten wieder eine wichtige Rolle in unserem Leben. Es schien, als seien wir alle zusammen auf einem emotionalen Abenteuerkurs gewesen. Wir hatten überlebt, und dank der Reise waren wir stärker und einander näher.

In diesem Winter und im Frühling 1987 herrschte eine gewisse trügerische Stabilität. Ich ließ mich von dem Gedanken einlullen, daß wir ewig so weitermachen konnten und es für uns möglich war, mit AIDS zu leben. Ich fühlte mich stark, und Jake und Ari ging es gut. Die einzige medizinische Behandlung, die Ari zu der Zeit brauchte, war alle drei Wochen eine Infusion mit Gammaglobulin. Ich konnte mich nie ganz entspannen, aber ich atmete ein bißchen leichter. Ich leistete mir die Hoffnung, daß das Leben auf dieser Ebene des Kompromisses bis ins Unendliche weitergehen könnte. Ari würde nicht noch kränker werden, und Jake und ich würden auch unsere Kräfte erhalten können.

Vom Zeitpunkt der Diagnose im Mai 1986 bis Mitte 1987 hatte ich meine ganze Energie darauf verwendet, meine Familie, unsere sozialen Beziehungen und unseren Platz in der Gemeinschaft zu stabilisieren.

Angesichts der düsteren medizinischen Tatsachen versuchte ich, einen Weg zu finden, um für uns die höchste Lebensqualität zu schaffen. Ein normales, ganz gewöhnliches Leben sollte das Licht sein, das uns in der Dunkelheit leuchtete. Ich wünschte mir, daß wir so lange wie möglich so weiterleben konnten, wie wir es immer getan hatten.

Meine körperliche Beziehung zu Paul war auch wieder im Lot. Als die Diagnose bei mir gestellt wurde, hatten wir beide gedacht: »Das hat keine große Bedeutung.« Wir hatten fünf Jahre lang die normalen sexuellen Kontakte eines Ehepaares gehabt, ohne daß wir wußten, daß ich HIV-positiv war, und da Paul nicht infiziert war, warum nicht einfach weitermachen?

Doch innerhalb von ein paar Wochen war das Gefühl der Sicherheit verflogen, und Paul und ich fanden, wir müßten mit unseren Ärzten über sicheren und gefährlichen Sex sprechen. Michael Gottlieb half uns dabei, gewisse Regeln zu entwickeln, mit denen wir uns beide wohl fühlten, und an die haben wir uns seitdem gehalten.

Natürlich gab es Zeiten, in denen wir beide Angst hatten, etwas Falsches zu tun, aber die Ärzte beruhigten uns, daß alles in Ordnung sei. Und wir gaben uns alle Mühe, mit dem Herzen und mit dem Verstand fest daran zu glauben.

4

Der Sommer hatte seinen Höhepunkt erreicht. Paul hatte »The Running Man« im Frühjahr abgedreht, und wir hatten beschlossen, unsere jährliche Sommerreise in das Haus von Connie und Bill nach Maine zu machen. Wir gingen schwimmen, fuhren Boot, wanderten oder sammelten am Pleasant Mountain wilde Blaubeeren. Abends zündeten wir ein Feuer an und machten Karamel, das mischten wir dann mit Schokolade und Keksen. Es waren einfache, aber intensive Genüsse.

Doch Ari fing an, kränklich zu wirken, und ich spürte zum erstenmal, daß sie es nicht schaffen würde. Es fiel ihr schwerer zu essen, was für alle belastend war. Ihr Appetit schwand, und sie klagte über Bauchschmerzen. Sie mußte etwas zu sich nehmen, um kräftig zu bleiben, und wir kämpften ständig miteinander, wenn ich immer wieder versuchte, sie zum Essen zu bringen.

In den vergangenen Sommern war sie immer so gern Kanu gefahren und am Wasser gewesen, aber jetzt war ihre Begeisterung dafür verschwunden. Sie wollte im Haus bleiben. Sie war ein bißchen übermütig und tanzte mit Jake, aber sie wurde schnell müde, und ich wußte, daß es mit ihr bergab ging.

Ich erinnere mich an den Tag, weil es Aris Geburtstag, der 4. August, war. Sie war sechs Jahre alt und hatte schreckliche Bauchschmerzen. Sie sah dünn aus. Lynn rief an, um ihr zu gratulieren und mit mir zu reden. Ich stand oben an der Treppe, und die Tränen liefen mir über die Wangen. »Lynn, sie entgleitet mir, und ich kann nichts dagegen machen.« Als Mutter wußte ich instinktiv, daß ich sie verlieren würde. Die Ärzte sagten, daß ihre Werte gut seien und daß es ihnen nicht so vorkam, als stimmte irgend etwas nicht, aber ich als Mutter wußte, daß ich sie verlieren würde.

Ich rief Dick Stiehm in Los Angeles an. »Wir müssen jetzt AZT bekommen«, sagte ich. »Wir müssen AZT haben. Es geht ihr schlechter.«

»Es steht für Kinder nicht zur Verfügung«, antwortete er.

»Was meinen Sie damit, daß es für Kinder nicht zur Verfügung steht? Es steht für mich zur Verfügung!« Ich brauchte es zwar noch nicht zu nehmen, aber ich wußte, daß ich es für mich erhalten könnte.

»AZT ist für Kinder nicht zugelassen. Das ist einfach noch nicht soweit.«

»Wir müssen nur eine Möglichkeit finden, es zu bekommen und einzusetzen.«

»Elizabeth«, sagte er, »wir wissen nicht einmal, welche Dosis wir ihr geben sollten. Wir können nicht einfach herumexperimentieren. Es ist ein toxisches Mittel. Es könnte sie umbringen.«

»Wann steht es zur Verfügung?«

»Im Herbst.«

Ich atmete tief durch und betete, daß wir bis dahin durchhalten würden.

Als wir nach Hause zurückkehrten, war Ari dünner und schwächer, aber Dr. Stiehm meinte, sie könnte dennoch mit der Schule anfangen. Er wollte ihr AZT geben, aber das Medikament war für Kinder immer noch nicht zugelassen.

1987 war AZT das einzige Mittel, das gegen AIDS zu wirken schien. Es verhinderte den Ausbruch von Symptomen bei Menschen, die noch nicht offen erkrankt waren, und es verlangsamte die Verschlechterung des Zustands bei bereits Erkrankten. Ich konnte AZT nehmen, sobald ich es brauchte, aber mein Kind durfte das nicht. Ich war wütend und unglaublich frustriert trotz des Versprechens, daß es mit der Zulassung nur noch ein paar Wochen dauern würde.

Kurz vor Schulbeginn stellte Crossroads für die Grundschule Joanie Green als neue Direktorin ein, die die Stelle unserer geliebten Mimi Baer, die in den Ruhestand ging, übernehmen sollte. Ich war sicher, daß ich mich bei der neuen Direktorin nicht wohl fühlen würde, aber Mimi versicherte mir, daß Joanie warmherzig, gelassen und zugänglich sei. Das war eine Untertreibung. Joanie Green stellte sich als großartige Person heraus.

Joanie kam aus New Jersey, wo sie unterrichtet hatte, nach Crossroads. An ihrem ersten Tag am neuen Arbeitsplatz ging die stellvertretende Direktorin mittags mit ihr essen und sagte ihr: »Im September bekommen wir ein Kind mit AIDS an die Schule.« Joanie sagte mir später, daß sie sprachlos war. Sie hatte ihr bequemes, berechenbares Leben im Osten aufgegeben und wurde plötzlich mit einer Aufgabe konfrontiert, die größer war als alles, was sie erwartet hatte. Sie war bestürzt und fühlte sich dann, einen Sekundenbruchteil später, herausgefordert durch den schlichten, aber wichtigen Gedanken, das Leben eines einzigen kleinen Mädchens erträglicher zu machen.

Ari wünschte sich von ganzem Herzen, im September 1987 mit der ersten Klasse in Crossroads zu beginnen, und mir ging es genauso. Für jede Familie sind diese Übergänge Meilensteine, aber für meine Familie war jeder einzelne ein Beweis dafür, daß wir immer noch wie alle anderen leben konnten.

Es funktionierte nicht. Obwohl Ari wunderbar aussah mit ihrem glänzenden Haar und ihren strahlend blauen Augen, bekam sie häufig schreckliche Schmerzanfälle. Oft war das so qualvoll, daß sie weinte und schrie, wenn sie auf die Toilette ging. Für Ari war das furchterregend. Die Lehrerinnen, die den Grund kannten, und die anderen Kinder, die keine Ahnung hatten, bekamen auch Angst, weil sie nicht wußten, wie sie helfen konnten. Trotz allem wollte Ari jeden Tag in die Schule gehen. Sie war eine tapfere Kämpferin, konnte aber nur zwei Wochen die erste Klasse von Crossroads besuchen.

Ich sah Aris Grenzen anders als ein Außenstehender. Mir war nicht klar, wie krank sie auf andere Kinder wirken konnte, weil sie mir immer schön erschien. Vielleicht hätte Ari nie mit der Schule anfangen sollen, aber wir waren alle entschlossen, einen Versuch zu wagen. Ich wollte, daß Ari möglichst viele Chancen bekam, wie jedes andere Kind zu sein.

Als sie die Schule verließ, sagten wir Ari, daß sie wieder in die erste Klasse gehen durfte, wenn die Schmerzen verschwunden waren und sie sich kräftiger fühlte. Wir glaubten alle, daß das in ein paar Wochen der Fall sein würde. Paul und ich mußten das glauben, sonst hätten wir damals sofort aufgegeben.

Weder Joanie noch ich konnten uns die Möglichkeit vorstellen, daß Ariel nie in die Schule zurückkehren würde, also stürmten wir voran wie die Stiere. Joanie kam dreimal in der Woche zu uns nach Hause, um Ariel zu unterrichten, damit sie mit der Klasse Schritt hielt.

Es war Joanies eigene Entscheidung, Crossroads hatte sie nicht darum gebeten. Es war eine Geste der Liebe einer Frau mit einem großen Herzen. Joanie hatte gerade eine anstrengende Arbeit aufgenommen, beschloß aber, sich mittags Zeit zu nehmen, um Ariel das Gefühl zu geben, daß sie zur Schule gehörte. Joanie war einer der wahren Engel, die zur Hilfe geeilt waren.

Auch wenn Ari nicht im Klassenzimmer war, überzeugte Joanie sie, daß sie immer noch Erstkläßlerin war. Sie gab Ariel ein Gefühl der Wichtigkeit und behandelte sie mit unglaublicher Würde. Joanie schuf einen Ausgleich für Aris Grenzen, indem sie ihre Stärken unterstützte. Joanie lobte Ari immer für das, was sie noch leistete, was auch unserer Grundphilosophie zu Hause entsprach.

Den ganzen September, Oktober und November hindurch machten wir unser Arbeitszimmer zur Schule. Mit ihren strahlenden Augen und ihrem Lächeln kam Joanie in unser Haus, als ob es auf der ganzen Welt absolut nichts gäbe, wo sie lieber wäre. Sie und Ari lasen und rechneten zusammen. Die Lehrerin der ersten Klasse schickte auch alle Kunstaufgaben nach Hause, so daß Ari mit der Klasse mithalten konnte.

Zu der Zeit war Jake noch zu Hause. Er war an der First Presbyterian Nursery School angenommen worden, und obwohl deren AIDS-Vorschriften bereits galten, sollte er erst nach Weihnachten dort hingehen, wenn er drei Jahre alt war. Daraus entstand ein Problem, denn er wollte immer an Aris Unterricht teilnehmen. Unsere Haushälterin Maria oder ich mußten mit ihm zum Spielen nach draußen gehen, während Joanie und Ari arbeiteten.

Joanie wurde eine Quelle des Muts für mich. Sie war ruhig und voller Vertrauen und teilte meine Überzeugung, daß es Ari wieder besser gehen würde. Mit ihrem Einfühlungsvermögen verstand sie Ari auf eine Weise, zu der viele Menschen nicht fähig waren. Die meisten Leute sahen nur den Teil meiner Tochter, der Häschen und weiche, hübsche Dinge mochte. Die mochte sie zwar, aber sie hatte auch einen scharfen Verstand, große Kraft und einen komödiantischen Sinn für Humor, und Joanie erkannte all das. Joanie sagte mir immer, daß sie hundertmal mehr bekam, als sie gab.

In einen Kampf auf Leben und Tod geworfen, wurde unser Leben ernst und intensiv. Diese Art von Druck ist ermüdend, und man braucht eine Pause. Indem sie in meine Küche kam, mich zum Lachen brachte und mir Geschichten aus ihrem Leben erzählte, sorgte Joanie für eine Unterbrechung. Ich brauchte das so sehr wie Ari den Unterricht brauchte.

Joanie arbeitete gut mit Ari, weil sie ihren spielerischen Geist kannte und wußte, wie sehr sie Herausforderungen liebte. In ihrem schönsten Lehrerinnenton sagte Joanie: »Ariel, ich weiß, daß du das noch nicht kannst. Das ist eine Rechenaufgabe für die dritte Klasse, nicht für die erste, aber wir wollen es mal versuchen . . .« Aris Augen strahlten bei dieser Herausforderung, und sie ging das Problem an. Niemand sollte Ari erzählen, daß es etwas gab, was sie nicht konnte.

Rechnen fiel Ari schwer. Sie mochte Joanies Unterricht im Lesen und Zeichnen lieber, aber ihre Lieblingsbeschäftigung waren die Spaziergänge mit Joanie in der Natur. Weil Ari so schnell müde wurde, konnten wir nur um den Häuserblock gehen, auch wenn sie es immer bis zur großen Aloepflanze in der Allee bei der Adelaide Avenue schaffen wollte. Ari holte sich kleine Stücke von der Pflanze, um sie an Freundinnen zu verschenken. Wir wußten auch, wo am Kliff Rosmarin und Thymian wuchsen, und Ari liebte den Duft der Kräuter, wenn wir sie zwischen den Fingern rieben.

»Ich bin Ari gern so nahe«, sagte Joanie zu mir. »Aber dadurch wird es sehr viel schwieriger, zusehen zu müssen, wenn sie Schmerzen hat.«

Oft wurde Ari während des Unterrichts von Schmerzen geschüttelt. Ich erklärte Joanie, daß wir alles taten, um ihr Leiden zu lindern.

»Wissen Sie, Elizabeth, nur dann erlebe ich, daß sie Angst hat. Ihre Augen scheinen ihr Feuer zu verlieren, und plötzlich ist es so, als ob ich einen anderen Menschen sehe. Nur wenn ich in ihre Augen schaue, kann ich es erkennen. Ich werde dann so wütend, weil ich mich so hilflos fühle.«

Ich glaube, ich war der einzige Mensch, der dann für Ari etwas tun konnte. Ich nahm sie einfach in die Arme, und wir standen es gemeinsam durch.

Als die Schmerzen sich steigerten, wurden Ari und ich immer mehr zu einer Einheit. Niemand wußte, warum sie solche Schmerzen hatte, wir wußten nur, daß sie da waren. In ihren schlimmsten Augenblicken füllten sich meine Augen mit Tränen, und ich sagte: »Ach, Ari, ich wünsche mir so, daß ich all deine

Schmerzen in meinen Körper nehmen könnte. Ich wünsche mir so, daß ich sie vertreiben könnte.« Dann sah sie mir gerade in die Augen und antwortete ganz langsam: »Aber das kannst du nicht, Mama.« Wir wußten beide, daß das stimmte.

Es war außerordentlich frustrierend zu sehen, wie sie unter Schmerzen litt und wie die Ärzte nicht in der Lage waren, Hilfe oder eine Therapie anzubieten. Mein tiefster und ursprünglichster Instinkt als Mutter sagt mir, mein Kind zu beschützen. Wenn ich das nicht kann, fühle ich eine ungeheure Machtlosigkeit, die alle Emotionen übersteigt, die ich je erlebt habe.

Paul und ich wissen bis zum heutigen Tag nicht, ob diese Bauchschmerzen eine Vorstufe zu der Bauchspeicheldrüsenentzündung waren, die sie bald bekommen sollte, oder ob es irgend etwas anderes war, und man weiß noch nicht, wie sich AIDS bei Kindern auswirkt. Aris Ärzte hatten keine Erklärung.

Als die Schmerzen schlimmer wurden, genossen wir die guten Augenblicke mehr als je zuvor. Paul ging mit Ari zum Ende des Blocks, um die Tauben zu füttern, und abends legte er sich neben sie ins Bett und erfand wunderbare, phantasievolle Geschichten. Am liebsten hörte Ari die über einen kleinen runden Stein, der von einem Kind in einem Fluß gefunden wurde. Dann verliert das Kind ihn, und er wird von einem Vogel entdeckt, der ihn an viele verschiedene und verzauberte Orte bringt, aber am Ende wird der Stein von einem ganz besonderen kleinen Mädchen gefunden.

Ein letztes Mal gingen wir noch mit Ari nach Crossroads. Das war zum Kostümfest zu Halloween, dem Tag vor Allerheiligen. Ihre Freundinnen waren ganz aufgeregt, daß sie wieder zu ihnen in die Klasse kam, und wir machten den Kauf ihres Kostüms zu einem großen Ereignis. Ari verkleidete sich als wilde, junge Dame der zwanziger Jahre, trug ein Fransenkleid mit Perlen und allem Flitterzeug, das sie finden konnte. Zwar war sie müde und schwach, aber sie freute sich darauf, für einen Tag in die Schule zu gehen.

Ari war aufgeregt, daß auch Jake an dem Fest teilnehmen würde. In diesem Herbst waren sich Jake und Ari nähergekommen als je zuvor. Weil sie beide zu Hause waren, verbrachten sie viel Zeit zusammen.

Wir spielten Theater, und Ari zeigte Jake, was er tun mußte. Zusammen verschwanden sie in ihrem Zimmer und kamen dann als Tänzer oder Kobolde verkleidet zurück. Ari paßte auf Jake mit den Instinkten einer verspielten Mutter auf. Ich weiß, daß Jake in dieser Zeit anfing, seine Schwester mit einer Tiefe zu lieben, die wir alle erst sehr viel später verstanden.

Bei dem Halloweenfest in Crossroads kam eine Hexe in die Klasse und erzählte Geistergeschichten, und sie machte einen Punsch, den sie phantasievolles Hexengebräu aus Augen, Schnäbeln und Giftpilzen nannte. Es war Aris letzter Tag in der ersten Klasse, und sie brachte ihn als »wilde Motte« in rosa Satin und silbernen Mokassins mit dem ihr eigenen, unnachahmlichen Charme hinter sich.

Es war zur selben Zeit, im September und Oktober, daß einige Eltern in Crossroads anfingen, neugierig zu werden. Als Direktorin der Grundschule mußte Joanie auf Fragen zu Ariels langer Abwesenheit von der Schulc häufiger ausweichende Antworten geben. Gerüchte kursierten, und mehrere Eltern kamen in ihr Büro und fragten ganz direkt: »Hat Ariel Glaser AIDS?«

Joanie erklärte ihnen kühl, daß die Schulpolitik der Vertraulichkeit sie daran hinderte, über den Gesundheitszustand irgendeines Schülers von Crossroads zu sprechen. Aber jedesmal, wenn wir erfuhren, daß jemand gefragt hatte, wuchs unsere Angst.

1987 war AIDS ein Thema von größerem nationalen Interesse geworden. Seit Oktober 1986 war Bewegung in die Sache gekommen, als der Surgeon General C. Everett Koop die Ergebnisse einer AIDS-Studie bekanntgegeben hatte. Koop sagte deutlich und nachdrücklich, daß die Regierung eine massive Kampagne zur sexuellen Erziehung in den Schulen in die Wege leiten müsse.

Es ist unglaublich, aber Ende 1986 waren die Vereinigten Staaten die einzige größere Industrienation, die es versäumt hatte, irgendwelche erzieherischen Maßnahmen durchzuführen, um die Ausbreitung der Krankheit einzudämmen. Mit anderen Worten: Die Regierung hatte sich geweigert, das eine zu tun, das der Seuche Einhalt gebieten könnte – die Menschen darüber zu informieren, wie sie sich nicht mit dem Virus infizierten.

In seinem Bericht forderte Koop eine allgemeine Benutzung von Kondomen, und er sagte, daß obligatorische Tests bedeutungslos wären, wenn sie nicht gestützt würden durch gesetzgeberische Maßnahmen zur Bewahrung der Vertraulichkeit und zum Schutz gegen Diskriminierung. Er sagte auch, das Gerede von der Quarantäne für AIDS-Opfer sei lächerlich. Aber es waren Leute an der Macht, oft allen voran Senator Jesse Helms, die offensichtlich lieber diskriminieren als informieren wollten, und ich fand, daß diese Leute eine ständige Bedrohung für HIV-Infizierte waren.

Präsident Reagan nahm keine Notiz von dem Bericht und lehnte Koops Bitte um ein Treffen mit ihm ab. Reagans erste Rede zu AIDS kam nicht vor Mitte 1987, als die Seuche sechs Jahre alt war und zwanzigtausend Menschen umgebracht hatte. Er hielt diese Rede in Washington bei einem Abendessen zugunsten der AIDS-Hilfe und forderte darin eine Verstärkung bei den HIV-Tests, aber nicht viel mehr. Erziehung und Forschung hatten in seiner Administration nie Vorrang.

Geld stand, zumindest für Erwachsene mit AIDS, in größerem Umfang zur Verfügung, denn anders als dem Weißen Haus war dem Kongreß bewußt, daß AIDS eine Bedrohung von verheerendem Ausmaß war. Die Senatoren Edward Kennedy und Orrin Hatch, ein liberaler Demokrat und ein konservativer Republikaner, setzten sich gemeinsam für eine Gesetzesvorlage ein, mit der 1988 für AIDS eine Milliarde Dollar ausgegeben werden sollte. Der Kongreßabgeordnete Henry Waxman stellte sich im Repräsentantenhaus an die Spitze des Kampfes.

Was fehlte, war die Führung von ganz oben. Da das Weiße Haus durch sein Schweigen deutlich auf seine Einstellung zur AIDS-Gefahr hingewiesen hatte, griffen konservative Fundamentalisten Koop an und machten ihn lächerlich. Er war zu der Zeit der einzige offizielle Vertreter der Reagan-Administration, der bereit war, sich ohne Furcht und Vorurteil mit der Seuche auseinanderzusetzen.

Amerika erfuhr mit Sicherheit immer mehr über AIDS, da die Seuche so vielen Menschen aus der Welt der Kunst, Unterhaltung und Mode das Leben kostete. Nach Rock Hudsons Tod waren auch Liberace und Michael Bennett, der Autor von »A Chorus Line«, an AIDS gestorben. Wie es heißt, wurde auch der Modezar Perry Ellis von der Krankheit umgebracht.

Aber Ende 1987 hatten Paul und ich immer noch das Gefühl, daß die Risiken eindeutig höher waren als die Vorteile, wenn wir an die Öffentlichkeit gingen.

Wir hatten unsere Entscheidung, uns zu verstecken, nicht einmal in Frage gestellt, und so schlimm es für uns auch war, die ungeheure Last des Geheimnisses zu tragen, so hatten wir doch das Gefühl, es nicht riskieren zu können, daß unsere Kinder vielleicht die hysterische Furcht erleben mußten, die in vielen Teilen des Landes AIDS immer noch begleitete. Aus der Schule ausgeschlossen zu werden oder nur unter Einschränkungen mit Freunden spielen zu dürfen, kam gar nicht in Frage. Keine Last war uns zu groß, wenn es darum ging, Jake und Ari zu beschützen. Für Paul und mich wäre es in vieler Hinsicht einfacher gewesen, einfach die Wahrheit zu sagen. Aber nicht für die Kinder. Also bewahrten wir unser Geheimnis mit unserer ganzen Kraft.

Joanie Green hatte immer das Gefühl gehabt, daß die anderen Eltern der Schule sich helfend hinter uns stellen würden, wenn unsere Geschichte bekannt würde. Aber gerade jetzt kamen sie mit Fragen, gefährlichen Fragen. Wir hatten Angst. Falls die Tatsachen unerwartet ans Licht kommen sollten, brauchten wir einen »Plan für alle Fälle«.

Im Laufe der Jahre waren Paul und ich bei politischen Veranstaltungen und bei gemeinsamen Freunden immer wieder mit Josh Baran zusammengekommen. Er hatte eine eigene Werbeagentur. Als wir beschlossen, daß ein solcher Plan von Nutzen sein könnte, suchten wir jemanden, der ihn mit uns ausarbeitete.

Josh war mit einer der besten Freundinnen von Lucy und mit Jody Uttal, einer meiner neuen Freundinnen, gut bekannt, und Jody war es, die vorschlug, an Josh heranzutreten.

Josh ist ein sehr kluger, intelligenter Publizist und war für uns die perfekte Wahl. Seine Vergangenheit zeigte, daß er keine Angst vor sensiblen oder irgendwie herausfordernden Aufgaben hatte. Josh hat alle vertreten, vom Dalai Lama bis zu Diane Keaton, aber den größten Teil seiner Arbeit widmet er gesellschaftlichen Belangen wie Abtreibung oder Zensur. Von schwierigen Aufgaben läßt er sich nicht einschüchtern, da blüht er erst richtig auf.

Wir wandten uns an Josh, der sich netterweise Zeit nahm, um mit uns Strategien zum Schutz unserer Geschichte zu entwickeln. Mit seiner Hilfe bereiteten wir uns auf das Schlimmste vor. Für den Fall, daß unsere Geschichte bekannt werden sollte, lag eine vorbereitete Presseerklärung vor. Wir schrieben auch einen sehr persönlichen Brief, den wir zusammen mit Informationen und Artikeln zum Thema AIDS an alle Eltern von Crossroads schicken wollten. Als ich den Brief schrieb, fühlte sich mein Herz an, als ob es von einem Torpedo getroffen worden wäre. Es war das erstemal, daß ich meine Erfahrung zu Papier brachte.

Ich schrieb unter anderem:

> Jetzt muß jeder von Ihnen eine Entscheidung treffen, und jede Entscheidung wird Ihr Leben und das unsere beeinflussen. Sie können sich dafür entscheiden, Ihren Kindern zu sagen, daß trotz aller medizinischen Beweise immer noch die Notwendigkeit besteht, Ihre Familie vor Ari und ihrer Familie zu schützen. Oder Sie können sich entscheiden, Ihren Kindern zu sagen, daß Vorurteil, Angst und Unwissen die wahren Gefahren sind und daß Ihre Familie unserer helfen kann, wenn sie uns Liebe, Mitgefühl und Freundschaft anbietet.
>
> Unser Leben ist heute sehr anfällig. Ich habe Angst, meine Kinder zu verlieren, eine Angst, von der ich hoffe, daß sie niemand von Ihnen je erleben muß.

Ich fürchte auch, in der Zeit, die uns bleibt, die Lebensqualität zu verlieren. Vielleicht geschieht das, vielleicht auch nicht. Ich habe auch Angst davor, jedem einzelnen von Ihnen morgen in die Augen zu sehen und nicht zu wissen, ob mir Liebe oder Haß entgegenschlägt. Stellen Sie sich nur einen Augenblick lang vor, Sie wären an meiner Stelle. Ich bitte Sie, an die Stärke zu denken, die jeder von uns braucht, um die Zukunft anzupacken.
Mit großer Trauer und großem Stolz verbleibe ich Ihre

Elizabeth Glaser

Der Brief kam in Joanies Büro unter Verschluß. Dort erwartete er die Katastrophe. Josh Baran wurde ungemein wichtig für die Bewahrung unseres Geheimnisses. Er war wie ein Frühwarnsystem. Ihm entging nichts in der Gemeinschaft von Hollywood. Er jagte Gerüchten nach, er konnte sich ihnen stellen oder sie herunterspielen. Wenn in seinem Büro Anrufe ankamen oder wenn einer von seinen Angestellten etwas hörte, antwortete er schlicht, daß die Glasers keine Interviews gaben und daß alle Gerüchte falsch wären.

Letzten Endes, sagt Josh, wußte er, daß das Geheimnis nicht zu halten war. »Aus dem Bauch heraus wußten wir alle, daß es am Ende herauskommen mußte. Das war nicht zu vermeiden. Die Leute tratschen gern, und zu viele Menschen kannten einen Teil der Geschichte.« Aber Paul und ich hatten nicht das Gefühl, und wir wußten nicht, daß Josh so dachte, denn er hätte uns das nie ins Gesicht gesagt.

Einmal erschien in einer Londoner Boulevardzeitung eine Geschichte, die nicht stimmte, aber der Wahrheit doch sehr nahe kam. Es hieß, daß Ari im Cedars-Sinai-Hospital infiziertes Blut bekommen hätte und daß wir aus Angst vor AIDS einen Test veranlaßt hätten, aber sie sei nicht infiziert. Wir fürchteten, daß eine Zeitung in den Staaten daraufhin versuchen würde, eine weitergehende Geschichte zu machen, aber zum Glück für meine Familie passierte das nicht.

Seit der Diagnose waren fast anderthalb Jahre vergangen, und Paul und ich fingen an, ein paar mehr Leuten davon zu erzählen. Aber mit jedem Mal erhöhten wir das Risiko für uns. Die Alternative bestand darin zu lügen, aber die Isolation, in die man gerät, wenn man mit einer Lüge lebt, ist verheerend. Mit Menschen zusammen zu sein, die die Wahrheit nicht kannten, war anstrengend. Wir wichen ständig Fragen aus. Wir ertappten uns dabei, daß wir Gesprächen immer wieder eine andere Richtung gaben. Aber die Leute fragten nach Ari, und der Schmerz zu lügen war riesig. Am Ende eines Abends waren wir erschöpft.

Es wurde einfacher, es den Leuten zu sagen oder diejenigen, die nichts wußten, nicht mehr zu treffen, und so strichen wir viele Menschen aus unserem Leben. Ich glaube, sie dachten, daß wir sie nicht mehr mochten. Wir gingen nicht mehr aus, außer mit den wenigen Freunden, die zum Schweigen verdonnert waren. Es war schwer, mit uns befreundet zu sein. Wir leben alle in einem Amerika, das Menschen mit AIDS ächtete und zurückwies.

Im Laufe der Jahre hatte sich meine Freundin Lucy von einer freiberuflichen Drehbuchlektorin zur Vizepräsidentin von Warner Bros. heraufgearbeitet und vor kurzem Doug Wick, einen unabhängigen Filmproduzenten, geheiratet. Dougs Eltern waren schon ihr Leben lang mit den Reagans befreundet; sein Vater, Charles Wick, war Leiter der U.S. Information unter der Reagan-Administration.

Als Lucy und Doug eines Abends bei einer Cocktail-Party waren, hörten sie, wie jemand sagte, daß die Familie von Paul Glaser AIDS hätte. Auf ihre vernichtende, besonnene Art teilte Lucy diesem Menschen mit Nachdruck mit, daß dieses nicht stimmte. Sie bat ihn, ihr zu sagen, wo er das gehört hätte, und es stellte sich heraus, daß ein Agent in der Stadt seine Quelle war. Lucy suchte diesen Agenten am nächsten Tag in seinem Büro auf und machte ihm klar, welches Ausmaß an Schaden er unabsichtlich anrichtete. Unsere Freunde arbeiteten genauso schwer wie wir, um unser Privatleben zu schützen. Wir waren wie eine Armee, die ein Staatsgeheimnis bewahrte. Alle waren ständig auf der Hut.

Im November 1987 war »The Running Man« angelaufen und sehr gut aufgenommen worden. Jetzt hatte Paul mehr Freizeit, während er auf seinen nächsten Auftrag wartete. Jeden Tag ging er zum Arbeiten in sein Büro über der Garage hinter unserem Haus und machte nur eine Pause, um mit Kollegen aus der Filmbranche zu Mittag zu essen.

Immer wenn er zu Hause arbeitete, nahm er sich Zeit für Ari. Stundenlang saßen beide in seinem Büro und zeichneten und malten ihre eigene persönliche Welt. Sie machten auch weiter Spaziergänge, um die Tauben zu füttern. Wenn Ari Schmerzen bekam, nahm er sie in die Arme, wie ich es immer tat, und umgab ihren kleinen Körper mit der Kraft seines eigenen.

Wenn er von allem einmal Abstand gewinnen mußte, ging Paul auf den Golfplatz, wo er sich in der Schönheit, dem Frieden und der Konzentration verlieren konnte, die die grünen Bahnen verlangten.

Abends kletterten wir ins Bett und waren erschöpft nur von der Last, wir zu sein. Wenn wir über Ängste redeten, waren wir erschüttert. Wenn wir über unsere Hoffnungen sprachen, war das, als wären das nur verrückte Träume. Also redeten wir im allgemeinen überhaupt nicht.

Manche Nacht lag ich einfach nur da und dachte daran, wie sehr sich Paul in der Falle fühlen mußte. Wie schwer es war, mit uns zu leben, und wie unmöglich es sein würde, davonzugehen. Wenn er wegging, würde ihn jeder für einen »miesen« Kerl halten. Wie konnte er Frau und Kinder verlassen, wo sie ihn doch so sehr brauchten? Aber ich wußte, daß ihm manchmal nach Weglaufen zumute gewesen sein mußte. Weglaufen in ein Leben, das dem der anderen ähnlicher war. Ein Teil von mir wünschte sich das, also muß es bei ihm genauso gewesen sein. Aber er sprach es nie aus, und wir teilten uns nie mit, was wir dachten. Es war zu beängstigend. An einem guten Abend schliefen wir Arm in Arm ein und hielten alles fest, was sich friedlich und liebevoll anfühlte.

In diesem Monat wurde Ari immer schwächer. Wir hatten das ganze Jahr auf AZT gewartet, und jeden Monat hieß es wieder, es stünde noch nicht zur Verfügung. Paul und ich hielten den Atem an und beteten still, daß irgend etwas den Verlauf unseres Leben verändern würde, und wir gaben uns alle Mühe, ein optimistisches Familienleben aufrechtzuerhalten. Aber am Sonntag vor dem Erntedankfest Ende November bekam Ari ganz schreckliche Bauchschmerzen.

Wir fuhren in die Notaufnahme der Universitätsklinik, und nach Stunden der Angst und vielen Blutuntersuchungen sagte man uns, daß Ari eine akute Entzündung der Bauchspeicheldrüse hatte. Sie nahmen uns sofort für eine Woche ins Krankenhaus auf, doch am Ende blieben wir einen Monat.

Obwohl Ari immer schwächer geworden war, war

es ein Schock, wieder im Krankenhaus zu sein. Miami lag zwei Jahre zurück. Ich wich kaum von Aris Seite, und wenn ich es tat, war Paul immer da. Das Krankenhaus vermittelte ein merkwürdiges, fremdes und beängstigendes Gefühl. Ich konnte keinerlei Optimismus um uns herum entdecken, und ich wußte, daß ich den brauchte, um weitermachen zu können.

Jake sah mich kaum. Meine Eltern kümmerten sich um ihn, und sie kamen auch fast jeden Tag ins Krankenhaus, um mir bei Ari zu helfen. Sie liebten uns und standen auf Abruf bereit.

Paul und ich rannten zwischen Uniklinik und zu Hause hin und her wie die Staffelläufer. Ich eilte für zwei Stunden nach Hause, und Paul blieb bei Ari. Dann hastete ich zurück, und Paul fuhr nach Hause zu Jake. So war das einen ganzen Monat lang jeden Tag. Einer von uns schlief jede Nacht in Aris Zimmer, meistens war ich das.

Ariel litt durch die Entzündung an entsetzlichen Schmerzen. Als ihr Zustand sich verschlimmerte, wurde unsere Beziehung immer intensiver und ganz anders als jede, die ich je zu einem anderen Menschen hatte. Sie und ich wurden jetzt noch mehr eins. Ich spürte jeden Hauch ihrer Schmerzen, ihr schmerzverzerrtes Gesicht. Es war, als schlügen unsere Herzen in demselben Körper wie damals vor ihrer Geburt.

Bei dem ersten Besuch im Krankenhaus mußte bei Ari eine Ultraschalluntersuchung gemacht werden. Das Gerät zeigte direkt Bilder ihres Bauches und konnte uns vielleicht dabei helfen, Gründe für ihre anhaltenden Schmerzen festzustellen. Auch Probleme mit Leber und Nieren konnten so festgestellt werden. Wir mußten nach unten in einen kalten, kargen Raum. Ari hatte Angst. Sie haßte es, wenn Fremde mit merkwürdigen Geräten sie untersuchten. Ich spürte ihre Furcht.

Sie lag auf dem Untersuchungstisch, und die technische Assistentin bereitete den Test vor. Ich stand auf der anderen Seite, beugte mich über Ariel und sah ihr in die Augen. Mit der ganzen Kreativität einer guten Lehrerin und all der Entschlossenheit einer verängstigten Mutter zog ich Ari mit mir in eine Phantasiewelt: in eine Welt, in der es ein verzaubertes kleines Mädchen und ein Häschen gab, die sich Gefahren stellen und wunderbare Dinge geschehen lassen konnten. Es war eine Welt voller pastellfarbener Blumen, bauschiger weißer Wolken und prächtiger Regenbogen.

Ariels Augen waren fest auf meine geheftet. Mehrmals während der zwanzigminütigen Geschichte wußte ich, daß ich eine ungewöhnliche und wunderbare Erzählung erfand. Ari wußte das auch, und wir reisten tief in eine Welt, die von unserer eigenen weit, weit entfernt war.

Als die Untersuchung beendet war, wandte sich die technische Assistentin an mich und sagte: »Das war eine erstaunliche Geschichte. Ihre Beziehung zu Ihrer Tochter ist wirklich einzigartig.«

Vielleicht war es für sie ungewöhnlich, aber für Ari und mich war es das nicht. Ich bestand nur noch aus Instinkt und Adrenalin. Nichts konnte meine Konzentration stören, denn das Überleben meines Kindes stand auf dem Spiel.

Wenn man sich ganz und gar mit einem Menschen befaßt, ist es fast unmöglich, auch noch für andere da zu sein. Die andere Gelegenheit, bei der ich mich so besessen gefühlt hatte, war damals, als ich mich wie verrückt in Paul verliebt hatte. Damals schien nichts mehr eine Bedeutung zu haben außer Paul.

Nun konzentrierte ich mich mit derselben Intensität auf Ariel.

Weil ich mit fast allen Gedanken immer bei Ari war, stand ich emotional für andere nie ganz zur Verfügung. Ari bedeutete mir wirklich alles, und ich weiß, daß ich während dieses Prozesses Menschen, die ich liebte, wie Paul und Jake, meine Eltern und Freunde, zu kurz kommen ließ.

Jake hatte mich selten für sich allein. Wenn Paul mich umarmen oder mir einen Kuß geben wollte, reagierte ich oft gar nicht, denn obwohl Ari vielleicht gar nicht im Raum war, schickte ich ihr ständig in Gedanken meine ganze Liebe. Oft war ich mir der Anwesenheit anderer Menschen gar nicht bewußt.

Mein Verstand sagte mir, daß ich in Zukunft mehr Zeit für Jake, Paul, meine Eltern und Freunde haben würde. Bei Ari war da so ein Gefühl, daß das Stundenglas ablief. Tief innerlich glaubte ich, daß es eine Möglichkeit gab, meine Tochter am Leben zu erhalten. Ich mußte sie nur finden, auch wenn ich nicht wußte, wonach ich suchen sollte. So verbrachte ich die ganze Zeit damit, in Gedanken durchzugehen, wo wir standen und welche Möglichkeiten vor uns lagen.

Ein Teil meiner Reaktion war Panik, ich handelte nach Instinkt. Ein Teil war auch der natürliche Wunsch nach Zusammensein, den Ariel und ich immer gehabt hatten. Und sollte sie neue Schmerzen erwähnen, dann, dachte ich, müßte ich bei ihr sein, um die Ärzte zu informieren. Die Antwort lag irgendwo da draußen, und ich war überzeugt, daß ich, wenn ich jeden Augenblick mit ihr verbrachte, rechtzeitig irgendeine Lösung finden würde und Ari nicht sterben müßte.

Am Erntedanktag war Ari im Krankenhaus. Mein Bruder Peter, seine Frau Janet und seine Zwillingssöhne wollten kommen. Paul blieb bei Ari, so daß ich mit meinen Eltern und meinem Bruder gemeinsam das Abendessen zum Erntedank einnehmen konnte. Erntedank? Wie konnte jemand mit einem Leben wie dem meinen noch für irgend etwas danken? Ich versuchte, den anderen das Essen nicht zu verderben, aber alles, was ich fühlte, war Verzweiflung, nicht Dankbarkeit.

Mehr als alles andere wünschte ich mir, Ari und uns etwas Positives geben zu können. Jeder noch so kleine glückliche Augenblick war ein Geschenk. Lucy kam ins Krankenhaus und erzählte mir, daß sie am Abend zuvor mit ihren Freunden James Taylor und Kathryn Walker gegessen hatte. Ari schwärmte ungeheuer für James Taylor. Sie sah ihn in »Sesamstraße«. Ich fragte Lucy, ob sie wohl glaubte, daß James für einen kurzen Besuch zu Ari ins Krankenhaus kommen würde, aber er verließ die Stadt am nächsten Tag und konnte nicht. Ich war enttäuscht, aber ich wußte, daß ich sowieso nur nach Strohhalmen griff.

Dieser erste Krankenhausaufenthalt seit Florida war sehr schwierig und ein schmerzhafter Lernprozeß für uns alle. Ich hatte meine Rolle zwischen den Schwestern und Ärzten noch nicht gefunden. Wir waren noch kein Team.

Der Gang ins Krankenhaus ist wie der Gang in eine fremde Welt. Die Sprache ist anders, die Atmosphäre ist anders, und man konnte die Leute in zwei Gruppen unterteilen: Jeder, der sich Ari mit etwas möglicherweise Schmerzhaftem näherte, wurde zum Feind; jeder, der uns unterstützte, wurde schnell zum lieben Freund.

Paul, Ari und ich kämpften darum, nur unseren Optimismus und unseren Humor zu erhalten. Wir redeten immer davon, wieder nach Hause zu gehen. Das Ziel war, das Krankenhaus zu verlassen, und der

Siegespreis war, wieder zu Hause zu sein. Ariel verlor viel Gewicht, gemessen an ihrem kleinen Körper. Sie war dünn und schwach, aber ihr Geist war immer noch entschlossen und stark.

Jeden Tag gingen wir nach unten ins Spielzimmer, und da malte sie wunderhübsche Bilder für Jake. Eines Tages schrieb sie Jakes Namen und malte auf die großen Buchstaben lauter kleine bunte Steinchen. Unten auf das Blatt schrieb sie: »Ich hab Dich lieb, Ariel«. Er hat das Bild immer noch an der Wand seines Zimmers hängen: sein Name und Aris Liebe.

Wir kämpften gegen den Krankenhausalltag, indem wir aus Aris Zimmer einen lebendigen, bunten Raum machten. Wir wollten, daß sie sich wie zu Hause fühlte. Wir schmückten die Wände mit ihren Kunstwerken und allem, was wir finden konnten. Es gab Blumen und Luftballons, Decken und Kissen, Spielsachen und Plüschtiere (vor allem ihr graues Häschen) von zu Hause. Ihre alten Freunde und ihre neuen Klassenkameraden aus Crossroads schickten ihr Bilder und Briefe, die auch aufgehängt wurden. Jeden Abend spielten wir ein Tonband mit klassischer Musik, damit sie einschlief. Kein zweites Krankenzimmer in der Uniklinik sah so aus.

Meine Eltern kamen oft, ebenso unsere Freunde, aber wir erlaubten nur den Freunden, uns zu besuchen, die die Wahrheit kannten.

Als wir im Krankenhaus waren, hatten wir das Gefühl, noch leichter entdeckt zu werden. Paul war sichtbarer, und die Leute schenkten ihm immer Beachtung – andere Familien auf dem Gang, andere Besucher. Wir hielten uns soweit wie möglich zurück, und die Freunde machten das auch. Wir waren so nervös, daß wir Ari unter meinem Mädchennamen Betsy Meyer anmeldeten. Die Schwestern kamen immer ins Zimmer und nannten sie Betsy, und dann lachten wir alle.

Freunde, die die Wahrheit nicht kannten und uns besuchen wollten, bekamen zu hören, daß Ari zu erschöpft war und wir Ruhe brauchten. Wir hatten schreckliche Angst, daß jemand, der nichts wußte, an dem Schild »Infektionskrankheit« an ihrer Tür erkennen würde, daß sie AIDS hatte, oder daran, daß die Schwestern aus einem nicht ersichtlichen Grund Handschuhe trugen.

Diese Handschuhe machten mich verrückt. Irgendwie waren sie das Symbol für all die uninformierten und angstvollen Mißverständnisse über AIDS. Erst bei unserem zweiten Krankenhausaufenthalt vier Monate später wurde mir klar, daß es in meiner Macht lag, diesem Krankenhauspersonal den Zugang zu unserem Zimmer zu verweigern.

Es war *unser* Zimmer, und zu der Zeit durfte es niemand betreten, der aus unerfindlichem Grund Handschuhe oder einen Mundschutz trug. So mutig, wie ich sein konnte, verlangte ich von den Leuten, daß sie entweder die Gummihandschuhe auszogen oder Aris Zimmer nicht betraten. Manchmal waren Handschuhe nötig, beispielsweise wenn Blut abgenommen wurde. Dann sagte ich kein Wort. Ich hatte ausführlich mit unseren Ärzten darüber gesprochen, welche Vorsichtsmaßnahmen getroffen werden mußten, und daher wußte ich, daß ich von niemandem verlangte, sich in Gefahr zu begeben.

Wir verließen uns sehr auf Nancy Potash, die Oberschwester auf der Kinderstation, die uns stets half und der wir vertrauen konnten. Nancy trägt eindeutig viel Verantwortung, aber sie ist nie kalt oder hart. Sie bewahrt sich ihre Autorität, ohne ihr Mitgefühl zu verlieren.

Bei unserem ersten Zusammentreffen war sie in Aris Zimmer gekommen, als ich gerade weinte.

»Ich weiß nicht, wie ich das durchstehen soll«, sagte ich zu ihr. »Ich weiß es einfach nicht.«

»Wir bringen Sie durch«, antwortete sie. Seitdem ist das das Motto für die Arbeit auf ihrer Station: »Wir helfen Ihnen, daß Sie es durchstehen.«

Was ich nach und nach in bezug auf Krankenhäuser erkannte und was die meisten Menschen nicht wissen, ist, daß letzten Endes der Patient die Verantwortung trägt. Ich konnte die Sachen packen und gehen; ich konnte Ärzten und Schwestern sagen, daß ich etwas, das sie mir dringend empfahlen, nicht wollte. Ich lernte bei unserem ersten Krankenhausaufenthalt, daß letztlich Paul und ich die Entscheidungsgewalt über Aris Behandlung hatten.

Wogegen wir Ari nicht verteidigen konnten, war der Schmerz. Wenn der Schmerz zuschlug, zählte nichts mehr, und nichts half; nicht die Bilder an der Wand, nicht der Luftballon, der am Infusionsgerät schwebte. Wir fühlten uns hilflos und unbedeutend, wenn wir sahen, wie Ari litt.

Ich merkte, welche Wirkung das auf Paul hatte. Es war entsetzlich für ihn. Wir wußten alle, wie weh es ihm tatsächlich tat. Es gab Zeiten, zu denen er Abstand hielt und sehr fern wirkte, nicht, weil ihm alles egal war, sondern weil er alle Kraft und allen Mut sammelte, die er zum Weitermachen brauchte.

Es gab andere Gelegenheiten, bei denen sein Zorn über Aris Leiden in wilder Wut aus ihm herausbrach. Er schrie dann die Schwestern und die Ärzte an und jeden anderen, der zufällig in der Nähe war. Aber nachdem er explodiert war, entschuldigte er sich immer und war sehr warmherzig. Er war nie wütend über eine Person, er war wütend über die Umstände. Er war wütend über AIDS, und das wußten wir alle.

Aris Schmerzen wurden verursacht durch die akute Entzündung der Bauchspeicheldrüse, die wiederum hervorgerufen war durch ihre Immunschwäche. Diese Entzündung hatte zur Folge, daß sie Nahrung nicht verdauen konnte, und das wiederum hatte zur Folge, daß sie nichts mehr essen konnte. Weil Ari nicht mehr essen konnte, entzündete sich die Bauchspeicheldrüse weiter, und dadurch wurden die Schmerzen noch schlimmer. Sie steckte in einem erbarmungslosen Teufelskreis.

Die einzige Alternative zum qualvollen Verhungern war intravenöse Ernährung. Man sagte uns, daß wir Ari mit nach Hause nehmen durften, wenn wir unsere Zustimmung gaben, daß ihr in Brust oder Bauch operativ ein Katheter eingesetzt wurde, damit sie Nahrung und Medikamente intravenös aufnehmen konnte. Wir konnten sie zu Hause ernähren, wenn wir ein System beherrschten, das Total Parenteral Nutrition (TPN; Ernährung unter vollständiger Umgehung des Magen-Darm-Kanals) genannt wurde. Das TPN würde an Aris Katheter angeschlossen werden und sie jede Nacht zehn Stunden lang mit der richtigen Nährlösung versorgen.

Auch wenn das Einsetzen des Katheters ein relativ kleiner Eingriff war, hatten wir doch Angst. Trotz allem hatte Ari nie Narkoseärzte, Skalpelle und Chirurgen gesehen. Aber wir wußten, daß sie nichts essen konnte. Ihr normales Leben wurde ihr Zentimeter um Zentimeter genommen.

Der Eingriff verlief erfolgreich, aber das Trauma zehrte sie aus. Sie kam nie wieder richtig zu Kräften, doch ich blieb voller Hoffnung und wartete jeden Tag darauf, daß ihr Zustand sich verbesserte.

Der Tag, an dem die TPN-Schwester Laurie Reyen in Aris Zimmer kam, um das System zu erklären, war der erste Tag seit Beginn unserer Tortur, an dem ich aufgeben wollte. Ich wollte mich aus dem Leben zurückziehen und sagen: »Das ist zuviel. Mir reicht es. Ich bin nicht stark genug.« Ariels bisheriges Leben entschwand wie eine Rauchwolke. Ganz gleich, was wir taten, ganz gleich, wie sehr wir uns anstrengten, wir konnten es nicht festhalten.

Ich hatte Angst vor TPN und fühlte mich überfordert. Ich wußte, daß wir sie intravenös ernähren mußten, aber ich sah nicht, wie ich überhaupt lernen konnte, einen so außerordentlich komplizierten und langwierigen Vorgang in den Griff zu bekommen. Laurie Reyen war so ruhig und fachkundig, daß ich mich in ihrer Gegenwart noch hilfloser fühlte. Aber sie blieb dabei, daß das etwas war, was ich beherrschen würde.

Bevor ich überhaupt anfangen konnte, mußte ich sechzehn Schritte lernen, und wenn ich dabei einen einzigen Fehler machte, mußte ich ganz von vorn anfangen. Als mir klar wurde, daß ich dafür fast Krankenschwester werden mußte, ergriff mich ein überwältigendes Gefühl der Verzweiflung.

Als Laurie mir alles erklärte, kamen mir die Tränen. Als sie mir über die Wangen liefen, wischte ich sie schweigend ab, nur um von Laurie zu hören, daß ich jetzt mit den sechzehn Schritten von vorn beginnen müßte, weil ich dafür gesorgt hatte, daß nicht mehr alles steril war.

Laurie trieb mich nie an. Mit einer unerschütterlichen Zuverlässigkeit kam sie Tag für Tag, um mir zu helfen, das System zu beherrschen, mit dem ich meine Tochter mit nach Hause nehmen konnte. Jedesmal, wenn ich dachte, ich könnte nicht mehr, erinnerte

Laurie mich daran, daß andere Mütter das auch machten, also könnte ich das auch. Dennoch fand ich die Sache bedrückend und die Verantwortung beängstigend. Wenn ich bei der Vorbereitung des Systems für Ari irgendeinen Teil mit meinen eigenen Keimen verunreinigte, dann konnte sie eine Infektion bekommen, krank werden und sterben.

Wenn ich die Augen schließe, sehe ich immer noch, wie die sterilen Tupfer ausgewickelt werden müssen, dann in eine Betadin-Lösung getaucht werden, die in Alkohol geschwenkt wird. Als nächstes zog ich Medikamente auf eine Spritze, so daß ich sie in den Lösungsbeutel injizieren konnte, dann mußte ich Vitamine dazugeben und Mittel gegen die Magensäure. Ich mußte auch lernen, den Beutel zu reinigen, damit ich nicht zusammen mit den Medikamenten Keime in die Lösung injizierte.

Ich lernte, wie man die Kanüle in den Beutel tat und die Pumpe in Gang setzte, wie man den Katheter säuberte und wie man die Pumpe anschloß. Ich lernte darauf zu achten, daß die Pumpe richtig arbeitete. Ich lernte, wie man die Infusion am nächsten Morgen auf eine bestimmte Weise abstellte, damit Aris Blutzuckerspiegel nicht sank. Und ich mußte alle Verbindungsstücke peinlich genau säubern, um jede Möglichkeit einer Infektion auszuschließen. Es war ein Berg von Wissen, den ich in mich aufnehmen mußte.

Zur selben Zeit, als wir die Beherrschung von TPN lernten, erfuhren wir, daß Ari endlich das langersehnte AZT bekommen konnte. Die Ärzte der Nationalen Gesundheitsinstitute hatten jetzt in klinischen Versuchen genügend Informationen gesammelt, um eine Dosierung vorzuschlagen. Ende 1986 wurde AZT endlich in einem Versuchsprogramm in Kinderkliniken getestet.

Die Studie an fünfunddreißig Kindern wurde durchgeführt am Nationalen Gesundheitsinstitut in Maryland, an der Duke University in Durham in North Carolina, und am Kinderhospital in Miami, Florida. Weil die Tests alle im Osten des Landes durchgeführt wurden, hätten wir, wenn ich Aris Teilnahme gewollt hätte, alle umziehen oder uns über Monate trennen müssen. Beide Möglichkeiten waren für uns nicht akzeptabel.

Wenn die AZT-Studie ein Jahr später abgeschlossen war, würde man mehr wissen über die Nebenwirkungen des Medikaments und die richtige Dosierung für Kinder. Ari war vermutlich das erste Kind im Land, das AZT bekam und nicht an einem offiziellen klinischen Test teilnahm: Ende 1987 war AZT noch das einzige Medikament, von dem man wußte, daß es bei der Behandlung von AIDS wirkte.

Ich sagte zu Paul, daß ich das Gefühl hatte, als seien wir Pioniere im ersten Planwagentreck in Richtung Westen. Wir hatten keine Landkarten für unsere Reise, die Straße war uneben und gefährlich, führte aber hoffentlich zu einem besseren Leben am anderen Ende. Paul und ich saßen in Aris Krankenzimmer, drückten uns gegenseitig die Hand und sagten: »Auf nach Westen!« Verzweifelt hielten wir uns an etwas Positivem fest.

Wir waren optimistisch in bezug auf die AZT-Tabletten und hofften, daß nach einer kurzen TPN-Zeit die Entzündung der Bauchspeicheldrüse abklingen würde und Ari dann wieder essen könnte. Dazu kam es nicht.

Ariel war ein Schatten ihres sechsjährigen Selbst. Sie war schwach und hatte viel Gewicht verloren. Das Gehen fiel ihr immer schwerer. Wir verließen das Krankenhaus am ersten Abend des Chanukka-Festes, der in diesem Jahr auf Mittwoch, den 16. Dezember, fiel. Meine zerbrechliche Familie zündete die erste Kerze an und betete still, daß ein Wunder geschehen möge.

5

Eine Woche später war Weihnachten, und wegen Jake versuchten wir, mit meinen Eltern fröhlich zu sein, aber ich fühlte mich hohl und leer. Die Feiertage waren bedrückend, und die Weihnachtslieder waren ein Hohn in unserer Situation. In unserer Welt gab es keine Freude, und unsere Nächte waren keinen stillen. Ari schrie oft vor Schmerz auf, und daneben war das Summen der Apparate zu hören, die Nahrung und Medikamente in sie hineinpumpten, um sie am Leben zu erhalten.

Nach den ersten drei oder vier Wochen zu Hause fing ich an, die einzelnen Schritte der TPN-Routine aus dem Gedächtnis zu bewältigen. Als ich erst begriff, was ich tat, brauchte ich abends nur vierzig Minuten, um den Apparat vorzubereiten, und morgens zwanzig, um ihn auseinanderzunehmen. Aber anfangs brauchte ich jeden Abend mindestens zwei Stunden.

Die Anweisungen für den Abend waren vier Seiten lang. Wenn ich nur einen Fehler machte, mußte ich von vorn beginnen. Es war entsetzlich frustrierend, und anfangs saß Paul bei mir im Zimmer, während ich Ari anschloß. Wenn ich mir die Augen rieb, ohne es zu merken, dann machte er mich darauf aufmerksam, und ich fing von vorn an. Ich wollte, daß er zusah, weil ich Angst hatte, daß Ari noch kränker wurde, wenn ich einen Fehler machte. Zuerst war es nur Pauls Aufgabe, auf mich aufzupassen, aber im Laufe der Zeit lernte er mit, und wir teilten uns die Arbeit.

Wir räumten die Apparate und Pumpen beiseite, wenn sie nicht benutzt wurden, weil wir nicht wollten, daß Aris Zimmer wie ein Krankenzimmer aussah. Ari wurde acht Monate auf diese Weise ernährt, und nach einiger Zeit schaffte auch Paul den Aufbau innerhalb von vierzig Minuten.

Eine der bemerkenswerten Seiten an Paul ist für mich die Tatsache, daß er vor solchen Verantwortlichkeiten nie zurückschreckte. Er mochte sie hassen und wütend sein, daß er sie auf sich nehmen mußte – aber er tat immer alles, ob es nun darum ging, eine Windel zu wechseln, Aris Nahrung zusammenzustellen oder sauberzumachen, wenn sie sich erbrochen hatte. Ich hatte und ich habe sehr viel Glück, daß Paul bereit war, die zahlreichen medizinischen Aufgaben, vor denen wir zu Hause standen, mitzuerledigen. Und das Wunderbare war, daß Paul das, wie alles andere auch, auf seine ganz eigene Weise machte. Er erfand erstaunliche Methoden, wie man zweiundzwanzig lange Wattestäbchen mit einer Hand festhielt. Als ich es das erstemal sah, mußte ich lachen. Paul hat eine besondere Art, mir beizubringen, wie man fast alles mit Kreativität erledigen kann. Wir brachten beide unsere Persönlichkeit in die Arbeit ein.

Ich weiß noch, daß ich kurz nach unserer Rückkehr nach Hause Heparin, ein Antigerinnungsmittel, in den Beutel tat. Irgend etwas passierte, und die Spritze und der Katheter fielen mir aus der Hand. Der Katheter fiel auf Aris geliebtes graues Häschen. Wir rissen beide die Augen auf. Ari und ich gaben beide sehr gut acht auf das graue Häschen. Ich sah sie nur an und sagte: »Wir Glaser-Mädchen werden unseren Stil ändern müssen.« Meine direkte Einstellung zum Leben brachte nichts mehr, als wir bei TPN angekommen waren.

Den Umgang mit dem TPN-System zu lernen, war ein weiterer Wendepunkt für mich. Es lehrte mich, meine Tränen versiegen zu lassen. Mir die Nase zu putzen oder die Augen zu wischen, war ein Luxus, den ich mir nicht länger leisten konnte, wenn ich mitten im Ablauf steckte. Ich lernte schnell, wie ich sehr traurig sein konnte, ohne daß ich weinte. Ich lernte, wie ich mich von meinen Emotionen löste, indem ich einen innerlichen geistigen Schalter betätigte. Monate später versetzte dieses Training mich in die Lage, nach Washington zu gehen und ganz sachlich und kühl über mein Leben zu sprechen.

TPN schärfte auch meine Fähigkeit zur Konzentration. Ari konnte den schlimmsten Tag ihres Lebens hinter sich haben, ich konnte voller Angst sein, daß sie sterben würde, Jake und Paul konnten in einer ekelhaften und streitsüchtigen Stimmung sein, aber Ari mußte trotz allem ernährt werden. Ich konnte nicht weinen, mich kratzen oder niesen. Ich konnte meine Gedanken keinen Augenblick abschweifen lassen. Ich kapselte mich vollkommen von allem ab, was passierte. Ich lernte, mich zu konzentrieren.

Als AIDS mir die Möglichkeit der Kontrolle nahm, war ich gezwungen, einzusehen, wie illusorisch unsere Vorstellung von Kontrollierbarkeit ist. Sie schafft ein falsches Sicherheitsgefühl. Ich glaube inzwischen, daß viele Menschen zuviel Zeit damit verbringen, sich Gedanken zu machen, wohin ihr Weg sie führen wird, statt im Augenblick zu leben. Wir wissen alle nicht, wann ein Blitz in unseren Weg einschlägt oder wann die nächste Kurve auf der Strecke uns zum Regenbogen bringt. Ich mußte diese Illusion auf die grausamste Weise erkennen, aber glaube, die Lektion ist für jeden wertvoll.

Es gibt keine Garantien. Ich mache einen Schritt und dann den nächsten. Die Angst vor dem ersten, dem schwersten Schritt hindert Menschen oft daran, überhaupt den Versuch zu machen, sich in eine neue Richtung zu bewegen.

Paul und ich hatten die Wahl, Ari entweder selbst zu pflegen oder sie im Krankenhaus zu lassen, wo sich andere um sie kümmern würden. Der erste Schritt ist nie einfach, aber als wir den Prozeß erst einmal in Gang gesetzt hatten, paßten wir uns ihm an.

Lesa Grovas, unsere Lieblingsschwester aus der Universitätsklinik, kam an mehreren Abenden in der Woche zu uns nach Hause, um Ariel ihr Albumin, ein Protein, und ein harntreibendes Mittel zu geben. Sie verhalf auch Paul und mir zu einer Pause. Sie bedeutete uns emotional genauso viel wie medizinisch, und sie hatte ein gutes Verhältnis zu Paul. Ihr konnte er erzählen, daß es ihn umbrachte, Ariel immer schwächer werden zu sehen.

Durch TPN fühlte Ari sich unwohl, und sie war am ganzen Körper aufgedunsen. Sie sah unserer geliebten Tochter immer weniger ähnlich. Und als es ihr immer schlechter ging, hörte sie nach und nach auch auf zu gehen. Dann hatte sie Schwierigkeiten, einen Malpinsel zu halten. Paul saß oft neben ihr und malte selbst, während sie aufmunternd nickte.

Wir fragten Dr. Stiehm, warum das so war, aber er wußte eigentlich keine Antwort. Ari war an einem ernsten, tödlichen Virus erkrankt, und sie wurde mit jedem Tag schwächer. Das AZT, von dem wir uns eine Wende erhofft hatten, schien bei ihr überhaupt keine Wirkung zu haben.

Da ihr selbst das Sprechen schwerfiel, lernten wir, uns mit Blicken zu verständigen. Ihre Augen waren immer lebendig. Sie konnten Schmerz mitteilen. Sie konnten vor Wut schreien, als ihre Frustration immer stärker wurde, aber sie konnten auch Verwunderung, Aufregung, Humor und Liebe zeigen. Manchmal verstand ich nicht, was sie mir zu sagen versuchte, und dann schossen ihre Augen Pfeile ab, die mein Herz durchbohrten. Aber wenn ihre Augen voller Liebe zu mir sprachen, dann antwortete ich mit Worten der Liebe und der Hoffnung.

Im Januar und Februar 1988 wurde Ari schwächer und noch eingeengter in ihren Möglichkeiten. Wir waren auf einem Weg bergab. Eine Sache, die ihr wirklich Freude machte, war ein Tonband, das James Taylor ihr geschickt hatte. Als er sie im Krankenhaus nicht besuchen konnte, hatte er in seinem Wohnzimmer fünf Lieder aufgenommen und sie uns geschickt. Aris Lieblingslied »Jelly Man Kelly« war auch dabei, und das Band begann damit, daß James sagte: »Hallo, Ari, hier ist James Taylor.« Und dann erzählte er ihr noch etwas über seine Tiere und was er vom Fenster seiner Wohnung aus sehen konnte. Es war etwas ganz Besonderes und Wichtiges für uns alle, besonders für Ari. Und als er sagte: »Wie ich höre, bist du lustig und hübsch«, lächelte sie.

Im Februar hörte sie ganz auf zu laufen. Ich trug sie überall hin. Ich tat alles für sie. Sie war körperlich so abhängig von mir wie als Säugling. Sie konnte nicht sprechen, aber wir erinnerten uns beide an die Worte, die schon gesagt worden waren.

Wir machten immer noch lange Spaziergänge. Da sie nicht aufrecht sitzen konnte, setzte ich sie in die Sportkarre, stützte sie mit Kissen und legte eine Dekke über ihre Beine. Wir brauchten keine Worte, um die friedliche Schönheit der Natur gemeinsam zu genießen. Trotz aller Schmerzen und Erschöpfung reagierte sie stets auf die Schönheit um sie herum.

Ich schob sie im Sonnenschein ihren Lieblingsweg entlang, und die Luft duftete nach Eukalyptus. Ari klopfte mit der Handfläche auf den Rahmen der Karre, um meine Aufmerksamkeit zu erregen. Ich versuchte herauszufinden, was sie brauchte. »Ari, tut etwas weh? Soll ich deine Kissen richten? Mußt du auf die Toilette?«

Ari klopfte immer weiter, und dann sah ich es. »Oh, du willst, daß ich die Pusteblume hole?« Ein Lächeln erschien in ihren Augen, als ich den Löwenzahn pflückte und pustete, und wir sahen beide staunend zu, wie die federleichten Samen zu Boden schwebten.

Ich war so damit beschäftigt, Aris Lebensqualität zu verbessern, daß Jake dabei der Verlierer war. Meine Eltern unternahmen etwas mit ihm und Paul auch, aber da Jake erst zehn Monate alt war, als Ari krank wurde, hatte ich mit ihm in seinen ersten Lebensjahren nicht dieselben Erlebnisse wie mit ihr.

Zum Glück war Jake im Januar in den Kindergarten gekommen, und sein Leben wurde normaler, während Aris immer weniger normal wurde. Jetzt war er den ganzen Vormittag fort, spielte mit anderen Kindern und lernte neue Freunde kennen.

Seinen besten Freund fand Jake in den ersten Wochen im Kindergarten. Tommy Solomon war ein sehr hübscher und aktiver Junge von drei Jahren. Er und Jake schlossen schnell Freundschaft, und ich lernte Tommys Eltern, Annie und George, kennen.

Ich hatte beschlossen, keiner Familie im Kindergarten zu erzählen, daß Jake HIV-positiv war, aber nachdem ich einen Nachmittag mit Annie verbracht hatte, verstieß ich sofort gegen diese Regel. Annie ist eine große, auffallende Blondine mit einer einnehmenden Persönlichkeit, und es ist unmöglich, sie auf Distanz zu halten. Wir erzählten Annie und George alles, und sie wurden zu einer sicheren Insel in Jakes Leben.

Ich erinnere mich an Augenblicke, in denen Ariel, die kaum noch etwas machen konnte, abgestützt auf der Couch im Arbeitszimmer saß. Wir achteten immer darauf, daß sie nicht den Tag im Bett verbrachte, weil wir nicht wollten, daß sie sich wie eine Kranke vorkam. Wir zogen sie an, trugen sie nach unten und machten es ihr bequem. Jake kam und setzte sich neben sie, und sie sammelte alle ihre Kräfte, um die Hand auszustrecken und seine zu halten. Sie saßen still nebeneinander, Bruder und Schwester, die sich gegenseitig das Beste schenkten, das sie hatten.

Die ersten Monate 1988 waren sehr anstrengend. Unsere Freunde und unsere Familie waren es, die uns aufrechthielten. Sie riefen jeden Tag an. Einen großen Teil der Zeit waren wir allein zu Hause, aber wir fühlten uns nie isoliert. Lynn, Lucy und Jody meldeten sich jeden Tag. Jody, Claudia, Rena, Hilary, Havi, Carol, Susie, Suzanne, Mama und Papa, alle, die Bescheid wußten, sahen dauernd nach uns. Und die Freunde, die nur wußten, daß Ari an einer merkwürdigen Erkrankung der Nieren und der Leber litt, riefen auch an.

Aris Freunde waren ihre winzige Verbindung mit der Welt draußen. Amy und Francesca oder Sara und Taylor besuchten sie mindestens einmal in der Woche. Weil sie so wenig machen konnte, mußten wir uns was einfallen lassen. Taylor kam und setzte sich zum Fernsehen zu Ari auf die Couch. Wenn Amy kam, machten wir Kunstwerke für Ari. Amy fragte sie, welche Buntstifte sie nehmen sollte. Sie nahm einen rosafarbenen in die Hand und sah Ari an, um zu fragen, ob die Wahl richtig war. Mit einem Blick oder einem Kopfnicken stimmte Ari zu oder lehnte ab.

Wenn Francesca kam, spielten wir immer Quartett. Ich hielt Aris Karten, und sie ließ mich wissen, welche von Francescas Karten ich nehmen sollte. Am Ende lachten wir alle, weil Ari immer gewann.

Diese wöchentlichen Besuche bedeuteten Ari viel. Ihre Freundinnen waren bei ihr, und sie wußte das. Sie sagten nie etwas über ihren Zustand, also mußte sie sich auch nicht damit befassen. Jake spielte auch gern mit Aris Freundinnen. Wie so vieles andere in meinem Leben in dieser Zeit brach es mir das Herz und war gleichzeitig eine Freude für mich, alle diese Kinder beieinander zu sehen. Es schien sehr mutig von meinen Freunden zu sein, ihre Kinder weiter zu uns zu bringen, als Ari so schrecklich aussah. Doch weder die Eltern noch die Kinder klagten je, jedenfalls nicht in unserer Gegenwart.

Paul hatte einen neuen Auftrag bekommen. Der Produzent Richard Zanuck hatte ihn als Regisseur für »Blue Lightning«, einen teuren Abenteuerfilm, zu MGM geholt. Eine Zusage war ein schwerer Entschluß, denn der Film sollte in Miami gedreht werden. Drei Tage lang versuchten wir eine Entscheidung zu treffen, was er tun sollte. Wenn er ja sagte, bedeutete das, daß die Familie entweder getrennt wäre oder nach Miami ziehen müßte. Wenn wir beschlossen mitzugehen, war es möglich, mit Ari so weit zu reisen und alles wieder aufzubauen ohne Familie und Freunde?

Nachdem wir unsere Meinung so oft geändert hatten, daß uns beiden schwindlig war, sagte ich schließlich: »Du mußt es machen. Irgendwie kommen wir schon nach Miami.« Wir wußten, daß wir uns auf gar keinen Fall trennen würden. Paul konnte sich nicht vorstellen, weit fort von den Kindern zu sein, und ich konnte nicht zulassen, daß er seine Karriere als Regisseur aufgab, an der er mit soviel Einsatz gearbeitet hatte. Ich rief Dick Stiehm an und fragte ihn, ob wir mit Ari nach Miami umziehen könnten, und er hielt das für möglich, wenn es wirklich nötig war. Ich bin sicher, er hielt das für eine groteske Idee, aber er versuchte nicht, sie uns auszureden.

Im März, fast zwei Jahre nach der Diagnose, bekam Ariel eine Lungenentzündung, und wir waren wieder im Universitätskrankenhaus von Los Angeles. Als wir erst einmal aufgenommen waren, hagelte es einen Test nach dem anderen. Wenn wir schon einmal da waren, meinte Dick Stiehm, sollten wir eine Magnet-Resonanz-Untersuchung machen lassen, um zu prüfen, ob eine Schädigung des zentralen Nervensystems vorlag. Das ist wie Röntgen, nur daß Magnetkraft benutzt wird. Die Ergebnisse zeigten, daß bei Ari eine schwere Gehirnatrophie vorlag. Wie ein Ballon, der Luft verlor, schrumpfte ihr Hirn. Die Ärzte sagten, daß das ein bleibender Schaden war. Es handelte sich um eine der Komplikationen bei AIDS. Für mich war das eine niederschmetternde Auskunft. Soweit ich erkennen konnte, bestand keine Aussicht auf Besserung. Jetzt wußten wir, warum Ari so viele Dinge nicht mehr tun konnte. Das lag nicht daran, daß sie an einem schweren Virus litt, sondern daran, daß das Virus irgendwie ihr zentrales Nervensystem beschädigt hatte. Paul und ich konnten das kaum begreifen.

Ariel war so krank wie nie zuvor. Nach vier Tagen im Krankenhaus bat Dick Stiehm uns ernst, uns zu setzen, und erklärte uns, er glaube nicht, daß Ari es noch lange machen würde. Er sagte, daß sie vermutlich noch achtundvierzig Stunden zu leben hatte. Darauf waren wir nicht vorbereitet.

Er sagte, daß Paul und ich entscheiden mußten, ob sie auf die Intensivstation kam oder nicht. Wir sahen uns an, und ohne ein Wort zu sagen, wußten wir unsere Antwort. Wenn es keine Hoffnung gab, wenn das zentrale Nervensystem nicht wiederhergestellt werden konnte, dann wollten wir sie mit Sicherheit nicht der Technik ausliefern und zugucken, wie ihr Leben mit Piepsern und Leuchtpunkten auf Monitoren zu Ende ging.

Sehr schweren Herzens beschlossen Paul und ich, sie nicht auf die Intensivstation legen zu lassen. Wir wollten um ihr Leben kämpfen, aber wir wollten nicht ihr Sterben verlängern. Die Entscheidung, die Behandlung abzulehnen, die das Leben ihres Kindes verlängern könnte, ist die schwerste, vor der Eltern stehen.

Es war eine Entscheidung, die uns innerlich zerriß, aber wir hatten das Gefühl, es war die einzig mögliche, nachdem wir die Ergebnisse der Untersuchung kannten. Wenn der schlechte Zustand ihres zentralen Nervensystems jetzt irreversibel war, wenn ihr Gehirn geschrumpft war, dann schien es uns egoistisch zu sein, sie noch länger festzuhalten. Wir mußten entscheiden, was für Ari am besten war und was ihr Frieden brachte. So beschlossen wir, wie immer an ihrer Seite zu bleiben und der Natur ihren Lauf zu lassen. Sie war keinen Augenblick allein. Ari atmete schwach, aber sie hatte nicht aufgegeben.

Wir riefen unsere Freunde an. Lynn kam als erste ins Krankenhaus. Wir erzählten ihr, daß die Ärzte meinten, Ari würde sterben, und baten sie, unsere anderen Freunde anzurufen und sie zu informieren. Es fiel ihr schwer, ruhig zu bleiben. Sie besorgte sich ein paar Münzen und fing an zu telefonieren. Später erzählte sie mir, daß sie sich nicht daran erinnern konnte, irgendwelche Nummern gewählt zu haben und wie sie angefangen hatte, aber innerhalb weniger Stunden waren alle unsere engsten Freunde an unserer Seite. Alle glaubten, das Ende sei gekommen. Alle – bis auf Ari.

Es war die reinste Hölle für sie, aber sie kämpfte. Ihre Augen sagten nicht »Ich bin zum Sterben bereit«, ihre Augen sagten »Holt mich hier raus«. Hätte Ari einen Wutanfall bekommen können, dann hätte sie ihn auch bekommen. Statt dessen bekamen ihre Augen Wutanfälle.

Unsere Freunde kamen abwechselnd. Lucy wohnte in der Nähe und kam fast jeden Tag. Später erfuhr ich, daß sie meistens auf dem Parkplatz geweint hatte, bevor sie sich zusammenriß und uns besuchte. So schlecht ging es Ari in jenen Tagen. Ich hätte nie erraten, wie Lucy sich wirklich fühlte, wo sie doch im Krankenzimmer so positiv und hilfreich war.

Trotz der Tatsache, daß Ari schon seit Monaten krank war, glaubte ich nicht, daß sie sterben würde. Ich konnte mir das nicht vorstellen und war vollkommen unvorbereitet. Erst als die Ärzte uns sagten, daß es absolut keine Hoffnung mehr gab, stellte ich mich zum erstenmal dem Gedanken.

Ich erinnere mich an Lucys Besuch an diesem Samstag. Paul blieb im Zimmer, so konnte ich nach draußen gehen und auf der Feuertreppe eine Zigarette mit ihr rauchen. Die Sonne war viel zu strahlend, der Tag vollkommen verkehrt.

Ich zündete eine Zigarette an, dann noch eine. Ich zitterte und konnte noch nicht sprechen. Ich sah Lucy an, und als mir die Tränen kamen, sagte ich wütend und ungläubig: »Das ist nicht möglich, Lou. Ich habe alles getan, was ich konnte, um unser Leben in Santa Monica normal und schön und real zu gestalten. Unsere Freunde sind wieder da, die Schulfrage ist geregelt, und Paul und ich tun alles, was in unseren Kräften steht. Ich habe so schwer gearbeitet, und Ari soll dennoch sterben? Sie soll dennoch sterben! Darin liegt kein Sinn! Wie kommt es, daß sie trotz allem sterben muß, Lou?«

Lucy ergriff meine Hand und weinte mit mir. Es war in diesem Augenblick ehrlicher Verzweiflung, daß ich erkannte, daß ich nicht länger ruhig in Santa Monica sitzen konnte. Die Aufgabe einer Mutter ist es, das Leben ihres Kindes zu retten; das ist ein grundlegender animalischer Instinkt. Aber ich versagte.

»Lou«, sagte ich, »ich muß etwas unternehmen, was kann ich machen? Ich muß etwas tun, um mein Kind zu retten! Ich muß zum Präsidenten!«

»Schon gut, schon gut«, sagte sie, »wenn du zum Präsidenten mußt, dann bringen wir dich zum Präsidenten.«

Ich zündete mir noch eine Zigarette an.

»Wenn Ari stirbt, dann wird auch Jake sterben. Ich kann nicht hier in Santa Monica sitzen und meiner Familie zu einem bequemen kleinen Leben verhelfen, wenn wir alle sterben werden! Niemand kümmert sich darum, wenn wir alle an AIDS sterben. Irgendwas ist vollkommen falsch. Du mußt mich zu Reagan bringen.«

Ich rauchte meine Zigarette zu Ende, und wir gingen wieder in Aris Zimmer. Ich hatte neue Kraft, weil ich jetzt so wütend war, daß ich mich nicht länger als Opfer fühlte. Bis zu diesem Zeitpunkt hatte ich mich nur auf Aris Zustand konzentriert. Ich wußte, was in unserer kleinen Welt passierte, aber ich kannte sehr wenig von dem größeren Zusammenhang. Ich hatte gelernt, sehr selbstsicher zu sein, und forderte unsere Ärzte heraus, aber ich verstand nur einen winzigen

Bruchteil von den größeren AIDS-Problemen im Land. Ich wußte, daß wir kein AZT für Ari bekommen konnten, als sie es brauchte, aber ich war keinen Schritt weiter gegangen, um herauszufinden, warum das so war.

An diesem Abend kam Jim Blechman, unser homöopathischer Arzt, in die Uniklinik, um Ari zu besuchen. Er ergriff ihre Hand und sah ihr in die Augen.

»Elizabeth, sie wird nicht sterben. Sehen Sie sie an. Da ist noch zuviel Wildheit in den Augen.«

Er hatte recht. Es war ein Wunder. Ari wurde langsam wieder kräftiger. Sie überwand die Krise. Niemand wußte, warum. Wir waren alle überrascht, aber ein Teil von mir wußte immer, daß das in ihr steckte.

Am Montag kam Dr. Stiehm wieder und fand uns lebendig und auf dem Weg der Besserung vor. Ich bin sicher, er war schockiert, aber auch wirklich glücklich. Ich sah ihm in die Augen. »Ich glaube, ich bin bereit, etwas zu unternehmen«, sagte ich ruhig. »Es gibt ernste Probleme im Zusammenhang mit AIDS, nicht wahr? Ich will versuchen, etwas zu ändern. Kann ich irgend etwas tun? Glauben Sie, daß es eine Möglichkeit für mich gibt, etwas zu tun und trotzdem unser Privatleben zu schützen?«

»Ich bin sicher, daß es die gibt«, sagte er auf seine ruhige, entschiedene Art. Dr. Stiehm ist ein so ruhiger Mann, daß man sich nicht einmal vorstellen kann, daß er vor Wut auf die Autohupe drückt.

Ich sagte zu ihm: »Ich muß herausfinden, was ich tun kann. Wollen Sie mir helfen?«

Er versprach es.

»Was glauben Sie, kann ich tun? Besteht eine Hoffnung?« fragte ich.

Und dann sprach Dick Stiehm über die Möglichkeit, eine Methode zu finden, mit der man die Übertragung des Virus von einer infizierten Mutter auf ihr Kind verhindert. »Halten Sie das für möglich?« fragte ich.

»Ja«, antwortete er.

»Könnte ich noch Kinder bekommen?« fragte ich und hielt den Atem an.

»Vielleicht«, antwortete er. Es war ein dünner Hoffnungsstrahl, der vor mir schwebte. Ich griff danach. Ich glaubte nicht, daß ich weitere Kinder haben könnte, aber jetzt sagte Dick, daß die Forschung Möglichkeiten anbot, das zu ändern. Sie bot die Möglichkeit an, mehr zu lernen und mir und meinen Kindern vielleicht zu helfen. Was sonst zählte? Ich sprang mit beiden Füßen hinein.

»Ich glaube, daß ich ein Gespräch mit Präsident Reagan bekommen kann, aber ich muß wissen, worüber ich rede.«

»Sie müssen über die Kinder reden«, sagte er.

Ich verstand nicht richtig, was er meinte, aber er war überzeugt, daß ich weitermachen sollte. Er sagte mir, er hätte darauf gewartet, daß ich zu dieser Entscheidung kam.

Dick Stiehm war der erste, mit dem ich über meine neue Idee sprach. Ich hatte sie nicht einmal Paul gegenüber erwähnt. Wenn Dick mich nicht ernstgenommen oder nicht die Überzeugung und die Weitsicht gehabt hätte, daß mehr getan werden konnte, hätte ich vermutlich sofort aufgehört.

Ich sprach die Worte aus, die mir aus dem Herzen kamen, aber ich hatte keine Vorstellung, wie ich weiterkommen sollte. Hätte er gesagt »Elizabeth, ich denke, Sie sollten sich auf Ari und Ihre Familie konzentrieren, denn die brauchen Sie wirklich«, dann hätte ich ihm zugestimmt. Aber wie ich noch merken sollte, ist Dick Stiehm ein ziemlich einzigartiger Mensch. Symbolisch ergriff er ohne zu zögern meine Hand und

Bilder aus meiner Kindheit. *Oben links* 1949 mit meiner Mutter; wir beide warten auf meinen Vater. *Unten* mit meinem Bruder Peter, kurz vor einem Segeltörn. Er war fünf Jahre alt, ich acht.

Oben ein Bild mit meinen Eltern, die ich in Puerto Rico besuchte, kurz bevor ich Paul kennenlernte. Meine Mutter hat auf Fotos immer geschlossene Augen. *Unten* Paul mit David Soul 1975 auf einem Pressefoto zu »Starsky und Hutch«. (Foto: Sygma)

Oben mit Lynn 1976. Paul und ich hatten zu der Zeit ein Haus am Strand von Malibu gemietet. *Rechts* mit Paul 1976 während der frühen »Starsky und Hutch«-Jahre. (Foto: Peter C. Borsari/Gamma Liaison)

Paul bei einem Spaziergang mit Ariel 1981 in Palm Springs. Seine Eltern, Dorothy und Sam Glaser, verbrachten den Winter dort.

Unser Hund Topaz sieht zu, wie ich Ari füttere. Wir lernen alle noch.

Meine großartige Freundin Lucy Fisher mit Ari und mir am Strand. Ari war gerade ein Jahr alt geworden.

Oben Ari und ich 1983 bei der Geburtstagsfeier einer Freundin. Ari war fast zwei. *Rechts* Paul und Ari in Park City, Utah. Wir hatten alle sehr viel Spaß im Schnee. Es war der Winter, in dem Jake geboren wurde.

Oben Graciela mit dem zehn Monate alten Jake. *Links* machen Ari und ich einen Spaziergang mit Jake. Wir sind eine sehr glückliche Familie.

Oben Weihnachten 1985 in Miami. Paul führte Regie, und Ari war gerade aus dem Krankenhaus gekommen. Ihre Lippen waren noch weiß. *Unten* Jakes zweite Geburtstagsfeier. Aris Freundinnen waren alle da. Von links nach rechts: Ari, Taylor, Amy, Francesca, Sara.

sagte, daß er mir helfen würde, meinen Weg zu gehen. Das veränderte alles.

Ich wußte, daß Aris Krankheit viel schneller voranschritt als meine, aber ich wußte eigentlich nicht, daß es so etwas wie Kinder-AIDS gab. Ich dachte, AIDS sei AIDS. Ich wußte, daß es viel gab, was im Umgang mit der Seuche im argen lag, und vieles sah sehr unfair aus, aber ich hatte nicht die Möglichkeit, irgendwelche dieser Probleme handfest zu benennen.

Ich hatte viele Fragen zu Aris Krankheit, aber die Antworten klangen immer gleich: »Wir wissen nicht, warum. Wir wissen nicht, wann. Wir wissen nicht, wie.« Ich war darüber unglücklich gewesen, hatte es aber akzeptiert. Jetzt wollte ich wissen, warum wir nicht mehr wußten.

Am Freitag kam Ariel nach Hause. An dem Abend sagte ich zu Paul: »Ich möchte versuchen, etwas dagegen zu unternehmen, dagegen, daß alles in unserem Leben so unfair zu sein scheint. Meinst du, daß es in Ordnung geht, wenn ich mich aktiv um Veränderungen bemühe? Es könnte unser Privatleben in Gefahr bringen, aber wenn ich nichts tue, sterben wir vielleicht alle.«

Wir saßen am Küchentisch. Irgendwie waren wir beide noch benommen durch Aris Anfall von Lungenentzündung. Paul schwieg lange, dann sagte er mit großer Sanftheit und Entschlossenheit: »Ich werde dich in allem unterstützen, was du tun mußt. Ich will aber keine aktive Rolle in dieser Angelegenheit spielen. Ich kann einfach nicht öffentlich über etwas reden, was nach meinem Gefühl so persönlich ist, aber wenn du meinst, daß du etwas unternehmen mußt, dann stehe ich natürlich hinter dir.«

Für Paul war das eine mutige und zugleich schwere Entscheidung. Er wußte, daß es uns alle in Gefahr brachte. Wenn unsere Geschichte bekannt wurde, dann waren wir nicht sicher, wie die Filmindustrie auf ihn reagieren würde. Würde es seiner Karriere schaden? Würden die Leute ihn nicht mehr beschäftigen? Würden sie das Gefühl haben, daß er ein verwundetes Tier war, das man aus der Herde entfernen sollte?

Ich hatte auch das ganz starke Gefühl, daß das, was ich tat, meine Angelegenheit sein mußte, nicht Pauls. Als Künstler mußte er sich auf Kreativität konzentrieren, sei es als Regisseur oder als Autor. Aber ich spürte, daß für mich die Zeit gekommen war, eine andere Arena zu betreten. Paul bot mir die Liebe, die Unterstützung und das Vertrauen an, die ich für das Weitermachen brauchte.

Ich umarmte meinen Mann und spürte, wie sich ein Lächeln auf meinem Gesicht ausbreitete. Ich wußte, daß dies der Augenblick war, in dem ich den schweren ersten Schritt tat. Zu der Zeit wußte ich das noch nicht, aber es war ein Schritt, der mich seither ständig in Bewegung halten sollte. Symbolisch war es ein Schritt, der bedeutete: »Ganz gleich, was passiert, ich versuche mein Bestes. Ich will versuchen, meine Zukunft irgendwie unter Kontrolle zu bekommen.«

Es war, als wäre ich plötzlich aufgewacht und merkte, daß niemand darauf wartete, alles für uns zu regeln. Ich hatte mir selbst eingeredet, daß in dem Moment, wenn unser Leben unendlich hoffnungslos aussah, plötzlich ein Engel auftauchen würde, um alles in Ordnung zu bringen. Also gut, es gab keine Engel dieser Art. Und wenn etwas getan werden mußte, war ich diejenige, die es tun mußte. Das war keine Rolle, die ich mir wünschte, ich hatte einfach keine andere Wahl.

Ich rief unseren Freund Josh Baran, den Publizisten, an und lud ihn für den nächsten Abend ein. Ich hatte das Gefühl, keine Zeit verlieren zu dürfen. Ich setzte mich mit ihm an den Küchentisch und holte Block und Bleistift hervor.

»Josh, ich will was tun.«

»Was wollen Sie tun?« fragte er.

Wieder sagte die Stimme einer verzweifelten Mutter: »Ich weiß es nicht genau, Josh. Ich möchte meine Familie retten, aber um das zu schaffen, muß ich wohl die Welt verändern. In diesem Krieg gegen AIDS scheint so vieles verkehrt zu sein.«

»Gut, wie wollen Sie vorgehen?« fragte er, ohne lange nachzudenken.

»Ich hab' keine Ahnung, aber ich glaube nicht, daß ich es privat schaffe. Ich bring' nicht genug Geld zusammen. Ich muß es auf staatlicher Ebene machen. Und ich muß es auf höchster Ebene machen. Ich will zu Reagan.«

»Richtig, Elizabeth, wir können hier nicht herumkleckern. Wenn Sie etwas unternehmen wollen, dann müssen Sie klotzen. Sie haben keine Zeit, ein bißchen Selbstgebackenes zu verkaufen, Seminare zu veranstalten und am Ende ein Spendenaufkommen von fünftausend Dollar zu haben. Wir müssen wirklich die Leute ganz oben erreichen.« Mir gefällt Joshs Art zu denken.

»Wenn Sie das tun«, fuhr er fort, »dann müssen Sie sich sachkundig machen. Sie können das nicht machen, wenn Sie nur etwas von Ihrem eigenen Leben wissen.«

»Gut. Also, wo fang' ich an?«

»Besorgen Sie sich das Buch von Randy Shilts, ›AIDS. And the Band Played On‹, lesen Sie jeden Tag Zeitungen und reden Sie mit Leuten.«

Wir fingen an, eine Liste zu machen. Wir begannen bei den Ärzten, an erster Stelle standen unsere, Dick

Stiehm und Michael Gottlieb. Dann schrieben wir den Surgeon General und Admiral James Watkins, den Mann, der für Präsident Reagans AIDS-Kommission verantwortlich war, mit auf die Liste. Wir saßen am Küchentisch und schrieben einen Namen nach dem anderen auf. Viele Leute kannten wir nur vom Hörensagen, aber nicht persönlich. Auf der nächsten Liste standen die Politiker. Tom Hayden, Alan Cranston und Henry Waxman, eines der mächtigsten Mitglieder des Repräsentantenhauses in Gesundheitsfragen, kamen dazu, außerdem Ted Kennedy und die Reagans.

Dann kam die Überschrift »Prominente«. Wen kannten wir? Ich hatte Chers Tochter in der Grundschule unterrichtet. An Jane Fonda konnte man herantreten, denn ich hatte ehrenamtlich für ihren Mann Tom Hayden gearbeitet. Paul kannte viele Leute, und Lucy kannte Steven Spielberg und hatte versprochen, ihren Mann, Doug Wick, zu bitten, möglichst ein Treffen mit den Reagans zu arrangieren. Ich mußte mich mit jedem treffen, der mir einfiel.

Josh wußte, wie schwierig es war, mit dem Kongreß und dem Senat zu verhandeln, und wie strapaziös es sein kann, Geld locker zu machen. Ich dagegen wußte eigentlich nicht, worauf ich mich einließ.

Jeder der vier Menschen, mit denen ich in diesen ersten Tagen redete, gab mir das Gefühl, daß ich etwas erreichen konnte. Ihr Vertrauen ließ mich in großen Dimensionen denken. Wenn Lucy mir erzählt hätte, wie schwer es war, zu Präsident Reagan zu kommen, oder daß sie nicht sicher war, daß sie es schaffen würde, wäre ich vielleicht nicht so begeistert und einsatzbereit gewesen. Ich wollte nichts davon hören, was ich »realistisch gesehen« erwarten konnte. Ich wollte nicht realistisch denken. Ich wollte meine

Kinder retten, und ich wußte, daß das nur mit kühnem Einsatz zu verwirklichen war.

Montagmorgen hatte ich Termine bei Stiehm und Gottlieb. Ich wollte mit beiden Männern sprechen und bat sie um ihre Einschätzung des Problems AIDS. Was mußte getan werden? Gab es Möglichkeiten der Verbesserung? Mit wem sollte ich ihrer Meinung nach reden?

Die Antworten auf all diese Fragen waren atemberaubend. Es gab noch soviel Arbeit. Im Gespräch mit Dick Stiehm stellte sich immer deutlicher heraus, daß ich mich zur Rettung meiner Kinder besonders auf pädiatrische Probleme konzentrieren mußte. Weil ich infiziert bin, werde ich die Probleme der Erwachsenen nie aus den Augen verlieren, aber meine Aktivitäten brauchten einen Mittelpunkt, und das waren die Kinder. Wenn ich jetzt Ari ansah, wußte ich wenigstens, daß ich etwas zu tun versuchte, das zu einer Veränderung führen könnte. Ich fing an, Treffen zu arrangieren.

Ein paar Tage später hatte ich ein Gespräch mit Michael Gottlieb. Er fragte: »Wollen Sie mit dem Surgeon General zusammenkommen?« Er wußte, daß C. Everett Koop ein paar Tage später in der Stadt sein würde und meinte, er könnte ein Treffen vereinbaren. Meine Antwort lautete natürlich: »Ja.« Er stand auf meiner Liste.

Ich hatte Angst. War ich darauf vorbereitet, einen so wichtigen Mann wie Koop zu treffen? Wußte ich genug? Ich hätte nie gedacht, daß ein so bedeutungsvolles Treffen so schnell zustande kommen würde.

Zwei Tage lang war ich sehr gespannt und wartete darauf, ob das Gespräch stattfinden würde. Koops Terminkalender war eng, aber er sagte, er hätte zwanzig Minuten Zeit für mich, wenn ich in sein Hotel käme und mit ihm zu seinem nächsten Termin in Beverly Hills führe.

Das war das erstemal, daß ich meine Geschichte jemandem erzählte, den ich nicht kannte. Nie zuvor hatte ich einem vollkommen fremden Menschen erzählt, daß meine Familie AIDS hatte. Sogar einen weißen Rock und einen grünen Pulli anzuziehen, kam mir befremdlich vor. Ich kehrte zurück in die normale Welt, aus der ich mich vertrieben gefühlt hatte. Nach all den Wochen im Krankenhaus wußte ich überhaupt nicht mehr, wohin ich gehörte.

Ich zog mich an, um auszugehen. Meine Mutter wollte mich in die Stadt fahren. Ich würde den Surgeon General treffen! Ich gab Ariel zum Abschied einen Kuß. Sie konnte immer noch nicht gehen, aufrecht sitzen oder sprechen, aber sie lebte. Für einen Außenstehenden mußte sie ein trauriger Anblick sein, aber für mich war sie stets meine geliebte Tochter. Ich gab Jake einen Kuß und nahm Paul in die Arme. Ich hatte Herzklopfen, als ich zu meiner Mutter ins Auto stieg.

Alles, was ich über Koop wußte, war, daß er Kinderchirurg und sehr klug war. Er wurde für mich zu einem Helden, als er öffentlich erklärte, daß AIDS nicht durch Speichel oder Tränen übertragen werden konnte. Das war ein riesiger Schritt zur Information der Öffentlichkeit darüber, daß AIDS nicht durch alltägliche Kontakte übertragen werden konnte.

Ich war voller Bedenken, als wir zu seinem Wagen gingen. Alles, was er von mir wußte, war, daß ich eine Mutter war, deren Kinder an AIDS litten. Als wir uns auf dem Rücksitz niedergelassen hatten, eröffnete ich das Gespräch etwa so: »Vor sechs Jahren, nach der Geburt meiner Tochter, bekam ich Blutungen, und mir wurden über drei Liter Blut übertragen . . .«

Koop hörte voller Mitgefühl zu. Ja, er sei Kinderarzt

und der Surgeon General, aber, erklärte er, er sei auch ein Vater, der ein Kind verloren hätte. »Das ist die schlimmste Gemeinschaft der Welt, der man angehören kann, aber ich verstehe, was Sie durchmachen.«

Ich erzählte ihm, daß seine Erklärung vor kurzem unser Leben ungeheuer verändert hätte. Ich sagte: »Ich weiß nicht, was ich tun werde oder tun kann, aber ich möchte Ihnen sagen, daß ich zur Verfügung stehe, und wenn Sie mich irgendwie einsetzen können, tun Sie das.« Ich erzählte ihm auch, daß ich vielleicht ins Weiße Haus eingeladen werden würde.

Ohne es zu wissen, hatte ich meine erste Washington-Lektion gelernt. Ich ahnte nicht, welchen Eindruck das machen würde, wenn ich Leuten erzählte, daß ich vielleicht ins Weiße Haus eingeladen werden würde. Die Leute, mit denen ich sprach, hielten mich möglicherweise für eine Schauspielerin, selbst wenn sie noch nicht wußten, ob sie mich ernstnehmen sollten oder nicht.

Einladung ins Weiße Haus, das beeindruckte die Leute – aber noch wichtiger war, daß es sie motivierte. Vielleicht dachten sie, daß ich was ändern konnte. Ich denke, deshalb rief Koop Admiral Watkins an, und teilweise ist das der Grund, daß er sich mit mir traf.

Ich hätte nie gedacht, daß unser Gespräch so gut verlaufen würde. Koops Verständnis und Mitgefühl trugen dazu bei, die Spannung abzubauen, die ich empfand, weil ich mit Außenstehenden über mein Leben sprach.

Wenn ich wirklich gewußt hätte, worauf ich mich einließ, hätte mich das wohl noch mehr eingeschüchtert. Da ich es nicht wußte, verließ ich das erste Treffen in dieser Angelegenheit aufgeregt und optimistisch.

In den nächsten paar Wochen hatte ich noch einige

Termine. Ich traf mich mit einem Vertreter des Kongreßabgeordneten Henry Waxman, und dann kam ich mit Senator Alan Cranston zusammen. Nachdem ich meine Geschichte erzählt hatte, sagte ich beiden: »Ich weiß nicht, wie ich Hilfe bekommen kann. Sie wissen mehr als ich. Was sollte ich machen?« Sie sagten, daß sie es eigentlich auch nicht wüßten, aber sie wollten weiter an mich denken.

Was ich noch nicht gelernt hatte, war, daß nichts passiert, wenn man darauf wartet, daß sie einem sagen, was man tun soll. Die Dinge sehen ganz anders aus, wenn man hineinmarschiert und sagt: »Das muß getan werden.« Aber ich hatte angefangen, und ich lernte, anderen Menschen von meinem Leben zu erzählen. Bald würde ich lernen, wie ich die Dinge verbessern konnte.

Ich mußte auch allen gegenüber immer wieder die Notwendigkeit betonen, daß das, was ich ihnen erzählt hatte, absolut vertraulich behandelt werden mußte. Tom Hayden war auch sehr hilfreich, aber er bat mich, bei einer Anhörung über AIDS als Betroffene auszusagen. Ich sagte: »Tom, Sie sehen nicht, worum es geht. Niemand soll wissen, wer ich bin!«

Nach den Gesprächen fuhr ich nach Hause und kümmerte mich um Ari. Sie war stabil, aber sehr gefährdet. Nach drei Monaten gaben wir ihr kein AZT mehr, weil es nicht half. Sie hatte immer noch ungeheure Schmerzen, und jetzt gehörte zu ihrem technischen Arsenal eine Morphiumpumpe, die sie ständig mit dem Schmerzmittel versorgte, um die Qual ein wenig zu lindern.

Während ich die Gespräche führte, las ich gleichzeitig »AIDS. And the Band Played On«. Ich zwang mich, das Buch abends in die Hand zu nehmen. Während ich immer mehr über AIDS las, bekam ich immer mehr Angst um meine eigene Gesundheit. Obwohl ich HIV-positiv war und nicht als AIDS-Kranke galt, war es immer noch schwer, beides auseinander zu halten.

Ich las von Menschen mit viel, viel höheren Werten bei den T-Zellen als ich, die trotzdem gestorben waren. Jedesmal, wenn ich eine Seite umblätterte, fühlte ich mich verletzbarer. Ich las von nächtlichen Schweißausbrüchen und geschwollenen Lymphknoten. Ich las von Krebs und Lungenentzündung. Ich las von Durchfall und Gewichtsverlust und lähmender Erschöpfung. Ich wurde in eine Welt des grotesken Grauens hineingeworfen, die die AIDS-Wirklichkeit sein kann.

Ich fing an, mich krank zu fühlen. Ich bekam Angst. Ich hatte nur 210 T-Zellen – würden sie die Arbeit schaffen? Schließlich, auf Seite hundert, legte ich das Buch weg. Ich verlor mehr Boden unter den Füßen, als ich gewann. Randy Shilts hat ein wichtiges Buch geschrieben, aber ich konnte es nicht lesen.

Im Laufe der Wochen erweiterten sich meine Kenntnisse als Pflegerin. Ich lernte, wie man Blut abnimmt, so brauchte ich mit Ari wegen der Tests nicht ins Krankenhaus. Ich beschriftete jedes Fläschchen und fuhr sie ins Labor der Uniklinik. Paul und ich wurden mit dem TPN-System fertig und konnten es in weniger als vierzig Minuten aufbauen. Ich hatte angefangen, immer ein Funkgerät mit mir herumzutragen, damit unsere Haushälterin Maria mich jederzeit erreichen konnte. Wenn Ari mich brauchte, wollte ich bei ihr sein, und mit diesem Gerät hatte ich die Sicherheit, in jeder Sekunde des Tages mit ihr verbunden zu sein, falls ein medizinisches Problem auftauchte. Selbst wenn ich das Haus verließ, war sie bei mir.

Wir schliefen nie ohne Unterbrechung. Ari hing die

ganze Nacht an Apparaten, und selbst in den paar Nächten in der Woche, in denen eine Krankenschwester zu uns kam, lauschte ein Teil von mir immer auf einen Ruf oder eine Alarmglocke. Auf die eine oder andere Weise waren wir alle an die Apparate angeschlossen.

6

Mitte Mai 1988, etwa sechs Wochen nach meinen ersten Gesprächen in Los Angeles, plante ich, nach Washington zu fliegen. Ich hatte mit zahlreichen Leuten geredet und schon viel gelernt. Dick Stiehm hatte mir geholfen, einen einfachen, direkten Plan auszuarbeiten. Ich wollte versuchen, mehr Geld zu bekommen, so daß mehr klinische Forschungsstationen für Kinder eingerichtet werden konnten.

Das Büro des Surgeon General hatte für mich Termine gemacht bei Admiral Watkins, dem Vorsitzenden von Präsident Reagans AIDS-Kommission, und bei Dr. Tony Fauci, der als Chef des National Institute of Allergy and Infectious Diseases (NIAID; Nationalinstitut für Allergie und Infektionskrankheiten) über einen großen Teil des AIDS-Geldes verfügen kann.

Ich hatte noch mehrere Termine auf dem Capitol Hill und an den Nationalinstituten für Gesundheit. Ich wollte herausfinden, wer was, wenn überhaupt, in Sachen Kinder-AIDS unternahm und ob es irgend etwas gab, wobei ich hinter den Kulissen helfen konnte. Ich wollte auch wissen, ob sich am medizinischen Horizont etwas abzeichnete, das Jake helfen konnte. Ich ging davon aus, daß man für Ari alles tat, was möglich war, und das war im Grunde gar nichts, aber da Jake noch gesund war, dachte ich, daß es vielleicht einen Weg gab, frühzeitig einzugreifen und sein Leben unbegrenzt zu verlängern. Vielleicht konnten wir Jake etwas anbieten, was wir Ari noch nicht anzubieten hatten.

Paul bereitete sich auf die Abreise nach Miami vor, wo »Blue Lightning« vorproduziert wurde, aber zum Glück brauchte er nicht fort, bevor ich aus Washington zurück war. Das gab mir ein besseres Gefühl, aber Ari allein zu lassen, war sehr schwierig für mich. Wir waren nie getrennt gewesen, wenn es ihr wirklich schlecht ging. Sie war in einem so schlechten Zustand, daß ich nicht einmal sicher war, ob sie merken würde, daß ich fort war. Das machte es leichter und schwerer zugleich wegzufahren, obwohl Paul und meine Eltern da waren.

Die Vorbereitung meiner Reise schien so absurd zu sein. In der bizarren Wirklichkeit des Lebens war der Gedanke, daß ich nach Washington reiste, fast komisch. Ehrlich, ich wußte, daß ich eine winzige Ameise war, die an einer Festungsmauer hochkletterte, aber ich konnte nicht ruhig auf der Stelle treten. Als ich mich auf Washington vorbereitete, setzte ich meine Scheuklappen auf und zog los. Selbst wenn ich nichts erreichte, so gaben mir doch die Reise und der Versuch, etwas zu tun, wie dumm es auch sein mochte, die Kraft zum Weitermachen.

Wie sich herausstellte, flog Michael Gottlieb am selben Tag wie ich nach Washington. Wir nahmen dieselbe Maschine und wohnten im selben Hotel. Als ich vom Dulles Airport nach Washington hineinfuhr, war ich zugegebenermaßen aufgeregt, weil ich weg von der Familie war, hatte aber auch Angst, zu weit weg zu sein, um im Notfall zurückgerufen zu werden.

Die Schönheit der Hauptstadt war bezaubernd. Die

Gebäude sind großartig, die Alleen breit und die Bäume saftig grün.

An diesem Abend war der Himmel über Washington geheimnisvoll und wild, und er gefiel mir sehr. Als ich am Empfang des Willard Hotels stand, wurde mir plötzlich bewußt, daß ich mich nie allein in einem Hotel angemeldet hatte, ich war immer mit Paul oder einer Freundin zusammengewesen. Es war merkwürdig, eine so unbedeutende Sache wahrzunehmen, aber so aufgeregt ich auch war, ich fühlte mich auch schwerelos und schrecklich allein. Ich hatte mich feingemacht und hatte feste Termine, aber plötzlich wußte ich nicht mehr, was zum Teufel ich dort tat. Kämpfte ich mit Windmühlenflügeln auf der Suche nach dem Nichts? Was, wenn man mich nicht ernst nahm?

Als ich mein Zimmer betrat, fühlte ich mich überfordert und niedergeschlagen. Das erste, was ich sah, war ein Korb mit Frühlingsblumen. Auf der Karte stand: »Dr. Glaser, hau sie um. In Liebe, Lucy und Doug.« Ihre Aufmerksamkeit und ihr Humor halfen mir, meinen wiederzufinden. Ich lächelte und erinnerte mich daran, daß ich nicht allein war. Meine Freunde und meine Familie in L.A. drückten mir alle die Daumen. Ich sah in den Spiegel und sagte: »Also, Elizabeth, legen wir los.«

Ich legte mich ins Bett und ging in Gedanken die einzelnen Punkte noch einmal durch, die ich mit Dr. Stiehm erarbeitet hatte. Ich wollte herausfinden, warum es eine solche Verzögerung bei der Zulassung von AZT für Kinder gab. Ich wollte herausfinden, warum der Bundesetat für Forschungsstationen bei Kinder-AIDS bei nur 3,3 Millionen Dollar lag, mit denen für das ganze Land nur vier oder fünf Stationen finanziert werden konnten. Diese Stationen testen neue Medikamente und werden im allgemeinen als Krankenhäuser geführt, an denen geforscht und gelehrt wird wie an der Uniklinik in Los Angeles. Zu der Zeit gab es drei davon, alle im Osten. Die Westküste hatte Familien wie der meinen nichts anzubieten. Dr. Stiehm war der Meinung, daß mehr Stationen benötigt wurden, und ich wollte herausfinden, ob es eine Möglichkeit gab, das Forschungsprogramm zu erweitern.

Mein erstes Gespräch am nächsten Morgen hatte ich mit Admiral Watkins. Er hatte das Auftreten und das Verhalten eines Mannes vom Militär, doch er ist bescheiden und ungeheuer warmherzig und freundlich. Er ist bekannt für seine Integrität, Disziplin und intensive Arbeit. Watkins gehört zur Konservativen Partei, doch seine Arbeit wird nicht von irgendwelchem ideologischen Ballast belastet.

Polly Gault, sein Stabschef, ist ein kluger und wenig unterwürfiger Dynamo, der alles mit Begeisterung tut. Es war mein erster großer Termin in Washington, und ich fühlte mich wohl und entspannt.

Als ich ihn kennenlernte, hatte Watkins, früher verantwortlich für Marineoperationen und Mitglied des Oberkommandos, ein Jahr an der AIDS-Thematik gearbeitet. Ich war beeindruckt, wie sehr und mit welchem Nachdruck er sich dafür einsetzte. Er sollte den Bericht der Kommission in einigen Wochen abschließen und im Juni dem Präsidenten übergeben.

Ich sagte ihm, daß ich ihm gern helfen würde, die pädiatrischen Probleme herauszuarbeiten, die im Bericht auch erwähnt werden würden. Ich bot an, auf jede erdenkliche Weise hinter den Kulissen zu helfen, und sagte, daß ich demnächst vielleicht mit Präsident Reagan zusammentreffen würde.

James Watkins und Polly Gault erzählten mir, daß sie in dem Jahr, in dem die Kommission die Untersuchung führte, viele Leute befragt hatten, die wie ich mit AIDS lebten. Sie sagten, sie wollten eine Art Gegenprüfung machen, um zu sehen, ob die Probleme, über die ich sprach, in der Studie besonders hervorgehoben wurden.

Nach dem Gespräch fühlte ich mich gut und schlecht zugleich. Ich war natürlich froh, wie reibungslos das Treffen verlaufen war, aber wenn sie andererseits so viele Leute befragt hatten, die sich in einer ähnlichen Situation wie ich befanden, was sollte ich da noch ausrichten?

An dem Abend kam Tim Westmoreland ins Willard Hotel, um sich mit Michael Gottlieb und mir zu treffen. Tim arbeitet für Henry Waxman, den Kongreßabgeordneten aus Los Angeles, als Berater in der Unterkommission für Gesundheit und Umwelt. Er hat sich den Ruf erworben, im Capitol der Mann mit dem umfangreichsten Wissen über AIDS zu sein. Tim hat das Fachwissen eines Insiders, aber nicht die Überheblichkeit. Er ist von Anfang an mit der Seuche befaßt, und obwohl er alles dransetzt, die Gleichgültigkeit gegenüber AIDS abzubauen und zu einem aktiven Handeln zu kommen, informierte Tim mich, daß für die nächsten sechzehn Monate kein Geld mehr aufzutreiben sei.

Ich sah Tim an und versuchte Haltung zu bewahren, als mein Herz klopfte und mir die Tränen aufstiegen. »Tim, in sechzehn Monaten wird meine Tochter tot sein. Vor neun Monaten hat sie die Vorschule als Beste in ihrer Klasse beendet. Vor sechs Monaten war sie zu krank, um in die erste Grundschulklasse zu kommen. Vor drei Monaten hörte sie auf zu gehen, und jetzt kann meine Tochter nicht mehr aufrecht sitzen und nicht mehr sprechen, und Sie erzählen mir was über eine Sache, die vielleicht in sechzehn Monaten passiert? Mein Leben kann sich nicht nach Ihrem Zeitrahmen richten. Tim, es tut mir leid. Es ist unmenschlich.« Ich versuchte, meinen Ärger unter Kontrolle zu halten. ich wußte, daß es nicht Tims Schuld war, aber meine Verzweiflung und meine Frustration waren grenzenlos.

Tim war fassungslos. »Ich . . . ich glaube, davon habe ich noch nie etwas gehört.«

Michael Gottlieb konnte es nicht glauben. Die Spannung am Tisch wuchs. »Tim, habe ich richtig verstanden, was Sie sagen wollen? Sie sind am Capitol Hill der Mann mit dem größten Wissen über AIDS, und Sie wollen mir erzählen, daß das, was Elizabeth Ihnen über klinische Untersuchungen mit Kindern und AZT gesagt hat, Dinge sind, von denen Sie noch nie etwas gehört haben?«

Tim machte eine Pause. »Niemand hat uns je etwas von diesen Problemen erzählt.«

Michael senkte den Blick, schüttelte den Kopf und sagte sehr leise: »Ich kann es nicht glauben . . . Ich kann es einfach nicht glauben.«

In dem Augenblick hatte ich soviel Angst, wie man auf seiner ersten Reise in die Hauptstadt nur haben konnte. Außer zu versuchen, zusätzliche Gelder zu bekommen, bestand das Ziel meines Besuchs in Washington darin, die kompetenteste und informierteste Person zu finden, die offen über AIDS bei Kindern sprechen würde. Statt dessen merkte ich, daß es niemanden gab. Ich konnte nicht glauben, daß Tim Westmoreland von mir zum erstenmal etwas über pädiatrische Probleme hörte. Konnte es sein, daß es *niemanden* gab, der im Interesse der AIDS-Kinder aktiv auf die Abgeordneten Einfluß nahm? Wenn das stimmte – und ich hatte keinen Grund, daran zu zweifeln –, dann steckten wir in großen, großen Schwierigkeiten.

Niemand kämpfte für die Kinder.

Niemand.

Ich spürte, wie der Mantel der Verantwortung sich auf meine Schultern legte. Es war ein erschreckender und unvergeßlicher Augenblick.

Als ich vor ein paar Monaten angefangen hatte, mich in Los Angeles formlos mit Leuten zu treffen, hoffte ich doch, daß ich in der Lage sein würde, in eine Sache, die schon voll lief, mehr Bewegung zu bringen. Ich wollte den Chef des pädiatrischen AIDS-Teams finden und sagen: »Hallo, ich bin bereit, bei Ihnen mitzuspielen.« Statt dessen stellte ich jetzt fest, daß es keinen Chef und kein Team gab.

Ich sah mich als Mutter, Lehrerin und Museumsdirektorin aus Santa Monica, Kalifornien. Ich wußte, daß ich gescheit war, aber damit hatte ich nicht gerechnet. Wie konnte ich Mannschaftskapitän sein, wenn ich nicht einmal gelernt hatte, wie man das Spiel spielte?

Am Ende des Gesprächs wußte ich, daß es dumm und aussichtslos gewesen war, daß ich nach Washington geflogen war. Als wir uns verabschiedeten, bat Tim mich, am nächsten Morgen in sein Büro zu kommen. Er sagte, er wolle versuchen, mich mit Henry Waxman zusammenzubringen.

Gott sei Dank war Michael Gottlieb bei mir. Wir aßen im Hotel zu Abend, sonst wäre ich direkt in mein Zimmer gegangen und hätte mich in den Schlaf geweint. Obwohl das hier für ihn nicht neu war, teilte Michael mein Entsetzen und meine Erschütterung. Er hatte aus den Schützengräben heraus gegen AIDS gekämpft, seit der Krieg 1981 ausgebrochen war. Niemand brauchte ihm zu erzählen, wie entsetzlich falsch die Dinge liefen. Michael konnte mit geschlossenen Augen eine Karte des Schlachtfelds zeichnen. Ich sah es zum erstenmal.

Am nächsten Morgen ging ich zu Tim. Seit meiner Kindheit war es das erstemal, daß ich wieder am Capitol Hill herumlief. Es war großartiger als alles, was ich je gesehen habe. Krankenhaus, Wohnung, Ari, Schmerzen, Apparate, Angst, Geheimnistuerei, das war monatelang meine Welt gewesen. Paul und Jake hatten auch dazugehört.

Jetzt steckte ich in einem neuen Abenteuer. Ich sagte zu mir: »Mach die Augen auf, Elizabeth, und guck dir die Welt an.« Als ich durch die Rotunde und die Marmorhallen wanderte, bemerkte ich, daß alle anderen Frauen ernst waren, Aktenkoffer und die Washington-Uniform – Kostüm, Perlen, flache Absätze – trugen. Ich wünschte mir, wie sie zu sein, fühlte mich aber als eine Fremde. Für diese Menschen hatte das Leben noch auf eine Weise einen Sinn, wie es das für mich nie wieder haben würde. Ich dachte plötzlich an Ari . . . Ich tat das für sie. Und Jake. Und jedes andere Kind in ihrer Situation. Deswegen war ich hier.

Tim und ich plauderten eine Weile, dann sagte er: »Hören Sie, Sie sollten mit Maureen Byrnes von der Senatsseite reden. Sie arbeitet für Lowell Weicker im Zuteilungskomitee des Senats, und ich denke, Sie müssen sie kennenlernen.«

Tim griff zum Telefon und rief Maureen an. »Maureen, ich habe gerade eine Frau bei mir hier im Büro, und ich möchte, daß Sie sie kennenlernen. Es ist sehr wichtig. Haben Sie zehn Minuten für sie Zeit?«

Sie war einverstanden, wenn ich sofort zu ihr käme, und umgehend eilte Tim mit mir in die Bahn, die unter dem Capitol Hill den Flügel des Repräsentantenhauses mit dem des Senats verbindet. Noch zwei Jahre später fuhr ich gern mit dieser Bahn. Sie bringt einen von einer Bastion der Macht zur anderen, und die Kulisse ist eindrucksvoll und besteht manchmal aus bekannten Gesichtern. Tim begleitete mich eilig zu Maureens Büro und ging dann.

Ihr Büro war eine Kabine, die den kleinen, abgeteilten Räumen ähnelte, wie man sie in Reisebüros manchmal sieht. Meine Hände verkrampften sich. Wie sollte ich ihr irgend etwas erzählen, ohne daß die anderen mithörten? Was, wenn ich anfing zu weinen? Was, wenn sie anfing zu weinen?

Ich setzte mich neben sie und zog meinen Stuhl so nahe wie möglich heran. Mehr flüsternd als mit richtiger Stimme fing ich an zu sprechen: »Mein Name ist Elizabeth Glaser. Ich komme aus Los Angeles . . .«

Maureen wurde plötzlich mit meinem Leben konfrontiert, bevor sie noch Zeit für eine zweite Tasse Kaffee hatte. Ich wußte, daß mir nur zehn Minuten blieben, also mußte ich schnell reden. »Tim sagt, wir bekommen in den nächsten sechzehn Monaten kein Geld mehr aus dem Etat, aber so lange kann ich nicht warten. Die Zeit reicht einfach nicht, um die Dinge so zu handhaben, wie man sie schon immer gehandhabt hat.«

Maureens Augen füllten sich mit Tränen. »Hören Sie, ich bin wirklich froh, daß Tim Sie hergebracht hat. Ich will mit Senator Weicker besprechen, was wir tun können. Washington funktioniert, wie es eben funktioniert, und Sie kommen zufällig zu einem Zeitpunkt her, an dem die Etats sehr knapp sind, aber wir wollen es versuchen.«

Wie Tim gehört Maureen zu dem stillen, aber sehr klugen Korps, das dafür sorgt, daß Washington überhaupt funktionieren kann. Es sind Leute, deren Namen nie bekannt werden und deren Bilder man nie in Zeitungen sieht, aber ihre Wichtigkeit sollte nicht unterschätzt werden.

Nach dem Gespräch mit Maureen wollte ich mich mit Barbara Masters, Senator Cranstons Mitarbeiterin im Bereich Gesundheit, mitten in der Rotunde treffen. »Wie erkenne ich Sie?« fragte sie.

Ich holte tief Luft, und reichlich verlegen – da ich ja in New York aufgewachsen bin – sagte ich: »Ich sehe aus wie eine aus Kalifornien. Ich trage einen weißen Rock und einen grün gestreiften Pullover. Ich sehe aus wie eine Touristin.« Und das stimmte. In Washington trägt vor dem Volkstrauertag am 30. Mai niemand Weiß.

Ich erzählte auch Barbara meine Geschichte. Sie sagte, Senator Cranston würde helfen mit einem Brief an Senator Weicker, und er würde die Zuteilung für weitere klinische Forschungsstationen für Kinder unterstützen. Ein Brief kam mir nicht sonderlich bedeutungsvoll vor, aber ich war dankbar für jede Hilfe, die ich bekommen konnte. Als ich fertig war, ging ich zu Tim zurück.

Tim machte mich mit Henry Waxman bekannt, der einer der ersten war, die sich um das Problem AIDS gekümmert hatten. Bei einem kurzen Gespräch brachte Henry seine Sorge zu Ausdruck und versprach auf jede ihm mögliche Weise zu helfen. Danach mußte ich zu den Nationalinstituten für Gesundheit. Ich fragte nach dem Weg, und es stellte sich heraus, daß Waxmans Frau in die Richtung fuhr und mich absetzen konnte.

Obwohl ich entschlossen war, es nicht zu tun, fing ich an zu weinen, als ich ins Auto stieg. Der Tag war sehr intensiv gewesen. Meine Geschichte immer wieder zu erzählen, hatte mich emotional erschöpft. Ich hatte das noch nie gemacht. Ich schloß die Autotür und konnte die Tränenflut nicht eindämmen. Janet Waxman wußte nicht, was sie sagen sollte. Als ich erklärte, warum ich hier war, wurde mir in aller Deutlichkeit klar, wie wenig ich erreichte und wie dumm das alles zu sein schien.

Dann, mitten in meinem Tränenfluß, mußte sie anhalten, um ihre Kinder aus der Schule abzuholen. In kürzester Zeit mußte ich mich wieder zusammenreißen. Ich durfte in Gegenwart ihrer Kinder nicht weinen. Ich stellte den Schalter um und knipste ein Lächeln an, das nicht zu mir gehörte. Janet Waxman setzte mich an den Nationalinstituten für Gesundheit ab, und ich ging zu meinem ersten Treffen mit Dr. Phil Pizzo, randvoll mit Emotionen, die zu klären ich nicht die Zeit und die Kraft hatte.

Phil ist der Chef der Kinderheilkunde am National Cancer Institute (NCI; Nationales Krebsinstitut), das zu den Gesundheitsinstituten gehört. Dick Stiehm war der Meinung gewesen, daß Phil einer der wichtigsten Leute war, die ich treffen konnte. Nachdem er sich jahrelang mit Leukämie bei Kindern befaßt hatte, fing er 1986 mit seiner ersten Studie über AIDS bei Kindern an.

Ich war nicht mehr in einem Krankenhaus gewesen, seit Ari ihren Anfall von Lungenentzündung überwunden hatte, und auch wenn sie die Krise besiegt hatte, bedeuten Krankenhäuser für mich immer noch eher Traurigkeit als Hoffnung.

Als ich mit dem Fahrstuhl nach oben fuhr, fing ich an zu schwitzen und gegen die aufsteigenden Tränen zu kämpfen. Mein Herz schlug unkontrolliert, und ich fühlte mich wie in einem Käfig.

Dick Stiehm meinte, ich sollte mit Phil Pizzo zusammentreffen, um herauszufinden, ob es irgendwas gäbe, das Jake helfen könnte. Phil war an einem entscheidenden Punkt der Erforschung von Kinder-AIDS angekommen. Aber als ich ihn traf, war ich überrascht, denn er wollte nur über Ariel reden. Nachdem wir ihren gesamten Krankheitsverlauf durchgesprochen hatten, war er so hartnäckig und gründlich in seinen Nachfragen, daß ich mir vorkam wie bei einem Kreuzverhör. Ich wurde ungeduldig. Das ergab keinen Sinn. Deswegen war ich nicht gekommen.

Schließlich sagte ich: »Dr. Pizzo, ich weiß Ihr Interesse am Fall meiner Tochter zu schätzen, aber ich bin nicht hergekommen, um darüber zu reden. Ich habe ihre Situation akzeptiert. Ich bin hier, um über meinen Sohn zu reden. Ich möchte wissen, was wir bei Jake anders machen können, damit er nicht so leiden muß wie seine Schwester.«

»Aber wenn Sie für Ariel etwas bekommen könnten, etwas mehr, was würden Sie sich wünschen?«

»Ich würde mir etwas wünschen, das ihre Lebensqualität verbessern würde. Selbst wenn es nur so wenig wäre.« Und ich zeigte mit den Fingern ein ganz kleines Stückchen an. »Aber ich weiß, daß es nichts gibt, das helfen würde.«

Phil machte eine Pause. Er war ruhig und bestimmt. Ich suchte in seinen dunkelbraunen Augen nach einem Hinweis auf seine verwirrende Beharrlichkeit, mit der er sich nur auf Ari konzentrierte. Langsam und ruhig sagte er: »Im Rahmen einer klinischen Studie verabreichen wir hier AZT intravenös, und wir sind zu ein paar ungewöhnlichen und positiven Ergebnissen gekommen.«

Ich war so überrascht, daß ich kaum atmen konnte. Im Büro war es vollkommen still. Mit der sanftesten Stimme, die ich je aus meinem Mund kommen hörte, fragte ich: »Meinen Sie, es lohnt sich, das bei Ari auszuprobieren? Sie hat eine vollkommene Gehirnatrophie, und ich will nicht, daß sie unnötig belastet wird.«

Ich wartete. Mein gesamter Körper war angespannt.

»Ich denke, es ist einen Versuch wert«, sagte Phil.

»Über welchen Zeitraum?«

»Versuchen Sie es vier Wochen. Wenn sich irgendeine Besserung einstellt, wird sich das dann zeigen. Wenn sich nichts verändert, hören Sie auf.« Es entstand eine lange Pause, bis er sagte: »Aber ich würde jetzt noch nicht aufgeben.«

Mein Herz raste. »Aber was bedeutet das in Wirklichkeit?« Ich war fassungslos über diese Entwicklung. »Wenn sie in den nächsten vier Wochen eine Lungenentzündung bekommt, sollen wir sie dann an Apparate anschließen lassen, um ihr Leben zu erhalten?«

»Ja. Tun Sie in den nächsten vier Wochen alles, damit sie am Leben bleibt.«

Das zu hören hatte ich nicht erwartet. In meinem Kopf drehte sich alles. Gab es tatsächlich etwas, was wir für Ari hätten tun können, aber nicht getan hatten? Das AZT, das sie geschluckt hatte, war bei ihr ohne jegliche Wirkung gewesen. Aber Phil sagte, es bestünde die Möglichkeit, daß sie es nicht absorbiert hatte, weil ihr Verdauungssystem so geschädigt war. Bei der intravenösen Verabreichung würde sie kein AZT schlucken müssen, und da liege der ganze Unterschied.

Er sah mich konzentriert an. »Ich werde alles tun, um Ihnen das Medikament zu besorgen, aber wir verfügen nicht darüber. Burroughs Wellcome hat es unter Kontrolle.«

Ich wußte, was er meinte. Burroughs Wellcome ist

die Firma, die AZT herstellt, und sie war bei Leuten, die sich mit der AIDS-Problematik befaßten und bei AIDS-Erkrankten immer stärker in die Schußlinie der Kritik geraten, sowohl wegen der Verteilung des Medikaments als auch wegen des Preises, von dem viele meinten, daß er weit überhöht sei, damit die Firma größere Gewinne machte. Burroughs Wellcome hatte das Medikament unter Kontrolle und gab die jeweiligen Versuche frei. Und es war ein sehr mächtiges Unternehmen.

Bis jetzt war mir die Reise nach Washington wie ein Fehlschlag vorgekommen. Ich war platt vor Erschöpfung und dachte, daß ich nichts erreicht hatte. Doch ganz unerwartet bot Phil Pizzo mir Hoffnung an. Sie kam nicht als Beruhigung oder Garantie daher, aber in einer Ernsthaftigkeit, der ich vertrauen konnte. Als ich sein Büro verließ, spürte ich eine so intensive Aufregung, daß ich fast zitterte. Ich hatte Angst, wieder zu hoffen.

Ich hatte noch einen Termin, bevor mein Tag beendet war. Ich sollte Dr. Tony Fauci am National Institute of Allergy and Infectious Diseases (NIAID; Nationalinstitut für Allergie und Infektionskrankheiten) kennenlernen.

Das war ein außerordentlich wichtiges Treffen. Tony Fauci war so etwas wie der AIDS-Papst des Landes. Phil begleitete mich zu Faucis Büro, und wir fingen sofort an, weil er auf ein Fernsehteam wartete, das gleich wegen eincs Interviews kommen wollte.

Ich fragte ihn, ob seiner Meinung nach in der Kinderheilkunde mehr klinische Versuche notwendig seien, und er schien unentschlossen zu sein. Ich sagte: »Aber sagen Sie mir, was Sie wirklich denken. Ich kann nicht herumlaufen und mehr Versuche fordern, wenn Sie nicht überzeugt sind, daß Sie sie wirklich wollen.« Das NIAID war verantwortlich für die klinischen Forschungsstationen für Kinder, und er war Chef des NIAID.

Fauci gab mir keine Antwort. Bei diesem ersten Treffen war er kühl, distanziert und vieldeutig. Ich erinnere mich nicht mehr an viel von dem, was er sagte, denn ich glaube nicht, daß er viel zu irgend etwas sagte. Er schien direkte Antworten auf meine Fragen zu vermeiden, und ich hatte noch nicht gelernt, wie man höflich eine Antwort verlangt.

Ich hatte gehofft, Fauci würde sagen: »Großartig. Hier sind die Probleme, für deren Bekämpfung wir Sie brauchen.« Aber er sagte es nicht. So mühte ich mich ab, mich daran zu erinnern, für wen ich kämpfte. Die Wahrheit ist, daß ich nicht beurteilen konnte, ob sich irgend jemand wirklich Gedanken machte. Erfand ich diese Probleme? Niemand sonst schien über sie sonderlich beunruhigt zu sein. Übertrieb ich alles maßlos? Unmöglich. Ich hatte mit diesen Problemen gelebt. Ich kämpfte für mich und all die anderen Mütter von Kindern mit HIV oder AIDS. Es war nicht wichtig, was andere sagten oder dachten. Die einzige interessante Frage war: Welches ist der nächste Schritt?

Abends aß ich mit Rita Braver und Bob Barnett, Freunde, die ich seit zwanzig Jahren nicht gesehen hatte. Rita ist zuständig für Gerichtsreportagen bei den CBS-Nachrichten, ihr Mann Bob ist Jurist. Ich kannte Rita von der Universität aus Wisconsin, und wir hatten uns seit der Studienzeit nicht mehr getroffen. Als ich mit Ari schwanger und ans Bett gefesselt war, hatte ich viel ferngesehen. Und da hatte ich Rita bei CBS entdeckt.

Wir trafen uns in The Palm. Ich bestellte einen besonders trockenen Martini mit zwei Oliven. Den konnte ich gebrauchen und genoß jeden Schluck. Wir erhoben unsere Gläser und erzählten uns gegenseitig, wie wunderbar wir alle aussahen und wie großartig es war, wieder zusammen zu sein.

Ich wußte noch nicht, ob ich Rita und Bob irgend etwas sagen wollte, aber im Laufe des Essens wurde die Situation immer schwieriger. Einfache Fragen wie »Warum bist du in Washington?« waren schwer zu beantworten. Immer wenn Rita versuchte, das Gespräch auf meine Familie zu bringen, lenkte ich ab. Rita war eine zu gute Journalistin, um nicht neugierig zu sein.

Mitten beim Essen, als Bob aus beruflichen Gründen ein langes Telefonat führen mußte, wandte sie sich an mich und sagte: »Hör mal, ich weiß nicht, warum du hier bist, und ich will nicht herumschnüffeln, aber wenn du es mir erzählen möchtest, würde mich das freuen. Wenn nicht, reden wir einfach weiter über Belanglosigkeiten.«

Das brachte mich in Versuchung. Ich sagte: »Rita, ich möchte es dir wirklich gern erzählen, aber ich weiß, daß es unsere Beziehung verändern wird. Ein Teil von mir dachte, daß es wirklich großartig sein würde, einen letzten Abend gemeinsam zu verbringen wie in alten Zeiten. Du mußt zunächst wissen, daß es entsetzlich sein wird, was ich dir erzähle. Ich durchlebe den Alptraum der Menschheit.« Zum letztenmal an diesem Tag erzählte ich meine Geschichte, und zum letztenmal weinte ich.

Als ich am nächsten Tag nach Hause flog, wußte ich, daß ich nichts verändert hatte. Die Einsicht traf mich mit voller Wucht, und ich saß weinend im Flugzeug, während alle Gefühle, die ich für mich behalten hatte, wenn ich meine Geschichte in Washington immer wieder erzählt hatte, aus mir herausflossen. Ich hatte mit mehr Fremden als je zuvor über mein Leben gesprochen, und ich war emotional ausgelaugt.

Irgendwas mußte getan werden, aber ich wußte nicht, was es war oder wie es zu tun war. Die Bürokratie schien so ungeheuer und so ungeheuerlich langsam zu sein. In meiner Naivität hatte ich gehofft, daß die Leute sagen würden: »O ja, wir verstehen, hier ist ein Problem. Wir kümmern uns für Sie darum, und danke, daß Sie uns darauf aufmerksam gemacht haben.« Mir wurde klar, selbst wenn sich die Regierung kümmerte, würde sie sich vermutlich nicht schnell genug bewegen, um meiner Familie helfen zu können.

In meinem Herzen konnte ich mir nur schwer vorstellen, wie intravenöses AZT zu einer Veränderung von Aris Zustand führen sollte. Ich weigerte mich, meine Hoffnungstür zu öffnen, nur damit sie wieder einmal zugeknallt würde.

Meiner riesigen Frustration über die Bürokratie in Washington entsprach der Ärger, der über Dr. Stiehm in mir aufstieg. Ich hatte Dick Stiehm das Leben meines Kindes anvertraut. Ich hatte mich Tag und Nacht auf ihn verlassen. Ich verstand nicht, warum er nie vorgeschlagen hatte, Ari das AZT intravenös zu geben. Ich hatte das Gefühl, daß es darauf keine Antwort gab, die sinnvoll erschien. Wenn er nichts davon wußte, hatte er als Mediziner versagt, und wenn er davon wußte und es uns nicht angeboten hatte, hatte er als unser Arzt versagt. Ich mochte Dick Stiehm immer lieber, und ich begriff nicht, was da passiert war. Immer wieder hatte ich ihm gesagt, daß wir weiterkämpfen würden, solange Hoffnung bestand. Ich dachte, wir hätten alles probiert, was zu probieren war.

Am nächsten Tag stürmte ich zu ihm hinein. Ich versuchte, meine Gefühle unter Kontrolle zu halten, bis ich seine Erklärung gehört hatte, aber es funktionierte nicht besonders gut.

»Dr. Stiehm, warum haben Sie mir nichts über intravenöses AZT gesagt? Phil Pizzo von den Nationalinstituten für Gesundheit hat erzählt, daß sie dort Erfolge damit haben. Ariel hat einen Katheter, also ist alles bereit. Wir müssen es ihr nur noch geben! Ich kann nicht glauben, daß Sie uns im Stich lassen!«

Sein Gesicht war ausdruckslos. Er sagte ruhig und emotionslos: »Elizabeth, ich habe versucht, intravenöses AZT für vier andere Familien zu bekommen, und Burroughs Wellcome hat jedesmal abgelehnt. Wie konnte ich Ihnen ein Medikament anbieten, von dem ich wußte, daß ich es für Sie nicht erhalten würde?«

Ich war voller Zorn. »Verdammt noch mal, das glaub' ich nicht! Sie wollen mir erzählen, daß es etwas gibt, das helfen könnte, und der Hersteller läßt es uns nicht benutzen?«

»Wollen Sie, daß ich versuche, das Mittel für Ari zu bekommen?«

»Nein!« sagte ich. »Sie sind schon viermal abgewiesen worden, und es besteht kein Grund, warum man es nicht wieder tun sollte. Ich werde dieses Medikament besorgen.«

Am nächsten Morgen rief ich Tim Westmoreland an. Ich hatte ihn zwar erst vor zwei Tagen kennengelernt, aber ich wußte nicht, wo ich sonst anfangen sollte.

Ich sagte: »Tim, ich habe ein Problem, und ich brauche Ihre Hilfe, um es zu lösen. Ich will intravenöses AZT für Ariel haben, und ihr Arzt sagt, er ist jedesmal abgewiesen worden, als es versuchte, es für andere Familien zu bekommen. Dr. Pizzo sagt, daß Ariel es bekommen sollte, und er wird alles tun, um mir bei der Beschaffung zu helfen. Was soll ich machen?«

Tim war schnell. Er sagte: »Rufen Sie diesen Mann an. Er ist bei Burroughs Wellcome für die Beziehungen zur Regierung zuständig. Nein, lassen Sie lieber Dr. Stiehm bei ihm anrufen. Wenn er Ihnen nicht hilft, rufen Sie mich wieder an.«

Meine Finger flogen über die Ziffern des Telefons. Als ich Dick am Apparat hatte, sagte ich: »Ich habe den Namen des Mannes bei der Arzneimittelfirma, mit dem Sie sprechen sollten. Hier ist die Nummer. Rufen Sie ihn an, mal sehen, was dann passiert.« Ich hatte mich zu dem Zeitpunkt noch nicht mit vielen Leuten getroffen, aber ich lernte, wie man es schaffte, daß Dinge passierten, und ich sprach mit einer Überzeugung, die mir eine Woche zuvor noch gefehlt hatte.

Ruhig und entschlossen bis ins Herz rief Dick den Mann bei Burroughs Wellcome an. »Wir wollen intravenöses AZT für diese Familie haben«, forderte Dick.

Der Mann sagte nein.

Langsam und entschieden, wie ein strenger Vater, sagte Stiehm: »Ich glaube, das sollten Sie sich noch einmal überlegen. Wenn Sie mir mit nein antworten, dann verspreche ich Ihnen, daß Henry Waxman bei Ihnen anrufen wird. Und wenn Sie nein zu Henry Waxman sagen, dann verspreche ich Ihnen, daß Alan Cranston anrufen wird. Und wenn Sie zu Senator Cranston nein sagen, dann verspreche ich Ihnen, daß am Ende der Präsident der Vereinigten Staaten bei Ihnen anrufen wird, um das intravenöse AZT für diese Familie zu bekommen. Diese Mutter akzeptiert kein Nein als Antwort, und Sie sparen viel Zeit und Kraft, wenn Sie einfach jetzt gleich zustimmen.«

Vierundzwanzig Stunden später kam das Medikament an. Wenn sie müssen, können Bürokratien sich schnell bewegen.

Der Grund dafür, daß intravenöses AZT in der breiten Bevölkerung nicht zur allgemeinen Anwendung kommt, liegt darin, daß es über einen operativ eingesetzten Katheter verabreicht werden muß. Damit es wirken kann, muß das AZT ständig eingeflößt werden.

Es gab einen Grund, warum der Mann nein sagte. Ich bin sicher, er fand ihn absolut sinnvoll, genau wie all die anderen Leute bei den Arzneimittelherstellern. Sie können nicht zulassen, daß ein Medikament außerhalb der Versuche eingesetzt wird, denn für sie ist es wichtig, daß die Patienten registriert sind, damit sie selbst die notwendigen Informationen bekommen. Aber für eine Mutter, die ihr Kind verliert, ist das überhaupt nicht sinnvoll. Da gibt es eine Hoffnung, und man kann nicht an sie herankommen. Etwas kann meinem Kind helfen, am Leben zu bleiben, und sie wollen es mir nicht geben. Aris Lebensqualität konnte verbessert werden, aber Regeln und Vorschriften standen im Weg.

Ich saß in meinem Arbeitszimmer, erleichtert, daß wir Erfolg gehabt hatten, und wütend über die Unmenschlichkeit eines Systems, das sich mehr um Vorschriften als um Leben kümmerte. Liebte ich mein Kind mehr als jede andere Mutter in Harlem, Miami oder Newark? Bestimmt nicht. Hatte Ari eher eine Chance verdient als deren Kinder? Nein. Jedes Kind mit AIDS verdient eine Chance. War es die Androhung eines Anrufs des Präsidenten, die das plötzliche Handeln ausgelöst hatte, und nicht das Mitleid?

Es schien, als ob sich niemand wirklich Gedanken machte um Menschen mit AIDS. Unsere Leben waren entbehrlich. Ich bin fest überzeugt, wenn AIDS die weiße Mittelschicht und heterosexuelle Amerikaner erwischt hätte, wäre man anders mit der Seuche umgegangen. Aber bei Schwulen und Drogenabhängigen, Schwarzen und Puertorikanern und armen Weißen? Wurden sie abgeschrieben als Menschen, die man nie vermissen würde? Wessen Entscheidung war das?

Dort in meinem Arbeitszimmer wurde mir klar, daß mein eigenes Land mich im Stich ließ. Das Mitleid und die moralischen und ethischen Grundlagen unserer Gesellschaft waren auf dem Prüfstand, und aus meiner Sicht versagte Amerika.

Ich war dazu erzogen worden, mich um andere zu kümmern. Ich hatte gelernt, jeden Tag Mitgefühl zu zeigen, nicht nur alle vier Jahre im Wahlkampf bei Fototerminen. Als Mitglied einer Familie, die gegen AIDS kämpfte, lernte ich, daß nur wenige in ausreichendem Umfang helfen wollten, um ein System zu verändern, das merkwürdig stranguliert war. Leute, die das versuchten, fanden oft genug keine Beachtung, weil AIDS ein Thema war, mit dem sich zu befassen die Reagan-Administration ablehnte. Irgend jemandem mußte es so wichtig sein, daß er bereit war, die Dinge durcheinanderzuwirbeln, aber ich wußte nicht, wer das sein könnte.

Wir gaben Ari das intravenöse AZT von dem Tag an, an dem wir es bekamen. Paul und ich mußten noch mehr in der Pflege lernen, aber das war nicht mehr schwer. AZT ist ein toxisches Medikament. Es war gefährlich für ihre weißen Blutkörperchen und das Knochenmark, also mußte beides genau überwacht werden. Wir zählten die Tage, einen nach dem anderen, und erwarteten keine schnellen Entwicklungen, da Phil Pizzo uns darauf hingewiesen hatte, daß es drei bis vier Wochen dauern konnte, bis sich Anzeichen von Besserung zeigten. Wir warteten. Nichts passierte. Ari sah immer noch wie ein Hauch von Leben aus. Sie konnte die Augen öffnen und sich mit Blinzeln mitteilen. Ich sagte: »Ari, ich hab' dich so lieb.« Dann sah sie mich immer an, als ob sie sprechen wollte, und ich sagte zu ihr: »Du kannst mit den Augen zwinkern, um mir zu sagen, daß du mich lieb hast, Schätzchen.« Und dann blinzelte sie.

Manchmal hatte sie noch riesige Schmerzen. Die Schreie bewegten sich als stumme Verzerrungen über ihr Gesicht und ihren Körper. Es war genauso schlimm, sie zu sehen, wie es schlimm gewesen war, sie zu hören.

Zwei Wochen vergingen, und es war immer noch nichts passiert. Ich rief Phil an. Er sagte: »Warten Sie weiter. Geben Sie nicht auf!«

Drei Wochen nach dem Tag, an dem wir mit dem intravenösen AZT angefangen hatten, betrat ich morgens Aris Zimmer, und sie sah auf und sagte: »Guten Morgen, Mama, ich hab' dich lieb.«

Seit drei Monaten hatte sie nicht mehr gesprochen! Ich konnte es kaum glauben. Ari war zurückgekehrt! Der Himmel hatte sich geöffnet. Ich konnte meine Freude nicht zurückhalten. Ich lief zu ihr und schrie fast: »Ich hab' dich auch lieb, Ari! Es ist so schön, deine Stimme zu hören!«

Es war das Wunder, auf das wir gewartet hatten. Ich zitterte, als ich die Ernährungsschläuche entfernte. Ich versuchte ruhig zu bleiben, damit ich sie nicht verwirrte. Als ich fertig war, sagte ich: »Ari, warte hier eine Minute. Ich bin gleich wieder da.« Ich mußte zu Paul. Ich hatte das Gefühl zu rennen, als ich über den Korridor zu unserem Schlafzimmer ging.

Meine Augen waren feucht und groß wie der Vollmond. Meine Lippen begannen zu zittern. »Was ist los?« fragte Paul.

»Sie hat gerade gesagt ›Ich hab' dich lieb, Mama‹. Liebling, sie hat gesprochen!« Ich setzte mich auf die

Bettkante, um mich zu beruhigen, bevor ich wieder zu ihr ging, während Paul sich auf den Weg zu ihr machte.

Paul betrat das Zimmer, und sie sagte: »Hallo, Papa.« Er setzte sich auf ihr Bett, sah ihr in die blauen Augen und verlor sich dort für kurze Zeit. Vielleicht geschahen doch Wunder. Vielleicht würde in unserem Haus eins geschehen.

Als Paul und ich schließlich allein waren, umarmten wir uns und weinten.

Tag für Tag ging es ihr besser, und sie konnte immer mehr ohne Hilfe machen. Es war, als ob das intravenöse AZT sie wiederherstellte und ins Leben zurückbrachte. Aris Freunde, die sie die ganze Zeit besucht hatten, waren außer sich vor Freude, als das AZT endlich wirkte. Wir gehörten alle zu Aris Mannschaft und feuerten sie an.

In den nächsten sechs Wochen ging es ihr immer besser. Zuerst fiel sie nicht mehr so oft um, wenn sie sich aufsetzte, und wir brauchten nicht mehr so viele Kissen, um sie zu stützen. Dann konnte sie sich eines Tages allein aufsetzen. Innerhalb von wenigen Wochen erreichten wir Meilensteine in der Entwicklung, die sonst Jahre dauerte. Ein paar Tage später wollte sie einen Filzstift in die Hand nehmen.

Diese Leistungen waren nichts weniger als ein Wunder. Ich weiß noch, wie sie sich freute, als sie feststellte, daß sie einen Pinsel halten und ein Bild malen konnte. Dann wollte sie versuchen, ihren Namen zu schreiben. Langsam schrieb sie ein A, gefolgt von den restlichen Buchstaben. Sie wollte andere Wörter buchstabieren, und wir begannen zu üben.

Eines Tages fühlte sie sich stark genug zu versuchen, sich hinzustellen, und Paul und ich sagten ihr vor: »Heb dein Bein hoch und stell es hin.« Am nächsten Tag konnte sie ein paar Schritte machen und sagte, sie könne das allein. Ari fragte sogar, ob sie schwimmen durfte. Wir nahmen sie von all ihren Apparaten ab und gingen mit ihr in den Pool. Sie wollte Jake zeigen, wie sie tauchen konnte, weil er das immer noch nicht konnte.

Zu sehen, wie Ari so stolz war, daß sie Jake etwas vormachte, was er nicht konnte, war ein großes Geschenk sowohl für mich als auch für Jake, der seine Schwester anbetete.

Als eines Tages ihre Freundin Amy zu Besuch kam, ging Ari zum erstenmal allein den ganzen Weg von der Küche durch das Eßzimmer in den Korridor. Was für ein Erlebnis!

Wir riefen alle: »Ari, das ist phantastisch! Du bist so toll!« Das intravenöse AZT löste Aris Kokon der Lähmung auf, und ihr sechs Jahre altes Ich war immer noch da. Ari war stolz, und uns erging es nicht anders. Keiner von uns hatte aufgegeben.

Die ganze Welt hatte wieder angefangen, sich zu drehen. Mit Ari kehrten wir alle wieder ins Leben zurück. Ariel konnte sprechen! Ich wußte, daß sie das Wunder war, das die Ärzte sehen wollten. Im März hatten sie uns gesagt, wir sollten uns auf ein Begräbnis vorbereiten, und im Mai hatten wir ein zweites Leben.

Ari würde es schaffen. Wenn Ari es schaffen würde, konnten wir es alle schaffen. Die Besserung war so beständig, daß sie vielleicht wieder in die Schule gehen konnte. Phil Pizzo erzählte mir später, daß er erlebt hatte, wie Kinder, die so krank gewesen waren wie Ari, in die Schule zurückkehrten. Nach sechs Monaten mit intravenösem AZT war der IQ von gesunden Kindern, die in seine Studie einbezogen waren, um durchschnittlich fünfzehn Punkte gestiegen.

Phil hatte solche spektakulären Ergebnisse bei anderen Kindern am Nationalen Krebsinstitut gesehen, aber da er nicht wußte, ob das intravenöse AZT bei Ari ähnliche Wirkungen haben würde, hatte er uns nicht erzählt, was passieren könnte.

Ari war ganz versessen darauf, wieder zu lesen, und so holten wir das Erstkläßler-Buch über die Bären hervor, und sie las es Wort für Wort. Wir sprudelten über vor Glück.

Wir hatten uns alle daran gewöhnt, ganz im Augenblick zu leben, und als Ari wieder sprechen konnte, redeten wir nie darüber, wie schwer die Vergangenheit gewesen war. Im Mittelpunkt stand immer, was wir tun konnten, und jetzt schien alles möglich zu sein.

Ari hatte große Freude daran, daß sie wieder mit Paul malen konnte. Sie malten ein Bild nach dem anderen. Eifrig rechnete sie und übte das Alphabet. Immer wieder wollte sie ihren Namen schreiben. Sie wollte auf den Markt gehen, also machten wir das. Sie wollte mit dem Auto fahren, also fuhren wir zu Lynn nach Hause.

Wenn wir unsere Spaziergänge in der Natur machten, benutzten wir immer noch die Kinderkarre, denn Ari konnte nicht sehr weit gehen. Aber jetzt konnte sie sagen: »Hol mir die Blume da!« Wir pflückten viele wilde Blumen und preßten sie dann, um Bilder daraus zu machen.

Wir mußten Ari immer noch intravenös ernähren, aber sie konnte schon ein paar Sachen selbst essen. Ich weiß noch, wie wir zu einem Test in der Uniklinik waren und Laurie Reyen, die Schwester, die uns das TPN erklärt hatte, vorbeikam, um uns zu begrüßen. Da saß Ari auf einem Stuhl und kaute und mampfte sich durch eine Tüte mit Keksen. Wir waren alle aufgeregt. Bei diesen Keksen bekamen wir eine Gänsehaut.

7

Meine Aufregung über Aris Fortschritte bestärkte mich in meiner Entschlossenheit, mit Präsident Reagan ein Gespräch zu führen. Ein paar Wochen nach Aris Rückkehr ins Leben traf ich mich zum Mittagessen mit Doug Wick, um mit ihm über das Treffen mit Reagan zu sprechen. Doug steckte mitten in der Produktion von »Working Girl« und war die meiste Zeit im Osten, wo der Film gedreht werden sollte. Lucy hatte ihn wegen der Reagans gefragt, und er hatte zugesagt, die beiden anzusprechen. Nun mußte ich nachziehen.

Doug kannte die Reagans seit seiner Kindheit. Die Familien verbrachten immer das Weihnachtsfest zusammen, und diese Tradition wurde auch während der Präsidentschaft fortgeführt.

Als ich Doug zum erstenmal darauf ansprach, war er vermutlich etwas irritiert. Ich glaube, es wirkte fast arrogant, zu denken, daß ich für eine Veränderung sorgen könnte. Aber es stand so viel auf dem Spiel, da konnte er nicht nein sagen.

Nachdem wir unser Essen bestellt hatten, sagte Doug: »Elizabeth, du weißt, daß alle den Präsidenten sprechen möchten.«

In dem Augenblick wurde mir klar, was ich da wirklich vorhatte. Ich merkte, daß es selbst Doug Überwindung kostete, um dieses Gespräch zu bitten.

»Sieh es doch mal so«, sagte ich. »Ich bin eine weiße heterosexuelle Frau aus ihrer sozioökonomischen

Schicht und aus Hollywood. Viele Leute glauben immer noch, daß AIDS Gottes Strafe für Homosexuelle ist. Selbst wenn der Präsident es nicht glauben will, es gibt immer noch viele Politiker, die der Seuche keinerlei Beachtung schenken. Vielleicht, ganz vielleicht kann ich dazu beitragen, ihre Sicht zu verändern.«

»Es gehört zu den schönsten Dingen in meiner Freundschaft zu den Reagans«, sagte Doug, »daß ich sie nie um etwas gebeten habe.« Und dann erzählte er mir von anderen Freunden, die er abgewiesen hatte, als sie ihn benutzen wollten, um an den Präsidenten heranzukommen.

Aber am Ende des Essens sagte Doug zu, es wenigstens zu versuchen. Er sagte, er wollte mit seinen Eltern reden und überlegen, wie man am besten vorging.

Das Treffen lag nun in Dougs Händen, aber in den nächsten Tagen stand ich unter Hochspannung. Jedesmal, wenn das Telefon klingelte, dachte ich, es wäre ein Anruf von Doug. Endlich, drei Tage später, erreichte er Nancy Reagan in Kanada, wo der Präsident an einem Wirtschaftsgipfel teilnahm. Doug erzählte Mrs. Reagan das Wesentliche meiner Geschichte und fragte, ob er mich mit nach Washington bringen dürfte, um sie und den Präsidenten zu treffen. Mrs. Reagan sagte, sie würde den Terminkalender überprüfen, wenn sie wieder zu Hause wäre, und ihn dann direkt anrufen. Doug rief mich an und informierte mich. Mir stockte ein bißchen der Atem.

Doug warnte vor zuviel Freude. Er glaubte, wenn wir Glück hätten, würde ich ein »fünfzehn Minuten, Händeschütteln, Foto machen«-Treffen im Oval Office bekommen, eine Person aus dem stetigen Strom von Menschen, die Präsidenten jeden Tag empfangen mußten. Es würde sehr schwer werden, in so einer Umgebung irgendeinen Eindruck zu hinterlassen.

Und dann passierte es. Mrs. Reagan rief Doug am Dienstag, den 21. Juni, an und sagte, daß sie und der Präsident sich mit uns am kommenden Samstag um vierzehn Uhr treffen könnten. Doug rief mich an.

Es war alles für Samstag vorbereitet. Das Treffen würde nicht im Oval Office stattfinden, sondern im »Familienbereich«. Es würde keine ganz feste Zeitbegrenzung geben. Das Treffen würde sicher länger als fünfzehn Minuten dauern. Ich ahnte bereits Möglichkeiten, die weit über das hinausgingen, was ich mir vorgestellt hatte. Ich würde hineingehen. Ich würde mit dem Präsidenten reden, und vielleicht würde ich für eine Veränderung sorgen.

Ich konnte es nicht glauben. So sehr ich auch daran gedacht hatte, so sehr ich davon geträumt hatte, aber ich denke, ich sah mich eigentlich nie *wirklich* mit dem Präsidenten reden. Es war erst ein paar Wochen nach Ariels erstaunlicher Rückkehr ins Leben durch das intravenöse AZT. Ich fühlte mich wie ein Komet, der über den Himmel schoß.

Einer der ersten, die ich anrief, war Admiral Watkins. »Ich hab' den Termin beim Präsidenten! Wie soll ich vorgehen?« Wie sich herausstellte, traf ich die Reagans am Samstag, und am Montag sollte Admiral Watkins dem Präsidenten den Bericht seiner Kommission vorlegen. Die zeitliche Abstimmung hätte nicht besser sein können.

Der Bericht zog ganz schön vom Leder. Er erklärte, daß es einen »deutlichen Mangel an Führungsqualität« seitens der Bundesregierung gab. Mit fast sechshundert Einzelvorschlägen war der Bericht ein schrittweiser Schlachtplan zur Bekämpfung der Seuche und zur Verbesserung des Systems der nationalen Gesundheitsvorsorge, so daß diese in den kommenden Jahrzehnten das Problem AIDS anpacken konnte. Der Bericht der Kommission kritisierte die Diskriminierung, nannte sie »die größte Barriere«, die bei der Bekämpfung von AIDS überwunden werden mußte, und forderte eine massive Bundesgesetzgebung gegen die Diskriminierung.

Admiral Watkins hatte seine Arbeit gut gemacht, jetzt war ich mit meiner an der Reihe. Mein Verstand sagte mir, daß ich zur Rettung meines Kindes Präsident Reagan dazu bringen mußte, die aggressive Führungsrolle zu übernehmen, die die Seuche AIDS brauchte.

Ich wußte nicht, ob meine Geschichte ihn anrühren würde, aber ich dachte, wenn ich die Seuche für ihn irgendwie personalisieren könnte, wie Rock Hudsons Tod es gemacht hatte, dann könnte es zu einer Veränderung kommen. Es war mir ziemlich egal, was Reagan in der Vergangenheit getan oder nicht getan hatte. Ich hatte eine Chance, die Zukunft zu verändern. Er war der Präsident. Ich kam zum Zuge.

Am Freitag abend flog ich nach Washington. In mir tobte das Adrenalin. Ich würde die Reagans am nächsten Tag nachmittags sehen, nur zwölf Tage, nachdem meine Tochter nach drei Monaten zum erstenmal wieder gesprochen hatte.

Rita und ich trafen uns zum Abendessen bei Nathan, einem langjährigen Treffpunkt in Washington in der Nähe vom Georgetown Inn.

Wir besprachen, was ich dem Präsidenten sagen sollte. Dann sagte sie: »Warte mal . . . CBS hat heute abend eine Nachricht gebracht, daß die Reagan-Administration dem Watkins-Bericht keinerlei Beachtung schenken wird.«

»Rita, du mußt mir mehr Einzelheiten sagen. Ich

muß genau wissen, was gesagt wurde, bevor ich mich mit dem Präsidenten treffe! Ich will nicht dumm dastehen und nichts wissen, wenn er schon irgendeine Entscheidung in bezug auf den Bericht getroffen hat.«

Rita entschuldigte sich für einen Moment. Dann kam sie wieder und sagte: »Komm mit.« Bill Plante, Korrespondent im Weißen Haus, der die Meldung über den Bericht der Kommission gebracht hatte, saß an einem anderen Tisch im Restaurant.

Rita nahm mich mit zu ihm und stellte mich als Betsy Meyer, eine alte Studienfreundin, vor. Wir fragten Bill beiläufig nach seiner Meldung. Obwohl nichts Besonderes passiert sei, erzählte er, es sei der allgemeine Eindruck im Umfeld des Weißen Hauses, daß die Administration nicht vorhätte, dem Bericht nach der Veröffentlichung am Montag irgendwelche Beachtung zu schenken.

Ich seufzte. In dem Augenblick wurde der Berg, den ich gerade bestieg, doppelt so hoch. Ich wußte, daß die Reagan-Administration mit der AIDS-Seuche außerordentlich verantwortungslos umgegangen war. Selbst wenn der Präsident nicht auf Schwule oder Drogenabhängige hören wollte, so war ich doch sicher, daß er den Bericht seiner eigenen Kommission beachten würde. Immerhin, James Watkins war Admiral, ein Insider, ein Militär mit makellosen Referenzen. Wie konnte die Administration all das Geld ausgeben, um die Seuche ein Jahr lang zu erforschen, und dann den Bericht nicht beachten, der feststellte, daß etwas getan werden mußte? Vielleicht würde er nach unserem Treffen eine andere Meinung haben.

Als ich mit Rita das Restaurant verließ, dachte ich, daß ich nirgends lieber als in Washington wohnen würde, wenn ich ein normales, gesundes Leben führte. Ich redete mit Rita über eine Meldung in den Nachrichten, und da war auch schon der Korrespondent persönlich, der sie gebracht hatte.

Rita kam mit mir ins Hotel, und ich versuchte zu umreißen, was ich dem Präsidenten am nächsten Tag sagen wollte. Ich würde mir nichts aufschreiben, aber ich wollte üben, damit ich nicht alles verdarb.

Im Laufe des Vormittags wurde ich immer unruhiger. Mir ging soviel im Kopf herum, was dieses Treffen betraf. Wenn Präsident Reagan die Führungsrolle akzeptieren würde, die zu übernehmen ich ihn bitten wollte, könnte sich vieles verändern. Mit nur wenigen Worten von ihm könnten die langsam rollenden Regierungsräder geölt und auf Tempo gebracht werden. Das wiederum könnte mehr Geld, schnellere Antworten und Hoffnung für Menschen wie mich und meine Kinder bringen.

Wenn der Präsident tatsächlich sagen würde »Wir können Menschen mit AIDS und HIV nicht diskriminieren«, wäre die Welt ein besserer Ort. Ich hatte das Gefühl, wenn ich die Reagans dazu bringen könnte, sich um mich und meine Familie Gedanken zu machen, wäre der Rest möglich. Wenn nicht, würden wir noch tiefer sinken.

Mittags traf ich mich mit Doug im Georgetown Inn. Beim Essen sprachen wir über Ronald Reagan. Wir wußten, daß uns nur eine bestimmte Zeit zur Verfügung stand und daß wir seine Aufmerksamkeit erregen und festhalten mußten.

»Jede Gruppe der Welt versucht an das Ohr des Präsidenten durchzudringen. Ich weiß ziemlich viel über Washington«, erzählte Doug mir. »Sie alle haben gute Gründe und erstaunliche Geschichten. Es ist schwierig, in Erinnerung zu bleiben, wenn man gerade für fünfzehn Minuten vorsprechen darf. Wir müssen die Sache so verpacken, daß sie sich an uns erinnern.«

Doug und ich wußten, daß Reagan Anekdoten liebt und wirklich was von Sport versteht. Ich dachte, es wäre vielleicht eine Möglichkeit, einen Teil meiner Geschichte in eine Sportmetapher zu verpacken. Ich dachte an einen Baseball-Vergleich, und Doug und ich arbeiteten ihn gemeinsam aus.

Nach dem Essen gingen wir wieder auf mein Zimmer, und ich versuchte mich zusammenzureißen, indem ich mir Gedanken darüber machte, welche von zwei Blusen ich anziehen sollte. Ich war zu aufgeregt, und alles schien wichtig zu sein.

Blond, gut aussehend und nobel, wirkt Doug wie ein Surfer, der die Princetown University besucht hat. Wir waren unten, als die kleine, schwarze Regierungslimousine vor dem Hotel vorfuhr. Der Fahrer fragte: »Mr. Wick?« Wir waren unterwegs.

Ich war aufgeregt. Ich wußte, daß das paradox war. Hier war ich und fuhr aus den schlimmsten Gründen der Welt ins Weiße Haus, um den Präsidenten zu treffen. Meine Wangen waren heiß, und das Adrenalin tobte in mir wie ein Buschfeuer.

Als wir am Eingang vorfuhren, direkt unter dem Truman-Balkon, öffnete ein Bediensteter die Wagentür, und wieder hieß es »Mr. Wick?« Wir gingen in einen Raum mit einem sehr großen Orientteppich, einem Tisch und Stühlen mit geraden Rückenlehnen. Wir setzten uns und warteten. Mein Herz klopfte bis in die Ohren.

Wir warteten nur ein paar Minuten, aber es erschien mir wie eine Woche. Dann kam der Bedienstete zurück und sagte: »Der Präsident und die First Lady erwarten Sie. Hier entlang, bitte.«

Wir gingen durch die Halle, vorbei an den Präsidentenporträts und durch ein paar Türen. Plötzlich waren wir mitten in einem Korridor des arbeitenden

Weißen Hauses, und hier war alles so geschäftig und geräuschvoll wie in einer Cafeteria. Am Ende des Korridors gab es einen kleinen Fahrstuhl, der von einem Mann bedient wurde, und der sagte: »Oh, Mr. Wick, schön, Sie zu sehen.«

Als die Fahrstuhltür sich wieder öffnete, standen der Präsident und Mrs. Reagan da. Ihr Hund Lucky kläffte und tobte um unsere Füße herum. Nancy sagte: »Hallo, Doug«, und umarmte ihn. Er sagte: »Das ist meine Freundin Elizabeth.«

Als wir einen kurzen Korridor entlang zum Wohnzimmer gingen, war ich mit Mrs. Reagan und Lucky zusammen, der eine perfekte Ablenkung war. Er hüpfte auf und ab wie ein Gummiball, was uns zu einem einfachen Gesprächsthema verhalf und meine Spannung abbaute.

Ich hatte den Präsidenten so oft im Fernsehen gesehen, daß er mir nicht überlebensgroß vorkam. Er schien ehrlich und direkt zu sein, und ich fing an, mich etwas zu entspannen.

Der Präsident saß in einem Sessel neben dem Sofa, und Nancy bat mich, direkt neben ihm auf der Couch Platz zu nehmen, Doug dann neben mir. Nancy setzte sich neben Doug. Nach einer oder zwei Minuten sagte Doug in seiner unnachahmlichen Weise: »Blasen wir zu Jagd. Elizabeth ist hier, um mit euch über etwas wirklich Wichtiges zu reden. Ich möchte, daß sie soviel Zeit wie möglich hat. Warum also fangen wir nicht an?«

Ich holte tief Luft – ich muß immer tief Luft holen, bevor ich anfange. Und dann sagte ich: »Mein Leben ist sehr kompliziert, und ich bin hier, weil ich hoffe, daß Sie helfen können . . .«

Ich erzählte die Geschichte der letzten sieben Jahre in Kurzfassung, weil Doug und ich nicht erwartet hatten, beim Präsidenten länger als fünfzehn Minuten echte Aufmerksamkeit zu erregen. Ich endete damit, daß ich erzählte, wie Ari monatelang nicht gehen und sprechen konnte und wie sie vor zwölf Tagen, als ich ihr Zimmer betrat, die Augen öffnete und sagte: »Guten Morgen, Mama. Ich hab' dich lieb.«

Beide hatten Tränen in den Augen. Wir alle. Es gab Hoffnung. Wir mußten nur danach greifen.

Nancy erzählte leise, daß ihre Mutter immer gesagt hätte, wir alle bekämen in unserem Leben ein Blatt Karten zugeteilt, und wir spielten sie so gut wir konnten. Ich sagte ihr, das sei eine Analogie, die ich schon oft in meinem Leben benutzt hätte, denn ich wollte sie wissen lassen, daß ich manchmal so dachte wie sie. Dann stellte der Präsident ein paar Fragen. Ich hatte den Eindruck, daß die Reagans sich wohl fühlten mit mir, und Doug bestätigte das später.

Doug und ich hatten darüber gesprochen, ob ich das Problem des Schulbesuchs der Kinder erwähnen sollte, das immer noch sehr umstritten war. Aber ich hatte die Aufmerksamkeit des Präsidenten, und ich wollte einen möglichst nachhaltigen Eindruck auf ihn machen, so redete ich darüber, wie entsetzlich die Diskriminierung für viele Kinder und auch Erwachsene war. Ich betonte außerdem, daß man AIDS nicht durch alltägliche Kontakte bekommen konnte. Als wir dann dasaßen und redeten, fragte Nancy Reagan: »Was bedeutet das für Ihren Mann?«

»Es ist schrecklich. Es war sehr schwierig für Paul, aber er hat sich bemerkenswert verhalten. Er ist unser Held, und er hat zu uns gestanden.«

Dann sagte sie: »Und wie ist Ihre Beziehung zu ihm?«

Ich blinzelte und wunderte mich. Beziehung? Was

meint sie? Fragt diese Frau mich nach meinem Sexualleben?

Ich dachte: »Das hier ist eine Administration, die das Wort Kondom nicht gebrauchen würde. Wenn ich eine unangebrachte Antwort auf diese Frage gebe, kann ich das ganze Gespräch zerstören. Aber wenn ich nicht antworte, kann ich unhöflich wirken.«

Also beugte ich mich vor und sagte ziemlich ruhig: »Ich weiß nicht genau, wonach Sie mich fragen. Könnten Sie, bitte, genauer werden?«

Mrs. Reagan sagte: »Ich frage nach Ihrer Beziehung.«

Dann stellte ich eine Verständnisfrage: »Fragen Sie nach meinem Sexualleben?«

»Ja«, sagte sie.

Ich dachte intensiv über meine Antwort nach und sagte dann: »Also, mein Mann und ich haben weiterhin sexuellen Kontakt, aber wir halten uns an die Vorsichtsmaßnahmen, die unsere Ärzte uns empfehlen. Mein Mann küßt mich und berührt mich und ist wirklich ganz wunderbar.«

Ich glaube, Mrs. Reagan stellte diese Frage, weil sie tatsächlich voller Mitgefühl und beteiligt war und sich fragte, wie es wohl wäre, an meiner Stelle zu sein. Wie leben Sie? Wie führen Sie eine Ehe? Ich entschied mich, ihr ehrlich zu antworten, weil ich wußte, daß die Reagans, wenn sie eine aktivere Rolle in Sachen AIDS übernehmen sollten, wissen mußten, daß mein Mann vor mir, meinen Küssen und meiner Sexualität keine Angst hatte.

Weil ich aus einer Welt komme, zu der die Reagans einmal gehört hatten, war es vermutlich leichter für Nancy Reagan, eine Beziehung zu mir aufzubauen als zu jeder anderen Frau mit AIDS. Also habe ich mit ihr offen über Sex und die Intimsphäre geredet, was ich normalerweise nicht tat, wenn ich jemanden nicht gut kannte. Ich wollte für die Reagans unterstreichen, daß dieses eine Krankheit war, die nicht durch intime Kontakte übertragen wurde, wenn die Leute bereit waren, Kondome zu benutzen, und daß Menschen mit AIDS nicht geächtet werden mußten. Wissenschaftler und Ärzte werden Krieg gegen das Virus führen, aber es liegt bei uns allen, gegen Furcht und Diskriminierung zu kämpfen.

Zum Schluß sagte ich zum Präsidenten: »Ich möchte Ihnen eine Geschichte erzählen. Sie geht so. Da ist eine Baseball-Mannschaft, und diese Baseball-Mannschaft, unsere Mannschaft, hat die unglaublichsten Spieler der Welt: Ärzte, Wissenschaftler, Denker und auch gewöhnliche Leute. Aber wir spielen gegen die härteste Mannschaft, auf die wir überhaupt treffen konnten. Wir in unserer Mannschaft kämpfen wirklich sehr, sehr schwer.

Jake könnte zum Schlagen antreten, und er könnte einen guten Schlag machen, Herr Präsident. Er könnte es bis zum zweiten Mal schaffen. Und da ist Ari, von der hätte ich nie gedacht, daß sie überhaupt in der Mannschaft spielen könnte; aber wissen Sie was, Herr Präsident? Ari könnte einen kleinen Schlag tun, und sie würde dann mit all ihrer Kraft bis zum ersten Mal hoppeln.

Herr Präsident«, sagte ich, »wir brauchen jemanden, der meine Kinder nach Hause bringt. Ich brauche Sie, damit Sie den Schlag für den Lauf zurück machen und meine Kinder über das Feld bringen. Wir haben die klügsten Ärzte, wir haben die mächtigsten Menschen, wir können dieses Spiel gewinnen, aber wir brauchen einen Anführer. Wir brauchen einen Mannschaftskapitän. Wir brauchen es, daß unsere Regierung jetzt ihre Möglichkeiten ausschöpft.«

Während ich die Geschichte erzählte, war der Blick des Präsidenten fest auf meinen gerichtet.

Als ich am Ende war, sagte er: »Sagen Sie mir, was ich Ihrer Meinung nach tun soll.«

»Ich möchte, daß Sie zwei Dinge tun. Ich möchte, daß Sie eine Führungspersönlichkeit im Kampf gegen AIDS werden, damit meine Kinder und alle anderen Kinder zur Schule gehen und ein sinnvolles Leben führen können, damit niemand mit AIDS Angst vor Diskriminierung haben muß.

Zweitens haben Sie einen Bericht über die Seuche in Auftrag gegeben, der von einem phänomenalen Mann geschrieben wurde. Ich bitte Sie, diesen Bericht zu beachten.«

Präsident Reagan sah mich an und sagte: »Ich verspreche Ihnen, daß ich diesen Bericht mit anderen Augen als zuvor lesen werde.«

Als wir zum Fahrstuhl zurückgingen, sprachen die Reagans wehmütig davon, wie traurig es für sie war, den Auszug aus dem Weißen Haus vorzubereiten. Ich war versucht, sie zu fragen, ob ich auch den Rest das Hauses sehen dürfte, aber ich wußte, daß ich nicht plötzlich zu Elizabeth Glaser, Touristin, werden durfte.

Es war vorbei. Sie umarmten mich, und wir verabschiedeten uns.

Doug und ich waren keine zwanzig Minuten – wir waren eine Stunde dagewesen. Die Reagans hatten sehr intensiv, sehr genau hingehört. Ich fühlte mich ermutigt und stolz.

Wir gingen zu Fuß die Pennsylvania Avenue hinunter, weil wir beide zu aufgeregt waren, um ein Taxi zu nehmen. Doug sagte: »Elizabeth, das war erstaunlich. Ich kenne diesen Mann mein Leben lang. Er reagierte auf dich. Er hat Dinge zu dir gesagt, die nicht nur leere Worte waren. Er hat es nicht nötig, zu sagen, daß er den Bericht der Watkins-Kommission mit anderen Augen lesen will. Ich hätte nie erwartet, daß er das sagen würde. Das ist alles viel besser gelaufen, als ich mir je vorgestellt hätte. Man merkte an den Fragen, die er stellte, daß er meinte, daß in dieser Angelegenheit irgend jemand irgend etwas unternehmen muß.«

Wir gingen zurück zum Georgetown Inn. Ich konnte nicht aufhören, über das Gespräch zu reden. Wir kamen an einem Fotografen mit seinen lebensgroßen Pappgestalten von Ronald und Nancy Reagan vorbei. Fast wäre ich stehengeblieben, um mich mit ihnen fotografieren zu lassen, aber es kam mir albern vor. Ich war froh, daß bei den Reagans kein Fotograf gewesen war. Dadurch wurde das Treffen ernsthafter. Inzwischen wünsche ich mir, ich hätte das Foto machen lassen, damit ich das Lächeln sehen könnte, das mein Gesicht verändert hatte.

Als ich wieder im Hotel war, rief ich Paul an, aber er war nicht zu Hause, und so rief ich Susan De Laurentis an. Ich hatte schreckliche Krämpfe in den Füßen, vermutlich weil ich hochhackige Schuhe statt der üblichen Freizeitschuhe getragen hatte, deshalb saß ich beim Telefonieren auf dem Rand der Badewanne, ließ kaltes Wasser über meine Zehen laufen und erzählte die Geschichte in allen Einzelheiten.

Ich rief auch Rita an. Ich sagte ihr, daß es mir wie ein größerer Durchbruch vorkam, daß die Reagans mich nach dem Gespräch umarmt hatten. Ich hatte gedacht, daß sie Leute mit HIV für Unberührbare hielten, daher war die Umarmung von einiger Bedeutung für mich.

Auch Admiral Watkins rief ich an. Als ich ihm erzählte, was ich über den Bericht gesagt hatte, meinte er: »Elizabeth, Sie sind die einzige Person, die das tun konnte. Ich werde ihn dem Präsidenten am Montagmorgen vorlegen und rufe Sie unmittelbar danach an.«

Dann stiegen Doug und ich in ein Flugzeug und flogen nach Hause. Nach meiner Rückkehr bat ich Ari, ein Bild für den Präsidenten zu malen, und legte einen kurzen Dankesbrief dazu, in dem ich schrieb, daß dies seit Monaten eines der ersten Male war, daß sie ein Bild malen und ihren Namen schreiben konnte.

Der Montag kam, und ich war aufgeregt. Als Admiral Watkins mich endlich anrief, war es im Osten schon vier Uhr nachmittags. Ich hatte den ganzen Tag gewartet.

Ich nahm das Gespräch an und konnte die Aufregung in seiner Stimme hören. »Sie haben es geschafft«, sagte er. »Sie haben geschafft, was sonst keiner geschafft hätte. Ich ging zu dem Treffen, und der Präsident redete in den ersten zehn Minuten nur von Ihnen. Natürlich hat er Ihren Namen nicht genannt oder irgend etwas getan, was die Vertraulichkeit gefährden könnte, aber er sagte, daß er eine Frau kennengelernt hätte, die ihm ihre Geschichte und ihre Situation erzählt hätte, und daß er sehr berührt sei. Ich glaube, Sie haben uns über den Berg gebracht.« Watkins war begeistert. Wir waren überzeugt, daß wir an der Schwelle zu größeren und bedeutsamen politischen Veränderungen standen.

Wir irrten uns . . . Die Zeit verging, und nichts passierte. Es war fast unvorstellbar, aber das Weiße Haus nahm den Bericht und legte ihn in eine Schublade. Die Hoffnung für Tausende von Amerikanern und Menschen in der ganzen Welt verstaubte in irgendeiner vergessenen Ecke irgendeines vergessenen Raums.

Ich war eine Stunde bei Präsident Reagan gewesen. Ich weiß, daß sein Engagement ehrlich und seine Absichten ernsthaft waren, aber die Entscheidung, nicht zu handeln, vergeudete noch mehr kostbare Zeit. Als nichts getan wurde, wurden bei jedem Schritt des Weges ein paar tausend Menschen mehr krank oder starben. Ich sah auf mein Land, meine Regierung, und die einzige Schlußfolgerung, die ich ziehen konnte, war die, daß es ihnen immer noch egal war.

Ich weiß nicht, was passiert ist. Irgendwas ging schief. Ich vermute, es waren die Leute um den Präsidenten herum, seine Spitzenberater, die entschieden, daß der Bericht für die letzten Monate der Administration zuviel war. Nur wenige Wochen nach dem Nationalkonvent der Republikaner hatten vielleicht einige das Gefühl, daß AIDS immer noch ein zu umstrittenes Problem war, um es mit aller Kraft anzugehen, denn es wäre für die konservativen Wähler der »großartigen alten Partei« höchst alarmierend. In ihren Augen muß die politische Position wichtiger gewesen sein als das Leben von Männern, Frauen und Kindern. Das ist heute allgemein vorrangig in Amerika, aber der Kontakt mit der Menschlichkeit ist verloren gegangen. Das Leben vieler Menschen ist gefährdet, so daß jemand entweder ins Weiße Haus kommen oder dort bleiben kann. Es ist wunderbar, wenn man so ein Stratege ist, aber wenn das Leben zur Debatte steht, kann das nicht akzeptiert werden.

Die Grundlinie ist, daß sich *nichts* verändert hat. Aber das habe ich nicht sofort gemerkt, und in den ersten paar Wochen zu Hause in Los Angeles fühlte ich mich strahlend und wunderbar lebendig.

Ich bin keine große Intellektuelle und keine große Schönheit. Meine Stärke hat immer in meiner Lebensfreude gelegen. Ich liebe es, lebendig zu sein. Und für kurze Zeit in jenem Frühling kam es mir so vor, als ob ich dieses Gefühl für eine Weile festhalten könnte.

Und dann passierte noch etwas Ungewöhnliches. Ein Anruf von Maureen Byrnes brachte eine gute Nachricht. Senator Lowell Weicker hatte die Unterstützung des Komitees bekommen, in den Etat für 1989 zusätzliche neun Millionen Dollar für Kinder mit AIDS einzubringen. Das bedeutete, daß es genug Geld gab für acht neue klinische Forschungsstationen für Kinder.

Ich war hocherfreut. Meine erste Reise nach Washington war nicht vergeblich gewesen. Vielleicht konnten meine Anstrengungen doch für wirkliche Veränderungen sorgen.

Zwei Monate lang, während er an »Blue Lightning« arbeitete, war Paul immer wieder zwischen Miami und Los Angeles hin und her geflogen. Wir bereiteten uns auf den Umzug nach Miami vor, als die Drehbuchautoren in den Streik traten und der Film abgebrochen wurde. Das war für Paul und mich traurig, aber im Rückblick war es ein Segen, weil wir alle zusammen waren zu einer Zeit, als wir das dringend brauchten.

In den Wochen nach meiner Reise zum Präsidenten hatte ich das Gefühl, daß private Stiftungen eine Rolle dabei spielen könnten, Geld für grundlegende biomedizinische Forschungen im Bereich Kinder und AIDS aufzubringen. Nur sechzigtausend Dollar sind nötig, um einen Forscher ein ganzes Jahr lang zu bezahlen. Viele Leute in L.A. geben für ihre Autos mehr aus. So schien die Annahme nur logisch, daß, wenn ein paar Millionen Dollar aufgebracht und sofort wieder in die Forschung gesteckt würden, wir schneller Antworten finden und etwas erreichen würden, während wir auf das Eintreffen des Regierungsgeldes warteten.

In meinem Regierungslehrgang über die Art und Weise, wie Washington arbeitet, habe ich gelernt, daß einmal genehmigtes Geld noch achtzehn Monate bis zwei Jahre braucht, bis es da ankommt, wo es hin soll. Man brauchte sich nur das Offensichtliche einmal anzusehen, um zu wissen, daß die Regierung nicht in der Lage war, sich schnell genug zu bewegen, um sofort eine Veränderung für Kinder mit AIDS zu erreichen. Außerdem gab es aus meiner Sicht keine Garantie dafür, daß sie überhaupt das Richtige tun würden. Ich fragte Paul, was er von der Idee einer Stiftung hielt, aber zu der Zeit ließ er mich einfach mit meinen Ideen herumlaufen. »Gut«, sagte er.

Ich wußte, daß die Idee nur funktionieren würde, wenn ich Leute finden würde, die mir dabei halfen. Die Aufgabe war zu groß für eine Einzelperson, und ich konnte niemals meinen Namen in den Briefkopf einer AIDS-Organisation setzen. Nachdem wir uns soviel Mühe gegeben hatten, unser Geheimnis zu bewahren, würde es dann mit Sicherheit auffliegen.

Ich sprach mit zwei meiner engsten Freundinnen über die Idee. Zuerst redete ich mit Susan De Laurentis, Francescas Mutter, die in den letzten fünf Jahren zur Freundin geworden war. Susan und ich hatten uns am ersten Kindergartentag an der Schaukel kennengelernt. Francesca war Aris erste »beste Freundin« geworden. Ich hatte immer gefunden, daß Susan einzigartig, klug und hochmotiviert war. Genauso wichtig war es, daß man mit ihr Spaß haben konnte. Sie hatte vor der Geburt ihrer Kinder im Einzelhandel gearbeitet. Alles, was wir zusammen taten, war ein Vergnügen, und ich war sicher, daß die gemeinsame Arbeit genauso befriedigend sein würde. Sie sagte, daß sie über meine Idee nachdenken wollte. Ich sagte, daß ich noch jemanden bitten würde, der Stiftung beizutreten, damit niemand zuviel Verantwortung zu tragen hatte.

Dann sprach ich mit Susie Zeegen. Während meiner schwierigen Schwangerschaft mit Ari war Susie eine liebe Freundin und ständig an meiner Seite gewesen. Sie war oft zu mir nach Hause gekommen, als ich im Bett lag, und es verging kein Tag ohne ihren Anruf. Während unseres Kampfes gegen AIDS war ihre Loyalität unerschütterlich und ihre Fröhlichkeit hilfreich. Susie hatte kindliche Entwicklung studiert und ihr Diplom gemacht, und jetzt, wo ihre Kinder größer waren, hatte sie mehr Zeit. Susie wollte auch darüber nachdenken. Obwohl sie beide enge Freundinnen von mir waren, hatten sich Susie und Susan nie kennengelernt.

Ich sprach auch mit Michael Gottlieb. Ich wollte wissen, wieviel seiner Meinung nach nötig wäre, um die pädiatrische AIDS-Forschung in größerem Umfang zu bezahlen. Er kam auf eine Summe von zweihundertfünfzigtausend Dollar und sagte, daß, wenn wir sie aufbrächten, die AMFAR die Gelder verteilen könnte. So würden wir das Rad nicht neu erfinden müssen.

Washington hatte mir bewiesen, daß meine Geschichte die Menschen anrührte. Ich hoffte, daß ich sie auch dazu benutzen könnte, um Geld zu beschaffen. Der Nachteil war, daß ich sie noch mehr Menschen erzählen müßte. Paul und ich hatten immer noch das Gefühl, daß es lebenswichtig war, unsere Identität nicht preiszugeben.

Wir hatten eigentlich keine Angst um uns. Als Erwachsene wurden Paul und ich mit allem fertig, was uns passierte, und die Wahrheit war, daß die meisten Menschen vor mir oder Paul keine Angst hatten. Unsere Befürchtungen galten der Schule und den sozialen Gegebenheiten für Jake. Selbst wenn es in einer Schule HIV-Vorschriften gibt, heißt das nicht, daß die

Eltern einen mit offenen Armen aufnehmen. Nach dem Kampf mit Aris Freunden wünschte ich mir als letztes, daß wir das mit Jakes Altersgenossen alles noch einmal durchmachen müßten.

Die Eltern von Jakes bestem Freund Tommy wußten Bescheid, genau wie die Eltern von Louie, seinem anderen guten Freund. Das war es. Unsere Freunde und die Verwaltungsleute in der Schule dachten, daß die Gemeinschaft gut reagieren würde, aber es gab keine Garantien, wie Paul und ich nur zu gut wußten. Um Jakes Kindheit zu beschützen, bewachten wir daher unser Geheimnis weiterhin so streng wie Fort Knox.

Ich konnte nicht öffentlich um Geld bitten. Ich wußte, daß ich es leise hinter den Kulissen machen mußte, was bedeutete, daß ich ein paar große Spenden bekommen mußte statt vieler kleiner. Ich dachte an Joshs Rat, in großem Rahmen zu denken.

Susan und Susie stellten sich als die besten Freundinnen heraus, die ich mir wünschen konnte. Sie lernten sich kennen, besprachen sich mit ihren Ehemännern, und wir beschlossen alle, aus ganzem Herzen anzufangen. Keine von uns wußte genau, worauf wir uns einließen. Wir wußten, daß es eine wichtige und sinnvolle Arbeit war, und wir dachten, für drei wäre das ein Teilzeitjob. Ohne weiteres Nachdenken legten wir los.

8

Es war Anfang Juli 1988. Ari hatte angefangen, wieder in dem Buch zu lesen, das Joanie Green, die Direktorin der Grundschule von Crossroads, benutzt hatte, um sie zu unterrichten. Joanie beendete den Unterricht, als Ari zu krank wurde, kam aber immer zu Besuch. Ich rief sie an: »Ari liest!« Und sie kam sofort.

Es war einer jener wunderbaren Tage in Los Angeles, an denen Sonne, Luft, Himmel und Meer einfach vollkommen zu sein scheinen. Es war ein Tag, an dem man einfach nach draußen gehen mußte, und spontan fragte ich Ari, ob sie Lust hatte, auf die Pier von Santa Monica zu gehen, wo es Rutschen und allerlei Vergnügungen gab und Buden mit Zuckerwatte und Plüschtieren, die man gewinnen konnte. Es ging Ari so gut, und sie liebte die Pier. Wir luden Joanie ein, mit uns zu kommen.

Ari hatte weiterhin noch oft Schmerzen. Das AZT regenerierte ihr zentrales Nervensystem, aber es heilte weder AIDS noch beseitigte es die schmerzhaften Magenbeschwerden, unter denen sie litt. Ari ins Auto zu bekommen, war immer schwierig. An dem Tag bissen wir, wie an jedem anderen Tag auch, die Zähne zusammen und kämpften uns durch. Joanie saß auf dem Rücksitz und litt offensichtlich Qualen, weil sie nur zugucken und nicht helfen konnte. Aber Ari und ich waren das gewohnt. Ich nahm sie hoch, setzte sie auf den Sitz im Auto und machte weiter. Wir verbrachten beide nicht viel Zeit damit, uns mit den schwierigen Seiten zu beschäftigen.

An dem Tag war auch Francesca auf der Pier. Auf dem Parkplatz am Ozean war ein großes Riesenrad aufgebaut. Ari liebte Riesenräder und wollte mitfahren, aber Francesca war zu ängstlich.

Zum erstenmal seit Monaten war sie bereit, gewillt und in der Lage, etwas zu tun, vor dem Francesca Angst hatte. Das gab Ari ein Gefühl des Triumphes. Hier war Ari, die so schrecklich krank gewesen war, und sie war sogar mutiger und stärker als ihre beste Freundin. Als Francesca sah, daß Ari mit dem Riesenrad fahren würde, wollte sie auch. Es war ein großartiger Augenblick für beide.

Also stiegen Ari und ich gemeinsam ins Riesenrad und drehten und drehten und drehten uns, winkten wie verrückt und fühlten uns als Königinnen des Himmels und des Meeres. Für einen Augenblick erlebte ich die aufregende, ungetrübte Freude, einfach nur Mutter zu sein. Es war, als ob sich mir die ganze Welt wieder öffnete, als ich mich im Riesenrad drehte.

Auch wenn ich es da noch nicht wußte, dieser Tag auf der Pier war Aris letztes Hurra. Vielleicht war da etwas in Ari, das wußte, daß dieses der letzte Tag war, den sie wirklich als kleines Mädchen erleben würde. Sie ließ sich die Kartoffelchips und die Pommes schmecken, fuhr in der Sonne Riesenrad und drehte sich zur Musik des Karussells. Ich glaube, sie wußte alles, behielt es aber tapfer für sich.

Zwei Wochen später kam Ari wieder ins Universitätskrankenhaus. Sie hatte zu wenig weiße Blutkörperchen, und wir mußten das intravenöse AZT absetzen. Sie hatte Fieber, das nicht abklingen wollte. Aber ich gab die Hoffnung nicht auf und glaubte hartnäkkig, daß dies nur eine weitere Krise war, die wir irgendwie überleben mußten.

Ich bin nie in der Lage gewesen, ein Ende zu akzeptieren, das mir nicht gefiel. Ich kämpfe darum, das Leben so sein zu lassen, wie ich es haben will, und manchmal macht mich das für meine Umgebung zu einem schwierigen Menschen. Deshalb, denke ich, glaubte ich nie, daß Ari sterben würde. In meinen Gedanken würde sie immer wieder ins Leben zurückkehren. Sie hatte die Lungenentzündung im März überlebt, als die Ärzte gesagt hatten, daß sie sterben würde, und jetzt, auch wenn sie noch sehr schwach war, hatte das intravenöse AZT es möglich gemacht, daß sie sprechen und sitzen konnte und anfing zu gehen. Dieser neue Rückschlag war eine weitere Krise, aber wir würden einen Weg finden, sie zu überleben.

Ari wurde ins Krankenhaus aufgenommen. Wir bekamen GM-CSF, ein weiteres Medikament im Versuchsstadium, mit dem die Anzahl ihrer weißen Blutkörperchen erhöht und das Fieber gesenkt werden sollte. Ich schlief jede Nacht dort, und die Stunden am Tag teilten Paul und ich uns.

Dr. Stiehm bereitete sich auf seinen einmonatigen Sommerurlaub etwa zu der Zeit vor, als wir wieder in die Uniklinik kamen. Ich war wie versteinert. Ich verließ mich so sehr auf ihn, und ich hatte ungeheuren Respekt sowohl vor seiner Kompetenz als auch vor seiner Anständigkeit. Er beklagte sich nie, wenn ich ihn in den frühen Morgenstunden anrief. Weil er in der Nähe wohnte, kam er zu uns, wenn wir ihn brauchten. Auf seine ihm eigene ruhige Art und Weise half er uns, die Kraft zu sammeln, um es mit jedem neuen Tag aufzunehmen.

Als er mir sagte, daß er Ferien machen würde, bekam ich Angst, als ob ich vom Ankerplatz abgeschnitten und ziellos dahintreiben würde. Ich wollte nicht, daß er wegfuhr. Realistisch gesehen wußte ich, daß er Urlaub brauchte; wenn überhaupt jemand Ferien verdiente, dann Dick Stiehm, aber ich hatte mit den Tränen zu kämpfen. Ich hatte solche Angst davor, ohne ihn zu sein.

Ich sagte zu ihm: »Aber was wird mit uns werden?« Und da antwortete er ruhig, auf seine sanfte, liebe, sachliche Art, daß er die Stadt nicht verlassen, daß er zu Hause sein würde. Dann machte er mir das größte Geschenk: Er sagte, daß er jeden Tag vorbeikommen würde, um sich Ari anzusehen.

Meine Erleichterung war riesengroß. Ich fing an zu

weinen. Ich stand auf und sagte: »Ach, Dr. Stiehm, ich muß Sie einfach umarmen. Ich muß Sie in die Arme nehmen.«

»Das ist in Ordnung, Elizabeth«, sagte er.

Unter Tränen lächelte ich. »Zum erstenmal haben Sie mich Elizabeth genannt.«

»Ich bin ein weißer angelsächsischer Protestant aus dem Mittleren Westen, und wir haben gelernt, daß man den Patienten gegenüber keine Gefühle zu entwickeln hat.«

»Tut mir leid«, sagte ich, »ich bin ein jüdisches Mädchen aus New York, und ich muß weinen und Sie umarmen.«

Danach nannten wir uns bei den Vornamen.

Wir feierten Aris siebten Geburtstag im Krankenhaus, und Dick Stiehm kam, schenkte ihr ein T-Shirt der Uniklinik und sagte, daß sie das an dem Tag tragen würde, an dem sie nach Hause käme. Das T-Shirt gab uns Glauben und Hoffnung, weil es bedeutete, daß Ari tatsächlich nach Hause kommen würde.

Aber Ari hatte in ihrer Entwicklung starke Rückschritte gemacht. In ein paar Wochen waren wir den Berg wieder hinuntergerutscht, den wir seit Juni bestiegen hatten. Fast jeder Meilenstein, den sie erreicht hatte, war wieder verloren gegangen. Sie war wieder bei intravenösem AZT, aber es schien überhaupt nicht zu helfen. Wir fühlten uns in der Falle. Wir suchten nach etwas, das einen Teil der Freude der vergangenen Wochen in Aris zerbrechliches Leben zurückbringen konnte.

Wir brachten Francesca, Susans Tochter, mit ins Krankenhaus, damit sie mit Ari spielte. Francesca war die einzige, die es schaffte, Ari ein Lachen oder Lächeln zu entlocken, bis zum Ende. Es war ein großes Geschenk. Ich lächelte mit ihnen, aber innerlich kämpfte ich um meinen Optimismus.

Ari war beängstigend krank, und ihre Versorgung war schwierig und kompliziert. In stündlichem Rhythmus leisteten die Schwestern, allen voran Nancy Potash, Übermenschliches in ihrer Betreuung.

Doch alles, was ich wollte, war, sie mit nach Hause zu nehmen. Ich versuchte mir vorzustellen, wie wir die Pflege zu Hause bewerkstelligen könnten. Ich war so auf das Ziel konzentriert, sie heimzuholen, daß ich nicht merkte, daß der Abschied begonnen hatte. Aber offensichtlich wußte Ari es, genau wie einige meiner Freunde es zumindest ahnten.

Susan De Laurentis war im Krankenhaus, als ich gehen mußte, um mit einem der Ärzte zu reden, und Ari bat sie, sich zu ihr zu setzen. Susan erzählte mir später, daß Ari ihre Hand festhielt, als sie über Francesca sprach. Die beiden hatten sich lange in die Augen gesehen, und Susan hatte das Gefühl, daß sie da Abschied genommen hatten, auch wenn es nicht ausgesprochen wurde.

Gene Seymour, der Vater von Amanda und Josh, erzählte mir auch von der starken Verbindung zu Ari in den Tagen vor ihrem Tod. »Das war kein Wunschdenken. Ich fühlte, daß sie sagte: ›Es ist in Ordnung. Für mich geht das in Ordnung, ich verstehe. Und danke.‹«

Drei Wochen waren wir im Krankenhaus und versuchten verzweifelt, Aris Zustand zu stabilisieren. Unser Neffe David, der in dem ersten schrecklichen Jahr nach der Diagnose bei uns gelebt hatte, kam, um uns zu helfen.

Am 11. August ging es Ari nicht gut, aber wir hatten es satt zuzusehen, daß das Krankenhaus nicht in der Lage war, ihren Zustand zu verbessern, und so beschlossen wir, sie zu Hause medizinisch zu versorgen. An diesem Abend wollte Ari David sehen. Er war zwar gerade erst aus New York angekommen, aber Paul brachte ihn direkt ins Krankenhaus. Ich erinnere mich so gut daran, wie Ari dalag und die Hand ihres geliebten Cousins festhielt. Sie gab ihm sogar einen Kuß, was sie sehr selten tat.

Obwohl es ihr nicht gut ging, versuchte ich, an der Hoffnung festzuhalten. Paul und ich bereiteten uns darauf vor, sie nach Hause mitzunehmen. Es ging ihr immer schlechter, und das Fieber sank nicht, aber die Ärzte wußten, wie sehr wir es haßten, im Krankenhaus zu sein, und stimmten der häuslichen Pflege zu.

Es war Freitag, der 12. August 1988. Wir packten und trugen die Sachen in ihrem Zimmer zusammen. Ari ging es sehr schlecht. Alle Fortschritte, die sie mit AZT gemacht hatte, waren wieder dahin. Sie lag im Bett, und ich sagte zu ihr: »Ich will mal sehen, ob du in deiner Karre sitzen kannst, Schätzchen.«

Und Ari sagte: »Nein, Mama, ich geh' zu Fuß nach Hause.«

Sie konnte ihre Beine nicht bewegen. Sie konnte nicht aufrecht sitzen. Sie konnte nichts. Ich sah sie an und sagte: »Erzähl mir was anderes.«

Ari sagte einfach: »Nein, Mama, ich gehe zu Fuß nach Hause.«

»In Ordnung, Ari«, sagte ich, »dann also los.«

Paul und ich packten weiter die Sachen zusammen. Erst in den letzten zehn Minuten ihres Lebens wußte ich, daß sie sterben würde. Ich war nicht vorbereitet auf ihren Tod. Wie konnte ich je vorbereitet sein auf ihren Tod?

Ich weiß eigentlich nicht genau, was passierte, aber plötzlich fing Ari an zu husten. Nein, sie hustete nicht, sie konnte einfach nicht atmen. Das Atmen fiel ihr immer schwerer. Paul war auf der einen Seite ihres Bettes, ich auf der anderen.

Wir legten ihr eine Sauerstoffmaske an. Unsere Blicke waren fest aufeinander gerichtet. »Ist alles in Ordnung?« fragte ich. Ärzte kamen und gingen, kamen und gingen, aber wir beachteten sie nicht.

Sie sah mich an.

Ich sagte: »Du weißt, daß alles in Ordnung ist. Hast du Angst?«

Sie sagte: »Nein.«

Und dann starb sie, lehr leise, aber sehr schnell, während Paul und ich neben ihr auf dem Bett lagen.

Sie sollte nicht sterben. Die Zeit, die wir sie gehabt hatten, war zu kurz. Paul weinte, und ich rief »Neeeiiin!«, was zu einem Schrei wurde, der das Zimmer füllte und für alle Ewigkeit weiterzugehen schien. Es war ein Nein zu allem, was in unserem Leben passiert war. Es war ein Nein, das die Zeit zurückdrehen und von vorn beginnen lassen wollte. Es war ein Nein zu einer Welt, die mich im Stich gelassen hatte. Aris Tod war so unannehmbar, daß ich nur »Nein!« schreien konnte.

Ich wollte sie in die Arme nehmen, und die Ärzte, die plötzlich aufgetaucht waren, sagten: »Nein, Elizabeth, lassen Sie sie. Sie ist davongegangen. Sie ist tot.«

»Nein, nein«, sagte ich, »Sie verstehen gar nichts! Ich muß meine Kleine in die Arme nehmen.«

Ich setzte mich gegen die Ärzte durch und nahm Ari hoch. Ich setzte mich auf den Stuhl und nahm sie auf den Schoß wie so viele Male zuvor. Da waren keine Schläuche mehr, und die Apparate waren abgestellt. Ich saß da und schaukelte sie und hielt sie in den Armen. Ich strich ihr über das Haar und küßte sie immer wieder auf die Wange. Ich flüsterte »Ich hab' dich lieb, Ari« wohl hundertmal in ihr Ohr.

Ich wollte nicht gehen. Nie. Aber schließlich halfen sie mit sanftem Druck nach, sonst wäre ich geblieben. Ich hätte für immer dagesessen und sie in den Armen gehalten. Paul half mir, sie wieder ins Bett zu legen, er nahm mich beim Arm, und unter Trauer und Schock schafften wir es irgendwie, das Krankenhaus zu verlassen, wo unsere schöne Ariel zurückblieb.

Vielleicht wußte sie, daß sie sterben würde. Vielleicht hatte sie gewartet, bis wir beide direkt neben ihr waren. Vielleicht war sie nach Hause gegangen, befreit von dem Körper, der sie so sehr behinderte.

Ich weiß nur noch, daß ich Ariel in den Armen hielt, ihr Kopf lehnte an meiner Wange, und ich drückte sie so eng an mich, wie ich nur konnte. Alles andere weiß ich nicht mehr. Ich weiß, daß Ärzte und Schwestern im Zimmer waren, die uns damit zu trösten versuchten, indem sie sagten, ihr Kampf sei nun vorbei und sie habe ihren Frieden gefunden.

Für eine Mutter, die ihr totes Kind in den Armen hält, ergeben solche Worte überhaupt keinen Sinn. Nichts, was jemand sagen könnte, bedeutet etwas in einer Welt, die schwarz geworden ist. Ich wußte nur, daß ich meine Tochter wiederhaben wollte und daß das nicht möglich war. Heute nicht, morgen nicht, nie. Nichts wird ihren Tod für mich annehmbar machen. Ich lebe damit, aber ich werde ihn nie akzeptieren.

Jake wartete zu Hause auf uns und rechnete damit, daß wir seine Schwester mitbrachten. Als Paul und ich über den Parkplatz gingen, sahen wir, wie Graciela angefahren kam. Sie wollte Ariel besuchen. Aris geliebte »Ga Ga« war seit ihrem zweiten Lebensjahr bei ihr gewesen. Graciela war nie von unserer Seite gewichen. Ich sah sie nur an und sagte: »Sie ist gestorben, Graciela. Sie ist gestorben.«

Graciela wollte nach oben gehen und sie noch einmal sehen, und das tat sie auch. Sie nahm sie in die Arme und gab ihr zum Abschied einen Kuß.

Wenn Paul und ich auf dem Nachhauseweg redeten, dann weiß ich nicht mehr, was wir sagten. Alles ist noch heute verschwommen, bis auf den Augenblick, in dem Ariel starb, er hat sich in mein Herz eingebrannt. Paul und ich parkten das Auto in der Auffahrt, und Jake kam mit seinen vier Jahre alten Füßchen schnell an die Tür gelaufen. Er hatte den ganzen Tag darauf gewartet, daß seine Schwester nach Hause kam.

»Wo ist Ari?« fragte er.

Wir gingen langsam mit ihm zur Treppe in der Eingangshalle und setzten uns hin. Ich nahm ihn auf den Schoß. »Jake«, sagte ich, »Ari kommt nicht mehr nach Hause. Sie war sehr krank und ist gestorben. Sie wird nie wieder hier bei uns im Haus sein, aber wir werden ihre Seele immer in unseren Herzen haben.«

»Aber wo ist sie?« fragte er. »Ich will wissen, wo sie ist!«

»Ihr Körper ist im Krankenhaus, aber ihre Seele ist im Himmel.« Wir saßen alle einfach auf den Stufen und fanden keine Worte mehr.

Jake wirkte so kostbar und verletzlich. Da waren wir in demselben Haus in derselben Straße in derselben Stadt, aber Ari würde nie mehr nach Hause kommen. Ich fand die richtigen Worte für Jake, aber für mich bedeuteten sie nichts. Ich konnte nur noch denken: »Ari kommt nie wieder nach Hause.« Ihr Gesicht, ihr Gang, ihr Lächeln, ihr Zorn, ihre Liebe waren mir entrissen worden, und ich konnte mir nicht vorstellen weiterzumachen. Von da an würden wir nur noch zu dritt sein, nie mehr zu viert. Dieses Haus war dazu bestimmt, Kinder zu feiern, nicht sie zu betrauern. Es ergab alles keinen Sinn.

Paul rief meine Eltern an, Connie und Billy und seine Mutter in Boston. Wir riefen ein oder zwei Freunde an. Niemand war zu Hause. Es war Freitagabend. Wir hatten Angst davor, den Abend allein zu verbringen. Paul hinterließ eine Nachricht auf den Anrufbeantwortern von Lynn, Lucy und Susie. Susan war im Osten, also riefen wir sie dort an. Wir standen unter Schock. Wir waren betäubt, und doch lagen gleichzeitig unsere Nerven offen an der Oberfläche, aber wir wußten, daß wir nicht allein sein wollten.

Nach einer Weile trafen Freunde bei uns ein. Ich bin überzeugt, viele spürten fast ein Gefühl der Erleichterung, aber für Paul und mich war das mit Sicherheit anders. Da waren so viele Emotionen, die ich geleugnet und nicht beachtet hatte, und jetzt war ich plötzlich gezwungen, mich ihnen zu stellen. Ich hatte wirklich geglaubt, daß es Ari besser ging, und so hatte ich keine dieser Phasen durchgemacht, die man eigentlich durchmachen sollte. Ich mußte von vorn anfangen. Aber ich war nicht allein, unsere Freunde waren da.

Suzanne Buhai, die erste Freundin, die keine Angst vor unserer Diagnose gehabt hatte, kam, und kurz danach traf Joanie Green ein. Joanie hatte genauso stark wie ich daran geglaubt, daß Ari niemals sterben würde. Aber jetzt war sie gegangen, und die ganze Welt schien leer zu sein. Ich umarmte die beiden ganz fest und schloß dabei den Rest der Welt aus. Wir weinten alle. Ich versuchte, in Worte zu fassen, was sie für mich bedeuteten und wie dankbar ich ihnen für ihre Liebe war. Ich dankte allen und sagte, daß ich diese Qual ohne die Unterstützung meiner Freunde nicht überlebt hätte. Wir saßen alle im Eßzimmer auf dem Boden herum, die Frauen in einer Gruppe zusammen. Ich bin sicher, wir rauchten eine Zigarette nach der anderen, denn es war das einzige, das mich irgendwie ruhig halten konnte. Ich weinte, und dann erzählte mir irgend jemand eine lustige Geschichte über Ari. Wir lachten alle, dann folgte die Leere, und niemand sagte ein Wort.

Paul weinte. Er weinte, riß sich zusammen, weinte und riß sich dann wieder zusammen. Er hängte Fotos von Ari auf und die Bilder, die sie zusammen gemalt hatten. Er schuf eine beredte Collage vom Leben seiner Tochter. Bei jedem einzelnen Foto oder Bild, das er aufhängte, sagte er ein paar Worte dazu. Paul war dabei, ihr Leben noch einmal zu erleben und die Erfahrungen, die in den Fotos eingefangen waren.

Wir fingen an, die nächsten paar Tage zu planen. Das passiert sofort nach einem Tod: Man wird von Plänen, die man machen muß, und Fragen, die man beantworten soll, bestürmt. Wo soll die Beerdigung sein? Wann wird die Beerdigung stattfinden? Wer macht sie? Wer kommt zu der Beerdigung? Dieselben Fragen mußten zum Gedenkgottesdienst beantwortet werden – wer, wo, wann. Wir mußten entscheiden, wo Jake bleiben würde. Sollten wir ihn einbeziehen oder nicht? Man plant, plant, plant, und zwischen den Planungen weint man. Wir beschlossen, den Gedenkgottesdienst am Sonntagnachmittag zu Hause bei uns abzuhalten und am Montagmorgen nach Boston zu fliegen. Ari sollte dort am Dienstag neben Pauls Vater begraben werden.

Ich rief Jonathan Omer-Man an, der in Nordkalifornien Ferien machte. Ich konnte mir unmöglich vorstellen, daß ein anderer als er den Gedenkgottesdienst leitete. Wie so viele andere änderte Jonathan seine Pläne und flog nach Hause zurück, um bei uns zu sein, wenn wir Abschied nahmen.

Erst spät in der Nacht gingen unsere Freunde. Maria schlief bei Jake im Zimmer. Wir gingen in Aris

Zimmer, legten uns auf ihr wunderschönes Himmelbett und weinten leise, um Jake nicht zu wecken.

Schließlich gingen wir in unser Schlafzimmer, aber wir waren nicht mehr dieselben Menschen wie zuvor. Wir waren jetzt Eltern, die ein Kind verloren hatten. Jetzt war die Hoffnung verflogen. Jetzt würde nichts, was Washington tun konnte, uns unsere Tochter zurückbringen. Es war zu spät. Sie war tot.

Laurie Reyen, die Schwester, die uns die uns das System zur Ernährung erklärt hatte, kam am nächsten Tag, um die medizinische Ausrüstung zusammenzupacken und aus dem Haus zu schaffen. Ich konnte es nicht mit ansehen. Ich konnte nichts anfassen. Paul war sehr ruhig. Ihm half der Gedanke, daß Ari lange gelitten hatte und nun nicht mehr leiden mußte. Aber ich durchlebte eine verheerende Traurigkeit. Laurie erinnert sich, einen Urschrei gehört zu haben, der aus meinem Innersten kam. Ich weinte und weinte und weinte.

Als wir anfingen, den Gedenkgottesdienst zu planen, dachten wir, daß nur Leute eingeladen werden sollten, die wußten, daß Ari an AIDS gestorben war. Dann wurde Paul und mir klar, daß jeder, der Ariel gekannt hatte, gern kommen würde und einbezogen werden sollte.

Rabbi Omer-Man kam mit dem Flugzeug aus Lake Tahoe zurück. Er schien zu kämpfen, um die Tränen zu unterdrücken, aus Furcht, seine Gefühle könnten ihn überwältigen und er wäre dann unfähig, irgend etwas zu sagen.

Wir spielten die Bänder mit der Kammermusik, die Ari zu Hause und im Krankenhaus jeden Abend vor dem Einschlafen gehört hatte. Mehrere unserer Freunde sprachen. Meine Eltern standen neben uns. Das Atrium war voller Freunde, die fast ein Jahr lang unsere Bedürfnisse vor die eigenen gestellt hatten, um uns zu unterstützen. Wir alle mußten gemeinsam Abschied nehmen und versuchen, eine Möglichkeit zu finden, die das Leben wieder annehmbar machte. Es gab keine Möglichkeit, den Tod annehmbar zu finden.

Manchmal suchen Menschen nach einer Möglichkeit, Aris Tod zu »erklären«, um ihn verständlich zu machen. Ich breche solche Gespräche ab. Ihr Tod ist eine Tatsache, für mich ohne jeglichen Sinn und überhaupt nicht zu verstehen. Ich weiß, daß nichts zu ändern ist, und ich habe einen Weg gefunden, trotz des Verlustes weiterzumachen. Ich habe gelernt, mit dem klaffenden Loch in meinem Herzen zu leben, von dem ich weiß, daß es für den Rest meines Lebens Schmerzen verursachen wird.

Unsere Freunde und Rabbi Omer-Man empfanden am Tag des Gedenkgottesdienstes Stärke, Trauer und vielleicht ein wenig Frieden, doch Paul und ich standen unter Schock. Zu der Zeit wußten wir das nicht. Niemand kann überhaupt anfangen, das Ausmaß der Trauer zu ermessen, wenn er selbst nicht einmal hineingeschleudert wird. Doch die wirkliche Trauer und die wirkliche Stärke stellen sich nach und nach ein, mit einer Träne zur Zeit.

Joanie erzählte mir, daß es ein wunderbarer Gedenkgottesdienst war. Wir hatten Aris Malereien und Zeichnungen hingelegt, so daß wir alle ihre Kreativität, Freude und wunderbare Liebe zur Natur spürten. Doch Paul und ich waren wie betäubt.

Rabbi Omer-Man begann seine Rede mit einer Lesung aus dem Buch »Der Prediger Salomo«, dessen drittes Kapitel beginnt: »Ein jegliches hat seine Zeit, und alles Vorhaben unter dem Himmel hat seine Stunde: geboren werden hat seine Zeit, und sterben hat seine Zeit . . .«

Und dann fuhr er fort:

Dies ist unsere Stunde zu trauern. Dies ist unsere Stunde für herzzerreißende Traurigkeit. Dies ist unsere Stunde der Verwirrung und des Nichtbegreifens. Dies ist unsere Stunde der Tränen. Dies ist unsere Stunde, uns von Ari zu verabschieden. Ariel Glaser ist von uns gegangen. Sie verließ uns um sieben Uhr am Freitagabend im Alter von sieben Jahren und einer Woche nach Jahren der schwächenden Krankheit und Monaten entsetzlicher Schmerzen und Leiden . . .
Dies ist eines der schwersten Dinge der Welt, sich dem Tod eines Kindes zu stellen. Er scheint so sinnlos zu sein, so im Widerspruch zu der natürlichen Ordnung der Welt . . .

Rabbi Omer-Man sprach noch ein paar Minuten, dann sprach ich. Ich weiß kaum noch, was ich sagte. Ich las es nicht von einem Blatt Papier ab, ich las es von meinem Herzen ab. Ich sprach über meine Tochter. Über meine Liebe zu ihr und meinen Respekt vor ihrem Mut. Ich sprach von der Lektion, die ihr Leben mir erteilt hatte, weil Ari nie über das klagte, was sie nicht tun konnte, sondern sich auf das konzentrierte, was sie konnte. Sie mußte so viele Kompromisse schließen, aber sie gab nie auf. Ich sagte, daß ihr Leben für uns alle eine Herausforderung sei, mindestens so gut zurechtzukommen wie sie es geschafft hatte. Sie würde wollen, daß wir das tun. Nicht an das denken, was wir verloren haben, sondern an das, was wir hatten. Ich sprach diese Worte an jenem Tag aus, aber erst zwei Jahre später fand ich sie wirklich in meinem Herzen.

Meine Mutter, die immer die Frau war, die ich am

meisten bewunderte, las eine Rede, die sie für Ari geschrieben hatte.

Mit Augen, blauer als die Meereswelle, mit Lippen, rosig wie eine Korallenkette, bewegte sie sich wie Gischt am Ufer entlang, leichthin spielend mit dem Flugsand.
Wir gingen gemeinsam und knüpften ein Band zwischen uns mit jedem neuen Schatz, den wir fanden, als wir die wunderbaren Geschenke aus dem Meer ansahen und berührten und die Natur erforschten – Ari und ich.
Die wunderschönen Muscheln teilten ihre Zerbrechlichkeit und ihre Stärke mit diesem wunderschönen kleinen Mädchen. Wie die Muscheln weiterleben, so lebt Ari für mich weiter, ein wunderbares Geschenk, das mir durch nichts genommen werden kann.

Meine Mutter ist eine bemerkenswerte Frau, und sie fing Ari an diesem Tag so wunderbar ein. Sie hatten ihre eigene, ganz besondere Beziehung. Ari war das erste Enkelkind meiner Mutter. Jetzt mußte meine Mutter die Kraft finden, mit dem Wissen weiterzuleben, daß sie auch ihr eigenes Kind verlieren könnte. Für Mama und Papa war es ein brutaler Tag.

Dr. Stiehm sprach von der Patientin, die er als Freundin lieben gelernt hatte. Er schloß seine Rede mit den Worten: »Ein Maßstab für ein erfolgreiches Leben kann das Maß der Liebe sein, die während eines Lebens gegeben und empfangen wurde. Daran gemessen, bekam Ariel in den sieben Jahren ihres Lebens ihren vollen Anteil, vor allem von Paul und Elizabeth. Dieses kostbare Kind hat uns alle angerührt.«

Meine Freundin Rena sprach über die Freundschaft

zwischen Ariel und ihrer Tochter Sara. »Ariel war Saras erste Freundin, und sie entdeckten gemeinsam die Welt, und Elizabeth und ich erlebten die Entdeckung mit ihnen. Wir gingen in den Park und in Zoo. Elizabeth und ich lernten gemeinsam, Mutter zu sein.«

Als die Leute nach der Feier und den Reden aßen und weinten und redeten, ging ich mit Jake nach draußen zur Schaukel und stieß ihn an, vor und zurück, vor und zurück. Lesa Grovas sah mich und erzählte mir, was sie dachte: »Das ist Elizabeth, sie macht weiter. Sie hat immer noch Jake, sie weiß nicht, was mit ihm oder ihr passiert, aber er ist ihr kleiner Sohn, und sie muß sich um ihn kümmern.«

Und genau das tat ich. Jake hatte soviel entbehren müssen, weil ich immer so sehr mit Ari beschäftigt war. Jetzt schuf die Leere Platz für Jake.

Früh am Montagmorgen nahmen wir eine Maschine nach Boston. Connie und Billy holten uns am Flughafen ab und fuhren mit uns nach Hause, wo ihre Kinder, die Cousins und Cousinen, die Ari am meisten geliebt hatte, uns erwarteten. Es war, als wären wir genau da, wo Ari uns gern gesehen hätte.

Es hatte viele Diskussionen mit meinen Eltern und Freunden gegeben, ob es eine gute Idee war, Ari in Boston zu begraben. Aber Paul und ich wußten, daß das Grab nicht der Ort war, an dem wir unsere Tochter besuchen würden. Sie sich unter der Erde vorzustellen, war unmöglich. Als wir miteinander sprachen, waren wir uns beide einig, daß kein Teil des kleinen Mädchens, das wir liebten, in der Erde bleiben würde, und so war es eigentlich unwichtig, wenn wir sie weit weg beerdigten.

Es war traurig und schmerzhaft, aber ich mußte auch darüber nachdenken, wo ich beerdigt werden wollte. Ich wußte, daß es neben Ari sein sollte. Ich dachte selten an meinen eigenen Tod, aber Aris Sterben erinnerte mich wieder daran. Es war merkwürdig, nicht weiter über den Tod meiner Tochter nachzudenken, damit ich über Jakes und meinen eigenen nachdenken konnte. Aber ich mußte Entscheidungen treffen. Ich wußte, daß Ari, Jake und ich alle in Boston begraben sein sollten, wenn es zum Schlimmsten kam.

Die Beerdigung fand am nächsten Morgen um elf Uhr statt. Ariel Glaser war sieben Jahre und eine Woche auf der Erde gewesen. Sie wurde in ihrem blauen Lieblingskleid, einem Geschenk von ihrem Vater, begraben. Das graue Häschen, das Plüschtier, mit dem sie jede Nacht ihres Lebens geschlafen hatte, lag neben ihr in dem weißen Holzsarg, genau wie meine rosa Bluse, die sie so geliebt hatte. Im letzten Augenblick knüllte ich sie zusammen und legte sie neben sie. Als wir mit ihr in der Leichenhalle allein waren, deckten Paul und ich sie mit der Steppdecke zu, die Connie und Alisa ihr als Baby geschenkt hatten.

Der Tag war regnerisch. Es nieselte ständig, als wir schweigend zum Friedhof fuhren. Paul hatte eine kleine Karte in der Hand und las die Verse über Ariel aus Shakespeares »Sturm«. Seine Stimme zitterte, doch sie brach nicht, als er las:

> Wo die Bien', saug' ich mich ein,
> Bette mich in Maiglöcklein,
> Lausche da, wenn Eulen schrein,
> Fliege mit der Schwalben Reih'n
> Lustig hinterm Sommer drein.
> Lustiglich, lustiglich leb' ich nun gleich
> Unter den Blüten, die hängen am Zweig.

Meine Mutter tat das Schönste und Wunderbarste. Sie

hatte viele Muscheln mitgebracht, mit denen sie und Ari oft gespielt und die sie bewundert hatten. Wir streuten Muscheln und wilde Blumen auf ihren Sarg, bevor der dunkle Schmutz Ari für immer bedeckte.

Autotüren knallten, wir fuhren kurz zurück zu Connies Haus, holten Jake und machten uns auf in Richtung Maine. Connie und Billy saßen in dem einen Auto, wir im nächsten. Die schäbigen Überreste des Regens verschmierten die Windschutzscheibe mit dikken Tropfen und unregelmäßigen Wasserbächen. Manchmal war das regelmäßige Schlagen der Scheibenwischer das einzige Geräusch im Auto.

Wir fuhren durch das Ackerland im südlichen Maine, als wir sahen, wie sich ein prachtvoller Regenbogen über uns erhob und sich klar über den Himmel streckte. Er war strahlender als alle, die wir je gesehen hatten. Die Farben waren so kräftig, daß sie uns den Atem verschlugen. Er war hinreißend. Hoch über Route 35 stand jedes Lächeln, das sie je gelächelt hatte, in allen Farben, die sie je geliebt hatte.

9

Unser Plan war, nicht allein zu sein. Wir wollten eine Woche mit den Kantars in Maine verbringen und dann Pauls Cousine und Cousin Donna und Michael Moskow in Martha's Vineyard besuchen. Ohne Ari wieder in Maine zu sein, war ein Widerhall unserer früheren Reisen. Alles, was wir mit Jake unternahmen, erinnerte uns sofort an das letzte Mal, als wir es mit Ari unternommen hatten. Wir versuchten, tapfer und stark zu sein, aber es war schwer.

Wir hatten Jake erzählt, daß wir eine Nacht auf der

kleinen Insel mitten im See zelten könnten. Wir versuchten verzweifelt, etwas für ihn zu finden, was wir mit Ari nicht gemacht hatten. Alisa schloß sich uns an. Wir packten Ausrüstung und Vorräte in das Kanu, und natürlich waren auch Schokolade, Bonbons und Kekse dabei. Die Abenddämmerung war hereingebrochen, und der See war wie ein Spiegel. Ruhig glitt das Boot zur Insel. Das einzige Geräusch kam vom Paddel, das das Wasser durchstach.

Plötzlich kam direkt neben dem Kanu ein Seetaucher an die Oberfläche. Er fing an, Laute von sich zu geben, wie ich sie noch nie von einem Seetaucher gehört hatte. Nach ein paar Tönen hörte er auf. Wir saßen alle da, wie hypnotisiert von dem schönen Vogel, und bevor ich richtig merkte, was ich tat, ertappte ich mich dabei, wie ich die zitternd melodischen, schwermütigen Laute des Seetauchers nachmachte. Der Seetaucher antwortete.

Dieses Hin und Her fand dreimal statt. Als der Vogel verschwand, zitterte und weinte ich. Pauls Augen waren vor Verwunderung und Erstaunen weit aufgerissen. Jake saß ganz still da. In dem Augenblick glaubten wir alle, daß der Seetaucher Ari war, die gekommen war, um sich von uns zu verabschieden. Für ein paar kurze Stunden kam der Friede über uns auf der Insel, und wir schliefen alle gut.

In den meisten Nächten war ein Durchschlafen ohne Unterbrechungen unmöglich. Paul und ich kletterten ins Bett, und im allgemeinen konnten wir uns kaum ansehen. Der Schmerz war zu groß. Ich habe gelesen, daß achtzig Prozent der Eltern, die ein Kind verloren haben, sich scheiden lassen, und ich weiß, warum. Jedesmal, wenn man den anderen sieht, wird man daran erinnert, was man verloren hat. In manchen Nächten brachten wir es fertig, uns einfach in den Armen zu liegen, und dann weinten wir leise, um Jake oder die Kantars nicht zu stören.

Wir litten und betrauerten den Verlust Aris jeden Tag, aber ihr Tod verstärkte nur meinen brennenden Wunsch, Jake zu retten. Ich hatte gerade ein Kind verloren. Noch eins zu verlieren, war das Letzte, was ich zulassen würde.

Über Monate hinweg war es dasselbe. Wenn ich ins Bett ging und die Augen schloß, sah ich nur die sterbende Ari. Aber wenn ich morgens aufwachte, sah ich als erstes Jake, der bald vier Jahre alt wurde.

Jake war wütend über mich. Ich glaube, er gab mir die Schuld am Tod seiner Schwester, was nicht überraschend war. Ich tat es auch. Ich war die Mutter, konnte man von mir nicht erwarten, daß ich dafür sorgte, daß alles in Ordnung war? Natürlich war es ganz logisch, daß ich die Person war, der man böse sein mußte. Jake schien mich überhaupt nicht lieb zu haben, aber ich war nicht ganz sicher, ob ich das verdient hatte. Ich wußte, daß das nicht vernünftig war, aber alle Vernunft wird in dem alles davonspülenden Strom der Trauer begraben. Es war schwer für mich, die vernünftigen und emotionalen Reaktionen auseinanderzuhalten.

Ein Teil von mir hatte das Gefühl, daß es meine Schuld war, daß Ari gestorben war. Auch wenn ich wußte, daß es ein Virus war und wir so gut und so lange gekämpft hatten, wie wir konnten, hatte ein Teil von mir das Gefühl, versagt zu haben, weil meine Liebe, mein Mut und meine Entschlossenheit nicht ausgereicht hatten, meine Tochter am Leben zu erhalten. Die Ärzte schienen keine Antworten zu wissen. Die Antworten, die das Leben meines Sohnes und jedes anderen Kindes mit AIDS retten könnten, würden nur aus der Forschung kommen. Aber niemand forschte.

Die Regierung nicht. AMFAR tat nicht genug. Niemand in den Positionen, in denen die Entscheidungen getroffen wurden, schien von Kindern mit AIDS zu wissen und sich Gedanken über sie zu machen.

Ich konnte nicht sechs Monate oder sechs Jahre warten, um über den Verlust von Ari hinwegzukommen, denn diese sechs Monate konnten die entscheidenden sein, um Jakes Leben zu retten. Die Uhr tickte lauter als je zuvor. Wenn Ari AZT sechs Monate eher bekommen hätte, bevor sie so sehr krank geworden war, hätte das ihr Leben auf unbestimmte Zeit verlängern können.

Ich konnte nicht einfach voller Trauer dasitzen. Den Luxus konnte ich mir nicht leisten. Jeder Tag, der vergeudet wurde, konnte Leben oder Tod für meinen Sohn bedeuten. Ich wußte, daß der Weg meiner Familie noch nicht beendet war. Ich konnte nicht aufgeben.

Bis zu diesem Zeitpunkt waren die meisten AIDS-Fälle bei Kindern die Folge von Transfusionen. Die Familie hatte ein infiziertes Kind, meistens einen Bluter, während die Eltern gesund waren. Wenn so ein Kind starb, waren die Eltern nicht länger in die Schlacht gegen AIDS verwickelt. Ihr Kampf konzentrierte sich dann vor allem auf die Trauer.

Aber Ari war tot, und Jakes Leben hing in der Schwebe. Ich hatte erlebt, was geschehen konnte, und ich wußte, was ich zu tun hatte. Ich konnte den Kampf nicht aufgeben. Ich war entschlossen, um Jake so intensiv zu kämpfen wie um Ari.

Da Jake noch gesund, normal und kräftig war, würde der Kampf anfangs ein anderer sein. Obwohl Jake HIV-positiv war, litt er nicht an AIDS. Ich mußte Washington aufklären und die Leute dazu bringen, daß sie den besonderen Problemen von AIDS bei Kindern Aufmerksamkeit schenkten, damit sie das dafür notwendige Geld zur Verfügung stellten. Ich mußte jetzt Geld für die Forschung auftreiben, die dem Kind helfen würde, das ich noch besaß. Ich kannte die Ziele, und ich wußte, daß Susan und Susie mir zur Seite stehen würden. Ich hatte keine Ahnung, ob wir es schaffen würden, aber wir mußten es versuchen. Ich war wie benommen, aber ich mußte in der Lage sein zu handeln, und zwar schnell. Ich mußte gegen den Verlust Aris mit dem Glauben ankämpfen, daß ich Jake helfen konnte.

Pauls Tante, Vera List, ist eine wohlhabende Frau. Sie kam zu Aris Begräbnis nach Boston, aber wie viele andere Familienmitglieder kannte sie nicht die ganze Wahrheit über Aris Tod. Nach ein paar Tagen in Maine setzte ich mich mit Paul und seiner Schwester Connie zusammen und fragte sie, ob sie es für angebracht hielten, wenn ich Tante Vera um Geld für die zu gründende Stiftung bat. Sie hatten keine Einwände, also griff ich zum Telefon.

Ich kannte Vera List kaum. Sie war Anfang Achtzig, vor kurzem verwitwet und Mutter von vier erwachsenen Töchtern. Als ich sie anrief, sagte ich ihr, wie leid es mir täte, daß wir bei der Beerdigung keine Gelegenheit gehabt hätten, miteinander zu sprechen. Ich sagte ihr, daß mein Leben schrecklich sei und ich vielleicht ihre Hilfe brauchte. Ich fragte, ob ich sie besuchen dürfte, um mit ihr zu reden. Sie stimmte zu.

Von Maine aus fuhren wir nach Martha's Vineyard zu den Moskows, wie wir es in den letzten drei Jahren jeden Sommer gemacht hatten. Man kann die Dankbarkeit gar nicht erklären, die wir spürten, wenn Menschen uns ihre Herzen und Häuser öffneten. Es war unser Glück, Familien wie Pauls und meine zu haben.

Einen oder zwei Tage nach der Ankunft in Martha's

Vineyard, flog ich zurück nach La Guardia und nahm dann einen Bus nach Connecticut, wo Tante Vera auf einem ausgedehnten Anwesen am Wasser wohnte. Ich saß in dem sonnigen Zimmer in Veras idyllischem Haus und erzählte ihr die Geschichte meines Lebens.

Jake war der letzte Glaser. Ich sagte, daß ich alles tun wollte, um sein Leben zu retten, und daß, so schrecklich es auch klang, sehr wenig getan wurde, um Kindern mit AIDS zu helfen. Mit einem Grundkapital von ihr könnte ich eine Stiftung ins Leben rufen und Spenden für die Kinder-AIDS-Forschung auftreiben.

Tante Vera sagte, daß ein großer Teil ihres Geldes für dieses Jahr schon festgelegt sei, aber sie meinte, sie könnte mir hunderttausend Dollar geben. Ich war überwältigt. Wir redeten weiter, und dann sagte sie: »Elizabeth, ich werde dir eine halbe Million Dollar geben.«

Ich sah sie an, und meine Augen waren voller Tränen. Ich nahm sie in die Arme. Wenn ein Mensch zum Helfen bereit wäre, dann gäbe es vielleicht noch mehr. Dank Tante Vera durften wir keine einzige Minute mehr vergeuden. Ich weiß nicht, ob sie überhaupt begreift, wie ihre Großzügigkeit mir die Hoffnung zum Weitermachen schenkte. Wenn Vera nein gesagt hätte, hätte ich vielleicht den Mut dazu verloren. Doch sie sagte ja, und eine kleine Glut entzündete sich dort, wo alles schwarz gewesen war.

Eine halbe Million Dollar! Sowie ich in Vineyard zurück war, rief ich Susan und Susie an. Es gab Bewegung. Wir waren auf dem Weg. Das war die einzige Hoffnung, an der ich mich festhalten konnte. Susie sagte, sie wollte versuchen, ein Gespräch mit Merv Griffin zu bekommen. Lucy rief an und erzählte, daß sie sich mit Steven Spielberg treffen würde. Susan meinte, daß wir sofort Michael Gottlieb anrufen müßten. Wir hatten jetzt doppelt soviel Geld wie die Summe, die nach seiner Berechnung für die Finanzierung erster pädiatrischer Forschungen nötig war. Als ich ihn anrief, war ich in einem Freudentaumel.

»Michael, Michael«, sagte ich, »ich habe eine halbe Million Dollar!«

»Aber ich hab' doch erst vor zwei Wochen mit Ihnen gesprochen!«

»Ich weiß, aber würden Sie sich bitte sofort hinsetzen und überlegen, wie wir das Geld einsetzen?«

Susan, Susie und ich hatten Michael gebeten, sich einen Weg zu überlegen, wie AMFAR das Geld verteilen könnte, da die Stiftung noch nicht gegründet war. Wir beschlossen, uns zu treffen, sobald ich wieder in Los Angeles war. Wenn die Regierung sich bis jetzt nicht um Kinder mit AIDS gekümmert hatte, dann wollten wir alles daransetzen, um das zu ändern.

In den Anfangsjahren der Seuche gab es nicht viele AIDS-Fälle bei Kindern, und so dachte niemand groß darüber nach. Im Jahr 1986, als bei Ari die Diagnose gestellt wurde, berichtete die Statistik von nur 410 Fällen von Kinder-AIDS. Aber sie zählt nur die Fälle, bei denen AIDS wie bei Ari voll zum Ausbruch gekommen ist, aber registriert nicht Kinder wie Jake, die HIV-positiv und noch gesund sind. Also sind die Zahlen immer irreführend und liegen weit unter den tatsächlichen Zahlen von infizierten Kindern. 1987 erhöhte sich die Zahl der Fälle von Kinder-AIDS auf 737, und 1988 waren es 1346. Im Juni 1990 gab es laut Statistik 2380 Kinder mit AIDS in den Vereinigten Staaten, aber man schätzt, daß mindestens 20 000 Kinder mit dem HIV-Virus infiziert sind. Sie werden erst in die offizielle Statistik aufgenommen, wenn die Krankheit ausgebrochen ist. Weltweit gibt es mehr als

700 000 infizierte Kinder. Die Weltgesundheitsorganisation hat vorausgesagt, daß bis zum Jahr 2000 zehn Millionen oder mehr Kinder mit dem Virus infiziert sein werden, und die meisten davon werden sterben.

Die Zahl der Fälle von Kindern fing an zu steigen, als sich die AIDS-Seuche schnell unter Drogenabhängigen ausbreitete, die das Virus beim Sexualverkehr oder durch infizierte Spritzen übertrugen. Die betroffenen Familien waren arme Leute und vorwiegend schwarz und spanischsprachiger Herkunft. Diese Toten lassen einen politischen Seismographen so gut wie gar nicht ausschlagen.

Weil die erste Welle der Seuchentoten Schwule und Drogenabhängige erfaßte, konnten sich die Leute distanzieren und sagen: »Kann mir nicht passieren, warum sollte ich mir Gedanken machen?« AIDS kam auch all denen in Amerika gerade recht, die die Homosexuellen verachten. Man hatte das Gefühl, daß diese Leute irgendwie verdienten, was ihnen passierte. AIDS war der Preis, den man für eine »unmoralische« Lebensweise zu bezahlen hatte.

Dann organisierten sich die Schwulen. Es entstand eine Schwulenlobby, und die konnte Druck auf Washington ausüben, Geld für AIDS locker zu machen. Sie hatte die Krankheit zu einem Problem erhoben, das nun nicht mehr übersehen werden konnte.

So wurden finanzielle Mittel bewilligt, als es die Seuche schon vier Jahre gab. Aber selbst Ärzte waren sich nicht bewußt, daß AIDS in der Kinderheilkunde zu einem großen Problem werden würde. Es gab nur wenige Fälle als Folge von Transfusionen. In dem Jahr unserer Diagnose nannte die Statistik nur fünfzig ähnliche Fälle, eine Zahl, die sich in den nächsten zwei Jahren verdoppeln und dann vervierfachen sollte. Niemand schenkte der Tatsache viel Beachtung, daß AIDS von der Mutter auf das Kind übertragen werden konnte.

Die Bundesmittel, als es sie schließlich gab, kamen mindestens vier Jahre zu spät, und Kinderärzte bekamen nur, was durch undichte Stellen tröpfelte.

Familien bekannten sich nicht öffentlich, weil sie sich meistens, wie meine, versteckten. Wenn ein Kind AIDS hatte, bedeutete das im Laufe der Zeit oft, daß auch ein Elternteil krank war, und sie liefen Gefahr, ihren Arbeitsplatz und ihre Krankenversicherung zu verlieren, wenn sie überhaupt in der glücklichen Lage waren, so etwas zu haben. Die Risiken der Aufdekkung sind riesengroß.

Die anderen Leute, die die Realität von Kinder-AIDS kannten, waren die Ärzte, die sich um diese Kinder kümmerten. Aber diese Leute haben wenig Macht. Die meisten standen an vorderster Front in den ärmsten Stadtgebieten des Landes. Menschen wie Dr. Jim Oleske, Dr. Margaret Haegarty, Dr. Dick Stiehm, Dr. Gwen Scott und Mutter Hale. Sie sprachen öffentlich darüber, wie andere Mütter es getan hatten, etwa Helen Kushnick und Anna Belle Kaufman, aber niemand hörte ihnen richtig zu, oder für die »Regierung« war es, wie bei der Watkins-Kommission, nicht wichtig genug, um nachhaltig zu reagieren.

Wenn man in Not ist, wie meine Familie es war, dann denkt man, daß irgend jemand da ist, um einem zu helfen, und daß die Welt sich kümmert. Aber das war ein Irrtum. Es gab eine Handvoll engagierter Leute, aber der größte Teil der Welt? Der größte Teil der Welt nahm es nicht wichtig und nimmt es auch jetzt nicht wichtig.

Als ich nach Los Angeles zurückkehrte, setzte ich mich wieder mit Susie und Susan zusammen und sagte: »Die Stiftung ist jetzt eine Tatsache, sind wir noch dabei?« Sie waren es. Wir vereinbarten, keine Gehälter zu verlangen, und tun es immer noch nicht. Wie wollen, daß jeder Pfennig an die Forscher ging.

Wir brauchten einen Namen, und nach vielen Diskussionen einigten wir uns auf Pediatric AIDS Foundation (PAF, Pädiatrische AIDS Stiftung). Wir hatten kein Büro, keine Telefone, keinen Vorstand. Aber wir hatten eine halbe Million Dollar. Wir setzten uns mit Michael Gottlieb zusammen und arbeiteten einen Plan aus, den er AMFAR vorlegen wollte. Wir wollten, daß AMFAR eine Stiftung zur Unterstützung der Forschung bei Kindern gründete und das Geld verteilte, was wir hereinholten.

Außerdem hofften wir, vier Ärzte in ein besonderes Beratungsgremium für Fragen der Kinderheilkunde bei AMFAR wählen zu können. Diese Ärzte sollten entscheiden, wie das Geld ausgegeben werden sollte. AMFAR sollte nichts aus dieser Stiftung bekommen, da wir ja die Arbeit machten, um das Geld zu beschaffen. Jeder Pfennig, den wir ihnen gaben, sollte in die Forschung fließen.

Von Anfang an wußten wir, daß wir Dick Stiehm und Michael Gottlieb in diesem Gremium haben wollten. Michael schlug Art Amman vor, einen Kinderarzt aus San Francisco. Art wies den ersten Fall von Kinder-AIDS als Folge einer Transfusion nach. Der letzte Arzt, den wir auswählten, war Warren Andiman, ein Kinderarzt und Forscher aus Yale.

Susan, Susie und ich setzten uns immer in Susans oder meiner Küche zusammen und überlegten, wie wir weiter vorgehen sollten. Susie sollte für das Aufbringen von Spenden verantwortlich sein, Susan sollte sich hier und in Washington auf die Bereiche Information und medizinische Probleme konzentrieren. Ich sollte auf beiden Gebieten beteiligt sein und versuchen, schnell an große Spenden heranzukommen. Wir wußten, daß wir keine Zeit zu verlieren hatten.

Ich hatte das Gefühl, daß mir gar keine andere Wahl des Handelns blieb. Ich folgte dem mütterlichen Instinkt, mein Kind zu retten. Bei Susie und Susan war das anders. Sie mußten sich nicht darauf einlassen, daß AIDS und ich ihr Leben in Anspruch nahmen. Aber sie taten es freiwillig, und vermutlich war nichts anderes wichtiger für sie. Ich hätte ohne sie gar nichts machen können.

Der Herbst 1988 war eine schreckliche Zeit. Mit Aris Tod fertigzuwerden, war immer schwieriger geworden. Jake war im Kindergarten, und ohne Ari hatte ich auf einmal zuviel Zeit zum Nachdenken und für Selbstmitleid. Also konzentrierte ich meine Kraft auf die Stiftung, aber jeder Tag war noch angefüllt von unerträglicher Trauer.

In den ersten sechs Monaten nach Aris Tod wirkte ich äußerlich lebendig, aber innerlich war ich tot. Ari war tot, und ich war tot. Ich war nicht sicher, ob ich weiterleben wollte, weil ich nicht sah, wie ich ohne Ariel leben konnte.

Ich habe nie aufgehört, Jake oder Paul zu lieben. Ich war nur nicht sicher, ob ich leben wollte. Ich wußte nur, daß ich bei Ari sein wollte. Ich gab ihnen weiterhin meine Liebe. Aber es war schwer, Liebe an mich herankommen zu lassen, ihre Liebe mein Herz berühren zu lassen.

Wohin wir auch gingen, wir spürten Aris Gegenwart. Jake sah eine hübsche Blume oder eine schöne Wolke und sagte: »Oh, das hätte Ari gefallen.« Alles, was rot oder rosa war, erinnerte ihn daran, wie sehr ihm seine Schwester fehlte. Uns allen fehlte Ari ganz schrecklich. Ich ging jeden Tag in ihr Zimmer, warf mich auf ihr Bett und weinte. Die Tränen schienen nie zu versiegen.

Ähnlich kompliziert war mein Verhältnis zu Jake, das sich oft sehr schmerzlich gestaltete. Ich fragte: »Jake, bist du wütend, weil Ari gestorben ist?«

»Ja!« antwortete er dann grimmig.

»Jake, du weißt, daß es nicht meine Schuld ist, und es ist nicht deine Schuld, daß Ari gestorben ist. Sie war sehr krank, und die Ärzte konnten sie nicht wieder gesund machen, auch wenn sie sich ganz viel Mühe gegeben haben.«

Aber meine Worte schienen keine Wirkung auf ihn oder mich zu haben.

Ich traf mich noch ein paarmal mit Rabbi Omer-Man. Wir saßen dann am Strand, beobachteten die Möwen und sprachen den Kaddisch, das alte jüdische Trauergebet, mit dem die Seele des Verstorbenen befreit wird, um zur göttlichen Quelle zurückzukehren. Aber das half auch nicht.

Es mag egoistisch klingen, aber trotz all ihrer Schmerzen hätte ich Ari lieber noch bei mir, wenn das möglich wäre. Es war ein so stechender Verlust, daß es schien, als könne nichts je die Pein lindern.

Paul und ich zogen uns sehr zurück in unserem Schmerz. Wir merkten das, als wir Mitte September zu Norman Lear nach Hause gingen, wo Dukakis sprach und Gelder für den Wahlkampf zusammenkommen sollten. Es war das erstemal, daß wir nach Aris Tod vor sechs Wochen weggingen.

Es war schwer zu entscheiden, ob wir uns stark genug fühlten. Fast wären wir nicht gegangen, aber ich wollte Dukakis sprechen hören und mir einen Eindruck verschaffen, was für ein Mann er war. Als wir uns an dem Abend in die Welt draußen wagten, verstanden Paul und ich, wie anders wir uns fühlten.

Die Welt floß wie ein Strom, und Paul und ich gehörten nicht mehr dazu. Es war in jenen ersten Monaten unmöglich, irgendwie ins Gleichgewicht zu kommen. Unsere engsten Freunde versuchten, unsere Traurigkeit zu teilen, aber die meisten Menschen lassen sich von Trauer einschüchtern. Sie wissen nicht, was sie sagen sollen, und so sagen sie aus Angst, daß sie das Falsche sagen könnten, gar nichts. Wieder einmal ertappte ich mich bei dem Wunsch nach dem normalen Leben, das ich nie führen würde.

Als ich Dukakis sprechen hörte, beschloß ich sofort, aktiv an seinem Wahlkampf teilzunehmen. Er sagte, wir müßten mehr für Menschen tun, die weniger hätten. Diese Worte berührten mich unmittelbar.

Ich weiß jetzt, wie es ist, in einer Welt zu leben, die gleichgültig ist. Psychologisch und emotional identifiziere ich mich jetzt mit den Habenichtsen, mit einer Gruppe von Menschen, die oberflächlich gesehen nicht so sind wie ich. Sie sind unglaublich arm, schwarz, spanischsprachigen Ursprungs und werden übersehen.

Aber meine Probleme sind ihre Probleme, und ihre Probleme sind meine. Wir leben jeden Tag mit denselben Ängsten, Schmerzen, Verlusten und derselben Trauer. Ich weiß, daß es da immer noch riesige Unterschiede gibt. Die Mutter in der South Bronx muß um Nahrung, Kleidung und Unterkunft kämpfen. Ich weiß, daß ich Glück habe, nicht solchen Problemen gegenüberzustehen. Aber Ari hatte Nahrung, Kleidung und ein Haus, in dem sie leben konnte, und das alles hat ihr Leben nicht gerettet. Was das Leben von Jake und jedem anderen Kind mit AIDS retten wird, ist eine Weltgemeinschaft, die nicht nur Mitleid, sondern Verantwortung für die empfindet, die weniger haben, und für jene, die Hilfe brauchen.

Wie die meisten Menschen mit AIDS fühle ich mich den Ohnmächtigen verbunden. Durch glücklichen Zufall habe ich Zugang zu Büros gehabt, den die meisten anderen nicht haben. Wenn ich mit Menschen in Machtpositionen zusammengekommen bin, dann, weil sie im allgemeinen denken, ich sei eine von ihnen. Was Hautfarbe und wirtschaftliche Lage angeht, ja, da seh' ich auch so aus, aber ich habe nicht das Gefühl, viel mit ihnen gemein zu haben. Meine Ziele sind nicht ihre Ziele. Sie wollen bewahren, was ihnen gehört. Sie wollen ein freundlicheres und sanfteres Amerika für sich, aber nicht unbedingt für andere.

Meine Familie braucht ein Amerika, das freundlicher und sanfter für alle ist. Für die Armen genauso wie für die Reichen. Es scheint, Amerika ist freundlich und sanft zu Menschen, die Ersparnisse und Aktien besitzen, zu Menschen, die Versicherungen betreiben oder Medikamente herstellen, aber mit Sicherheit nicht zu Menschen, die an HIV erkrankt sind. Also nutze ich meinen Zugang für den Versuch, Türen zu öffnen und Leute dahin zu bringen, daß sie sich Gedanken machen. Jake stirbt vielleicht, wenn ich das nicht mache.

Ich identifiziere mich mit den Unterdrückten, aber nicht als Opfer. Ich war weit mehr Opfer, als ich mich nur um meine Familie kümmerte und versuchte, unser Leben normal zu gestalten, ohne irgendein Risiko einzugehen. Als ich im Kampf gegen AIDS aktiv wurde, stellte ich fest, daß ich kein Opfer bin. Ich habe Macht, und ich kann für eine Veränderung arbeiten.

Ich wurde aktiv, als ich merkte, daß ich nichts mehr zu verlieren hatte. Anfangs, als ich um das Privatleben meiner Familie kämpfte, hatte ich das Gefühl, ich hätte etwas zu verlieren. Wir würden verlieren, wenn man uns ächtete, wenn Leute uns die Fenster mit Steinen einwarfen, wenn unser Kind von der Schule gewiesen wurde. Als ich mich zum erstenmal mit Aris

Tod auseinandersetzte, als sie im März mit Lungenentzündung ins Krankenhaus kam, da merkte ich, daß das, worüber ich mir Sorgen machte, eigentlich gar nicht wichtig war, weil das einzige, was wirklich zählt, Leben oder Tod ist. Verabredungen zum Spielen und Geburtstagsfeiern zählen nicht, wenn man tot ist.

Ich traf eine Entscheidung, die meine einzige Möglichkeit zu sein schien. Zumindest steckte in meinem Leben die Kraft, andere Leben zu retten. Zumindest würde es etwas Gutes haben. Wenn ich sterbe, soll mein Tod keine Bedeutung haben. Tod hat keine Bedeutung.

Jeder stirbt. Die Entscheidung und die Herausforderung liegen darin, wie zu leben wir beschließen. Und je mehr Sinn man in seinem Leben findet, desto mehr Grund hat man zu leben. Ich will mit meinem Leben Dinge verändern, nicht mit meinem Tod.

Aris Leben hatte eine Bedeutung, und die Lektionen daraus mußten noch gelernt werden. Sie war ein mutiges kleines Mädchen, das tapfer sein Leben akzeptierte und es so intensiv lebte, wie es konnte. Sie weinte nie, weil sie nicht zur Schule gehen oder eine Freundin besuchen konnte. Sie hatte nie Selbstmitleid, sie gab nie nach und gab nie auf. Ariel besaß Weisheit, Kraft und Mut. In meinen schwächeren Augenblicken versuche ich zumindest so stark zu sein wie sie es war. Ich versuche ein Mensch zu sein, auf den sie stolz sein würde.

Aber viele dieser Erkenntnisse kamen später. In den ersten sechs Monaten, nachdem Ari gestorben war, erfaßte ich mit dem Verstand Dinge, die ich nicht in mein Herz oder meine Seele übertragen konnte. Es war schrecklich, sich tot zu fühlen, aber ganz gleich, wie sehr ich mich abmühte, ich konnte keine Schönheit in der Welt entdecken, nicht einmal in Jake und Paul.

Wie in einem Taumel stürzte ich mich in den Dukakis-Wahlkampf. Er und die Pediatric AIDS Foundation wurden meine Hoffnung. Ich hatte mich mit meiner Trauer überhaupt noch nicht befaßt.

Ein großer Teil der Kraft, die Aris Pflege gefordert hatte, floß jetzt in den Wahlkampf. Ich tat alles, um mich von der Traurigkeit fernzuhalten. Der Wahlkampf gab mir das Gefühl, als sei noch nicht alles verloren. Ich fing an, in der Nachbarschaft zu arbeiten. Ich bezog meine Freunde mit ein. Jake und ich stellten bei uns in der Gegend Plakate mit »Dukakis for President« auf.

Aber abends machte ich die Augen zu und sah Ariel in der Universitätsklinik sterben. Mehrmals in der Woche mußte ich eine Schlaftablette nehmen, weil ich nur ihre letzten Sekunden sah, wenn ich die Augen schloß.

Manchmal träumte ich. Träume waren heilig. Sie waren die einzige Möglichkeit, das zu bekommen, wonach ich mich am meisten sehnte, die Chance, mein Kind wiederzusehen. Ich hatte nicht viele Träume, an die ich mich erinnerte. Aber kurz nach Aris Tod träumte ich, ich säße in einem Auto und käme nach Hause. Als ich an meinem Haus ankam, erkannte ich, daß es aus Glas war. Ari und Jake standen zusammen im Haus, und Ari kam nach draußen. In dem Traum las sie mir ein Gedicht vor. Es war ein Gedicht, das von Tausenden von Jahren und Tausenden von Menschen erzählte. Das Wesentliche des Traums war, daß es nicht nur um sie ging, nicht nur um uns. Das Leben bedeutete mehr, als irgend jemand von uns verstehen konnte. Der Traum war tröstlich, weil ich wieder bei meiner Tochter war. Jake und Ari waren zusammen glücklich in dem Glashaus, auch wenn ich fürchtete, es könnte bedeuten, daß Jake vielleicht sterben würde.

Ich konnte kein Glück mehr empfinden, ohne auch Schmerz zu spüren. Wenn ich glücklich über Jake war, fehlte mir Ari. Wenn Jake mit seinem Fahrrad den Häuserblock hinuntersauste, dachte ich daran, daß wir bei Ari nie die zusätzlichen Übungsräder abgemacht hatten. Wenn ich auf Skiern durch den Pulverschnee lief und den Wind und die Sonne spürte und eingetaucht war in die Schönheit der Welt, dachte ich daran, daß ich vor der nächsten Skisaison schon tot sein könnte.

Ich lebe mein Leben jetzt unglaublich intensiv und bewußt, weil ich nie weiß, ob ich eine Chance bekomme, irgendwelche Dinge nächstes Jahr, nächsten Monat, nächste Woche noch einmal zu tun. Nicht zu wissen, ob ich etwas zum letztenmal tue, gibt mir das Gefühl, als täte ich es zum erstenmal.

Während des Wahlkampfs machte Paul seine eigenen Erfahrungen mit dem Ausweichen. Der Film »Blue Lightning« war abgebrochen worden, weil MGM verkauft werden sollte. Paul stürzte sich aufs Golfspielen. Er spielte jede Woche an vier oder fünf Tagen. Golf war seine Zuflucht. Die Konzentration, die für das Spiel notwendig ist, beschäftigte ihn und ließ seine Gedanken nicht zu anderen Dingen abwandern. Mit seinen Spielpartnern sprach er nicht über seinen Schmerz und seine Trauer. Er stand immer noch unter Schock.

Nach Aris Tod fing ich an, mit Jake zu einer Kinderpsychologin zu gehen. Ich sagte Jake, daß er bei der Frau »Rede-Doktor« spielen und über Ari sprechen konnte. Jake war fast ein Jahr lang zornig, aggressiv und außerordentlich feindselig. Susan Jay, seine Therapeutin, ist Spezialistin für Kinder, die Verlust und Tod erlebt haben. Sie sagte, sie hätte noch nie ein Kind in Jakes Alter gesehen, das eine so starke Bindung an ein Geschwister hatte wie Jake an Ari.

Es war so schwer für ihn. Er mußte sich mit dem Tod seiner Schwester befassen, und er hatte auch noch mit seiner eigenen Sterblichkeit zu kämpfen. Im Auto sagte er immer wieder zu mir: »Ari ist gestorben, als sie noch klein war, weil sie sehr krank war. Ich bin nicht sehr krank, also muß ich nicht sterben, wenn ich noch klein bin, nicht, Mama?«

Ich sagte dann immer: »Du hast recht.« Ein Kind will nicht »Ich weiß nicht« hören. Selbst als Ari krank war, erzählte ich ihr immer wieder, daß es ihr besser gehen würde. Positives Denken war unsere einzige Hoffnung, und obwohl ich in bezug auf mein eigenes Leben brutal ehrlich sein kann, fand ich das bei meinen Kindern nie angemessen.

Jake fragte mich auch immer, ob wir eine neue große Schwester bekommen könnten. Er sagte: »Mama, meinst du, daß irgendeine Familie eine Schwester hat, die sie nicht will und die wir haben könnten?«

Ich verbarg nicht alle meine Gefühle vor Jake. Ich ließ ihn nie miterleben, daß ich die Kontrolle vollständig verlor, aber mit Sicherheit sah er mich weinen. Als ich einmal weinte, erklärte ich Jake, daß das so war, weil ich Ari so vermißte, und er sagte, daß er das nicht täte.

Ich fragte ihn, warum nicht. Jake sagte: »Weil sie auf dem Baum vor meinem Zimmer sitzt.« Er erzählte mir, daß seine Schwester oft zu ihm ins Zimmer kam, und wer weiß, vielleicht tat sie es. Manche Leute meinen, daß Kinder eine viel stärkere Beziehung zu Geistern haben, und vielleicht spürte er ihre

Gegenwart intensiver als wir anderen. Vielleicht war das Jakes Methode, mit dem Verlust fertig zu werden.

Ari starb im August, und zwei Monate später wurde Jake vier. Ich weiß noch, daß ich mit ihm zu dem Zahnarzt ging, bei dem er schon gewesen war. Ich entschied mich, den Zahnarzt anzurufen und ihm zu sagen, daß wir HIV-positiv sind und daß wir hofften, er würde uns trotzdem behandeln und außerdem unser Geheimnis bewahren.

Der Zahnarzt sagte, daß er uns annehmen und sich an die Richtlinien der Zahnärztlichen Vereinigung Amerikas halten werde. Er meinte, es wäre einfacher, wenn wir nach der offiziellen Sprechstunde kämen, und da er freitags mittags Schluß machte, konnten wir um ein Uhr kommen. Ich fand das sehr rücksichtsvoll, aber im Grunde fühlte ich mich seiner Gnade ausgeliefert.

Als wir in seine Praxis kamen, zog er zwei Paar Handschuhe an und band sich diesen gräßlichen blauen Mundschutz um, den Jake haßt, weil er ihn an Ari und das Krankenhaus erinnert. Ich wußte, daß er ein guter, netter Mann war, der nur den Vorschriften über Umgang mit einem AIDS-Patienten, wenn auch einem erst vierjährigen, buchstabengetreu nachkam, aber er bohrte nicht bei Jake, und so kam mir das alles übertrieben vor. Doch ich war noch zu verletzbar, um irgend etwas zu sagen, und ich wußte, daß wir Glück hatten, daß der Zahnarzt überhaupt zur Behandlung bereit war.

Als der September zu Ende ging, war da noch etwas Wichtiges, das ich tun wollte. Zu Aris Gedenkgottesdienst hatten wir keine Kinder eingeladen, aber ich wußte, daß ihre engsten Freunde eine Möglichkeit brauchten, um sich zu verabschieden, und ich brauchte eine Gelegenheit, die Freunde zu sehen. Wir waren den ganzen August nicht in der Stadt gewesen, und die Schule hatte wieder angefangen. Jetzt war Zeit.

Also lud ich ihre vier engsten Freundinnen, Francesca, Amy, Sara und Taylor, einzeln nach Hause ein.

Wir gingen in Aris Zimmer, redeten und sahen uns Bilder an. Ich sagte jedem Mädchen, daß ich glaubte, es sei die beste Freundin gewesen, die Ari je hätte haben können. Ich erzählte ihnen, wieviel ihre Besuche Ari bedeutet hatten, auch wenn sie zu krank zum Spielen gewesen war. Ich sagte, es sei wichtig, eine gute Freundin zu sein, und das könnte nicht jeder. Ich sagte jedem Mädchen, daß es eine bemerkenswerte Sache ist, wenn man mit sechs Jahren schon weiß, wie man eine gute Freundin ist.

Ich erzählte ihnen, daß Ari sie immer liebhaben und daß ihre Seele ihnen nahe bleiben würde. Und ich sagte ihnen, daß auch ich sie immer liebhaben würde.

Jedes Mädchen durfte sich ein paar Dinge aus Aris Zimmer aussuchen. Amy wählte einen rosa Glasstein und ein Plüschtier. Ich glaube, Francesca entschied sich für eine Geode und eine Plüschkatze, und Taylor nahm eine kleine Puppe. Sara nahm Aris Nagellack, eine Puppe und eine Spieluhr aus Porzellan. Ich hoffe, es bedeutete ihnen soviel wie mir. Die Menschen, die wir lieben, sind wirklich alles, was wir im Leben haben, und Ari und ich werden diese vier Mädchen immer ganz besonders lieben. Ich wollte sie wissen lassen, daß sie etwas ganz Besonderes waren.

Paul und ich hatten darüber gesprochen, was wir am besten mit Aris Zimmer machten. Wir wollten es nicht einfach ignorieren. Wir wollten nicht so tun, als wäre es nicht da. Wir brauchten es beide, einen Besuch in ihrem Zimmer zu machen.

Wenn seine Freunde zum Spielen kommen, nimmt Jake sie hin und wieder mit in Aris Zimmer. Wir haben es so gelassen, wie es zu ihren Lebzeiten war. Wir konnten uns nicht vorstellen, es zu verändern. Jake spielt dort mit den Sachen, mit denen sie sich verkleidet hat, oder er geht in ihr Badezimmer. Zu verschiedenen Zeiten und auf unterschiedliche Weise finden wir alle den Weg in ihr Zimmer, um ihr zu sagen, daß wir sie liebhaben. Die Tür ist immer offen, und Graciela stellt immer eine Rose neben ihr Bett. Das ist nicht rührselig, es ist einfach das Leben. Aris Zimmer bleibt, obwohl sie gegangen ist, und ihr Geist erfüllt unsere Herzen.

10

Irgend etwas neu anzufangen, ist immer außerordentlich aufregend. Selbst wenn ich mich durch den Verlust Aris wie abgestorben fühlte, war die Stiftung meine Hoffnung für Jake, und sie bekam große Bedeutung. Die Forschung würde weit mehr als eine halbe Million Dollar kosten. Das Geld würde die Angelegenheit nur ins Rollen bringen. Wir mußten viel mehr Geld aufbringen, und zwar *schnell.* Dazu brauchten wir ein geschäftsführendes Beratergremium mit Namen, die uns zu Glaubwürdigkeit verhalfen. Es sollten Leute sein, die im ganzen Land bekannt waren. Wir brauchten auch ein gesundheitliches Beratergremium mit den hervorragendsten Ärzten, die diesen Kampf kämpften. Wir wollten Schritt für Schritt vorgehen, und wenn wir eins nach dem anderen schafften, kam unser Traum der Wirklichkeit wieder ein Stück näher. Jedesmal wenn sich jemand anbot, sich an den Anstrengungen zu beteiligen, fühlten wir uns stärker. Und um ehrlich zu sein, immer wenn jemand zusagte, gab mir das Hoffnung für Jake. Irgendwie stand jeder Erfolg in direktem Zusammenhang mit seinem Überleben, jede Ablehnung ebenfalls.

Es war immer noch September, als Rita mich aus Washington anrief. Sie wollte wissen, wie es mir ging, und ich erzählte ihr, daß ich dabei war, eine gemeinnützige Stiftung ins Leben zu rufen, um Geld für die Kinder-AIDS-Forschung lockerzumachen.

Sie erzählte mir, daß ein Studienfreund von ihr, Al Checchi, vor kurzem nach Los Angeles gezogen war. Er war ein sehr wohlhabender Unternehmer. Rita meinte, es könnte nützlich für mich sein, mit ihm zu reden, und versprach, ihn deswegen anzurufen.

Das Treffen wurde vereinbart, und Al wollte, daß ein Mann mit dem Namen Bob Burkett daran teilnahm. Der Name sagte mir nichts. Al meinte, er sei jemand, den zu kennen ganz nützlich wäre. In meinem Leben kann das jeder sein, von einem Schamanen bis zu einem Milliardär.

Das Treffen fand am 28. September vormittags in Bobs Büro statt. Zu diesem Zeitpunkt war Tante Vera der einzige Mensch, mit dem ich mich wegen Spenden getroffen hatte. Jetzt hatte ich das Gefühl, eine Liga höher zu spielen. Es wurde ernst. Ich sollte zwei Leute treffen, die ich überhaupt nicht kannte, und sie um Geld bitten. Ich würde sie bitten, mir zu helfen, Leben zu retten, darunter vielleicht das meines Sohnes. Ich war sehr nervös. Es stand viel auf dem Spiel.

Ich erzählte meine Geschichte, wobei ich mich vor allem auf Al konzentrierte, denn mit ihm war das Treffen ja vereinbart. Aber Bob war derjenige, der die meisten Fragen stellte. Ich erzählte, daß ich in Washington gewesen wäre und festgestellt hätte, daß niemand viel tat, daß mit Sicherheit niemand genug für

Kinder mit AIDS tat. Ich beschrieb mein Treffen mit den Reagans und was meiner Meinung nach in der Kinderheilkunde getan werden mußte. Ich sagte, daß wir die Stiftung gegründet hätten, um Geld lockerzumachen, das direkt in die Forschung fließen würde.

Plötzlich sagte Bob Burkett: »Ich denke, Sie sollten mit Mike Dukakis zusammenkommen.«

Mike Dukakis! Einen Monat lang hatte ich versucht, an Dukakis heranzukommen. Ich hatte nur zu hören bekommen: »Unmöglich. Dukakis ist im Wahlkampf und hat für nichts anderes Zeit.« Und dann war da plötzlich Bob Burkett, über den ich nichts wußte und der über mich eigentlich nichts wußte, und der sagte mir, daß ich ihn wirklich treffen sollte.

Innerlich grinste ich. »Mir gefällt Ihr Gedanke. Wie stell' ich es an?«

Bob drehte sich in seinem Ledersessel, lehnte sich zurück und drückte auf ein paar Knöpfe. Es ist hinreißend, Bob dabei zuzusehen, wie er sich in eine Sache hineinhängt. Bum, bum, bum, Christine, besorgen Sie mir den Soundso, bum bum, bum, reden wir weiter, bum, bum, bum, Christine, könnten Sie es auch bei diesem Menschen versuchen, vielleicht ruft er ja gleich an.

Ich dachte: »Das ist der Mensch, auf den ich gewartet habe, einer mit Intelligenz, Engagement und der Macht, Dinge geschehen zu lassen.« Ich brauchte Leute, die Nummern ins Telefon hämmern konnten und zu Ergebnissen kamen. Von dem Augenblick an, als Bob seinen ersten Anruf machte, wußte ich, daß Susie, Susan und ich einen wichtigen neuen Freund bekommen würden.

Ich erfuhr, daß Bob Anwalt war und als politischer Berater für Ted Field arbeitete. Ted ist Filmemacher, Produzent, Geschäftsmann und ein großzügiger Menschenfreund. Er war seit Jahren politisch aktiv und wichtiger Beschaffer von Spenden für die Demokratische Partei.

Während ich noch im Raum war, kam ein Rückruf, und ich hörte, wie Bob sagte: »Ich hab' hier jemanden im Büro, der sich wirklich mit Mike treffen muß. Wir müssen darüber reden, denn es ist wichtig, und ich glaube, Mike wird sich gern mit dieser Frau treffen.«

Nach dem Anruf sagte Bob: »Ich weiß, daß Sie wegen Geld hier sind.« Er fragte, wie hoch der Beitrag von Ted und Susie Field meiner Meinung nach sein sollte.

Ich sagte, daß ich bisher nur eine Spende erhalten hatte, und die lag bei einer halben Million Dollar. Das war ein wunderbarer Anfang und brachte mich sofort in eine bedeutsame Position. Susie Zeegen hatte einen Kursus über das Einholen von Spenden gemacht und gelernt, daß die Leute so viel spenden, wie andere gegeben haben. Wenn man sagte, man hätte einen Scheck über fünf- oder zehntausend Dollar bekommen, dann gaben das die anderen im allgemeinen auch.

Bob sagte, er würde mit den Fields darüber reden, zwischen fünfzig- und hunderttausend Dollar zu spenden. Ein paar Wochen später hatte ich mich mit Susie Field getroffen, und sie spendeten hundertfünfzigtausend Dollar.

Al Checchi machte weiter Karriere und übernahm eine leitende Stellung bei Northwest Airlines, und zusammen mit seiner Frau Kathi wurde er einer unser zuverlässigsten Förderer. Es war ein ausgezeichnetes Treffen.

Ich wußte, daß ich Kinder unterrichten konnte, aber jetzt erlebte ich, daß ich auch Erwachsene erreichen konnte. Ich lernte, klar, offen und entschieden zu sprechen. Ich lernte, Risiken einzugehen. Ich lernte, keine Angst vor Mißerfolgen zu haben. Ich lernte, daß die Leute, mit denen ich zusammenkam, Respekt vor mir hatten, weil ich es wenigstens versuchte.

Ein paar Tage nach dem Treffen mit Bob Burkett fand das Gespräch statt, das Lucy mit Steven Spielberg vereinbart hatte. Ich saß mit Steven in seinem Büro auf dem Gelände der Universal Filmgesellschaft.

Paul und ich kannten Steven nicht besonders gut. Wir hatten uns in Hawaii kennengelernt und zusammen zu Abend gegessen, kurz bevor unsere Diagnose gestellt wurde. Die Treffen, die für mich am meisten mit Gefühlen beladen waren, waren solche mit Menschen, die mich schon vor AIDS gekannt hatten. Sie erinnerten mich daran, woher ich kam, und an das Leben, das ich verloren hatte.

Mitten im Gespräch fragte Steven: »Über wieviel Geld reden Sie?«

»Ich hoffe, Sie werden mir ein paar Millionen Dollar geben.« Ich wunderte mich, daß ich solche Worte überhaupt über die Lippen brachte. Ich glaube, ich sagte, daß ich, wenn ich soviel Geld hätte, es selbst spenden würde, aber daß ich nicht soviel hätte und deswegen seine Hilfe brauchte.

Steven gibt in aller Stille Millionen von Dollar. Er sagte, er sei beeindruckt von mir, weil ich alles ohne Fanfarengetöse tat und keinen Ruhm für mich selbst suchte. Er sagte, er hätte im vergangenen Jahr allein ein Forschungszentrum für Kinder am Cedars-Sinai-Hospital finanziert, dem Krankenhaus, in dem Ari zur Welt gekommen war, und er wollte erst in Erfahrung bringen, ob sie dort AIDS-Forschung betrieben, bevor er bei mir eine Verpflichtung einging.

Ich war enttäuscht. Mein Instinkt sagte mir, daß ich nicht ins Schwarze getroffen hatte, wenn mir die Leute sagten, sie wollten sich in einer Woche wieder melden. Steven hatte der Cedars-Sinai-Klinik fünf Millionen Dollar gegeben, und mir war klar, daß er wahrscheinlich nicht soviel Geld geben würde, wie ich mir wünschte. Aber er überraschte mich mit dem Angebot, unserem geschäftsführenden Beratergremium beizutreten. Da wir versuchten, ein Gremium von nationalem Bekanntheitsgrad zusammenzustellen, war das ein echter Durchbruch, und dann noch einer, um den ich mich gar nicht bemüht hatte. Steven wurde unser erstes Mitglied im geschäftsführenden Beratungsgremium. Das war ein großes Mosaiksteinchen in dem Puzzle.

Eine Woche später rief Steven an und sagte, daß sie an der Cedars-Sinai-Klinik AIDS-Forschung betrieben und daß er mir deswegen nur eine Spende von hunderttausend Dollar geben könnte. Ich war für beides dankbar, für das Geld und seine Bereitschaft, seinen Namen für unser Impressum herzugeben.

Ich war benommen und glücklich. Mit nur drei Schlägen hatte ich eine Dreiviertel Million Dollar aufgetrieben.

In der Zwischenzeit sahen Susan, Susie und ich uns nach zwei wichtigen Leuten um. Wir brauchten einen Finanzberater und einen juristischen Berater zur Vervollständigung unseres Vorstands. Wir wollten, daß der Vorstand mit vier Leuten klein blieb. Ich würde inoffiziell das fünfte Mitglied sein.

Lloyd Zeiderman hatte sich schon um Pauls geschäftliche Angelegenheiten gekümmert, bevor wir uns kennengelernt hatten. Er war ein guter Freund von Paul und unserer Familie zutiefst verbunden. Ich wußte, daß eine gemeinnützige Organisation nicht Lloyds Sache war, aber ich rief ihn trotzdem an. Lloyd zögerte keine Sekunde, er sagte einfach ja. Jetzt hatten wir unseren Finanzberater, nun brauchten wir nur noch einen Juristen.

Nach ein paar Fehlschlägen fiel mir ein, daß Marylys Mann, Peter Benzian, Jurist war. Maryly war meine erste neue Freundin in Los Angeles geworden, und wir hatten drei Jahre an derselben Schule unterrichtet. Sie hatte mir ihr Appartement überlassen, als sie und Peter heirateten, und dort hatte ich gewohnt, als ich Paul kennenlernte. Maryly war die Freundin, die ich bei meiner ersten Verabredung mit Paul angerufen hatte. Da Peter und Maryly nach San Diego umgezogen waren, sah ich sie kaum noch. Sie wußten nichts von meinem Leben, dennoch entschloß ich mich schließlich, sie anzurufen.

Sie freute sich so sehr, von mir etwas zu hören. »Hallo, wie geht es dir?«

»Also, nicht so gut. Hör zu, Maryly, setz dich hin. Ich wollte dich nicht damit belasten, aber ich brauch' Peters Hilfe.« Es war ein langes Gespräch. Maryly holte Peter, und als ich erklärte, was ich brauchte, zögerte er keine Sekunde. Ich glaube, er sagte sogar, es wäre ihm eine Ehre, es wäre ein Geschenk, wenn er helfen dürfte. Peter leitete die Kanzlei von Latham und Watkins in San Diego. Wir hätten keinen besseren Freund und Anwalt finden können. Jetzt hatten wir unser Direktorium zusammen.

In der Zwischenzeit versuchten wir weiterhin, an Leute in Machtpositionen heranzukommen. Der Chef der Kinderabteilung an der Universitätsklinik erzählte uns, daß seine Frau Denny eine gute Freundin von Gayle Wilson war, der Frau des republikanischen Senators Pete Wilson, und er bot mir an, uns bekannt zu machen. Ich nahm das Angebot an, traf mich mit Gayle, und einen Monat später hatte Gayle ein Treffen mit Mrs. Bush vereinbart. Ein Jahr später wurde auch Gayle Mitglied in unserem geschäftsführenden Gremium.

Jake war zu dieser Zeit im Kindergarten und schien gut zurechtzukommen. Er vermißte Ari, aber er kam klar. Paul spielte immer noch an vier Tagen in der Woche Golf. Das war seine Art, die Dinge zu vergessen und gleichzeitig zu verarbeiten. Zwei Monate nach Aris Tod bekam Paul plötzlich Schwierigkeiten mit dem Rücken. Es war äußerst schmerzhaft, und es waren echte, wirkliche Schmerzen. Er machte Yoga, aber nichts half, und schließlich lag er im Bett und ruhte sich aus, und das dauerte Monate.

Während dieser Monate waren meine Eltern eine große Hilfe, aber es war schwer, zusammenzusein, weil der Schmerz über unseren Verlust so groß war. Alles war so tragisch. Meine Mutter hatte Angst, mich zu verlieren, und ich trauerte über den Tod meiner Tochter. Es war kompliziert für uns, zueinanderzufinden.

Unsere Freunde brauchten nach der Intensität von Aris Krankheit und Tod eine Pause. Nach und nach nahmen die Anrufe ab, kamen statt täglich nur noch einoder zweimal die Woche, und das war richtig so. Viele Leute, die nicht wußten, woran Ari wirklich gestorben war, wunderten sich, warum ich nicht schwanger wurde und noch ein Kind bekam. Sie konnten sich nicht vorstellen, wieviel komplizierter unser Leben in Wirklichkeit war.

Am Ende trauert man allein. Selbst Paul und ich konnten nicht gemeinsam trauern. Paul weinte immer auf seinen Morgenspaziergängen, die er machte, wenn sein Rücken ihm das Aufstehen erlaubte. Er trauerte meistens allein, und so ging es mir auch.

Wenn ich den San Vicente Boulevard hinunterfuhr, liefen mir die Tränen nur so über das Gesicht, und ich schrie immer: »Ari, du fehlst mir so. Ich will dich wiederhaben. Ich weiß nicht, wie ich ohne dich weitermachen soll.« Ich weinte immer fünf Minuten ganz intensiv, dann stellte sich Ruhe ein, und ich konnte im Tagesablauf weitermachen.

Mitte Oktober kam Barbara Bush als Begleitung ihres Mannes nach Los Angeles, wo er die zweite Präsidentschaftsdiskussion führte. Gayle Wilson hatte vereinbart, daß wir uns ein paar Stunden vor der Diskussion im Four Seasons Hotel trafen.

Für mich war das ein sehr wichtiges Treffen. Wer immer Nachfolger von Reagan werden würde, er könnte den Dingen eine Wende geben. Ob es nun Bush oder Dukakis sein würde, ich hatte das Gefühl, es würde bestimmt einfacher werden, nach der Wahl mit dem neuen Präsidenten zu reden, wenn schon vorher ein Kontakt bestanden hatte. Mrs. Bush sollte dieser Kontakt sein.

Vor dem Treffen mit ihr war ich nervöser als vor meinem Besuch im Weißen Haus. Als ich mit den Reagans zusammenkam, war vollste Diskretion gesichert. Das Geheimnis meiner Familie war in der Pennsylvania Avenue Nummer 1600 nicht in Gefahr gewesen. Aber ich traf Mrs. Bush in Los Angeles in einem Hotel, das voll war mit Reportern und Wahlhelfern. Ich hatte Angst, daß jemand auf mich zukommen und sagen würde: »Oh, Elizabeth, was machst du denn hier?« Ich hatte für den Notfall immer eine Ausrede im Kopf. An dem Tag hätte ich gesagt, daß ich mit einer Freundin von außerhalb verabredet war.

Die Angst, die ich empfand, war eine Folge der Verletzbarkeit, die man erlebt, wenn man ein Geheimnis bewahrt. Wenn man HIV-positiv ist und das verschweigt, hat man oft das Gefühl, daß einen jeder anguckt, selbst wenn das nicht der Fall ist. Mir ging das auf der Straße, im Supermarkt oder im Kaufhaus oft so.

Als ich das Four Seasons betrat und dabei versuchte, mich unsichtbar zu machen, senkte ich den Blick, ging zu den Telefonen und rief oben in der Bush-Suite an. Ich hatte den Sicherheitsleuten meinen Mädchennamen, Betsy Meyer, genannt.

Jemand vom Stab kam nach unten und begleitete mich ins oberste Stockwerk, wo die Bushs wohnten. Vor jeder Tür standen Leute aus dem Stab und von der Sicherheit, und die vielen Kabel in den Korridoren und die klingelnden Telefone vermittelten den Eindruck, daß bald etwas Wichtiges passieren würde.

Wir verbrachten etwa vierzig Minuten zusammen. Ich erzählte ihr meine Geschichte, und dann sagte sie, daß sie sich wegen AIDS große Sorgen machte und fragte mich, was sie meiner Meinung nach tun könnte. Ich sagte, daß sie und ihr Mann, wenn sie ins Weiße Haus einziehen würden, die Form von Führung übernehmen könnten, die notwendig war, um die Einstellung der Öffentlichkeit zu der Krankheit zu verändern. Ich sprach von dem Bedarf an mehr Spenden und von mehr Forschung.

Mrs. Bush war liebenswürdig und mütterlich zugleich. Ich fühlte mich wohl in ihrer Gegenwart, aber ich hatte nicht den Eindruck, eine wirkliche Beziehung zu ihr zu entwickeln. Das überraschte mich, weil sie eine vierjährige Tochter durch Krebs verloren hatte.

Ich sagte ihr, daß ich auf die Gelegenheit eines Treffens mit ihnen hoffte, wenn sie gewählt würden. Sie blieb unverbindlich in dieser Angelegenheit, aber in jeder anderen Hinsicht sagte sie ihre Unterstützung zu. Als ich sie verließ, hatte ich nicht das Gefühl, irgend etwas Bedeutsames erreicht zu haben, und ich glaube, ich hatte recht. Ich habe nie ein Gespräch mit dem Präsidenten oder seiner Frau gehabt, seit sie im Weißen Haus sind. Mrs. Bush aber hat vor kurzem die Eröffnungsrede auf Band gesprochen für ein nationales Programm zur Information von Eltern, das wir entwickeln.

In der Zwischenzeit hatte Bob Burkett festgestellt, daß es unmöglich war, ein Treffen mit Mike Dukakis zu arrangieren, aber er hatte ein Gespräch mit dessen Frau Kitty vereinbaren können. Das fand zwei Tage nach der Präsidentschaftsdiskussion statt.

Bob war jetzt mein Verbündeter und mein Mentor. Nach jedem Treffen rief ich ihn an und berichtete ihm kurz, was passiert war. Ich hörte auf seinen Rat und verließ mich auf seine Anleitung und Unterstützung. Wir hatten beide gute politische Instinkte. Er wußte, daß ich gern den kürzesten Weg zwischen zwei Punkten wählte und mich um alles herumzuarbeiten versuchte, was meinen Zielen irgendwie im Weg stand. Intuitiv verstanden wir uns gut, und das machte die Zusammenarbeit leicht und zu einem Vergnügen.

Auch wenn ich mich an dem Wahlkampf für Dukakis beteiligt hatte, war ich überzeugt, daß mir Mrs. Bush besser gefallen würde als Kitty Dukakis. Kitty wirkte immer sehr unverbindlich. Ich glaubte, daß sie eine rauhe, harte äußere Schale hatte, die ich vermutlich nur schwer durchdringen würde.

Dukakis lag in den Umfragen so weit hinten, daß der Gedanke, er könnte gewinnen, grotesk wirkte, und das nahm meinem Treffen mit Kitty ein wenig die Spannung.

Das Gespräch fand um halb zehn vormittags im Century Plaza Towers Hotel statt. Mike machte irgendwoanders Wahlkampf, und die Sicherheitsvorkehrungen waren weit weniger streng, als sie es für Mrs. Bush gewesen waren. Ich trug dasselbe Kostüm, und nachdem ein Wahlkampfhelfer mich nach oben begleitet hatte, war das erste, was jemand aus dem Stab sagte: »Ihr Kostüm gefällt mir.«

»Demokraten!« dachte ich. Es war ganz normal, so etwas zu sagen, aber das erstemal, daß es jemand tat. Das Kompliment bedeutete mir viel, weil ich mich der normalen Welt so entfremdet fühlte. Daß jemand so spontan sagte, daß ich gut aussah oder daß ihm meine Kleidung gefiel, erinnerte mich daran, daß ich immer noch so wie alle anderen war.

Mrs. Dukakis kam aus dem Schlafzimmer in das Wohnzimmer der Suite. Wir wurden miteinander bekannt gemacht. Sie war zum Mittagessen angezogen und sah sehr elegant aus. Ihre lebhaften braunen Augen erregten sofort meine Aufmerksamkeit.

Als erstes bemerkte ich ihre Intensität. Als sie anfing zu reden, stellte ich fest, wie klug sie war, und als ich zuhörte, wie liebenswürdig. Als ich Kitty von unserem Leben erzählte, sah ich, wie sie an einer Stelle ihre Handtasche öffnete und wieder schloß. Ich wußte, was sie dachte. Sie wollte eine Zigarette rauchen. Ich auch. Ich sagte zu ihr: »Sie möchten eine Zigarette rauchen? Das stört mich nicht. Ich würde sogar eine von Ihnen schnorren.«

Von dem Augenblick an saßen Kitty und ich zusammen, rauchten eine Zigarette nach der anderen und redeten wie alte Freundinnen. Kurz darauf kam ihr Berater herein und sagte Kitty, daß es Zeit sei, nach Santa Barbara zu fahren, wo sie bei einem Mittagessen erwartet wurde.

Kitty gefiel das nicht. »Es tut mir so leid. Offenbar habe ich mir nicht genug Zeit für Sie freigehalten. Das ist schrecklich. Haben Sie die Möglichkeit, heute nachmittag noch einmal herzukommen, wenn ich wieder im Hotel bin?«

Sie war der einzige Mensch, mit dem ich zusammengetroffen war, der noch zusätzlich Zeit mit mir verbringen wollte. Und sie fragte mich das so, daß es klang, als würde ich ihr einen Gefallen tun. Es wäre so einfach für sie gewesen, sich zu entschuldigen und zu sagen, daß wir uns vielleicht irgendwann noch einmal treffen könnten.

Ich erklärte ihr, daß ich gern später am Nachmittag noch einmal kommen würde. Als ich zurückkehrte, trug ich immer noch mein Kostüm, aber Kitty war zum Joggen gewesen und kam mit ihrem Walkman herein. Ich wünschte mir, ich hätte Jeans getragen. Wir setzten uns und führten unser intensives Gespräch noch eine Stunde lang weiter.

Kitty versprach mir, daß sie, ganz gleich wie die Wahl ausgehen würde, alles tun würde, was in ihren Kräften stand, um mir in dieser Angelegenheit zu helfen. Wir sprachen recht ausführlich darüber, wie wichtig es war, meine Anonymität zu wahren, und sie versprach, sehr vorsichtig zu sein, wenn sie von unserem Gespräch erzählte.

Kitty hatte sehr viel Mitgefühl und sprach viel über ihr Leben mit all den Pflichten und Zwängen der Wahlkampagne. Sie sprach davon, wie schwer es manchmal fiel, das zu akzeptieren, was einem über den Weg kam. Ich weiß noch, daß sie sagte: »Das hier gefällt mir. Ich glaube nicht, daß wir diejenigen sind, die in das Weiße Haus einziehen werden, aber wenn wir das doch tun, möchte ich, daß Michael sich mit Ihnen so bald wie möglich trifft und das AIDS-Problem zu einer seiner Prioritäten macht. Ich werde dafür sorgen, daß das passiert. Und selbst wenn wir nicht ins Weiße Haus einziehen, möchte ich Ihnen helfen. Ich möchte im Vorstand Ihrer Stiftung mitarbeiten.«

Ich hatte Kitty nicht darum gebeten, Mitglied unseres geschäftsführenden Gremiums zu werden. Wie Steven Steven Spielberg hatte sie das angeboten. Jetzt hatte ich zwei.

Das Treffen hatte sie genauso bewegt wie mich. Kittys Liebenswürdigkeit war überwältigend für mich. Ich konnte gar nicht glauben, in welchem Ausmaß sie zu helfen versuchte. Es war außerordentlich gefühlsbeladen und dramatisch.

Kitty wollte an dem Abend bei einer Veranstaltung sprechen, auf der Spenden für die Partei lockergemacht werden sollten, und Paul und ich hatten vorgehabt, dorthin zu gehen. Sie sagte, sie hoffte, daß ich sie begrüßen und mit Paul bekannt machen würde. Ich versprach es, aber wir wußten beide, daß Hunderte von Menschen anwesend sein würden und es unmöglich sein könnte. Ich spürte immer noch diese ununterbrochene Nervosität, wenn wir in der Öffentlichkeit waren.

Ich traf Bob Burkett kurz nach unserem Eintreffen bei der Veranstaltung, und er erzählte mir, daß Kitty ihm gesagt hätte, wie sehr sie von unserem Gespräch bewegt sei. Beim Abendessen saßen wir mit unseren Freunden zusammen, und danach trat Bette Midler auf. Dann erhob sich Kitty, um ihre Rede zu halten, und ich geriet in Panik.

Hatte ich ihr klargemacht, daß sie über mich nichts sagen durfte? Wenn sie auch nur eine Anspielung auf unser Gespräch machte, war unser Geheimnis in Gefahr. Meine Gedanken rasten rückwärts und gingen unser Gespräch noch einmal durch. Ich fragte mich, ob ich deutlich genug betont hatte, wie nötig es war, unser Geheimnis zu bewahren, vor allem in Hollywood, wo wir so viele Menschen kannten und Gerüchte herumschwirrten wie Glühwürmchen. Der Tag war so intensiv gewesen und hatte mir soviel Kraft gegeben. Ich wußte, wenn es ihr genauso ging, könnte sie unbeabsichtigt etwas sagen, was uns verriet.

Es war Sonntag, der 16. Oktober, nur noch dreiundzwanzig Tage bis zur Wahl. An einer Stelle der Rede sagte Kitty: »Dreiundzwanzig Tage sind keine lange Zeit. Aber dreiundzwanzig Tage sind zu lange für einen Menschen ohne Obdach, der auf eine Unterkunft wartet. Dreiundzwanzig Tage sind zu lange, wenn man auf medizinische Hilfe wartet. Dreiundzwanzig Tage sind zu lange für einen Mann . . . oder eine Frau . . . oder ein Kind mit AIDS, die auf Hilfe warten.«

Mein Herz hämmerte. Ich war kurz vor dem Explodieren. Ich hatte Tränen in den Augen und versuchte, sie unbemerkt fortzuwischen. Ich wußte, daß sie den Satz mit den Frauen und Kindern mit AIDS auf Grund unseres Gesprächs hinzugefügt hatte. Es war eine kleine Geste, aber eine höchst bedeutsame. Sie gab mir Antrieb und Hoffnung.

Ich komme bis heute mit Kitty zusammen. In den letzten zwei Jahren hat es in ihrem Leben viel Aufregung und Störungen gegeben. Ich habe tiefsten Respekt vor ihrem Mut und ihrer Entschlossenheit, und ich fühle mich glücklich, sie eine Freundin nennen zu dürfen.

Dann war plötzlich alles vorbei.

Der 8. November brachte Bush einen überwältigenden Wahlsieg. Alles, was wir unter einer Dukakis-Administration zu erreichen gehofft hatten, war verflogen.

Der Präsidentschaftswahlkampf war wie eine Reißleine gewesen. Ich hatte kräftig daran gezogen, und sie hatte mich über die ersten paar Monate nach Aris Tod getragen. Sie hatte mir einen Mittelpunkt und Hoffnung gegeben. Kitty und ich hatten eine so tiefe und spontane Beziehung zueinander entwickelt, daß ich geglaubt hatte, es würde ein glückliches Ende für unsere Geschichte geben, wenn sie den Einzug ins Weiße Haus schafften. Ich weiß, daß das nicht sehr vernünftig war, aber ich hielt mich daran fest. Wenn Dukakis gewinnen würde, gäbe es mehr Geld für AIDS, mehr Forschung, mehr Antworten . . .

Seine Niederlage war eine verheerende Enttäuschung. Mir war fast aller Optimismus abhanden gekommen. Ich fing an zu glauben, daß alles tragisch enden würde und wir alle sterben müßten. Ich fing an zu glauben, daß ich mich tot fühlen würde, bis ich starb. Ich würde weiter in die Welt hinausgehen und Leute über Kinder-AIDS informieren, aber ich wußte, daß ich innerlich kalt und leer sein würde.

Manche Bücher über Tod und Verlust sagen, daß die Trauer sich in Phasen von drei Monaten entwickelt. Die ersten drei Monate sind eine Zeit des Schocks und des Leugnens, und das war mit Sicherheit bei mir der Fall.

Jetzt, wo die Wahl vorüber war, hatte ich innerlich Platz, um von Schmerz und Trauer überwältigt zu werden, und so war es auch. Nach außen hin funktionierte ich immer noch normal. Aber ich weinte jeden Tag. Ich ging in Aris Zimmer, legte mich auf ihr Himmelbett und schluchzte.

Das fing oft morgens an, wenn ich aufwachte. Ich hatte Angst und war traurig, versuchte aber nicht zu weinen, solange Jake noch zu Hause war.

Alles was ich mir wünschte, war, Ari wieder bei mir zu haben und sie liebevoll zu verwöhnen. Ich wollte meine Wange an ihre legen, ihr das Haar bürsten und ihr noch ein letztesmal ihre Lieblingsgeschichte vorlesen, bevor das Licht ausgemacht wurde. Wünschen ist ein zu einfaches Wort, ich sehnte mich danach, mein Kind zurückzubekommen. Ich sehnte mich mit einem ursprünglichen Verlangen und einem wütenden Instinkt nach etwas, von dem ich wußte, daß ich es nie mehr haben würde. Trauer hat eine ganz eigene Schwerkraft.

Paul war vermutlich der einzige Mensch, der wußte, wie elend ich mich innerlich fühlte. Er sah, wie ich tagsüber weinte. Er sah, wie ich mit Tränen auf den Wangen einschlief.

Ich wußte, daß ich einen Weg finden mußte, um mit meinem Leben zurechtzukommen, wenn ich weiterlebte. Nach Aris Tod hatte ich nach und nach aufgehört, die beiden Menschen zu besuchen, die während ihrer Krankheit so lebenswichtig für mich gewesen waren – Jim Blechman, meinen homöopathischen Arzt, und Rabbi Omer-Man. Es war zu schmerzhaft, mit ihnen zusammenzusein. Sie waren in meinen Gedanken so mit der Zeit verbunden, in der Ari krank war, daß das Zusammensein mit ihnen mich daran erinnerte, daß ich ohne Ari weiterleben mußte, und das ertrug ich nicht.

Drei Tage nach der Wahl fing ich an, eine Frau mit Namen Marianne Williamson zu besuchen. Sie hatte in Hollywood eine Stiftung, »Das Heilungszentrum«, gegründet. Marianne unterrichtet manchmal auch das, was sie »Lauf der Wunder« nannte. Ich ging zu ihr auf Vorschlag von Anna Belle Kaufman.

Anna Belle Kaufmans Sohn Zack war bei einer Bluttransfusion gleich nach der Geburt mit dem AIDS-Virus infiziert worden. Er starb im Alter von fünf Jahren. Anna Belle war die einzige Mutter, die ich kannte, die auch ein Kind durch AIDS verloren hatte.

Wir hatten sehr viel gemeinsam. Wir wußten über Geheimnisse und Versteckspielerei Bescheid. Wir wußten über Ärzte und Pflege Bescheid. Wir wußten über eine gleichgültige Gesellschaft Bescheid. Wir wußten über den Tod Bescheid. Wir wußten Bescheid, wie es war, den liebsten Menschen zu verlieren.

Anna Belle hatte Hilfe gefunden bei Marianne und war von ihr beeindruckt gewesen, und seit Monaten hatte sie mich gedrängt, sie aufzusuchen. Ich wollte eigentlich an keiner Gruppe teilnehmen, weil wir immer noch verzweifelt versuchten, unsere Geschichte geheimzuhalten. Aber Marianne war damit einverstanden, mit mir privat zu arbeiten, was sie nicht sehr oft tut. Ich weinte mir bei Marianne die Seele aus dem Leib. Sie führte mich hilfreich durch diese entsetzliche Zeit, in der ich herauszufinden versuchte, ob ich wieder leben konnte.

Marianne half mir, wieder über die Liebe nachzudenken. Sie ermunterte mich, meinen Instinkten zu trauen und zu sehen, wie ich reifer wurde und lernte. Ärger, Schmerz, Frustration, Angst, Trauer, das waren alles Gefühle, die ich durchleben mußte. Die einzige Möglichkeit, den Schmerz zu überwinden, war der Schmerz selbst.

Sie ermunterte mich, die stärksten Seiten meiner Persönlichkeit in die Treffen, die ich in Washington haben würde, einzubringen und meiner eigenen Ehrlichkeit zu trauen, weil es keine heimlichen Tagesordnungen oder komplizierte Ziele gab. Sie betonte mir gegenüber, daß alles gut wird und die Menschen betroffen sein werden, wenn man vor eine Gruppe tritt und aus dem Herzen spricht, aus dem Innersten, das einfach nur Liebe ist. Sie hatte recht. Wenn man engagiert ist, dann sind es die meisten anderen oft auch.

Dann sprach ich mit Marianne darüber, daß ich keine Schönheit in der Welt finden konnte. Wenn ich Schönheit entdecken konnte, dann, das wußte ich, war ich nicht tot. Ich wußte, wenn ich meine Liebe wiederfinden könnte, wäre ich nicht tot. Schönheit und Liebe vereinigten sich. Sie waren das, was zu finden ich mir wünschte, aber ich war mir nicht sicher, ob das geschehen würde.

Mein Geburtstag war drei Tage nach der Wahl, und ich hatte Paul immer wieder gesagt, daß ich das Ereignis einfach übergehen wollte. Seit der Diagnose hatten wir aus meinen Geburtstagen immer große Feiern gemacht. Als ich neununddreißig wurde, gaben wir eine große Party, weil ich ernsthaft fürchtete, die Vierzig nicht zu erreichen. Als ich vierzig wurde, lud meine Mutter mich und meine engsten Freundinnen zu einem Mittagessen ein. Aber die Einundvierzig wollte ich einfach nicht beachten. Ich weiß noch, daß ich zu Paul sagte: »An diesem Geburtstag wird mich nichts zum Lächeln bringen.« Wir entschlossen uns zu einem ruhigen Abendessen mit Lynn und ihrem Mann Frank.

Als ich am 11. November aufwachte, sagte Paul: »Warte mal einen Moment.« Dann ging er und holte Jake, und dann kamen sie ins Schlafzimmer marschiert und sangen »Happy Birthday«. Ihnen folgte eine Frau im Smoking, die mir das Frühstück ans Bett brachte, das erstemal in meinem Leben.

Es haute mich um.

In alten Zeiten war Paul an meinem Geburtstag abends um sechs noch losgerannt und hatte versucht, ein Geschenk für mich zu finden, bevor die Geschäfte schlossen. Ich konnte nicht glauben, daß er irgend etwas im voraus geplant hatte. Trotz allem mochte er mich noch sehr – und das war unbezahlbar.

Nach dem Frühstück sagte ich, daß ich duschen

wollte. Ich hatte vor, mich mit ein paar Freundinnen zum Mittagessen zu treffen. Aber Paul sagte: »Wenn du fertig bist, zieh dich zum Mittagessen an.«

»Aber es ist erst neun Uhr.«

»Elizabeth, nun hör einfach mal auf das, was ich sage, und sei nicht rechthaberisch. Zieh dich an, stell keine Fragen und komm nach unten.«

Das tat ich.

Er ging mit mir zur Eingangstür, öffnete sie, und da stand ein Taxi und wartete. Ich hatte nicht einmal mein Portemonnaie bei mir!

Paul sagte: »Auf Wiedersehen, Schatz, ich liebe dich.«

Als ich in den Wagen stieg, sagte ich mir: »Elizabeth, entspann dich – du kannst das hier ebenso gut auch genießen.«

Der Wagen brachte mich nach Beverly Hills und hielt vor einem Kosmetikinstitut. Als ich eintrat, sagte jemand: »Oh, Elizabeth Glaser, herzlichen Glückwunsch!« Ich bekam eine Massage, eine Gesichtsbehandlung, mein Haar wurde gewaschen. Ich wurde mit allem Drum und Dran verwöhnt. Eine Nachricht besagte, daß Rena mich zum Mittagessen abholen würde.

Das Schönste an allem war, daß Paul es arrangiert hatte. Und das zu einem Zeitpunkt, als wir uns gegenseitig nicht viel geben konnten. Überwältigt von unserer Trauer, hatten wir nicht mehr viel Platz für Liebe. Aber trotz allem anderen fühlte ich mich an dem Tag glücklich – glücklich darüber, Paul zu haben.

Ich aß mit Lucy, Lynn, Susan, Claudia, Jody und Rena zu Mittag, und dann wollte ich, glücklich und erschöpft, nach Hause fahren und umfallen. Susan brachte mich nach Hause, und als wir vorfuhren, kam die größte Überraschung von allen: In unserer Auffahrt stand ein alter weißer Jeep – kein Dach, keine Türen. Vor Jahren in Tahoe hatte ich so einen Jeep besessen, und Paul wußte, wie sehr ich ihn vermißte. Mir den Jeep zu schenken, war Pauls Methode, mir zu sagen: »Du kannst immer noch Spaß haben.« Ich wußte das noch nicht, aber Paul wußte es. Er hatte sich alle meine Ermahnungen »Keinen Geburtstag!« angehört und sich dann darangemacht, den schönsten meines Lebens vorzubereiten.

Es war alles zuviel. Ich sagte Paul, daß ich zu Hause bleiben wollte. Es war nicht mehr nötig, zum Essen zu gehen. Paul hatte immer noch schlimme Rückenschmerzen, und im allgemeinen aßen wir abends im Arbeitszimmer, wo er beim Essen liegen konnte. Aber Paul sagte, daß Lynn und Frank mit uns rechneten, also hielten wir uns an unseren Plan. Keiner wollte mir erzählen, wohin wir gingen.

Wir gingen auf ein Steakhaus zu, und ich sagte, ich wollte mal eben Zigaretten holen. Wir standen direkt vor einem Eßlokal. Es war hell erleuchtet, und als ich hineinging, um den Zigarettenautomaten zu suchen, sah ich viele Luftballons. Ich dachte: »Was für lustiges Restaurant. Warum bin ich hier noch nicht gewesen?«

Dann, als ich genauer hinguckte, erkannte ich meine Freundin Carol Herman. Was machte sie hier? Und dann sah ich, daß die Leute, die bei ihr standen, alles meine Freunde waren. Mein Herz schlug Purzelbäume. Paul hatte zum Ende des Tages eine Überraschungsparty für mich vorbereitet. Er hatte mir von morgens bis abends Geschenke gemacht. Es war eine phantastische Party. Meine Eltern waren da, mein Bruder Peter mit seiner Frau Janet. Selbst Donna und Michael Moskow waren von der Ostküste herübergekommen.

Wir aßen Hamburger mit Zwiebelringen, und dann

tanzten wir wie verrückt nach den großen Melodien aus den sechziger und siebziger Jahren. Ich hatte noch nie in meinem Leben eine Überraschungsparty gefeiert, und dieses war mit Sicherheit das unglaublichste Fest, das ich je erleben konnte.

Wir hatten alle zusammen so lange die Angst geteilt, jetzt war der Zeitpunkt zum Loslassen. Wir mußten soviel Traurigkeit herauslassen. Ich tat das mit wilder Besessenheit. Pauls Rücken war immer noch schlimm, und so tanzten meine Freundinnen und ich zusammen. Es war wunderbar, sich vorübergehend lebendig zu fühlen und Spaß haben zu können. Paul war der Prinz, der alles ermöglicht hatte. Für einen Abend hatten wir uns unerlaubt von unserer Tragödie entfernt. Es war eine erfrischende Ablenkung, aber eine, die nicht länger als einen Tag dauern konnte.

*

Am 12. November verfiel ich wieder in meine alte Routine. Nach außen hin arbeitete ich, innerlich trauerte ich. Selbst wenn ich mich so niedergeschmettert fühlte, versuchte ich, weiter zu funktionieren. Susan De Laurentis und ich trafen uns mit Ärzten in Los Angeles, die mit AIDS-kranken Kindern arbeiteten. Da wir das Geld für unsere ersten Stipendien hatten, versuchten wir herauszufinden, welche Forschungen angelaufen und welche noch notwendig waren.

Dazu versuchten wir auch eine »Denkfabrik« für Kinder-AIDS zu organisieren. Wir wollten, daß sich eine kleine Gruppe von Ärzten aus dem ganzen Land Mitte Dezember im Nationalinstitut für Gesundheit in Bethesda traf und darüber diskutierte, wie die Dinge standen und in welche Richtung vorrangige Forschungen zu gehen hatten.

Susan und ich bereiteten unsere erste gemeinsame Reise nach Washington vor. Wir beschlossen, die verschiedenen Außenstellen des Nationalinstituts, die mit der Erforschung von Kinder-AIDS befaßt waren, anzusprechen, um zu sehen, wo die grundlegende biomedizinische Arbeit getan wurde. Wir wollten nicht, daß die Stiftung das wiederholte, was alle anderen auch schon machten. Wir wußten, das die grundlegende biomedizinische Forschung die Art von wissenschaftlicher Detektivarbeit ist, die einige der wichtigsten Fragen beantworten würde, die Kinder mit HIV angingen.

Eine der Schlüsselfragen war, warum nur etwa ein Drittel der infizierten Mütter AIDS auf ihre Kinder übertrug. Welche Geheimnisse dieser Krankheit würden ans Licht kommen, wenn wir wüßten, warum die anderen zwei Drittel es nicht taten? Wenn die Forschung uns sagen konnte, wann und wie das Virus während der Schwangerschaft von der Mutter auf das Kind übertragen wurde, dann gäbe es vielleicht eine Möglichkeit, das zu verhindern. Wenn eine Frau AZT während der Schwangerschaft nahm, konnte dadurch das Baby vor der Infektion geschützt werden?

Wir wollten auch die begleitenden Infektionen untersuchen, unter denen Kinder litten, und nach möglichen Therapien suchen. Weil das Immunsystem sich bei Kindern gerade erst entwickelt, hat das Virus bei ihnen ganz andere Auswirkungen als bei Erwachsenen. Ich wußte das aus der Beobachtung von Ari. Wir mußten alle Abweichungen bei Kinder-AIDS untersuchen und uns überlegen, wie wir so schnell wie möglich vorankamen.

Wir fühlten uns wie Detektive. Wenn wir jedem

Hinweis folgten, würden wir sicher die Krankenhäuser und Labors finden, in denen die Grundlagenforschung betrieben wurde. Aber als Susan und ich uns hineinstürzten, stellten wir fassungslos fest, daß die einzigen Forschungen der Nationalen Gesundheitsinstitute im klinischen und epidemiologischen Bereich stattfanden. Es gab an keinem Institut irgendwelche grundlegende biomedizinische Forschung in bezug auf Kinder-AIDS. Wir sagten uns immer wieder, daß das nicht wahr sein konnte. Es war einfach nicht möglich. Aber es war so. Die Kinder hatte man nicht beachtet. Überall war Geld hingekommen, außer in die Kinderheilkunde. Ich kochte innerlich vor Wut.

Natürlich waren klinische Versuche wichtig, dabei wurden neue Medikamente und Therapien ausprobiert. Die epidemiologischen Studien waren wie Radarsysteme, die aufzeigen, wo und wie schnell sich die Seuche ausbreitete. Auch sie waren wichtig, aber wo war die Wissenschaft, die die Kinder betreffenden Fragen beantworten würde? Wo waren die wissenschaftlichen Forschungen, die den Weg zum Verständnis aufzeigen würden, warum dieses Virus Kinder so schnell umbrachte? Die meisten Kinder starben im Alter von zwei Jahren. Wo waren die Studien, die mein Kind retten würden?

Susan hatte diese Nachforschungen angestellt. Sie war entsetzt. Sie zeigte mir, was sie herausgefunden hatte, und ich war wütend. Als wir erst einmal nachgefaßt hatten, sahen wir nur ein großes Loch. Wir hatten gewußt, daß es Probleme gab. Aber wir waren überzeugt gewesen, daß irgendwo etwas getan wurde.

Wir hatten bereits beschlossen, daß unsere AIDS-Stiftung für Kinder ihre Anstrengungen auf den Bereich Forschung konzentrieren würde, aber wir wollten mit der Regierung zusammenarbeiten. Wir waren davon ausgegangen, daß nicht genug getan wurde, aber wir hätten nie erwartet, daß die Regierung in diesem Bereich überhaupt nichts tat. Weder Susan noch ich noch die Ärzte, mit denen wir zusammenarbeiteten, hätten je damit gerechnet, daß nichts in Arbeit war. Niemand arbeitete an der Grundlagenforschung bei Kinder-AIDS. Niemand schenkte den Kindern Beachtung. Wir fühlten uns wie Jagdhunde, die die Fährte aufgenommen hatten. Unsere Entschlossenheit vervielfachte sich, als wir immer mehr herausfanden, was nicht getan wurde. In der Zwischenzeit infizierte und tötete das Virus Kinder auf der ganzen Welt.

Ende 1987 hatte noch niemand eine Studie über die AIDS-Übertragung durch Mütter in Auftrag gegeben. Millionen von Dollar waren dafür ausgegeben worden, Informationen über die Ausbreitung der Seuche zusammenzutragen, darüber, welche Kinder sie bekamen und wo sie lebten. Fakten dazu gab es reichlich. Aber niemand hatte den nächsten Schritt getan und gesagt: »Genug damit, laßt uns erst einmal herauszufinden versuchen, wie diese Kinder das Virus von ihrer Mutter bekommen.«

Was zum einen fehlte, war eine übergreifende Koordination. Es gab einen erstaunlichen Mangel an Koordination zwischen den einzelnen Abteilungen. Man sollte meinen, diese Leute redeten miteinander, aber sie taten es nicht.

Ein weiterer Teil des Problems lag darin, daß die Leute anfangs nicht genau wußten, daß AIDS bei Kindern ganz andere Wirkungen als bei Erwachsenen hat. Bei neunzig Prozent aller HIV-positiven Kinder treten Komplikationen im zentralen Nervensystem auf. Das ist tatsächlich selten bei Erwachsenen. Es waren die Komplikationen in Aris zentralem Nervensystem, die sie so schwächten und dazu führten, daß sie nicht mehr gehen, sprechen und schreiben konnte.

Was an Phil Pizzos Arbeit mit intravenösem AZT an den Nationalinstituten für Gesundheit so erstaunte, war die Tatsache, daß er in der Lage war, viele Schädigungen des zentralen Nervensystems bei Kindern rückgängig zu machen. Rückgängig! Bei Erwachsenen hat AZT diese Wirkung nicht. Medikamente wirken bei Kindern anders als bei Erwachsenen. Über Kinder mußte es eigene Studien geben!

AIDS beeinflußt Wachstum und Entwicklung von Kindern. Fast alle Kinder mit AIDS fallen aus der Wachstumstabelle heraus, und viele Baby fallen auch aus der Entwicklungstabelle heraus.

Die begleitenden Infektionen, die Kinder bekommen, sind viel unterschiedlicher, weil sie noch kein vollentwickeltes Immunsystem haben, und sie entwickeln keine Antikörper. Jake könnte immer wieder Windpocken bekommen. Wir fanden heraus, daß es viele Fragen gab, die sich nur bei Kindern stellten. Warum ging man sie nicht an?

Wir mußten schließlich erkennen, daß die Antwort erschreckend einfach war. Kinderheilkunde gilt nicht als »heiße Wissenschaft«. Kinderärzte bekommen keine Nobelpreise. Kinderärzte bekommen, was übrig bleibt, wenn sie überhaupt etwas bekommen. Es existiert eine Akademie für Kinderheilkunde, getrennt von der Amerikanischen Medizinischen Gesellschaft, weil die Bedürfnisse von Kindern in dem größeren Rahmen untergehen. In der Vergangenheit war das so, und mit AIDS ist es wieder passiert. Niemand nahm sich die Zeit oder brachte das Engagement auf, um Geld aus dem inzwischen sehr großen Etat für die AIDS-Forschung abzuzweigen, mit dem sichergestellt war, daß die notwendigen pädiatrischen Forschungen getrennt vorgenommen wurden.

Es ist unvorstellbar und grotesk, daß wir immer wieder dieselben Fehler machen. Es sollte einen Aufstand der Kinder geben, die schreien: »Was ist mit mir?« Aber oft können sie gar nicht sprechen, und so bleibt ihre Not unbeachtet, bis ein zorniger Elternteil beschließt, an die Öffentlichkeit zu gehen.

Susan hatte mit drei der klügsten Ärzte, die es gab, eng zusammengearbeitet: Phil Pizzo vom Nationalen Krebsinstitut, Art Amman vom Institut für Gentechnologie und Dick Stiehm von der Universitätsklinik Los Angeles. Sie organisierten das Programm für das Treffen der »Denkfabrik«. Sie war aufgeregt. Unser Geld war jetzt noch wichtiger im Lichte dessen, was unsere Regierung nicht tat. Ich sollte erst nach New York reisen, dann wollten wir uns in Washington treffen. Ich sah mich nach den richtigen Leuten für unser Beratungsgremium in Sachen Gesundheit um. Ich fuhr nach New York und wohnte bei Tante Vera, die ich kaum noch zu sehen bekam, seit ich so beschäftigt war. Das erste Treffen auf dieser Reise war das mit Dr. Jim Oleske am Kinderhospital Newark. Ich versuchte, mehr über die Entwicklung der Problematik von Kinder-AIDS zu erfahren, und Jim hat seit Ausbruch der Seuche immer in der vordersten Reihe gestanden. Er ist der Begründer und Leiter des pädiatrischen AIDS-Programms am Kinderhospital Newark. Oleske war einer der ersten, der sich 1981 öffentlich für Kinder mit AIDS einsetzte, aber niemand hörte ihm zu.

Mein erster Eindruck von Jim Oleske war, daß er so müde aussah. Es war ein einsamer Kampf für ihn gewesen. Seit einem Jahrzehnt hatte er Kinder an AIDS sterben sehen, und während der meisten Zeit schien das niemand zu kümmern, weil sie arm und meistens schwarz waren. Er erzählte mir, wie sein Engagement begonnen hatte.

»Den ersten Fall von Kinder-AIDS habe ich 1976 gesehen. Es handelte sich um ein kleines Mädchen, dessen Mutter Prostituierte war. Aber natürlich war mir da noch nicht klar, daß es um AIDS ging. Ich wußte nicht, was AIDS war. Niemand wußte das.

1978, als das kleine Mädchen starb, dachten wir, es handelte sich um einen ungewöhnlichen Fall von einem Kind mit immer wieder auftretenden Salmonelleninfektionen, Entzündungen im Zwischengewebe der Lungen, wie Gewebeproben zeigten, hohen Werten bei den Antikörpern und schlechter Funktion der T-Zellen. Wenn das Kind heute durch die Tür käme, würde auch der unerfahrenste Medizinstudent AIDS diagnostizieren, aber damals war das eine geheimnisvolle Krankheit. Es war rätselhaft. Wir hatten keine Ahnung, was bei der Kleinen nicht stimmte. Doch wir hoben etwas Blutserum auf, und als wir es Jahre später untersuchten, stellten wir fest, daß das Kind HIV-positiv gewesen war. Es starb mit etwa sechs Jahren.«

Oleske konnte das Ausmaß der Seuche, die da lauerte, nicht ahnen. Es war Ende der siebziger Jahre, und die Fälle traten nur sporadisch auf.

»Etwa 1981, 1982 war klar, daß in Newark etwas passierte. Zu uns kamen immer mehr Kinder mit Immunschwächen und ungewöhnlichen Infektionen, die wir nicht einordnen konnten. Für mich kam der Durchbruch Ende 1981. Mein Labor führte immunologische Studien durch. Wir wurden aufgefordert, dieses neue Syndrom zu untersuchen, das damals noch GRID für Gay Related Immune Deficiency (Homosexuellen zugeordnete Immunschwäche) genannt wurde und vorwiegend bei Schwulen und Drogenabhängigen auftrat.«

Oleske wurde gebeten, einem Patienten, der drogenabhängig war, Blut abzunehmen. Als Kinderarzt hat Oleske viel Erfahrung, Blut aus schwierigen Venen zu entnehmen. Als Oleske das Zimmer des Kranken betrat, erkannte er ihn. »Seine kleine Tochter war vor sechs Monaten gestorben. Mir ging ein Licht auf. Sie war einer meiner rätselhaften Fälle auf der Kinderstation gewesen. Es dämmerte uns plötzlich, daß es sich um eine Infektionskrankheit handeln mußte – vielleicht eine, die wie Geschlechtskrankheiten auftrat.

Aber damals war es nicht populär, so etwas zu sagen. Es gab viel Widerstand dagegen, die Tatsache zu akzeptieren, daß Kinder diese Krankheit bekommen konnten. Es war eine Krankheit der Schwulen und Drogenabhängigen – warum sollten Kinder sie bekommen? Ich weiß nicht genau, warum es solche Feindseligkeit gab. Es war schwierig, die Leute davon zu überzeugen, daß diese Krankheit tatsächlich bei Kindern vorkam. Genauso schwierig war es, die Leute dazu zu bringen, die Erwachsenen wahrzunehmen, denn die Krankheit trat ja bei Schwulen und Fixern auf.«

Da niemand etwas hören wollte, war es das Beste, das wußte Oleske, was er tun konnte, Proben an die modernsten Labors zu schicken. Sein eigenes Labor – in dem es nur wenige Geräte gab und das aus ihm, einer technischen Assistentin in Teilzeitbeschäftigung und einem ständigen Mitarbeiter bestand – war nicht für hochkarätige Forschungen ausgestattet.

Wenn also einer seiner AIDS-Patienten starb, fuhr Oleske, und wenn es mitten in der Nacht war, ins Krankenhaus, um sicherzustellen, daß sofort Blut- und Gewebeproben genommen wurden, und dann schickte er sie an die Labors der Klinik für Diagnostik oder der Nationalinstitute für Gesundheit. Wenn das bedeutete, daß er die Proben selbst zum Flughafen fahren mußte, tat er auch das.

1985 hatte Oleske zusammen mit der praktischen Ärztin Mary Boland das AIDS-Programm des Kinderhospitals entwickelt. Seine ersten Spenden bekam er von den Lebenslänglichen des nahegelegenen Gefängnisses, die tausend Dollar gesammelt hatten. Oleske hatte sich um die Kinder von einem der Häftlinge gekümmert. Die Leute aus dem großen Wissenschafts-Establishment wollten einen Niemand aus Newark nicht unterstützen. Die Nationalinstitute für Gesundheit lehnten 1987 fünfmal eine finanzielle Förderung für Oleske ab.

»Zustimmung, aber keine Subvention«, erklärte Oleske. »Das ist, als ob man sagt, daß das eine gute Idee ist, aber Geld geben wir dafür nicht. Der größte Vorwurf gegen uns war, daß wir keine annehmbaren Vergleichswerte erreichen würden. Sie dachten, wir würden es nicht schaffen, die Leute, die ja alle Drogenabhängige waren, zu regelmäßigen Besuchen zu überreden, damit man eine umfassende wissenschaftliche Studie durchführen konnte.

Aber wir hatten bereits bewiesen, daß die Leute wiederkommen, wenn man einen Sozialarbeiter hat und gute Versorgung anbietet. In neunzig Prozent der Fälle haben wir Vergleichswerte. Ja, manche Eltern sind wohl drogensüchtig, aber sie kümmern sich um ihre Kinder.«

Ich habe gelernt, daß der Kongreß oft Eltern und Familien mehr Aufmerksamkeit schenkt als Ärzten und Wissenschaftlern, die häufig als Selbstbediener gelten und es manchmal auch sind.

1986 wurde Oleske aufgefordert, auf einer von dem Surgeon General einberufenen Konferenz über Frauen und Kinder mit AIDS Daten vorzulegen. Er setzte sich hin und versuchte zu projizieren, wohin die Zahlen gehen würden. Es waren staatlicherseits schon Projektionen durchgeführt worden, aber man zählte nur die Fälle mit dem Vollbild von AIDS, also die Menschen, die bereits krank waren, aber nicht die noch Gesunden, die HIV-infiziert waren.

Das verfälschte die Tatsachen. Beispielsweise sagte die offizielle Statistik, daß es im Staat New Jersey zwölf Fälle gab, während Oleske wußte, daß er in seinem Krankenhaus siebzig Kinder ambulant behandelte.

So zog Oleske bei dieser Konferenz die Schlußfolgerung, daß es 1991 landesweit zwischen zehn- und zwanzigtausend Fälle von Kinder-AIDS geben würde und daß eins von zehn Betten in Kinderkrankenhäusern mit einem Kind mit einer HIV-Infektion belegt sein würde. Die Leute warfen ihm vor, blinden Alarm zu schlagen und zu übertreiben. Niemand glaubte, daß die Zahlen je so hoch sein würden, aber tatsächlich stellten sich seine Schätzungen als richtig heraus.

Für Jim Oleske gilt dasselbe wie für mich. Wir haben keine Zeit, wütend zu sein. Die Leute fragen mich ständig, ob ich zornig auf den Menschen sei, der mir das Blut spendete. Was würde das nützen? Hilft das Jake Glaser, gegen AIDS zu kämpfen? Hilft es mir, gegen AIDS zu kämpfen?

Ich bat Jim, Mitglied unseres Beratungsgremiums für Gesundheit zu werden, und er stimmte zu. Auch Mary Boland bat ich darum. Jim freute sich, daß ich in Washington angehört wurde, aber verständlicherweise waren seine Gefühle gespalten.

Seit zehn Jahren hatte er Menschen sterben sehen. Da ist es bitter für ihn, daß eine weiße Frau, die Ehefrau eines Fernsehstars, daherkommen mußte, um die

Aufmerksamkeit auf Kinder-AIDS zu richten. »Warum konnten wir uns nicht auch um die Kinder von Newark kümmern?« fragt er. »Es tut weh.«

Er hat recht. Es tut weh. Ich bin die erste, die zugibt, daß ich ein gutes Beispiel dafür bin, was in unserem System richtig und verkehrt ist. Was kann amerikanischer sein als eine Einzelperson, die versucht, Veränderungen zu erreichen? Aber ist es nicht ein Skandal, daß vorher niemand zugehört hat?

Nach meinem Gespräch in Newark fühlte ich mich trostlos und erschüttert. Ich wollte zurück zu Vera und mich hinlegen, aber ich konnte nicht. Ich hatte als nächstes ein sehr wichtiges Treffen. Es sollte mit einer von Aris Lieblingspersonen stattfinden, und es ging um Geld.

Als Ari tot war, sprachen Lucy und ich darüber, James Taylor zu bitten, eine Platte mit Wiegenliedern aufzunehmen, deren Erlös der Stiftung zukommen sollte.

Also besuchte ich James Taylor und Kathryn Walker in ihrem Appartement in New York. Ich sah darin ein geschäftliches Treffen und hatte nicht erwartet, daß mich so machtvolle Emotionen überkommen würden, als ich durch die Tür trat.

Ich kam in eine Welt, die ich mit Ari erlebt, die ich aber nie gesehen hatte. Da waren die Vögel, der Hund, die Ansicht vom Hudson River — alles, was James ihr auf dem Band, das wir immer wieder gehört hatten, beschrieben hatte, war tatsächlich da. Es war, als wären wir gemeinsam durch diese Räume gegangen. Ich mußte blinzeln, um die Tränen zurückzudrängen, aber innerlich weinte ich heftig.

Wir aßen zusammen zu Mittag, und James sagte, er würde sich mit Begeisterung an der Platte mit den Wiegenliedern beteiligen. Sein Engagement in jener frühen Phase war wichtig. Wieder klappte etwas. Er versprach Peter Asher, seinen Manager, anzurufen, und dann würden wir die Dinge in die Wege leiten.

Bevor ich nach Washington flog, fuhr ich mit dem Taxi ins Harlem Hospital, um mich mit Dr. Margaret Haegarty zu treffen, die dort die Kinderstation leitet. Auch sie stimmte zu, Mitglied unseres Beratergremiums in Sachen Gesundheit zu werden.

Ich kam in Washington einen Tag vor Susan an, die am nächsten Nachmittag eintraf. Wir hatten uns zwei nicht einfache Ziele gesetzt: Wir wollten an der ersten »Denkfabrik« der Stiftung teilnehmen und herausfinden, wie wir die Food and Drug Administration (FDA, die für Lebensmittel und Medikamente zuständige Behörde) dazu brachten, die Prüfung von Medikamenten für Kinder zu beschleunigen. Die Detektivinnen Glaser und De Laurentis waren wieder an der Arbeit.

Wie ich es so schmerzlich in der eigenen Familie erlebt hatte, stand AZT für Erwachsene zwei Jahre eher zur Verfügung als für Kinder. So war das System immer vorgegangen. Nach der Thalidomid-Tragödie (deutsche Handelsbezeichnung: Contergan) in den sechziger Jahren waren die Arzneimittelhersteller und die FDA sehr vorsichtig geworden bei der Zulassung von Medikamenten für Kinder, was ja auch in Ordnung ist, solange es keine lebensbedrohende Seuche gibt.

Ende 1988 befürchtete ich, daß sich das, was mit AZT passiert war, bei allen nachfolgenden Medikamenten, die zur Behandlung von AIDS auf den Markt kamen, wiederholen würde. Ich machte mir Sorgen, daß Mittel nicht rechtzeitig genug freigegeben würden, um Jake zu helfen. Es war unerläßlich, mit der FDA zusammenzuarbeiten und der Behörde klarzumachen, daß das Einhalten ihrer Vorschriften schreckliche Folgen haben könnte.

Bob Burkett hatte vorgeschlagen, daß ich mich in Washington mit jemandem aus dem Büro von Senator Howard Metzenbaum treffen sollte, weil er im Aufsichtskomitee für die FDA saß. Also traf ich Joel Johnson, Metzenbaums jungen Fachmann für die Gesetzgebung. Joel sah aus wie der ewige Klassensprecher, der saubere Einser-Schüler.

Wir trafen uns in dem Büro des Senators, das hohe Fenster und eine umfangreiche Kunstsammlung, von der Moderne bis hin zu alten chinesischen Teedosen, vorzuweisen hatte.

Joel gab mir einen ausgezeichneten Rat. Trotz seines sauber gewaschenen äußeren Erscheinungsbildes stellte er sich als ein brillanter, gerissener politischer Stratege heraus. In einem pragmatischen, zynischen Äußeren steckt ein klassisch liberales Herz. Er sagte: »Alle Demokraten, mit denen Sie zusammenkommen, werden Ihnen sagen, daß sie helfen wollen, und sie meinen das auch. Aber Sie erreichen gar nichts, wenn Sie nicht Unterstützung von *zwei* Seiten erhalten. Sie müssen Ihre Ideen auch den Republikanern verkaufen.«

Er sagte, daß er helfen wollte, und schlug vor, daß ich mich mit Nancy Taylor traf, die im Büro von Senator Orrin Hatch, einem konservativen Republikaner aus Utah, für Gesundheitsfragen zuständig war. Metzenbaum und Hatch hatten zusammen an den Gesetzen gearbeitet, die den »Pensionsbabys« helfen sollten, Säuglingen, die AIDS-infiziert auf die Welt gekommen waren und von Eltern, die sich nicht um sie kümmern konnten oder wollten, in den Krankenhäusern zurückgelassen wurden.

Wie fast alle anderen im Capitol dachte zu der Zeit

auch Joel, daß die Kinder-AIDS-Problematik die »Pensionsbabys« betraf. »Die Leute glauben einfach nicht, daß dieses ein Problem von epidemischen Ausmaßen ist. Ich höre zum erstenmal, daß Kinder-AIDS nicht nur ein Problem von ein paar drogensüchtigen Müttern ist, die ein Baby mit AIDS zur Welt gebracht und es dann verlassen haben.« Inzwischen überraschte es mich nicht mehr, wenn ich feststellte, daß die Leute nicht viel von dem wußten, was ich ihnen erzählte.

Ich ging zurück in das Hart-Gebäude, um mich mit Nancy Taylor zu treffen. Ich werde unsere erste Zusammenkunft nie vergessen. Ich habe dabei so viel gelernt wie bei allen anderen Gesprächen in Washington zusammen.

Ich verbrachte mehr als eine Stunde mit Nancy. Sie war klug, aggressiv und hielt nachdrücklich an ihrem Standpunkt fest. Als ich ging, verstand ich besser als je zuvor, warum es so schwer ist, Veränderungen herbeizuführen. Das liegt daran, daß es für jedes Problem so gute Leute mit vollkommen entgegengesetzten Meinungen gibt. Jeder hält den eigenen Standpunkt für richtig. Ich hatte Angst, denn das System überhaupt zu einer Veränderung zu bringen, schien eine gewaltige Aufgabe zu sein. Was ich nicht wußte, war, daß Nancy Taylor nicht nur eine gute Freundin werden sollte, sondern auch dazu beitragen würde, daß wichtige Gesetze auf den Weg gebracht wurden, die uns halfen.

Ich hatte das Gefühl, daß Joel Johnson mich auf das Gespräch nicht richtig vorbereitet hatte, aber er lag hundertprozentig richtig – das war ein Treffen, das unbedingt sein mußte. Wenn ich mir keine konservative Unterstützung verschaffte, würde ich nicht viel erreichen.

Susan traf nachmittags ein und hatte ein Gespräch vereinbart mit Sandy Mitchell Brock, einer alten Freundin ihrer Familie und jetzt Ehefrau von Reagans Arbeitsminister William E. Brock. Wir hofften, daß Sandy dem geschäftsführenden Beratungsgremium unserer Stiftung beitreten würde. Wir wollten, daß unser Gremium ausgewogen war, sowohl geographisch als auch politisch.

Wir trafen Sandy auf einen Drink. Wir hätten uns keine Sorgen machen müssen. Sandy sagte zu, bevor wir noch unseren Sermon zu Ende gebracht hatten. Sie versprach uns, daß wir auf ihre Hilfe zählen könnten.

Wir waren aufgeregt, daß Sandy unserem Gremium beitreten würde, aber wir hatten noch keinerlei Ahnung, wie wichtig sie noch werden sollte.

Am nächsten Tag war die »Denkfabrik« angesetzt. Susan, Phil Pizzo, Art Amman und Dick Stiehm hatten hervorragende Arbeit geleistet, und der Tag verlief glatt. Einen ganzen Tag lang konzentrierten zwölf kluge und kreative Forscher ihre ganze Aufmerksamkeit auf Kinder mit AIDS. Zu dem Zeitpunkt hatten wir fast eine Million Dollar für die Forschung zusammengebracht. Ziel der »Denkfabrik« war es, festzulegen, wie das Geld verwendet werden sollte und die Richtung der Stiftung im kommenden Jahr zu diskutieren.

Es gab einen oder zwei Augenblicke, in denen die Gespräche der Ärzte über sterbende Kinder der Situation zu Hause zu nahe kamen, und ich mußte den Kopf senken und meine Tränen verbergen. Ich gab mir große Mühe, nüchtern und sachlich zu bleiben. Ich tat, was ich tun mußte. Ich hatte ein Kind verloren, aber gleichzeitig hatte ich in vieler Hinsicht das Gefühl, ein neues Kind zur Welt zu bringen – die Stiftung, die hoffentlich Leben retten würde. Die »Denkfabrik« war der erste Schritt.

11

Als ich aus Washington nach Hause zurückkehrte, war ich zwei Tage lang am Boden zerstört. Alles, was ich ausgeschaltet hatte, während ich ein Gespräch nach dem anderen führte, überwältigte mich jetzt. Ich verfiel in Depressionen und weinte fast ohne Unterbrechung. Um diese Treffen in Washington durchzustehen und nicht zu weinen, mußte ich in der Lage sein, über mein Leben zu sprechen, aber eigentlich nichts dabei zu empfinden. Bei der Rückkehr nach L.A. flossen alle Gefühle über. Ich sah Jake und dachte daran, wie langsam sich die Dinge in Washington bewegten, und dann fühlte ich mich verschreckt und hilflos. Ich war auch erschöpft. Ich vergaß, daß schon mein alltägliches Leben ermüdend war.

Manchmal kehre ich aus Washington zurück und weine nur noch, wenn ich schließlich ins Bett gehe. Das ist Paul gegenüber nicht fair. Er ist dann frustriert und sagt: »Hör mal, du warst vier Tage weg, ich habe mich ganz um das Kind gekümmert, und jetzt, wo du wieder da bist, weinst du!«

Manchmal hebt Paul nur die Hände und sagt, daß es zuviel wird. Aber nach einer Reihe von Reisen nach Washington, wußten wir beide mehr über diese Reaktion auf meine Arbeit, und jetzt erinnern wir uns gegenseitig daran, daß es immer so ist, wenn ich nach Hause komme, und daß es vorbeigeht. Im Laufe der Zeit haben die Reisen nach Washington immer weniger emotionalen Tribut gefordert, aber anfangs waren sie außerordentlich deprimierend.

Als ich diesesmal zurückkehrte, war Weihnachten. Seit Monaten hatte ich mich vor Weihnachten und Chanukka gefürchtet. Ich wollte vermeiden, in Los Angeles zu sein. Ich konnte mir nicht vorstellen, all diese glücklichen Familien zu sehen und zu wissen, daß Ari nicht mehr da war. Ich wußte, daß ich es meinen Freunden übelnehmen würde, daß sie ein normales, glückliches, wunderbares Leben führten, und sie würden mir aus dem Weg gehen, weil sie während der Feiertage nicht daran erinnert werden wollten, wie schrecklich das Leben sein konnte.

Der Gedanke, ohne Ari eine Chanukka-Kerze anzuzünden, war unerträglich. Der Gedanke, zu Hause zu bleiben, hatte mich so bedrückt, daß wir eine Woche Skilaufen in Kanada mit den Seymours gebucht hatten und dann für zehn Tage nach Hawaii fliegen wollten, wo unsere Nichte Alisa Kantar zu uns stoßen würde. Wir würden die gesamten Weihnachtsferien nicht zu Hause sein. Es war eine kostspielige Idee, aber es war mein Plan für das emotionale Überleben.

Wir waren vor zwei Jahren mit Ari in Hawaii gewesen. Da war Jake erst zwei Jahre alt, und er erinnerte sich lebhaft daran, was wir allerdings nicht wußten. Am 25. Dezember kamen wir auf der Insel Maui an. In Jakes Zimmer in unserem Haus standen zwei Betten. Als wir ihm sagten, daß seine Cousine Alisa in dem zweiten Bett schlafen würde, wurde er wütend. »Das ist Aris Bett!« betonte er mit Nachdruck. »Das ist nicht für Alisa.«

Hawaii wurde ein ziemliches Trauma für Jake. Er weinte jede Nacht nach Ari. Es war das erstemal, daß er so sehr weinte, und Paul und ich fühlten uns entsetzlich schlecht. Wir wußten nicht, wie wir ihm hel-

Oben ein Bild vom Erntedanktag 1986. Wir kaufen Kürbisse ein. *Unten* Aris sechster Geburtstag. Jake ist fast drei. Ari fängt an, schwächer zu werden.

Ari, Jake und ich bei einem Regenspaziergang in Maine.

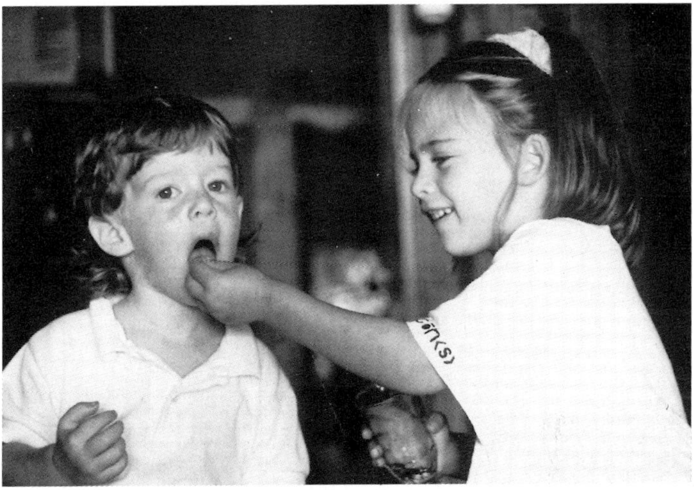

Sommer 1987 in Maine. Ari und Jake füttern sich gegenseitig mit den Blaubeeren, die wir gepflückt haben.

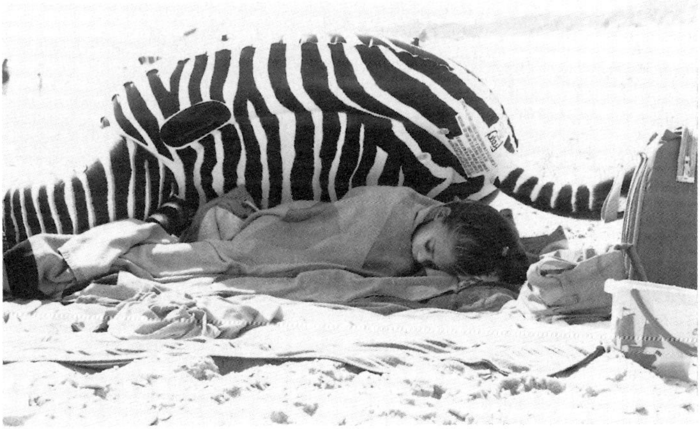

Ari am Strand von Martha's Vineyard. Sie hatte angefangen, jeden Tag ein Nickerchen zu machen.

Als Ari nicht mehr in die Schule gehen konnte, spielten sie und Jake stundenlang zusammen. Verkleiden war ein Lieblingsspiel.

Aris letztes Halloween-Fest, wo sie sich als freches Mädchen aus den zwanziger Jahren verkleidet hatte und zum letztenmal nach Crossroads zurückkehrte.

Jake und sein Kumpel Josh Seymour.

Premiere von »Immediate Family«. Das war der erste Abend, an dem wir uns in der Öffentlichkeit zeigten, nachdem der Artikel erschienen war. Wir sehen beide angespannt aus. (Foto: Janet Gough/Celebrity Photo Agency)

Ich, Präsident Reagan, Susan und Susie 1990 bei einer Wohltätigkeitsveranstaltung zugunsten der Stiftung. (Foto: © 1990 Michael Jacobs/MJP)

Am 10. Juni 1990 kam Elton John zu unserer Pressekonferenz, auf der wir unsere Veranstaltung »A Time for Heroes« vorstellten, die eine Million Dollar bringen sollte. Er verdient mit Sicherheit die Kappe mit dem Aufdruck »Hero« — Held, die er trägt. (Foto: © 1990 Michael Jacobs/MJP)

fen sollten. Jake war vollkommen von der Rolle und wich nicht von meiner Seite.

Hawaii war fürchterlich. Es schien, daß wir damit einfach nicht fertig wurden, als die Seymours wieder abgereist waren. Der Urlaub war voller Spannung. Paul tat weiterhin der Rücken weh. Nach Aris Tod hatte er acht oder neun Monate lang Schwierigkeiten damit. Da waren wir nun mitten im Paradies und konnten nur weinen.

Eines Tages fuhren wir auf die Seite der Insel, auf der Hana liegt, und kletterten hinauf zu den sieben heiligen Teichen, die, miteinander verbunden, am Berg liegen. Als wir auf dem Gipfel ankamen, stand über den sieben Teichen ein doppelter Regenbogen. Jake sah mich an, und wir seufzten beide. Wir wußten, daß Ari ein Teil des Regenbogens war.

Ich fragte Jake: »Willst du ihr etwas sagen?«

Er blickte nur nach oben und sagte ganz ruhig: »Du fehlst mir Ari. Ich hab' dich lieb. Ich hab' deinen Regenbogen lieb.«

Ich hatte mit Jake darüber gesprochen, daß Aris Seele am Leben war, und er erzählte allen Leuten, die wir trafen: »Meine Schwester ist tot, aber ihre Seele lebt noch.« Doch die Worte auszusprechen und ihre Seele wirklich spüren zu können, sind zwei ganz verschiedene Dinge.

Als wir wieder zu Hause waren, machte Jake vier entsetzliche Monate mit seelischem Trauma durch. Er war das ganze Jahr allein im Kindergarten geblieben, jetzt wollte er ohne mich nicht mehr hin. Jede Trennung ließ ihn erstarren. Fast sechs Wochen lang begleitete ich ihn jeden Tag und blieb. Wenn er mich nicht sah, verfiel er in Panik.

Ich nahm ein Buch mit in den Kindergarten, das dickste, das ich finden konnte, »Die Nebel von Avalon«. Es hatte tausend Seiten. Ich saß in einem kleinen Raum neben Jakes Klassenzimmer. Die Tür war offen, und er konnte mich sehen. Solange ich da war, ging es ihm gut. Aber sogar wenn ich ins Bad ging, war er, als ich zurückkam, schon am Weinen.

Mary Hartzell, die Leiterin des Kindergartens, und Jakes Kindergärtnerin Joanne Mandakas halfen mir, die Sache durchzustehen. Sie gaben mir nie das Gefühl, eine schlechte Mutter zu sein, weil es meinem Jungen so schlecht ging. Wir waren ein Team, und wir versuchten alle drei, Jake zu helfen.

Jake Liebe und Unterstützung zukommen zu lassen, war wichtig, aber die beiden Frauen erinnerten mich daran, daß ich auch Grenzen setzen mußte. Manchmal hatte ich das Gefühl, ich sollte ihn tun und machen lassen, was er wollte, weil ja niemand wußte, wie lange er noch zu leben hatte. Aber dieser Gedanke stand zu allem im Widerspruch, was ich über Kleinkindererziehung gelernt hatte, und ich wußte, daß es letzten Endes nicht gut war für Jake. Den Mittelweg zu finden, schien manchmal unmöglich zu sein. Meine Ängste und mein Verstand lagen ständig im Widerstreit. Ich hoffte auf letztendliche Weisheit.

Zum Glück gab es die Unterstützung von Susan Jay, Jakes »Rede-Doktor«. Sie war die Psychologin, die ihn sich einmal in der Woche ansah. Sie beruhigte mich, daß das, war er jetzt durchmachte, nicht ungewöhnlich war, weil er eine so starke Bindung an Ari hatte, und daß es mit der Zeit besser werden würde.

Paul und ich waren nach Aris Tod ein paarmal zusammen zu einem Therapeuten gegangen. Ich denke, viele Leute glauben, daß der Verlust eines Kindes ein Paar enger zusammenschweißt. Aber das ist eine Phantasievorstellung von »Und sie lebten glücklich bis an ihr Ende« wie in Doris-Day-Filmen. Einen großen, schrecklichen Verlust gemeinsam zu erleben, schafft ungeheure Belastungen, und Außenstehende sehen nur die Spitze des Eisbergs. Die Belastungen brachten Paul und mich nicht näher zueinander. Die meiste Zeit trieben sie uns auseinander. Für uns war die Trauer sehr polarisierend. Manchmal war es unmöglich, uns gegenseitig unsere Trauer zu vermitteln oder sie zu teilen, weil sie so intim war.

Paul und ich sind immer ein bißchen wie eine emotionale Wippe gewesen. Wenn einer stark ist, ist der andere schwach, und wir halten gegenseitig das Gleichgewicht. Aber als ich nach der Wahl zusammenklappte, war es bei ihm genauso. Wir fühlten uns beide schwach und deprimiert.

Ich hatte das Gefühl, es wäre belastend, wenn ich meine Traurigkeit mit Paul teilte, und ich glaube, ihm ging es nicht anders. So durchlebte ich am Ende den größten Teil meiner Trauer allein. Aber manchmal ist es sehr tröstlich, den anderen abends im Bett einfach neben sich zu haben, und er hält einen fest und teilt wortlos mit: »Hier bin ich.«

Ich kann mir nicht vorstellen, daß irgendeine Ehe stärker auf die Probe gestellt wurde als unsere. Wenn man erst einmal gemerkt hat, daß die Belastung einen nicht zueinander bringt und die Kraft hat, alles zu zerstören, was man hat, dann fängt man an, über Wege nachzudenken, um das zu verhindern. Manchmal findet man sie, manchmal nicht. Unser Geheimnis verlangte von uns, der Welt draußen eine starke, tapfere Fassade zu zeigen. Man braucht viel Energie, um tapfer zu sein. Wenn wir nach Hause kamen, lagen unsere Nerven blank. Wir waren empfindlich und gereizt im Umgang mit einander.

Unsere Ehe ist insoweit ungewöhnlich, als Paul und ich irgendwo ganz tief innen das Gefühl haben, daß wir gar nicht beschließen können, auseinanderzugehen. Andere Männer hätten vielleicht eine Frau und zwei Kinder, die HIV-positiv waren, verlassen, nicht so Paul. Keiner von uns beiden hat je eine Scheidung als Möglichkeit in Betracht gezogen. Worauf wir hinarbeiten mußten, war die Einsicht, daß wir eine Wahl hatten und daß wir diese Wahl jeden Tag trafen. Wir entschieden uns, zusammenzubleiben. Bis uns das klar war, und wir vergessen es manchmal immer noch, schien unser Leben oft ein Gefängnis ohne Ausgang zu sein. Aber wenn wir daran denken, daß wir eine Wahl haben, dann sind wir nicht länger Opfer, und das ist ein viel besseres Gefühl.

Ich arbeitete zu der Zeit daran, viele Dinge zu verstehen, aber eine Sache konnte ich nicht ändern. Ganz gleich, wieviel Mühe ich mir gab oder wie gut ich es verstand, ich konnte das Gefühl nicht ändern, innerlich tot zu sein. Ich war wütend auf mich selbst, weil ich kostbare Zeit vergeudete. Es war das erstemal in meinem Leben, daß ich nicht ganz und gar lebte. Aber ich konnte die Glut nicht wieder zum Aufflammen bringen. Ich konnte keine Schönheit mehr in der Welt entdecken, seit Ari gestorben war. Es gab keine Freude. Wie konnte ich Schönheit in einer Welt finden, die so grausam gewesen war? Wir konnte ich wirklich lieben? Ohne Freude und Schönheit und Liebe fühlte ich mich tot. Ich sah die Welt nur schwarz und weiß.

Mit diesen Fragen schlug ich mich monatelang nach Aris Tod herum. Es machte mir ziemliche Angst, mich innerlich so lange tot zu fühlen. Die Furcht wurde stärker, als mir klar wurde, daß meine alljährliche Skireise näher kam.

Jedes Jahr im Januar fahren meine Freundin Suzanne und ich mit ein paar anderen verheirateten Freundinnen für ein paar Tage nach Aspen in Colorado. Wir laufen viel Ski, wir tanzen, wir feiern, und wir trinken Tequila. Für mich ist das auch schwierig, weil ich nie weiß, ob ich im nächsten Jahr wieder dabei sein werde. Im ersten Jahr, in dem ich nach Aspen fuhr, kannte ich unsere Diagnose, aber es war niemand krank. Im zweiten Jahr war Ari schwerkrank. Dieses war das dritte Jahr, und Ari war tot.

Jetzt fühlte ich mich auch tot, und im Winter 1989 nach Aspen zu fahren, kam mir dumm vor. Aber es war auch ein Test. Konnte ich fahren und es immer noch genießen, fragte ich mich. Aspen würde vermutlich bestätigen, daß ich nie wieder ganz ich selbst sein würde. Ich behielt meine Gefühle für mich, aber ich wußte, daß diese Reise irgendwie entscheidend für mich sein würde.

An einem Sonntag, kurz bevor ich nach Colorado fuhr, besuchten uns Freunde, die wir seit Jahren nicht mehr gesehen hatten. Ich hatte den ganzen Vormittag damit verbracht, ihnen von Ari zu erzählen. Ich ging in die Küche, um Tee zu machen. Ich stellte das Wasser auf und ging zum Schrank, als ich plötzlich dieses merkwürdige Geräusch neben mir hörte. Aber es war nicht beängstigend. Ich drehte mich sehr, sehr langsam um und guckte, doch da war nichts.

Die Schwingung setzte sich fort und kam immer näher an mich heran, dann ging sie durch mich durch, und dabei konnte ich spüren, wie in meinem Herzen ihre Kraft nachhallte. Dann verließ sie meinen Körper und passierte den Spülstein. Die Katzen saßen davor, und als die Schwingung vorbeikam, warfen sie beide ihre Köpfe hoch, um ihr zu folgen. Doch erstaunlicherweise lief keine davon oder bewegte sich auch nur. Dann war alles vorbei.

Ich wußte, daß das alles passiert war, aber ich wußte nicht, was es bedeutete. Zu einem anderen Zeitpunkt in meinem Leben wäre ich vielleicht beunruhigter gewesen, aber nachdem man solche Katastrophen erlebt hatte, wirkten kleine, seltsame Augenblicke einfach auf merkwürdige Weise unerklärlich. In meinem Herzen hoffte ich, es sei Ari gewesen.

Als ich mich etwa zehn Tage später auf Aspen vorbereitete, wurde mir bewußt, daß ich nicht länger auf dieselbe Weise wie bisher um Ari getrauert hatte. Das ließ mich nachdenken. In den vergangenen drei Tagen hatte ich nicht mehr diesen durchdringenden Schmerz empfunden. Ich versuchte mich daran zu erinnern, wann sich meine Gefühle verändert hatten, und meine Gedanken gingen zurück, bis sie bei jener Schwingung hängen blieben. Ohne jegliche Erscheinung oder bewußte Wahrnehmung meinerseits war irgend etwas fast unmerklich verändert worden. Ich packte meine Koffer und flog nach Aspen.

Wir haben soviel Spaß in Aspen. Ich liebe das Skifahren. Ich fühle mich frei, schnell und mächtig. Ich fühle mich fast normal, wenn ich einen Hang hinunterrase. Der Wind weht durch mein Haar, und die Kälte tanzt auf meinen Wangen. Da ist keine Zeit, um an etwas anderes als an meinen Rhythmus und die Stille der Welt zu denken.

Suzanne und ich haben gelernt, wirklich Spaß miteinander zu haben, ganz gleich, welche Schmerzen es sonst in unserem Leben geben mag. Ich wünschte mir nur manchmal, meine anderen Freunde und meine Familie könnten mich auch so glücklich erleben, wie ich dort bin.

Nachdem wir den ganzen Tag Ski gelaufen waren, gingen wir eines Abends zum Tanzen. Im allgemeinen tanzen wir Freundinnen miteinander, denn Suzanne, Sandy und ich sind gute Tanzpartner, doch an diesem Abend fing ein sehr gut aussehender Mann an, mit mir zu tanzen. Die anderen Frauen wollten nach Hause, aber ich hatte zuviel Spaß. Also gingen sie, und ich blieb.

Dieser gutaussehende Mann, der nichts, aber auch gar nichts über mein Leben wußte, tanzte mit mir, und ich amüsierte mich großartig. Wir tanzten stundenlang, und als wir aufhörten, gab er mir zu meiner Überraschung einen langen, sehnsuchtsvollen Abschiedskuß.

Ich bin sicher, daß ich stehenblieb, aber meine Knie waren weich. Monatelang war ich für die Welt tot gewesen. Aber an diesem Abend glomm eine Glut. Ich wußte, daß der vor mir liegende Kampf schwer sein würde und meine Zukunft unsicher. Aber dort, in der Paragon Bar in Aspen, merkte ich, daß ein Teil von mir noch fühlen konnte. Wie Dornröschen erwachte ich nach einem Kuß.

Wir verabschiedeten uns, ich ging in mein Zimmer und legte mich schlafen. Das war das Ende der Geschichte.

Aber ich veränderte mich. Ich glaube, daß die Schwingung in meiner Küche etwas war, das mich durchdrang, um mir zurück ins Leben zu verhelfen. Vielleicht kam sie von Ari. Vielleicht auch nicht, aber der Gedanke tröstet mich, daß sie sie mir geschickt haben könnte. In einem meiner stillen Gespräche mit ihr sagte ich: »Ari, ich weiß, wie sehr du Papa liebst, und ich weiß, daß das nichts mit ihm zu tun hat. Danke. Du hast mir diesen Kuß aus den allerbesten Gründen geschickt.«

Ich kehrte nach Hause zurück und spürte, wie ich bei Paul und Jake wieder lebendig wurde. Ich fing wieder an, sie zu lieben. Wenn ich lieben konnte, dann konnte ich leben. Es schien möglich zu sein, daß ich Ursachen zur Hoffnung finden könnte. Ich war wie eine in Lehm eingeschlossene Blume gewesen. Der Lehm war hart geworden, und ich konnte nichts mehr sehen oder anfassen. Die Schwingung hatte einen Riß in die Lehmschale gemacht, und die Reise nach Aspen hatte ihn verbreitert. Licht und Luft kamen hinein, die Blume war nicht verwelkt. Ich fühlte mich gekräftigt und ein bißchen wie neugeboren. Wieder an die Arbeit zu gehen, machte mehr Spaß.

Susie und ich stürzten uns erneut darauf, Spenden zu sammeln. Susie befaßte sich mit den Subventionen für die Forschung. Ohne genug Geld würde die ganze Arbeit umsonst sein. Eines der Dinge, die ich zu erledigen hatte, war, das Geld von Steven Spielberg einzutreiben. Er hatte gesagt, daß er uns hunderttausend Dollar geben würde, aber wir hatten keinen Scheck bekommen. Ich rief an und erklärte irgend jemandem in seinem Büro, daß wir unsere Subventionen auszahlen wollten und uns fragten, wann wir den Scheck von Steven erwarten könnten.

Kurz darauf rief mich Gerry Breslauer, Stevens Geschäftsführer an. Er bat um ein Treffen. Ich dachte: »Na prima, bevor ich den Scheck bekomme, muß ich beweisen, daß ich nicht herumspinne und daß es die AIDS-Stiftung für Kinder wirklich gibt.« Ich hatte Angst. Es stand viel Geld auf dem Spiel.

Breslauers Büro war in einem sehr hohen Gebäude an der Avenue of the Stars in Century City. Wir setzten uns an einen runden Tisch, und ich breitete einen Teil der schriftlichen Unterlagen der Stiftung aus. Ich war nervös, aber ich kam gleich zur Sache.

»Also, ich bin wohl hier, um Sie davon zu überzeugen, daß es in Ordnung geht, wenn Sie mir die hunderttausend Dollar geben, die Steven versprochen hat. Und da ich nicht weiß, wieviel Sie über mich wissen, werde ich Ihnen ein bißchen über mein Leben erzählen.« Als ich damit fertig war, erzählte ich ihm von der Stiftung und erklärte, daß wir kein Büro und keine Betriebskosten hatten. Wir hatten fast die erste Million zusammengebracht ohne Briefpapier, ohne Visitenkarten, ohne Telefon. Wir benutzten zu der Zeit Susans Adresse und Telefonnummer, und bis dahin hatten wir alle Kosten aus eigener Tasche bezahlt. Ferngespräche fanden sich auf unseren privaten Telefonrechnungen wieder, Flugtickets wurden mit privaten Kreditkarten bezahlt, und wir planten unsere Strategien an Küchentischen, wenn unsere Kinder in der Schule und unsere Männer bei der Arbeit waren.

Ich sprach etwa fünfundvierzig Minuten lang sehr ernsthaft und geschäftsmäßig mit Gerry Breslauer. Dann sagte er, daß er wohl eine Überraschung für mich hätte. Ich sah ihn fragend an.

»Also, ich habe hier eine Nachricht von Steven«, sagte er und legte sie hin, während er weitersprach. Ich strengte meine Augen an, um über Kopf zu lesen. Ich konnte die Zahl 500 000 erkennen.

Breslauer fuhr fort: »Die Nachricht von Steven besagt, daß er Ihnen eine halbe Million Dollar gibt.«

Schluchzend und zitternd stand ich auf und nahm den Mann, den ich erst seit fünfundvierzig Minuten kannte, in die Arme. Schließlich platzte ich heraus: »Stört es Sie, wenn ich eine Zigarette rauche?«

»Rauchen ist nicht gut für Sie.«

»Ich weiß«, sagte ich, »aber wenn ich so aufgeregt bin, dann ist es das einzige, was mich beruhigt.«

Also zündete ich eine Zigarette an und sagte: »Ich kann das nicht glauben. Sie müssen Sankt Nikolaus sein. Auch wenn Sie Jude sind, Sie müssen trotzdem Sankt Nikolaus sein.«

Er lachte. Als ich mich verabschiedete, sagte er

mir, wie beeindruckt er von mir war und der Arbeit, die wir zu tun versuchten, und er wünschte mir das Beste.

Ich stieg ins Auto und rief Susan und Susie an, um ihnen zu erzählen, was gerade passiert war. Wir waren überglücklich. Ich holte Jake ab, und gegen zwei Uhr waren wir zu Hause.

Das Telefon klingelte.

»Elizabeth Glaser? Moment, bitte, Gerry Breslauer möchte Sie sprechen.«

»O Gott«, dachte ich und machte mich auf schlechte Nachrichten gefaßt. »Da liegt ein Irrtum vor. Es sollten nicht fünfhunderttausend werden, sondern fünfzigtausend oder fünftausend . . .«

Gerry war am Apparat. »Elizabeth, haben Sie eine Zigarette zur Hand?«

»Ja. Warum?«

»Dann zünden Sie sich jetzt eine an.«

»Gut. Erledigt.«

»Ich war gerade mit dem Schriftsteller Sidney Sheldon zum Essen. Er gibt Ihnen hunderttausend Dollar.«

Das war zuviel, um wahr zu sein. »Gerry, wollen Sie mir erzählen, daß Sie beim Essen hunderttausend für uns bekommen haben? Das ist unglaublich. Sie sind wirklich ein Held für mich!«

An einem Tag hatten wir sechshunderttausend Dollar bekommen. Jeder Dollar bedeutete mehr Fragen, die wir beantworten konnten. Geld war gleichbedeutend mit Hoffnung.

Medizinisch war ich immer noch sehr stabil. Alle sechs Wochen ging ich zu Gottlieb in die Praxis und ließ mein Blut untersuchen. Dazu gehörten mehrere Tests. Bei einem wurden die Werte von Hämoglobin, Hämatokrit, meine weißen Blutkörperchen und die

Veränderungen der weißen Blutkörperchen gemessen. Bei einem weiteren Test wurden unter anderem die Elektrolyten und die Leber- und Nierenwerte gemessen.

Der erste Test war wichtig, weil die Ärzte damit überwachen konnten, ob ich durch das AZT anämisch wurde, eine der häufigsten Nebenwirkungen bei diesem Medikament. Der zweite Test machte Aussagen darüber, ob die Giftigkeit des AZT Auswirkungen auf die Leberfunktion hatte, denn in diesen Organ findet der Stoffwechsel des Medikaments statt.

Schließlich war da noch der T-Zellen-Test, wobei genau gezählt wurde, wie viele T-Zellen ich hatte. Je weniger es waren, desto anfälliger wurde ich für Infektionen. Ich fühlte mich verletzbar, wenn ich einen Husten oder einen Schnupfen hatte, weil ich nie wußte, ob es einfach eine Erkältung oder das erste Aufflackern einer ernsteren Erkrankung war.

Wie bei Ari und Jake war das Warten auf die Ergebnisse immer nervenaufreibend. Was, wenn das AZT meine Leber auffraß? Was, wenn ich angefangen hatte, anämisch zu werden, und das Medikament absetzen mußte? Ich versuchte, meine Ängste zu unterdrücken, und sprach selten, wenn überhaupt, mit anderen darüber, aber diese Ängste waren immer da, lauerten still, wie das Virus selbst. Im Laufe der Zeit habe ich gelernt, sie abzublocken, aber es gibt Augenblicke, in denen das sehr, sehr schwer ist.

Meine Beziehung zu Michael Gottlieb veränderte sich im Verlauf von Aris Krankheit. Im ersten Jahr weinte ich immer hysterisch. Während des zweiten Jahrs befaßten wir uns mit der Verschlechterung von Aris Zustand, und da ich vollkommenes Vertrauen zu Dick Stiehm hatte, wurden meine Besuche bei Michael mehr zur Routine. Nachdem Ari gestorben war und die Stiftung anfing, Formen anzunehmen, redeten Michael und ich fachlich miteinander. Es war aufregend, gemeinsam Probleme zu lösen.

Susie, Susan und ich hatten für die Stiftung von Anfang an Ziele. Das erste war, innerhalb eines Jahres zwei bis drei Millionen Dollar zusammenzubringen. Wir dachten, daß damit Forschung in beträchtlichem Umfang zu finanzieren und so die Zeit zu überbrükken war, bis mehr Regierungsgelder zugeteilt wurden.

Wenn ich mich mit der Bitte um Geld an Leute wandte, erzählte ich ihnen nicht, daß wir diese Strategie verfolgten. Ich sagte: »Würden Sie, bitte, der AIDS-Stiftung für Kinder jetzt alles geben, was Sie je geben wollen? Wir müssen die Forschung sofort auf Touren bringen. Drei Jahre können wir nicht mehr warten. Ich brauche soviel Geld, wie Sie übrig haben, und wenn Sie mich nochmal wiedersehen wollen, lassen Sie es mich wissen, und dann geht das in Ordnung.«

Es gab Leute, die wiesen uns ab, und andere, die ich nie zu sehen bekam. Ich hatte auf ein Gespräch mit Merv Griffin gehofft, aber es fand nie statt. Ich wollte unbedingt mit Bill Cosby und Michael Jackson reden, aber auch diese Treffen kamen nie zustande. Wir meinten, daß Elton John ein guter Gesprächspartner sein würde, da er sich bereits mit dem Problem befaßte, aber wir wußten nicht, wie wir Kontakt zu ihm aufnehmen konnten. Wir ahnten ja nicht, daß genau anderthalb Jahre später Elton an uns herantreten und anbieten würde, sich unserer Arbeit anzuschließen.

Es gab auch Überraschungen. Unsere Freunde Jay und Linda Sandrich überraschten uns mit einem hohen Betrag. Meine Freundin Jill Werner und ihr Mann Tom gaben uns eine beachtliche Summe. Jane Fonda half. Alles in allem kamen weitere hunderttausend zusammen.

Ein Direktor, den wir erfolgreich auf unsere Seite ziehen konnten, war Michael Eisner von Disney. Als ich gerade nach Los Angeles gezogen war, hatte ich seine Kinder in der Vorschule gehabt. Michael war während der »Starsky«-Jahre beim Sender ABC gewesen, also kannten wir uns schon lange.

Ich sprach fast drei Stunden lang mit Michael und seiner Frau Jane. Es war sehr gefühlsbeladen, wie es immer ist, wenn ich wieder mit Leuten zusammenkomme, die zu den zauberhaftesten Jahren meines Lebens gehört hatten.

Als ich fertig war, sagte er: »Also, es gibt eine Reihe von Dingen, die ich gern für dich tun würde. Ich würde gern Mitglied in eurem geschäftsführenden Gremium werden.«

Es war erstaunlich für mich, daß die Stiftung ein bemerkenswertes geschäftsführendes Beratergremium zusammenbekam, ohne überhaupt Leute zu bitten. Man hatte mir sogar gesagt: »Frag Michael Eisner gar nicht erst, ob er in euer Gremium eintreten will. Das tut er nie.« Aber er tat es. Das Puzzle nahm Formen an.

Inzwischen gehörten Sandy Brock, Bob Burkett, Michael Eisner, Susie Field, Steven Spielberg, Kitty Dukakis und Senatorin Paula Hawkins, Ex-Senatorin aus Florida, eine gute Freundin von Sandy und, wie wir noch merken sollten, außerordentlich dynamisch, zum geschäftsführenden Gremium. Wir waren in Bewegung, und das war ein gutes Gefühl.

Im März wollten Susan und ich eine weitere Reise in die Hauptstadt machen. Wir kannten uns langsam aus mit den Methoden Washingtons. Aber sich auszukennen, bringt einen auch nicht viel weiter. Es war

Zeit, die Dinge Wirklichkeit werden zu lassen. Es war Zeit, die FDA, die Behörde, die auch für Medikamente zuständig war, direkt mit den Fakten zu konfrontieren.

Auf Empfehlung von Nancy Taylor hatten Susan und ich nach unserer letzten Reise eine Liste mit zwanzig bohrenden Fragen an Dr. Frank Young, den Leiter dieser Behörde, geschickt. Die Fragen waren zusammengestellt worden von einigen Ärzten aus unserem Beratungsgremium in Gesundheitsfragen, zu dem zu der Zeit Dick Stiehm, Art Amman, Margaret Haegerty, Phil Pizzo, Jim Oleske, Yvonne Bryson und Michael Gottlieb gehörten.

Durchschläge der Fragen schickten wir an die Senatoren Hatch und Metzenbaum, auch wenn wir noch nicht mit ihnen gesprochen hatten, aber Frank Young würde so wissen, daß wir Unterstützung und Macht im Rücken hatten. Wir stellten die Probleme zur Diskussion, die im Zusammenhang mit der Erprobung von Medikamenten bei Kinder-AIDS auftraten. Warum konnten bei Kindern nicht fast gleichzeitig wie bei Erwachsenen Versuche durchgeführt werden? Es standen Leben auf dem Spiel. Die FDA mußte sich auch um Kinder kümmern. Sie konnte nicht einfach so weitermachen wie bisher. AIDS verlangte neue Regeln. Nun mußte es damit weitergehen, daß wir Dr. Young persönlich trafen. Er mußte wissen, daß wir nicht lockerlassen würden.

Wir mußten auf dieser Reise auch mit Senatoren und Kongreßabgeordneten sprechen und ihnen unsere Sorgen und unsere Pläne zur Verbesserung der Dinge erklären. Wir hatten ein Informationspaket geschnürt, das zwei wichtige Einzelheiten enthielt, die landesweit durchgeführt werden mußten. Erstens war da die Grundlagenforschung. Phil Pizzo hatte Forschungen im Gegenwert von zwanzig Millionen Dollar aufgelistet, die an den Nationalinstituten für Gesundheit *sofort* in Angriff genommen werden konnten, wenn die Gelder zur Verfügung standen. Wir wollten die Zusicherung dieser Gelder. Das war eine Priorität.

Zweitens war da die klinische Erforschung von Medikamenten für Kinder. Wir erklärten, daß das, was wir herausgefunden hatten, eine lebenswichtige und dringende Notwendigkeit war: begleitende Hilfe für die Familien, wenn ihre Kinder an diesen Versuchen beteiligt waren. Leute, die kein Telefon, kein Auto, niemanden zum Aufpassen auf die Kinder hatten, konnten nicht einfach ihr krankes Kind für einen Versuch anmelden. Das Führen von Protokollen ist bei Kindern komplizierter, also teurer als bei Erwachsenen. Folglich wurde mehr Geld benötigt. Was wir uns vorstellten, war ein Kliniksystem, in das die Leute kommen konnten, um eine zentrale AIDS-Betreuung zu erfahren – ein Zentrum mit den notwendigen Forschungseinrichtungen und Sozialarbeitern und Hilfen für den häuslichen Bereich. Das würde dazu beitragen, daß die Forschungsprotokolle erfolgreich geführt werden konnten und zu Antworten führen würden.

Im März 1989 gab es dreizehn klinische Forschungsstationen im Bereich Kinder-AIDS, und unsere Ärzte, die ihre Finger am Puls der Seuche hatten, hielten eine Erweiterung auf siebenundzwanzig für notwendig. Das bedeutete, daß wir in der Hauptstadt sein würden, um darauf zu drängen, daß zusätzlich sechzig Millionen Dollar für Kinder-AIDS bewilligt wurden.

Unser erstes Treffen hatten wir mit Senator Tom Harkin, einem Demokraten aus Iowa, und seinem Stabschef, Mike Hall. Harkin war Vorsitzender der

Senatsunterkommission im Gesundheitswesen, die über die Vergabe der Gelder befand. Letzten Endes entschied seine Kommission, wer wieviel Geld bekam. Er war ein äußerst wichtiger Mann. Susan und ich sprachen mit ihm. Er hatte keinerlei Ahnung, daß die Situation bei Kinder-AIDS so verzweifelt war.

»Diese Situation ist nicht zu entschuldigen«, sagte er. »Tun wir, was wir können, um sie zu verbessern.« Seine Einschätzung war richtig, und wir waren erleichtert, daß er die Dinge aussprach. Tom Harkins Unterstützung würde im nächsten Jahr viel bedeuten, genauso wie die wesentliche Hilfe, die Mike Hall anbot.

Wir hatten mehrmals mit Joel Johnson telefoniert. Er meinte, wir sollten uns mit Senator Metzenbaum treffen, wenn wir in der Stadt waren.

Nun saßen Susan, Joel und ich mit Howard Metzenbaum an einem kleinen Tisch in seinem Büro. Er ist ein gutaussehender Mann mit respekteinflößendem, aber freundlichem Verhalten und schlohweißem Haar.

Metzenbaum war so bewegt, daß er an einer Stelle anfing zu weinen. »Das ist ja schrecklich«, sagte er. »Sie wissen gar nicht, wie sehr ich Kinder liebe.« Seine Tränen erschreckten mich. Erst fing ich auch an zu weinen, dann Susan und schließlich Joel auch noch. Washington steckte immer voller Überraschungen. »Wissen Sie«, sagte Howard, »der Mann, den Sie wirklich treffen müssen, ist Ted Kennedy. Er ist derjenige, der sich um all diese Gesundheitsfragen kümmert.« Und dann griff er, wie im Kino, zum Telefon und sagte: »Sarah, ich brauch Ted Kennedy, sofort.« Als sie den Senator erreicht hatte, sagte Howard: »Hören Sie zu, Ted, ich habe hier eine Frau im

Büro, die Sie auf jeden Fall kennenlernen müssen. Sie hat eine Geschichte, die Sie hören sollten.«

Ich konnte es nicht glauben. In der einen Minute weinten wir alle, in der nächsten war Kennedy am Telefon. Aber er hatte diesmal keine Zeit für uns. Tatsächlich konnten wir erst fast ein Jahr später mit ihm zusammenkommen, was uns sehr enttäuschte.

Man muß wissen, daß dies erst unsere zweite Reise nach Washington war. Allein war ich zweimal dagewesen, aber das war zur Vorbereitung des Besuchs beim Präsidenten. Ich hatte damals keine schriftlichen Unterlagen, aber jetzt waren Susan und ich mit Empfehlungen gekommen. Wir präsentierten uns als Fachleute. Aber einen großen Teil der Zeit waren wir immer noch in einem Zustand der Verwunderung. Während es uns glückte, in den Gesprächen sehr professionell und ernst zu wirken, lachten wir und guckten uns verwundert an, sobald wir draußen allein waren. Teilweise fiel es uns immer noch schwer zu glauben, daß wir das alles erfolgreich bewältigten. So anstrengend es auch war, so unglaublich aufregend war jeder Schritt. Wir wußten, daß wir Tatsachen vorzuweisen hatten, wir mußten nur Leute dazu bringen, zuzuhören und sich zu kümmern oder sich erst zu kümmern und dann zuzuhören.

Der Tag schritt voran. Die Tränen erinnerten uns ständig an den Kampf auf Leben und Tod, in den wir verwickelt waren. Mit Adrenalinschüben blieben wir auf den Beinen. Wir gingen zu einem ersten Gespräch mit Senator Hatch.

Orrin Hatch sah so ordentlich aus wie ein FBI-Agent, aber sein Lächeln ist ebenso charmant wie faszinierend. Wir erzählten meine Geschichte und berichteten Senator Hatch und Kevin McGuiness, seinem bärtigen, gutaussehenden Assistenten, von unserem Treffen am nächsten Tag mit dem Chef der FDA, Frank Young. Ich sagte zu Senator Hatch, daß wir die Arbeit dieser Behörde wirklich beschleunigen und Medikamente wie AZT für Kinder viel schneller verfügbar machen mußten.

Ich beendete jedes Gespräch auf dieselbe Weise – ich sagte den Leuten, daß sie keinem erzählen durften, daß sie sich mit uns getroffen hatten. Unsere Lebensqualität hing davon ab, daß jeder das Geheimnis bewahrte, das unser Privatleben schützte.

Als wir gingen, sagte Nancy Taylor: »Orrin, Sie wissen, daß Susan und Elizabeth etwas gegründet haben, was sie die Pediatric AIDS Foundation nennen, eine Stiftung für Kinder-AIDS?« Das überraschte uns vollkommen. Wir hatten niemandem gegenüber die Stiftung erwähnt, weil sie wirklich nichts damit zu tun hatte, Washington zu informieren. Wir hatten nie vorgehabt, in Washington privat um Spenden zu bitten.

Aber nachdem Orrin von der Stiftung und ihren Zielen erfahren hatte, sagte er: »Also, lassen Sie mich wissen, wenn ich je etwas tun kann, denn ich würde sehr gern helfen.«

Nachdem wir gegangen waren, redete Kevin mit Orrin, der schon bei den ersten AIDS-Gesetzen die Position vertreten hatte, daß AIDS eine gesundheitliche Frage sei und nicht – wie einige seiner Kollegen es sahen – ein Homosexuellen-Problem. Er sprach auch mit Joel Johnson und Nancy Taylor. Selbst wenn sofort mehr Geld für Kinder-AIDS bewilligt wurde, so wußten sie doch, daß es bei der Zeitverzögerung noch ein bis anderthalb Jahre dauern würde, bis es irgendwo ankam. Einer von ihnen kam auf die Idee, daß Orrin und Howard vielleicht die Schirmherrschaft über einen Empfang im Capitol übernehmen könnten. Sie dachten an eine preiswerte Veranstaltung, auf der Leute gegen Eintrittskarten von fünfundzwanzig Dollar formlos mit Getränken versorgt wurden. Sie dachten, das könnte uns ein paar tausend Dollar einbringen und das Problem stärker ins Bewußtsein heben. Aber wir wußten nichts von diesen Gesprächen.

Am Ende des Tages waren Susan und ich erschöpft und aufgeregt. Langsam stellte sich bei uns das Gefühl ein, daß eine Veränderung möglich sein könnte. Auch wenn wir keine Profis waren und am anderen Ende des Landes wohnten, waren wir schnell beim Kern der Dinge. Wir hatten das kribbelnde Gefühl, daß wir zur Veränderung von Einstellungen und zur Rettung von Leben unseren Teil beitragen würden. Wir mußten uns dieses wunderbare Gefühl bewahren für die schlechteren Zeiten, in denen die Dinge stillzustehen schienen.

Am nächsten Tag kam es mittags zu unserem großen Treffen mit Dr. Frank Young. Es war äußerst wichtig, denn er war der Mann mit der Macht, die Zulassung der AIDS-Medikamente für Kinder zu beschleunigen. Metzenbaum und Hatch hatten uns gesagt, daß wir Frank von unserem Treffen mit ihnen erzählen sollten. Wir wußten, daß er uns dann mehr Aufmerksamkeit schenken würde.

Wir hatten die vorbereitenden Arbeiten mit Ellen Cooper erledigt, der Frau, die alle AIDS-Fragen in der Behörde koordinierte. Sie erklärte uns immer wieder, daß sie alles taten, was in ihren Kräften stand, und daß sie wirklich engagiert wären. In ihrer Haltung war keine Ablehnung zu spüren. Es war nur, daß die Räder der Bürokratie sich so langsam drehten. Aber das kannten wir schon, und diese Einstellung würde keine Leben retten. Bei der Erforschung von Kinder-AIDS mußte man sich voranbewegen wie in einem

Rennwagen in Le Mans. Wir wußten, daß Frank Young der Mann war, der mehr Saft geben konnte. Aber wir hatten keine Ahnung, ob er dazu überhaupt bereit sein würde.

Das Gespräch mit Ellen Cooper und Frank Young hatte gerade angefangen, als seine Sekretärin ihn mit dem Summer rief. »Wissen Sie, ich hasse das«, sagte er, »aber der Premierminister von Chile wartet nebenan.« Chile steckte gerade mitten in einer Weinkrise. »Würde es den Damen etwas ausmachen? Es wird nur zehn oder fünfzehn Minuten dauern, dann bin ich wieder bei Ihnen.«

Gott allein weiß, woher wir unsere Geistesgegenwart nahmen, aber ohne einen Augenblick zu zögern, sagten Susan und ich: »Tut uns leid, Dr. Young, aber unser Zeitplan ist wirklich eng, und wir können nicht warten.«

Er wirkte erschrocken, aber er summte seine Sekretärin an und sagte: »Lassen Sie den Premierminister wissen, daß ich in ein paar Minuten draußen bin. Er wird warten müssen, wenn er mich sprechen will.«

Susan und ich sahen uns erstaunt an. Wir wollten nicht unhöflich sein, wir machten nur deutlich, daß Kinder-AIDS genauso wichtig ist wie chilenische Trauben, und wenn er das nicht begriff, würden wir nicht warten. Wir haben keine Zeit dazu, und wir wollen uns noch mit vielen anderen wichtigen Leuten treffen. Frank Young war vermutlich genauso erschrocken wie wir.

Wir verließen dieses Treffen, nachdem wir die wesentlichen Probleme benannt hatten. Wie bald würde AZT für Kinder freigegeben werden? Wie schnell würde das nächste zur Verfügung stehende Medikament den Zulassungsprozeß durchlaufen? Ärzte wie Phil Pizzo von den Nationalinstituten für Gesundheit und Art Amman aus der Genforschung hatten angeführt, daß, wenn ein Medikament bei Erwachsenen in Testphase I (Toxizität) ist und ihnen nicht schadet, der Test bei Kindern zwei Monate später beginnen sollte. Auf diese Weise würde ein Medikament nur sechzig Tage, nachdem es bei Erwachsenen angewendet wurde, auch Kindern zur Verfügung stehen.

Wie sich herausstellte, sollte es noch ein Jahr dauern, bis AZT für Kinder allgemein zur Verfügung stand. Das ist bis heute eine Schande.

Nach dem Mittagessen hatten wir einen Termin bei Jesse Helms. Dieser Helms ist vermutlich der konservativste Senator auf dem Capitol Hill mit den vermutlich schlimmsten Gesetzesvorlagen zu AIDS. Er scheint zu glauben, daß AIDS eine Strafe Gottes ist und hat darauf gedrängt, daß die Erkrankten unter Quarantäne gestellt werden sollten. Es hatte die Hoffnung bestanden, daß ich Helms mit meiner Geschichte vielleicht umstimmen könnte.

Ich hatte große Angst. Wir machten uns auf einiges gefaßt und gingen zum Dirksen-Gebäude. Aber das Treffen fand nie statt. Helms mußte zu einer Abstimmung in den Parlamentssaal und tauchte nicht auf. Wir redeten mit seinen Mitarbeitern, die sehr herzlich waren, doch es überrascht nicht, daß wir nichts Vernünftiges erreichten. Ich hatte keine Gelegenheit, ihn zur Änderung seiner Einstellung zu bringen, und er sorgte auf dem Capitol Hill weiter für das, was für mich unnötige, ungerechtfertigte Schwierigkeiten bedeuteten, Schwierigkeiten, die eine direkte Auswirkung auf das Leben vieler Menschen mit AIDS hatten.

Über ein Jahr später, 1990, traf ich Jesse Helms persönlich. Er verlangte schreckliche Änderungen bei der Gesetzesvorlage von Kennedy und Hatch zur Betreuung von AIDS-Kranken (aus der später das Ryan-

White-Gesetz wurde). Ich stand gerade im Empfangsraum des Senats, als er hereinkam. Ich ging direkt auf ihn zu und streckte meine Hand aus, um seine zu schütteln. Erst dann stellte ich mich vor und bat ihn, die Vorlage passieren zu lassen. Senator Helms guckte entsetzt, als ob er zu Stein geworden wäre. Vielleicht hatte er noch nie jemanden berührt, der HIV-positiv war.

Als wir in Helms' Büro ein Gespräch führten, kam jemand herein und sagte, daß Nancy Taylor draußen auf uns wartete. Sie wirkte aufgeregt und bestand darauf, daß wir sie sofort zu Kevin McGuiness begleiteten. »Sie müssen sofort mit ihm sprechen.«

Also gingen wir in Kevins Büro, und er sagte zu uns: »Ich habe ein Angebot, das Sie nicht ablehnen können. Aber lassen Sie mich Joel anrufen und sehen, ob ich ihn auch herholen kann.«

Joel und Kevin sind das genaue Gegenteil von dem, was man erwarten würde. Joel, der saubere Präsidententyp von Klasse, arbeitet für Metzenbaum, den Senator der Demokraten. Kevin, der für den Republikaner Hatch arbeitet, sieht aus wie eine Mischung aus Holzfäller und Linkem. Kevin hatte als Anwalt für Arbeitsrecht gearbeitet, bevor er ins Capitol kam. Er ist liebenswürdig und ehrlich, was mir ungewöhnlich erschien bei einem, der es unter den mörderischen Bedingungen der Politik auf dem Capitol Hill geschafft hatte. Die meiste Zeit streiten Joel und Kevin miteinander. Ihre Chefs Orrin und Howard sind nur bei einem von tausend Gesetzen derselben Meinung.

Die Büros von Hatch und Metzenbaum liegen sich im Russell-Gebäude auf demselben Gang direkt gegenüber, also kam Joel herüber und setzte sich zu uns. »Hören Sie sich das an«, sagte Kevin. »Wie würden Sie das finden, wenn Orrin und Howard im Juni hier in Washington die Schirmherrschaft übernehmen würden über eine Veranstaltung, bei der Spenden für die Stiftung für Kinder-AIDS gesammelt werden? Wir meinen, das wäre ein Signal für all die Leute, die Gelder bewilligen, daß dieses ein wichtiges Problem ist, um das sich sowohl Demokraten als auch Republikaner kümmern sollten.«

Susan und ich waren sprachlos. Unser Ziel war es immer gewesen, *nie* eine Wohltätigkeitsveranstaltung zu organisieren. Solche Veranstaltungen sind im allgemeinen die Zeit und die Kraft nicht wert. Die Kosten sind so hoch, daß es schwer ist, überhaupt zu Überschüssen zu kommen. Was uns sofort durch den Kopf schoß, war: »Wir leben in Kalifornien! Wir können unmöglich so eine Veranstaltung in Washington auf die Beine stellen!«

Auch wenn wir nicht sahen, wie wir überhaupt ja sagen konnten, waren wir doch auch klug genug, um uns bewußt zu sein, daß es manchmal Dinge gibt, die man einfach nicht ablehnen kann. Kevin und Joel wollten wissen, wieviel Geld unserer Meinung nach zusammenkommen mußte, damit es sich auch lohnte. Sie erzählten mir nicht, daß sie an fünfundzwanzig Dollar pro Eintrittskarte gedacht hatten. Wir warfen mit Zahlen herum. Selbst wenn nicht allzu viel Geld zusammenkam, bestand doch die Möglichkeit, mächtige Leute, die jedes Jahr Millionen von Dollar vergaben, zu beeinflussen und zu informieren.

Susan sagte: »Also, wenn das hier Hollywood wäre, würden wir eine Million Dollar anpeilen, aber in Washington würden sich sicherlich zweihundertfünfzigtausend lohnen, wenn man die zusätzlichen Möglichkeiten zur Information dazuzählt.«

Susan und ich sagten, daß wir es mit Susie besprechen und noch eine Weile nachdenken wollten, aber unsere Herzen rasten. Politisch gesehen, war es einfach riesig, wenn zwei Senatoren aus verschiedenen Parteien gemeinsam die Schirmherrschaft über eine Veranstaltung für HIV-positive Kinder übernehmen würden. Die Vorteile könnten enorm sein.

Joel sagte, daß seiner Einschätzung nach Howard mitmachen würde, und Kevin war sicher, daß auch Orrin teilnehmen würde. Sie hatten recht. Die beiden Senatoren sprangen an Bord, und sie haben dank ihrer großen Entschlossenheit und ihres Engagements bei vielen Entscheidungen für eine Kursänderung gesorgt.

Später an diesem Nachmittag gingen Susan und ich zum Büro des Kongreßabgeordneten Natcher, um uns mit seinem ersten Assistenten Mike Stephens zu treffen. Man mußte mit Leuten auf beiden Seiten des Hügels reden. Natcher war Harkins Gegenspieler im Repräsentantenhaus, wenn es um die Zuteilung von Geldern in Gesundheitsfragen durch die Unterkommission ging, also war seine Unterstützung wichtig, wenn wir vom Kongreß Gelder für Kinder-AIDS bekommen wollten.

Man bekommt leichter in einem Gesetz das festgeschrieben, was man will, wenn der Vorsitzende der Kommission davon angetan ist. Am besten bekommt man einen Vorsitzenden auf seine Seite, wenn man seinen Berater in Gesetzesfragen, einen Mann wie Mike Stephens oder Mike Hall, überzeugt, daß man etwas Sinnvolles vorschlägt.

Wir brachten Mike Stephens unser Informationspaket über den Finanzbedarf im Bereich Kinder-AIDS. Unser Vortrag lautete wie immer: Es mußte nicht nur für Kinder mit AIDS mehr Gelder bewilligt werden, sondern sie mußten festgelegt sein für die Grundlagenforschung in der Kinderheilkunde, nicht nur für klinische und epidemiologische Studien.

Es mußte festgeschrieben werden, wohin diese neuen Gelder gehen sollten. Mike Stephens mußte da Einzelheiten vorgeben.

Wir meinten, das Geld sollte dem Nationalen Krebsinstitut und dem Nationalinstitut für Allergie und Infektionskrankheiten zufließen.

Auch wenn die Leute es nicht mögen, wenn man ihnen sagt, was sie tun sollen, wußten Susan und ich, daß die handfeste Gefahr bestand, daß die Gelder wieder wie bisher ausgegeben wurden, wenn wir nicht unnachgiebig blieben. Mike Stephens war freundlich, aber er verpflichtete sich zu nichts. Er war schon seit langer Zeit in der Politik, und es war schwer zu sagen, was er wirklich dachte. Ende 1989 sollte es Mike Hall von der Senatsseite sein, der das vortrug, was wir vorgeschlagen hatten.

Als wir schließlich den Flughafen erreicht hatten und nach Hause flogen, waren Susan und ich erschöpft. Es ist immer eine Freude für mich, mit ihr in Washington zu sein. Wir sind als Freundinnen so im Gleichklang, daß wir in Stenographie reden können und eine die Gedanken der anderen vollendet. Keine von uns hätte allein so viel erreichen können wie wir beide zusammen in diesem ersten Jahr.

Gemeinsam meisterten wir die Tücken des Capitol Hill. Susans politisches Urteil war im allgemeinen zutreffend, aber ebenso wichtig war, daß sie stets an meiner Seite war, wenn ich anfing, traurig, verletzbar und niedergeschlagen zu sein.

Die beiden Tagen waren mit den »richtigen« Gesprächen angefüllt gewesen, aber es würden erst im Herbst die endgültigen Entscheidungen über die finanziellen Mittel fallen. Stein für Stein, Gespräch für Gespräch arbeiteten wir daran, Einstellungen zu verändern, die am Ende die weißen Flecken auf dem Bild von Kinder-AIDS-Hilfe füllen würden. Der Mörtel war mit Tränen angerührt worden, aber wir waren jetzt Arbeiterinnen und entschlossen, nicht zu scheitern.

12

Es wurde März, und wir feierten Pauls Geburtstag in Sun Valley. Wir liefen Ski und machten mit Jake eine Schlittenfahrt. Alles schien fast normal zu sein, und Jake genoß die Tage sehr.

In der Zwischenzeit hatten sich Kevin und Joel mit Sandy Brock getroffen. Sie hatte für die Parteien zahlreiche Veranstaltungen organisiert, bei denen Spendengelder gesammelt wurden, und wir meinten, daß wir ihre Erkenntnisse und Erfahrungen nutzen sollten. Wir hatten beschlossen, daß die Veranstaltung von Hatch und Metzenbaum ein Abendempfang im Juni sein sollte.

Sandy meinte, wir sollten unsere Ansprüche höherschrauben. »Versuchen wir es einfach«, sagte sie zu uns. »Wir haben den einzigartigen Fall, daß diese beiden Senatoren, die noch nie etwas zusammen gemacht haben, gemeinsam hinter der Sache stehen. Mal sehen, ob der Präsident und Mrs. Bush kommen.«

Plötzlich schien es dumm zu sein, eine zwanglose Veranstaltung nur mit Getränken und Kleinigkeiten zu veranstalten, wenn der Präsident kommen würde. Sandy Brock redete jetzt von einem Abendessen mit Smokingszwang und Eintrittskarten zu eintausendfünfhundert Dollar pro Platz, und das würde eine Million Dollar für unsere Stiftung bringen! Wir bekamen einen Schreck, sagten aber: »Heben wir ab!«

Aus Erfahrung wußte Sandy, daß man für die Planung einer Gala von dieser Größe im allgemeinen ein Jahr brauchte. Wir wollten das in drei Monaten schaffen, und Sandy nahm die Herausforderung an.

Ein Datum setzten wir noch nicht fest, weil wir auf eine Antwort aus dem Weißen Haus warteten. Als dann die Absage kam, waren wir zwar enttäuscht, aber eine große Wohltätigkeitsveranstaltung war bereits in Vorbereitung.

Susan, Susie und ich beschlossen, daß es Zeit war, uns nach einem Büroraum für die Stiftung umzusehen. Bis dahin hatten wir alles von zu Hause aus erledigt. Rena Kramers Mann Jerry war mit seinem Büro gerade in ein Haus in Santa Monica gezogen, in dem noch nicht alles vermietet war, und er fragte den Eigentümer Peter Lomenzo, ob wir einen leerstehenden Raum benutzen durften, bis ein zahlender Mieter gefunden war. Wir erhielten die Erlaubnis und hatten unser erstes offizielles Büro. Wir konnten dort drei Schreibtische unterbringen, von denen sich zwei gegenüberstanden.

Wir kauften einen Apple-Computer, und das war die erste Ausgabe der Stiftung. Bis dahin war alles Geld aus unserer eigenen Tasche gekommen oder war gespendet, erbettelt oder zusammengeschnorrt worden. Wir bekamen Telefone gelegt und konnten uns bei Anrufen endlich mit »Pediatric AIDS Foundation« melden. Das war aufregend.

Wir hatten jetzt auch einen ausgezeichneten Vorstand, ein eindrucksvolles geschäftsführendes Beratergremium und ein landesweites Beratergremium in Gesundheitsfragen. Wir stellten Beth Freeman, unsere erste Angestellte, ein. Sie kam zu uns, um Anrufe anzunehmen, den Computer zu bedienen, Besorgungen zu erledigen und Geld für das Studium zu verdienen. Ihr natürlicher Überschwang bezauberte uns vom ersten Augenblick an, und ihre Kompetenz sollte sich als unschätzbar erweisen.

Im Mai bezogen wir unser Büro, sechs Wochen vor der Veranstaltung, die nun unter dem Motto »A Night to Unite« (Ein Abend der Gemeinsamkeit) stand. Das Motto war genau richtig, denn Ziel des Abends war es, daß die Leute zur Unterstützung von Kinder-AIDS die Politik beiseite ließen, wie Howard Metzenbaum und Orrin Hatch gesagt hatten. Als Termin wurde schließlich der 21. Juni festgelegt.

Wir stürzten uns mit ganzer Kraft auf die Sache. Es waren sechs Wochen voller harter Arbeit, aber am Ende winkte eine Million Dollar. Die Stiftung machte inzwischen mehr Arbeit, als wir uns je vorgestellt hatten.

Susie verbrachte lange Stunden damit, Tag für Tag aus San Fernando Valley angefahren zu kommen. Aber sie war der Koordinationspunkt in L.A. Es gab viel zu tun, und alles war wichtig: Einladungen, Druck, Programme, Abstimmung und Organisation der Reisepläne für Prominente.

Susan half Susie bei diesen Aufgaben, obwohl es nicht ihr Bereich war. Ihre Hauptarbeit bestand darin, sich um die Forschungsprojekte zu kümmern, die von den Spenden gefördert werden sollten, denn wir hatten vor, die eine Million Dollar, die wir im Juni zusammenbekamen, innerhalb von dreißig Tagen nach der Veranstaltung zu verteilen, denn zu dem Zeitpunkt brauchte unser erstes Forschungsvorhaben Geld.

Tische bei »A Night to Unite« kosteten fünfzehntausend Dollar pro Stück, und es gab Sponsoren, die fünfundzwanzig oder fünfzigtausend Dollar zahlten. Es sollte Smokingzwang herrschen, und zur Unterhaltung würden Prominente auftreten. Wunderbarerweise hatten Ted und Susie Field sich bereiterklärt, die Kosten für das Abendessen, etwa zweihunderttausend Dollar, zu übernehmen, was bedeutete, daß die eine Million, die zusammenkommen würde, voll in die Forschung floß. Ted und Susie sind unglaubliche Freunde.

Aber wir wollten die achthundert Leute im Saal auch über AIDS bei Kindern informieren. Wir wollten nicht, daß sie vergaßen, warum sie gekommen waren. Susan, Susie und ich hatten monatelang darüber gesprochen, einen Dokumentarfilm zu drehen. Jetzt schien die Zeit dafür gekommen. Ich wollte mit dem Film eine Geschichte erzählen, die meiner ähnlich war, eine Geschichte über eine Familie mit AIDS, aber ich wollte in dem Film nicht auftreten. Wir hatten noch zweiundvierzig Tage Zeit.

Sandy Brock stellte einen Kontakt zu Bob Johnson her, einem der Männer, die den Film über die Amtseinführung von Präsident Bush produziert hatten. Er erklärte sich einverstanden, den Dokumentarfilm zu machen, und brachte Scott Iverson dazu, das Drehbuch zu schreiben. Michael Eisner sorgte dafür, daß die Disney Filmgesellschaft die sechzigtausend Dollar übernahm, die der Film nach unserer Schätzung kosten würde.

Jetzt telefonierten wir mit der Universitätsklinik Los Angeles und den Nationalinstituten für Gesundheit, um Familien zu suchen, die bereit waren, in dem Film mitzuwirken. Das ist nicht leicht, wenn man es mit Kindern und AIDS zu tun hat, aber wir ließen nicht locker, bis wir Leute gefunden hatten, die mitmachen wollten. Für die Familien war das eine schwierige Entscheidung, wie ich weiß, denn ich hätte sie nicht treffen können. Sie bewiesen den Mut, der mir noch fehlte. Wir mußten eine Geschichte erzählen, die die Herzen der Menschen öffnen und auch Hoffnung geben würde. Ich kannte die Geschichte – es war mein Leben, aber wie konnten wir es erfolgreich in einem Film darstellen?

Wir mußten auch eine Unterhaltungsschau zusammenstellen. Wir brauchten zwanzig Prominente, einen für jeden Tisch der Sponsoren. Wir brauchten Stars für die Show, und wir brauchten einen Moderator, der alles über die Bühne brachte. Es war Anfang Mai, und die einzige, von der wir eine Zusage hatten, war Jane Fonda.

Dann mußten wir die Einladung für Jane zurückziehen. Die konservativen Republikaner wollten sie nicht dabeihaben. Es war zu befürchten, daß manche Sponsoren nicht zahlen würden, wenn sie wußten, daß Jane kam. Sie wirbelt immer noch viel politischen Staub auf. Beschämt mußte ich sie anrufen, und mit mehr Bedauern als je zuvor in meinem Leben sagte ich: »Es tut mir leid, aber wenn Sie kommen, gibt es zu viele Probleme für uns.« Ich war erstaunt, daß Jane bei manchen Leuten immer noch so viele Emotionen auslöste. Aber sie war sehr liebenswürdig und ging mit der Absage wie ein echter kampferprobter Profi um.

Ironischerweise hatte Sandy Brock sich eine Nachbarin von der anderen Partei ausgesucht. Sandy, ihr Leben lang eine Republikanerin, die unermüdlich für George Bushs Wahlkampf im Einsatz gewesen war, hatte bei einem Treffen in Washington neben Kitty Dukakis gesessen. Sie und Kitty hatten ausgesehen wie Freundinnen, die sich endlich wiedergefunden hatten. Wie die Senatoren Hatch und Metzenbaum waren sie ein politisch unvereinbares Paar. Das machte starken Eindruck.

Wir konnten die Besetzungsliste mit Prominenten, die uns unterstützten, auch schnell zusammenstellen:

Ali MacGraw sagte ja, ebenso Bess Armstrong, Dana Delany, Meredith Baxter Birney, Carol Kane und Olivia Newton-John. Sie waren die ersten, die »unterschrieben«.

Die anhaltende Spannung wurde durch die Frage der Unterhaltung verursacht. Jeden Tag bekamen wir Anrufe: »Wir können keine Karten für die Veranstaltung verkaufen, wenn die Schau nicht steht!« Ohne einen großen Star, sagte man uns, würden alle nach dem Essen gehen und sich den Dokumentarfilm über Kinder-AIDS schenken. Wir brauchten jemanden, auf den zu warten sich lohnte. Der Film würde der kritische Teil des Abends sein. Wir wollten jemanden mit ein bißchen Pfeffer, jemanden aus der Humuserde Washingtons. Ich dachte an Bette Midler. Sie konnte ungeheuer aufregend sein, ohne geschmacklos zu werden. Aber sie stand nicht zur Verfügung. Wir fragten auch Barbra Streisand, sie konnte auch nicht.

Irgend jemand meinte, Alan Alda sei für die Moderation gut geeignet. Bei seinem feinen Sinn für Humor werden die Leute locker. Vor Jahren waren Paul und ich mit Alan und seiner Frau Arlene über unsere gemeinsamen Freunde Shirley und Sol Turtletaub zusammengekommen. Aber seit AIDS hatten wir die Verbindung zu ihnen vollkommen abreißen lassen. Wenn wir Alan bitten wollten, mußte ich Shirley erzählen, was mit uns passiert war. Sie sagten sofort ihre Unterstützung zu und machten die Aldas, die in der Stadt waren, ausfindig. Ich traf mich am nächsten Tag mit Alan.

Zwar war ich nervös, aber ich war auch entschlossen, Alan nicht wissen zu lassen, wie verzweifelt ich tatsächlich war. Er sollte sich emotional nicht zu etwas gezwungen fühlen, was er eigentlich gar nicht wollte. Auch wenn die allerbesten Gründe vorliegen, ist es immer schwer, andere Leute um einen Gefallen zu bitten.

Niemand ist gern Moderator bei einer Wohltätigkeitsveranstaltung. Das sind lästige Pflichten für Prominente. Alan war ganz ehrlich: »Ich hasse das, Elizabeth, wirklich.«

Ich sagte ihm, daß ich das verstand, es aber ohne ihn keine Hoffnung gab. Das reichte, damit ich nicht verzweifelt klang. Er rief am nächsten Tag an, sagte, daß wir auf ihn zählen konnten, und ließ bei mir kein schlechtes Gefühl aufkommen, weil ich ihn gefragt hatte. Wir hatten das erste große Stück für dieses Puzzle, einen Moderator. Nun brauchten wir nur noch den Star.

Ich wußte, daß jetzt für mich der Zeitpunkt gekommen war, das zu tun, wovor ich mich gefürchtet hatte – Cher um einen Auftritt zu bitten. Das war für mich außerordentlich mit Gefühlen belastet, denn ich hatte ihre Tochter Chastity unterrichtet, gleich nachdem ich nach Los Angeles gekommen war. Cher ist für immer mit diesem Lebensabschnitt verbunden.

Chastity, eine der Jüngsten in meiner Gruppe, war ein niedliches, wunderbares Kind, und ich mochte sie besonders gern. Da sie jünger als die anderen war, hatte sie manchmal Schwierigkeiten. Chas konnte noch nicht lesen, und ich versuchte es ihr beizubringen. Ich war zwei Jahre lang ihre Lehrerin, und in der Zeit hatten wir eine enge Bindung aneinander.

Nachdem Ari tot war, stellte ich mir, wenn ich sie sehr vermißte, immer vor, sie sei wie Chastity, ein Kind, das heranwuchs, das ich aber nie mehr sah. Ich suchte einen Weg, mit dem Verlust meines Kindes fertigzuwerden, und es half mir, einen Zusammenhang mit Chastity herzustellen.

Es war also schwierig, auf Cher zuzugehen. Wenn sie nein sagte, hätte ich eine Hoffnung verloren. Ich hinterließ eine Nachricht bei ihrer Agentur, und ihre Sekretärin rief mich an. Ich erklärte ihr, daß ich ihr nicht sagen könnte, warum ich mit Cher sprechen wollte, aber es sei ungeheuer wichtig, daß ich sie persönlich erreichte. Doch nichts passierte. Am 23. Mai, als es bis zur Wohltätigkeitsveranstaltung nur noch knapp einen Monat war, rief ich noch einmal an und sagte, daß es sich um einen dringenden Fall handelte.

Am nächsten Tag klingelte abends um neun das Telefon. »Betsy?«

»Oh, Cher«, sagte ich. »Gott sei Dank, daß Sie anrufen.«

»Was ist los? Ich hörte irgendwas von einem dringenden Fall. Was geht vor?«

»Cher, mein Leben ist so kompliziert. Ich will Ihnen am Telefon nichts davon erzählen. Wann kann ich Sie treffen?«

»Sind Sie müde?«

»Nein, eigentlich nicht.« (Tatsächlich geh' ich meistens bei neun herum ins Bett.)

»Ich bin in meinem Haus in Malibu. Können Sie jetzt rüberkommen?«

»Ich bin in vierzig Minuten da.«

Ich stand auf, zog mich wieder an und sprang ins Auto. Es war ein gutes Gefühl, schnell über den Highway an der Pazifikküste zu fahren. Der Himmel und das Meer waren dunkel und friedlich, aber ich war nervös und angespannt. Das Schicksal unserer Veranstaltung, die eine Million Dollar an Spenden bringen sollte, hing von diesem Treffen ab.

Chers Haus stand direkt am Ozean. Ihre Schwester Georgianne war auch da, und wir drei setzten uns auf Chers Riesenbett. Es stand eine große Glasschale mit Süßigkeiten da, und ich bediente mich, als ich anfing zu reden.

Ich hatte Cher sehr lange nicht mehr gesehen. Sie wußte nichts von meiner Heirat mit Paul und der Geburt von Ari und Jake. Ich erklärte ihr, was meiner Familie passiert war, und berichtete, wie Ari gestorben war. Es war sehr traurig, das alles zu erzählen. Nachdem ich die Stiftung beschrieben hatte, sagte ich, daß wir planten, bei einer Veranstaltung in Washington eine Million an Spenden für die Forschung im Bereich Kinder-AIDS zusammenzubringen.

Cher sah mich an und sagte: »Ich hab' versucht herauszufinden, warum Sie meine Hilfe brauchen. Jetzt verstehe ich. Sie wollen, daß ich bei dieser Veranstaltung auftrete.«

Ich sagte: »Cher, ich *brauche* Ihren Auftritt an diesem Abend. Ich weiß nicht, an wen ich mich sonst wenden könnte.«

»Dann mach' ich es«, sagte sie einfach. Cher sah ihre Schwester an und sagte: »Laß uns sofort Billy anrufen.« Bill Samath ist ihr Manager.

Inzwischen war es in New York nachts halb drei.

»Bill, sitzt du?«

»Cher«, sagte er, »ich schlafe.«

»Ich will dich nur wissen lassen, daß ich am 21. Juni bei einer Veranstaltung in Washington auftrete. Wir besprechen das morgen, aber du solltest es jetzt nur schon wissen. Wiedersehen.«

»Cher, bist du verrückt? Das ist schon in vier Wochen. Was redest du da?«

»Billy, stell keine Fragen. Ich werde dir nichts weiter darüber erzählen. Das ist etwas, was ich tun werde. Die Leute von der Pediatric AIDS Foundation nehmen morgen früh Kontakt mit dir auf.«

Cher war erstaunlich. In dem Augenblick, in dem

sie Billy anrief, wußte ich, daß sie ihre Meinung nicht mehr ändern würde. Sie stellte mir viele Fragen zu meiner Familie, und sie wollte wissen, wie viele Songs sie auf der Veranstaltung singen müßte. »Nicht viele«, antwortete ich.

Susan und Susie jubelten. Cher war jahrelang nicht mehr aufgetreten, und demnächst sollte eine neue LP von ihr herauskommen. Gemessen an den Maßstäben Washingtons war es auch gewagt, sie zu bitten. Die Republikaner waren seit acht Jahren an der Macht, und Leute wie Cher kamen nicht sehr oft in die Stadt.

Am nächsten Morgen rief ich in Washington an und sagte: »Wir haben Cher.« Zuerst waren alle begeistert. Alan Alda und Cher, das war mehr, als je einer gedacht hätte. Die nächste Frage, die alle stellten, lautete: »Was wird sie anziehen?« Dieselben Leute, die sich gegen Jane Fondas Anwesenheit auf der Veranstaltung gewehrt hatten, riefen dauernd an und fragten, ob Cher entschieden hatte, was sie tragen würde. Ich hatte nicht die leiseste Ahnung, was Cher anziehen würde, aber ich sagte allen, es würde in Ordnung sein. Ich vertraute ihr.

*

In diesem Mai ging ich mit Jake zur ersten Überprüfung seiner Entwicklung in die Uniklinik. Die Ärzte untersuchten seine intellektuellen und motorischen Fähigkeiten, um zu sehen, ob seine Koordination und seine Lernfähigkeit seinem Alter entsprechend entwickelt waren. Ich wußte durch Aris Verfall, wie schnell diese Krankheit das zentrale Nervensystem beeinflußt, wenn sie erst einmal ausgebrochen ist. Die Ärzte wollten Jake gründlich untersuchen.

Ich hatte Angst, weil sich herausstellen könnte, daß

es bereits ein paar Störungen in Jake körperlicher Entwicklung gab. Jake machte Tests mit Bausteinen und Puzzles, er malte Buchstaben und warf Bälle. Es dauerte fast drei Stunden, aber die Ergebnisse waren normal. Paul und ich taten einen Seufzer der Erleichterung.

Auch Jakes Blut sollte regelmäßig überprüft werden. Zuerst fand das alle drei Monate statt, jetzt alle sechs Wochen. Auch hier stellt sich jedesmal unausweichlich Angst ein. Wenn die T-Zellen-Werte plötzlich sinken, dann müssen wir überlegen, ob er ein Medikament gegen das Virus bekommt, entweder AZT oder DDI, beides gefährliche, toxische Mittel – aber zur Zeit die einzige medizinische Hoffnung, die zur Verfügung steht.

Der schwierigste Teil der Geschichte würde sein, Jake zu erklären, warum er viermal am Tag Tabletten nehmen muß. Mit Blick auf diese Möglichkeit erzählte ich ihm einmal, daß er und ich komisches Blut haben, das die Ärzte immer wieder überprüfen müssen, um nachzusehen, ob alles in Ordnung ist. »Das weiß ich«, antwortete er, dieser typische, vierjährige Schlaukopf.

Dann fragte er mich, ob Ari gestorben war, weil sie komisches Blut hatte. Ich zögerte. Ich hatte das Gefühl, so ehrlich wie möglich sein zu müssen. Ich sagte, ja, Ari sei wegen ihres komischen Bluts gestorben, aber wir hätten erst gewußt, daß sie das hat, als sie schon sehr krank war. Weil wir das von meinem und seinem viel eher gewußt haben, erklärte ich Jake, würden wir es immer wieder überprüfen, und alles würde in Ordnung sein.

Das war eine zufriedenstellende Auskunft. Ich wünschte mir nur, ich könnte wirklich glauben, was ich ihm erzählte.

Auch in diesem Mai mußte ich mit einer Behandlung beginnen, bei der ich Pentamidin inhalierte. Mein T-Zellen-Wert lag so um 210, und da empfohlen wird, mit der Behandlung bei einem Wert von 200 zu beginnen, entschied Michael Gottlieb, daß der Zeitpunkt gekommen war. Es ist keine schmerzhafte Behandlung, aber sie ist unangenehm. Eine halbe Stunde lang sitze ich allein in einem kleinen Raum und atmete ekelhafte, unangenehme Luft ein, was mich sehr daran erinnert, in was für einer unsicheren Situation ich mich befinde. Ich habe mich schließlich daran gewöhnt und freue mich auf den harten Bonbon, den ich hinterher lutsche, um den schrecklichen Geschmack aus dem Mund zu bekommen. Ich freue mich auch auf das Freiheitsgefühl, das ich habe, wenn ich die Praxis verlasse und mich wieder der Welt anschließe.

Wie Jake ließ ich alle sechs Wochen eine Blutuntersuchung machen. Ich hatte im März des Vorjahres angefangen, AZT zu nehmen, etwa zu der Zeit, als Ari die Lungenentzündung hatte. Gottlieb hoffte, daß es das Fortschreiten der Krankheit verlangsamen würde. Ziel war es, mich stabil zu halten.

Ich nahm immer noch AZT, was fünfmal am Tag zwei Pillen bedeutete. Ich sah dauernd auf die Uhr, das Leben wurde ständig durch Erinnerungen an AIDS unterbrochen. Ich versteckte die AZT-Pillen in einem Fläschchen für Eisentabletten. Ich wollte nicht, daß ich irgendwann eine Tablette in der Öffentlichkeit nahm und jemand die kleine weiße Pille mit dem blauen Ring erkannte. Ich war immer außerordentlich sorgfältig darauf bedacht, unser Geheimnis zu bewahren. Ich schrieb nicht einmal den Namen Michael Gottlieb in meinen Wochenkalender. Da stand immer nur MG.

In diesem Frühling 1989 gab es viel zu tun, aber es

war auch eine schwierige Zeit. Es verging kein Tag, an dem mir meine Tochter nicht fehlte. Es verging kein Tag, an dem ich nicht unglaubliche Trauer über ihren Tod empfand. Ich gehe an ihrem Zimmer vorbei und weiß, daß sie nicht drinnen ist. Ihre Bilder sind immer noch im ganzen Haus verteilt, und wenn sie uns auch Aris Freude und Schönheit erhalten, erinnern sie uns auch daran, wieviel wir verloren haben. Ich lasse die Traurigkeit durch meinen Körper strömen, dann lasse ich sie hinaus, denn ich weiß, daß sie mich zerstören wird, wenn ich sie in mir behalte.

Paul und ich hatten in diesem Frühjahr große Schwierigkeiten im Umgang miteinander. Wir hatten einen richtigen emotionalen Stillstand erreicht und die Beziehung zu der Liebe verloren, die die Grundlage für alles ist, was wir sind. Manchmal ist unser Leben einfach zu kompliziert, und unser privates, voneinander getrenntes Trauern hat eine Distanz zwischen uns entstehen lassen.

Pauls Rücken tat immer noch sehr weh, und er mußte wegen der Schmerzen viel auf der Couch liegen. Ich arbeitete viel und trug fast die gesamte Verantwortung für Jake. Ich nahm es Paul übel, daß er mir nicht mehr half.

Auch Paul grollte. Manchmal war er wütend darüber, wie sehr ich mich für die Stiftung engagierte. Er meinte, ich benutzte sie als Ausflucht, um mich nicht meinen Gefühlen stellen zu müssen. Wir verstanden uns überhaupt nicht mehr, und so gingen wir schließlich zu einem Therapeuten, um unsere Ehe wieder auf den richtigen Weg zu bringen.

Wir waren etwa zehnmal bei Dr. Friedman. Ich glaube, die meiste Zeit taten wir nichts weiter, als uns anzuschreien und sehr wütend aufeinander zu sein. Ich weiß nicht einmal mehr, worüber wir wütend waren. Es war einfach so, daß unser Leben uns wütend machte. Vielleicht brauchten wir einen sicheren Ort, an dem wir all unseren Zorn herauslassen konnten. Ich weiß nur noch, daß in dieser Zeit alles wieder besser wurde. Paul und ich entwickelten wieder Zuneigung, und das war ein wunderbares Gefühl.

Bob Johnson, der den Dokumentarfilm produzierte, kam Anfang Juni mit einem Rohschnitt des Films mit dem Titel »A Gift of Time« (Ein Geschenk von Zeit) in die Stadt. Während Scott und Bob geschrieben und gefilmt hatten, arbeitete Susans Mann Robert De Laurentis, der Autor ist, am Aufbau des Films. Robert hat ein großartiges Gespür für eine Geschichte, und es war eine echte Herausforderung, mit ihm zu arbeiten. Aber als das Material kam, waren Susan, Robert und Susie alle nicht in der Stadt. Ich spielte den Film ab, und er gefiel mir nicht. Er war fünfundzwanzig Minuten lang und kam nicht auf den Punkt. Sie hatten gute Arbeit geleistet, aber niemand kannte die Geschichte so gut wie ich. So wurde ich zur Cutterin und schnitt den Film zusammen mit Bob und Scott neu.

Ich hatte mit Paul in vielen Schneideräumen gesessen und viele Tagesdrehs gesehen, und ich wußte, daß ich ein Auge hatte, auf das ich mich verlassen konnte. Drei Tage hintereinander arbeiteten wir täglich zwölf Stunden, und Paul kam dazu und half, was wunderbar war, denn er ist ein guter Regisseur und hat ein untrügliches Gespür für Bilder und Zeitabläufe.

Der Film handelte von Familien, die mit AIDS kämpften. Aber weil sich unsere Leben so ähnlich sind, war ihre Geschichte zugleich meine Geschichte. Ich kannte die kritischsten Punkte. Der Film mußte perfekt sein. Bis zu der Veranstaltung waren es nur noch zehn Tage.

Mitten in all den Vorbereitungen bekam ich einen

Anruf von einer Freundin, die mir erzählte, daß eine flüchtige Bekannte von ihr von unserer Geschichte wußte und darüber redete. Panik überfiel mich. Das war es, was wir die ganze Zeit befürchtet hatten.

Diese Frau war an mindestens zwei meiner Freundinnen herangetreten und hatte gefragt, ob es stimmte, daß Ariel Glaser an AIDS gestorben sei. Sie hatten die Frau abblitzen lassen. Aber die dritte Person sagte: »Das dürfen Sie nicht wissen, und das dürfen Sie nicht erzählen!« Und damit hatte die Frau die Bestätigung, hinter der sie her war.

Ich griff zum Telefon und sprach sie direkt an. Ich atmete schnell. In einem Appell an ihr Mitleid sagte ich: »Wenn Sie diese Information nun einmal haben, müssen Sie sie so behandeln, wie meine besten Freundinnen es tun, mit totaler Verschwiegenheit. Wenn ich gewollt hätte, daß Sie es wissen, hätte ich es Ihnen gesagt. Jetzt, wo Sie alles wissen, ist für mich nur wichtig, wie Sie mit dieser Information umgehen.« Sie entschuldigte sich, hatte nichts Böses vorgehabt und versprach, daß sie mit niemandem darüber sprechen würde. Ich hatte große Angst gehabt, sie direkt anzusprechen, aber es blieb mir nichts anderes übrig, und es funktionierte. Sie sagte nie wieder ein Wort.

Irgendwie ist die Vorstellung unmenschlich, daß Familien, die mit AIDS zu kämpfen haben, neben all den anderen schrecklichen Dingen auch noch Isolation und Zurückweisung fürchten müssen. Wenn man ein Kind hat, das sterben könnte, oder wenn ein Kind gestorben ist, braucht man Liebe und Unterstützung. Menschen mit AIDS fühlen sich immer noch als Aussätzige, weil unsere Gesellschaft uns so behandelt. Wir leben mit der Heimlichtuerei. Das ist lähmend und erniedrigend. Das ist unfair, ungerecht und schlechter Stil. Aber es ist die Wirklichkeit, wir leben damit, und wir können nur wenig dagegen tun. Wir sind davon abhängig, daß andere alles richtig machen.

Ungefähr zur selben Zeit erwähnte Bess Armstrong, eine meiner Freundinnen, auf einer Party, daß sie freiwillig bei der Stiftung mitarbeitete, und Jeremy Dreyfuss sagte: »Oh, ist das nicht die Stiftung, an der Elizabeth Glaser beteiligt ist?«

Bess war entsetzt. Sie wußte, daß ich unser Geheimnis bewahrte. Sie rief mich an. Wieder mußte Schadensbegrenzung geleistet werden. Ich rief Jeremy an, die eine ganz wunderbare Frau ist, und sagte ihr, daß wir unbedingt zusammen zu Mittag essen müßten. Als wir am Tisch saßen, sagte ich ihr, daß sie nie wieder zu irgend jemandem irgend etwas über mich sagen dürfte! Sie erzählte mir, wer es ihr gesagt hatte, und ich überlegte, wo die undichte Stelle sein könnte.

In Gedanken verfolgte ich alle Spuren zurück, bis ich die wahrscheinlichste Quelle ausmachen konnte, und dann rief ich sie an. »Ich habe gerade herausgefunden, daß Soundso über unsere Geschichte gesprochen hat, und ich weiß, daß Sie eine Freundin von ihr sind. Mir macht die Sache große Angst, und wir geraten ganz allgemein dadurch in Gefahr. Würden Sie sie bitte sofort anrufen und sie bitten, den Mund zu halten?«

Ich hatte ständig das Gefühl, als ob ich Löcher in einem durchlässigen Damm stopfte. Es war ermüdend. Wir verwendeten soviel Kraft darauf, das »Geheimnis« zu bewahren. Selbst wenn nichts passierte, war ein Teil von mir immer auf der Hut vor dem nächsten Schwachpunkt.

Die Wohltätigkeitsveranstaltung hatte mich gezwungen, mich viel mehr Menschen anzuvertrauen, und das forderte seinen Tribut. Es verstärkte mein akutes Angstgefühl. Ich wußte nie, ob ich nicht eines Tages den Supermarkt betreten und unsere Geschichte auf der Titelseite des »National Enquirer« oder eines anderen billigen Boulevardblatts finden würde.

Wenn das geschah, welche Auswirkung würde das auf Jake haben? Würden die Eltern seiner Freunde informiert genug sein, um zu wissen, daß sie keine Angst zu haben brauchten? Würden sie begreifen, daß Jake keine Gefahr für sie und ihre Kinder bedeutete? Würden einige Kinder zu ihm kommen und sagen »Du hast AIDS, du wirst sterben«? Das waren die ständigen Ängste, die mich alles tun ließen, um Jake vor dem zu schützen, was mit Ari und ihren Freundinnen passiert war.

Das Geheimnis bei der Veranstaltung wahren zu können, war eine weitere echte Sorge. Das ganze hatte sich zu einem riesigen Ereignis entwickelt, und natürlich wunderten die Leute sich, wie es dazu gekommen war. Susan und Susie sollten die einzigen Vertreterinnen der Stiftung in Washington sein. Was würden sie antworten, wenn sie gefragt wurden, warum sie die Stiftung gegründet hatten? Es mußte glaubwürdig klingen, durfte aber nicht die Wahrheit sein. Niemand durfte etwas über meine Beteiligung wissen.

Mit der Hilfe meiner Freundin Jody Uttal, die Leute für den Umgang mit den Medien ausbildet, beschlossen Susie und Susan nach vielen Diskussionen am Ende, daß sie sagen würden, sie hätten die Stiftung ins Leben gerufen, weil sie ein Kind gekannt und geliebt hatten, das an AIDS gestorben war. Das war keine Lüge, aber auch nicht die ganze Wahrheit. Jody brachte ihnen bei, wie sie weitere bohrende Fragen der Presse vermeiden konnten.

Als wir ein paar Tage vor der Veranstaltung nach

Washington flogen, wußten wir schon, daß sie ausverkauft war. Wir hatten eine Million eingenommen, und achthundert Leute würden an dem Ereignis teilnehmen. Am 20. Juni gab es eine ganze Reihe von Vorbereitungen in letzter Minute. Wir mußten mit Kevin und Joel das Problem der Sitzordnung lösen, wer mit wem zusammensaß und an welchen Tisch welcher Prominente kam. Wir blieben bis Mitternacht auf. Es war anstrengend und beängstigend, denn wir wollten, daß alles perfekt war. Aber es machte auch viel Spaß. Wir waren alle gute Freunde geworden, und außerdem hatten wir eine Million Dollar mehr für die Forschung vorzuweisen.

Auch wenn ich anonym dabei sein mußte, wußte ich, daß dieses der großartigste Abend meines Lebens werden würde. Paul hatte immer noch zu starke Rükkenschmerzen, um sich auf den langen Flug zu machen, und wir meinten auch, daß seine Anwesenheit zuviel Aufmerksamkeit erregen könnte. Aber meine Eltern kamen. Ich hatte beschlossen, wenn mich irgend jemand fragte, warum ich da war, dann würde ich sagen, daß Susan und Susie meine Freundinnen wären.

Susan wohnte bei ihren Eltern, Susie und ich bei Sandy Brock. Am Tag vor der Veranstaltung kam ich nachts um eins zu ihr nach Hause. Ich wollte gerade das Licht ausmachen, als Sandy an die Tür klopfte.

»Elizabeth, ich bin wirklich der Meinung, du solltest morgen etwas für dich tun und versuchen, zur Ruhe zu kommen. Ich glaube, du brauchst Abstand von der Veranstaltung.«

Ich sagte ihr, daß es mir gut ging, aber Sandy forderte noch hartnäckiger, daß ich mir den Tag freinehmen und ausruhen sollte. Ich war alt genug, um diesen ganzen Hokuspokus als das zu erkennen, was er war. Eine List. Irgend etwas mußte los sein, und ich fragte Sandy, was es war.

Endlich erzählte sie: »Eine Freundin, die Fernsehreporterin ist, hat angerufen und gesagt, daß ihr Sender weiß, daß hinter den Kulissen der Veranstaltung irgend etwas los ist, und sie wollen die Geschichte herausbekommen.« Sandy versuchte mich dazu zu überreden, mich hinzulegen.

Es war ein Uhr nachts, und ich war erschöpft. Aber ich bin nie zu müde, um Angst zu haben. Ich konnte nicht einschlafen. Um vier wälzte ich mich immer noch herum. Ich sah vor mir, wie ich am nächsten Abend auf eine Phalanx von Kameras zumarschierte und unser Geheimnis in Einzelteile zerlegt wurde. Alles war so gefährdet. Ich fühlte mich einsam und hatte Angst. Schließlich schlief ich noch drei Stunden.

Als ich am nächsten Morgen auf den Capitol Hill kam, erzählte ich Kevin und Joel, wieviel Angst ich hatte. Sie waren sehr betroffen und sagten, wenn der Sender die Geschichte bringen wollte, würden sie Druckmittel finden, damit er sie sterben ließ. Sie waren so fürsorglich und sicher, daß ich ihnen glaubte und irgendwie beruhigt war.

Susie, Susan und ich beschlossen, daß ich den VIP-Cocktailempfang zur Eröffnung von sechs bis sieben auslassen und erst kommen sollte, wenn die Leute an ihren Tischen Platz nahmen. Ich sollte an einem Tisch sitzen mit meinen Eltern und Rita Braver, die an dem Abend mein »Tischherr« war, und mit dem Anwalt der Stiftung, Peter Benzian, mit Pauls Agentin Andrea Eastman und deren Mann Richard Wilsker, mit Lloyd Zeiderman, dem Finanzberater der Stiftung, und unseren Freunden aus New York, Richard und Sheila Lukins.

Als ich mit meinen Eltern eintraf, waren alle schon

im Saal, auch die meisten Sensationsreporter. Aber als wir unter dem Baldachin hindurchgingen, rief plötzlich jemand: »Elizabeth!«

Vor lauter Panik blieb mir die Luft weg, und ich drehte mich um. Es war Jim Hill, einer der Ärzte vom Nationalinstitut für Allergien und Infektionskrankheiten. Er sagte »Sie erinnern sich noch an Dr. Tony Fauci?«, und mein Herz setzte einen Schlag lang aus. Dann sagte ich im Flüsterton zu ihnen: »Ich sollte eigentlich nicht hier sein, und Sie sollten mich eigentlich nicht kennen.«

Jim Hill sah mich an und sagte: »Aber es ist doch Ihre Stiftung, nicht?«

Ich antwortete: »Ja, ja, so ist es, aber heute abend weiß hier niemand, daß ich dazugehöre, und bitte sagen Sie auch nichts.«

Ich kam mir dumm vor, daß ich diesen beiden wichtigen Ärzten erklärte, sie müßten mir helfen, unsichtbar zu sein, aber mir blieb keine andere Wahl.

Susan De Laurentis und Susie Zeegen eröffneten den Abend. Ich war so stolz. In ihren langen Kleidern sahen sie strahlend schön aus. Ich hatte eine Gänsehaut. Ich war wie eine Mama bei einem Klavierkonzert, die wegen ihres Kindes so aufgeregt ist, daß sie kaum atmen kann.

Nach Howards und Orrins Vorstellung durch Susie und ihrem Dank an sie machten sie Witze über ihre politischen Meinungsverschiedenheiten, wurden aber schnell wieder ernst. »Ich war nie an einem Projekt beteiligt, das so anrührend, so tragisch und so dringlich ist«, sagte Metzenbaum. Er sprach sehr gefühlsbetont über Mütter und Familien mit AIDS und darüber, wieviel das Publikum an diesem Abend dazulernen würde.

Orrin kam nach vorn und sagte: »Wir im Kongreß

haben uns auf AIDS bei Erwachsenen konzentriert. Leider haben wir eine wichtige Tatsache übersehen. Uns ist einer der schrecklichsten und tragischsten Aspekte dieser entsetzlichen Krankheit entgangen: Babys werden mit AIDS geboren; Kleinkinder bekommen AIDS; AIDS ist auf kein Alter beschränkt. Gott sei Dank gibt es ein paar ganz besondere Freunde aus Kalifornien, die uns geholfen haben, uns zu informieren.« Als Orrin diese Worte sagte, hörten viele seiner reichen und mächtigen Kollegen vielleicht zum erstenmal etwas von Kinder-AIDS.

Jeder, der Susan, Susie oder mir vor zehn Monaten, als wir die AIDS-Stiftung gründeten, erzählt hätte, daß das hier passieren würde, wäre entweder von uns ausgelacht worden, oder wir hätten uns so sehr einschüchtern lassen, daß wir nicht weitergemacht hätten. Aber wir waren hier in Washington, und es wirkte alles wichtig und richtig.

Während einer der Reden schlich ich mich hinter die Bühne, um Cher zu suchen und ihr zu danken. In ihrem langen, aufreizenden, trägerlosen schwarzen Kleid mit stufenförmigem Fransenbesatz sah sie aus wie eine Seejungfrau.

Cher nahm mich in die Arme und sagte: »Wissen Sie, woran ich noch denken muß? Ich weiß noch, wie die Schuldirektorin mich zu einem Gespräch über Chas bat. Sie meinte, Chastity sollte eine Therapie machen, und Sie waren dagegen. Als wir das Treffen verließen, waren wir beide so durcheinander, daß wir uns umarmten und weinten.« Ich wußte, daß wir uns in dem Augenblick beide wünschten, wir könnten zu jenen einfacheren Zeiten zurückkehren. Als meine Augen feucht wurden, nahm ich Cher fest in die Arme und sagte ihr die Wahrheit: Ohne sie hätten wir es nie geschafft.

Ich schlich mich an meinen Platz zurück, als Alan Alda mit der Show anfing und ein paar Witze über die Politik Washingtons machte. Ein Kinderchor sang dann ein wunderschönes Lied mit dem Titel »I'll Be Your Candle on the Water« (Ich werde deine Kerze auf dem Wasser sein). Sie zündeten Kerzen an, als der Saal dunkel wurde. Im flackernden Licht begann »A Gift of Time«. Man hatte uns vorgewarnt, daß die Leute während des Films reden, knabbern und plauschen würden. Ich hatte Anweisung bekommen, mich nicht darüber aufzuregen. Der Film beginnt mit dem lauten Stakkato-Ticken einer Uhr. Der Saal war dunkel und ruhig. Niemand redete, niemand bewegte sich.

Die mutigen Familien im Film fingen an, ihre Geschichten zu erzählen:

»Zack hat mich gelehrt, daß, wenn man die Welt liebt, sie einen auch liebt . . .«

»Ich mußte lernen, Kraft in mir selbst zu finden, von der ich nie wußte, daß ich sie hatte . . .«

»Ich hätte sonstwas getan, um ihm bis ans Ende so viel Glück und so viel Liebe wie nur irgend möglich zu geben . . .«

»Wir gingen in ein Militärkrankenhaus, und sie wollten ihn nicht anfassen. Sie wollten ihn nicht wiegen. Sie schlossen uns in einem Raum ein und ließen uns nicht mit anderen Leuten zusammensitzen . . .«

»Es ist vermutlich die einschneidendste Sache, die Ihnen je passieren kann. Jeder Bereich Ihres Lebens wird vergewaltigt. Es ist eine Beleidigung für Sie, Ihre Kinder, Ihre Familie und Freunde. Danach ist nichts mehr, wie es war . . .« Es war mucksmäuschenstill.

Ich saß hinten in dem großen Saal, hielt die Hand meiner Mutter und weinte.

Diese Menschen waren ich, und ich war sie.

Als der Film zu Ende war, wischten sich viele im Saal die Tränen aus den Augen. Niemand murmelte auch nur. Alan Alda kam wieder auf die Bühne und sprach sehr bewegend über die Eltern aus dem Film, die er an dem Morgen in den Nationalinstituten für Gesundheit kennengelernt hatte.

»Es war eine ungewöhnliche Erfahrung«, sagte er. »Ich glaube nicht, daß diejenigen unter uns, die nicht von AIDS befallen sind, verstehen können, wie empört diese Familien sind, daß sie sogar vor die Kamera treten und in die Öffentlichkeit gehen. Das ist keine Krankheit wie andere . . . Diese Familien verloren ihre Freunde, in vielen Fällen wandten die sich einfach ab. Manche verloren ihre Arbeit. Sie mußten ihre Häuser verkaufen und ihre vertraute Umgebung verlassen . . .

Heute habe ich gefühlt, daß ich in der Gesellschaft von Menschen war, die stärker waren als ich, unverwüstlicher als ich, und ich verließ das Treffen nicht mit einem Gefühl der Niedergeschlagenheit. Nachdem ich gesehen hatte, wozu diese Menschen in der Lage waren, ging ich mit dem Gefühl, daß ich jetzt die Kraft haben würde, Dinge zu tun, von denen ich nie im Leben gedacht hätte, daß ich sie tun könnte.«

Für mich war es ein außergewöhnlicher Augenblick, Alan so beredt über Familien mit AIDS sprechen zu hören. Die Familien aus dem Film saßen alle an einem Tisch in der Mitte des Saals. Der Scheinwerfer richtete sich auf sie, und als sie aufstanden, taten das alle anderen im Saal auch und applaudierten stehend.

Ich stand da und klatschte und weinte. Ich konnte nicht glauben, daß achthundert Menschen Familien wie meiner applaudierten, daß wir nicht abgelehnt wurden.

Als die Emotionen sich gelegt hatten, kündigte Alan dann Cher an.

Cher. Mit ihrer wilden Mähne und dem aufreizenden Kleid sah sie aus wie eine Göttin, und sie sang sich die Seele aus dem Leib. Nach der ersten Nummer machte sie eine Pause und sagte: »In Ordnung. Das war für die Republikaner.« Sie verließ die Bühne, kam nach einem Sekundenbruchteil zurück und sagte: »Das hier ist für die Demokraten.«

Wumm! Die untere Hälfte ihres Kleides war verschwunden, und Cher stand in einem Fransen-Mini und hohen schwarzen Stiefeln da. Es war ebenso brillant wie frech. Allen im Saal gefiel es.

Cher wußte, wo ich saß, und bevor sie sang »If I Could Turn Back Time« (Wenn ich die Zeit zurückdrehen könnte), zeigte sie auf mich und warf einen dramatischen Bühnenkuß in meine Richtung.

In mir stieg Panik auf, aber niemand bemerkte etwas. Doch kurz vor ihrem Abgang sagte sie: »Ich möchte Ihnen allen danken. Ich bin heute abend hier, weil eine Lehrerin, die meine Tochter in der Schule hatte . . .«

Aber zum Glück war die Tonanlage zu schwach, und viele Leute verstanden es gar nicht. Ein paar Reporter in der Presseloge fragten sich gegenseitig, was sie gesagt hatte, doch keiner hatte genug mitbekommen, um ihm irgendeine Bedeutung beimessen zu können.

Der Abend endete mit dem Lied »Tomorrow« (Morgen) aus dem Musical »Annie«. Die Senatoren Hatch und Metzenbaum, Alan Alda, Kitty Dukakis und Sandy Brock gingen zu Cher auf die Bühne.

Ich wußte, daß dies für mich der schwerste Augenblick des Abends werden würde, und so war es dann auch. »Tomorrow« war eins von Aris Lieblingsliedern.

Wir hatten »Annie« in der Uniklinik immer wieder gesehen: von Anfang an, vor der Diagnose, als sie Infusionen mit Gammaglobulin bekam, bis zum Ende. Cher sang »Tomorrow« so getragen, daß es fast auf tragische Weise traurig klang. Dann stimmten alle ein, meine Mutter ergriff meine Hand und drückte sie so fest sie konnte. Irgendwie überstanden wir es.

Wieder in dem Hotel, in dem der größte Teil der Truppe aus Kalifornien wohnte, versammelte sich eine kleine Gruppe von uns in der Bar. Wir fanden, daß es nicht nur »Ein Abend der Gemeinsamkeit« war, sondern auch zum Feiern, und Susie, Susan und ich fingen an, Tequila-Trinksprüche auszubringen. Ich war erschöpft. In der Nacht zuvor hatte ich fast gar nicht geschlafen.

Als ich gerade auf mein Zimmer gehen wollte, sagte Susan: »Einen müssen wir noch haben.«

»Ich kann nicht mehr, Susan, ich bin zu müde«, sagte ich.

»Auf unsere Freundschaft. Ein Glas auf uns beide, Elizabeth, nur du und ich.« Als Susan das sagte, fiel mir plötzlich wieder ein, was wir beide durchgemacht hatten: der Druck der Veranstaltung, das Geheimnis, die Reisen nach Washington, Francesca und Ari, das Riesenrad. In dem Augenblick schien Susan für mich der wichtigste Mensch auf der Welt zu sein.

Wir kippten diesen letzten Schluck Tequila und umarmten uns heftig.

13

Bei der Organisation der Wohltätigkeitsveranstaltung hatte ich mich Dutzenden von Leuten offenbart, und unser Geheimnis blieb sicher. Ich hatte das Gefühl, bis an die Grenze gegangen zu sein, überstand aber alles ohne Zwischenfälle. Ich vertraute darauf, daß die Leute, die Bescheid wußten, ihr Schweigen beibehalten würden und ich hinter den Kulissen in aller Stille weiterarbeiten konnte.

Ein paar Tage später ging ich in Los Angeles zu einer Veranstaltung, bei der Wahlspenden gesammelt wurden für Senator Tom Harkin, den Vorsitzenden der Unterkommission des Senats, die Gelder im Gesundheitswesen bewilligte; er stellte sich zur Wiederwahl in Iowa. An dem Nachmittag merkte ich, daß wir in Washington tatsächlich Wirkung erzielt hatten. In seiner Rede sprach er wirklich über die Notwendigkeit, mehr Geld für Kinder-AIDS zu bewilligen! Das hatte ich noch nie jemanden sagen hören.

Als ich hinterher zu ihm ging, um ihn zu begrüßen, sagte er, daß er sich mit mir gern noch einmal in Washington treffen würde. Noch eine Premiere. Niemand hatte mich bisher um ein Treffen gebeten. Immer war es umgekehrt gewesen. In diesem Augenblick liebte ich Tom Harkin. Ich sagte ihm, daß wir in ein paar Wochen Urlaub im Osten machen würden, dann wollte ich einen Tag Zwischenaufenthalt in Washington einplanen und mich mit ihm treffen.

Paul und ich wußten, daß dieser Sommer für uns schwierig werden würde, denn eine Woche nach Aris Geburtstag war ihr erster Todestag. Wir wußten, daß wir nicht zu Hause bleiben konnten. Wir beschlossen, unsere alljährliche Reise nach Maine auf eine Juliwoche zu legen, und dann wollten wir Anfang August zwei Wochen in Martha's Vineyard verbringen. Wir waren seit der Beerdigung nicht an Aris Grab gewesen, und wir wußten, daß wir auch dahin mußten.

Paul und Jake flogen mit mir nach Washington. Ich hatte vor, sie zwei Tage später in Maine zu treffen. Ich ging direkt zu den Nationalinstituten für Gesundheit, um mich mit Tony Fauci zu treffen. Ich wollte einige Finanzierungsfragen mit ihm durchgehen, bevor ich mich am nächsten Morgen mit Senator Harkin traf.

Als ich ins Hotel kam, fand ich da schon eine Nachricht von Michael Gottlieb. Ich war überrascht. Es war nicht seine Art, mich irgendwo aufzustöbern. Ich fürchtete mich vor dem Rückruf bei ihm, denn kurz vor der Abreise aus Los Angeles war eine Blutprobe bei mir entnommen worden. Ich hatte Angst, daß die Nachricht schlecht sein würde.

Sie war es. Mein T-Zellen-Wert war um fast ein Drittel auf 140 gefallen. Das war die größte Veränderung meiner Werte, seit ich Patientin bei Michael war. Ich versuchte, am Telefon ruhig zu bleiben. Wir sprachen darüber, ob ich noch einen Test in Washington machen lassen sollte oder nicht, entschieden uns aber dagegen. Michael riet, bis zu meiner Rückkehr nach L.A. zu warten und dann eine neue Untersuchung vornehmen zu lassen.

Ich legte auf und weinte allein in meinem Hotelzimmer. Ich fühlte mich ungeheuer verletzlich und einsam. Paul und Jake waren in Maine, und Susan war nicht bei mir. Zum erstenmal, seit die Diagnose gestellt war, quälten mich wirklich Sorgen um meine Gesundheit.

Ich fühlte mich kräftig, aber ich hatte seit acht Jahren gegen dieses Virus gekämpft. Fing mein Körper nun an, schwach zu werden? Weniger T-Zellen bedeuteten, daß es schwieriger werden würde, die begleitenden Infektionen zu bekämpfen, die mich stark schwächen oder umbringen würden. Ich hatte Angst, daß der Prozeß des körperlichen Verfalls eingesetzt hatte. Irgendwie hatte ich immer gehofft, daß das nicht passieren würde und ich meine zweihundert T-Zellen für immer behalten würde.

Ich saß auf dem Bett und befahl mir: »Elizabeth, reiß dich zusammen!« Vielleicht würde es schlimm werden, vielleicht aber auch nicht. Niemand konnte mit Sicherheit sagen, was passieren würde. Während ich nicht in der Lage bin, Einfluß auf das Virus zu nehmen, kann ich mit Sicherheit Einfluß auf meine Angst nehmen.

Durch den Aufruhr und die innere Befragung nach Aris Tod hatte ich festgestellt, daß ich wirklich leben wollte. Ich wollte für Jake und für Paul leben, ich wollte für die Stiftung leben und all die wichtige Arbeit, die vor mir lag. Aber vor allem wollte ich für mich leben. Trotz all des Schmerzes und der Trauer, die ich jeden Tag erlebe, habe ich auch einen Weg gefunden, wieder Schönheit zu sehen. Mein Leben, so schrecklich es auch sein mag, ist ein ziemliches Abenteuer. Ich lebe jeden Tag voll aus, ob nun unter Tränen, voller Wut oder in meinem Handeln. Selbst ein Leben unter Tränen ist besser als gar nicht zu leben. Ich weiß nicht, was ich fühlen werde, wenn Jake krank wird, aber gerade jetzt will ich leben.

Während ich allein im Hotelzimmer saß, sagte ich mir immer wieder, daß Michael gesagt hatte, daß die Zahlen sich sprunghaft verändern könnten. In einem Monat um ein Drittel nach unten, im nächsten um ein Drittel nach oben. Ich sagte mir, wenn ich mich gut fühlte, dann ging es mir auch gut. Bis zu meiner Rückkehr nach Los Angeles würde ich einfach die Zähne zusammenbeißen und es mit Kraft durchstehen. Ich sagte der Angst, daß sie zu verschwinden hätte. Aber ich hatte Angst, und meine Werte stiegen tatsächlich nie wieder.

Am nächsten Morgen traf ich mich wieder mit Senator Tom Harkin und mit Mike Hall von der Unterkommission zur Verteilung der Geldmittel. Als wir im Winter zum erstenmal zusammengekommen waren, hatte er gesagt, er wolle dafür sorgen, daß der Senat die Situation entscheidend verbesserte. Doch jetzt hatte Harkin es mit Sparmaßnahmen im Bundesetat zu tun. Obwohl er sich immer noch für das Problem Kinder-AIDS engagierte, mußte er die Summe, die er zuteilen wollte, so hindrehen, daß sie dem entsprach, was er realistischerweise auch zuteilen konnte.

Harkin war den Etat wiederholt mit Mike Hall durchgegangen, und sie meinten, sie könnten der pädiatrischen Grundlagenforschung zehn Millionen Dollar aus dem Etat 1990 zufließen lassen. Das war großartig, aber es war kein »neues« Geld. Die Summe würde den bereits laufenden AIDS-Programmen an den Nationalinstituten für Gesundheit entzogen werden. Wenn sie jedoch zugeteilt wurden, waren diese zehn Millionen Dollar das erste Geld von der Regierung für biomedizinische Grundlagenforschung in der Kinderheilkunde. Ich war stolz, aber es war nur die Hälfte dessen, was wir brauchten. Forschungsfragen im Gegenwert von weiteren zehn Millionen Dollar mußten weiter auf Beantwortung warten.

Es war wichtig, sicherzustellen, daß diese zehn Millionen Dollar, wenn sie denn zugeteilt wurden, einzig und allein in die Forschung flossen und nicht Teile davon für weitere epidemiologische oder klinische Studien abgezweigt wurden. Um jede Unklarheit zu beseitigen, wollten wir, daß die Gesetzesvorlage klare Richtlinien festlegte, wie das Geld ausgegeben und welchem Institut es zugeteilt wurde.

Darum hatte sich mein Gespräch mit Tony Fauci gedreht. Er half mir, die Linie meines Vorgehens zu entwickeln. Fauci ist auf dem Capitol Hill hochangesehen, und ich wußte, daß seine Mitarbeit an dieser Gesetzesvorlage dazu beitragen würde, daß sie Unterstützung fand und später verabschiedet wurde.

Fauci und ich hatten uns in seiner Praxis getroffen. Wir hatten im Laufe des vergangenen Jahres eine gute Zusammenarbeit entwickelt. Als ich ihn kennenlernte, wirkte er kühl und glatt, aber jetzt hatte ich das Gefühl, daß ich ihm vertrauen und mich auf sein Urteil verlassen konnte.

Susan und ich waren mit Mike Halls Empfehlung einverstanden, daß sechzig Prozent des Geldes an das Nationalinstitut für Allergie und Infektionskrankheiten gehen sollten und vierzig Prozent an das Nationale Krebsinstitut. Fauci stimmte zu, weil er meinte, daß die Regierung der pädiatrischen AIDS-Forschung mehr Vorrang einräumen müßte.

Ein halbes Jahr später, als das Geld für beide Institute bewilligt worden war und ich anrief, um mich zu erkundigen, wie die Mittel genutzt wurden, gab es ein böses Erwachen für mich. Während Tony und ich mögliche Pläne diskutiert hatten, war das Nationalinstitut für Allergie und Infektionskrankheiten am Ende nicht in der Lage, das Geld im vorgegebenen Zeitplan so zu verwenden, wie wir besprochen hatten. Ich saß im Büro am Schreibtisch und weinte eine Stunde lang.

Ich rief Tony Fauci an, ich rief Senatoren, Kongreßabgeordnete und Mitarbeiter an, um herauszubekommen, wie das passieren konnte. Ich war kurz davor, alle Hoffnung zu verlieren. Nach all der Arbeit waren sechs Millionen Dollar, die schwer zu bekommen gewesen waren, immer noch nicht in die Grundlagenforschung gesteckt worden. Tony verstand meine tiefe Sorge und beruhigte mich, daß sie im kommenden Jahr die Pläne für die Grundlagenforschung vorantreiben würden, auch wenn es keine Garantie gab, daß das Nationalinstitut für Allergie und Infektionskrankheiten zusätzliche Mittel bekommen würde. Ich war froh, daß Sam Broder und Phil Pizzo am Nationalen Krebsinstitut in der Lage gewesen waren, mit Hilfe ihres internen Programms ihre vier Millionen Dollar zur Finanzierung der kritischen pädiatrischen AIDS-Forschung zu nutzen. Als ich das wußte, wurde mir schließlich klar, daß doch noch etwas Positives passiert war – aber ich schwor, beim Nationalinstitut für Allergie und Infektionskrankheiten nicht lockerzulassen und einen Weg zu finden, um sicherzustellen, daß das im nächsten fiskalischen Jahr nicht noch einmal passierte.

Am Ende unseres Gesprächs befragte ich Fauci zu dem steilen Abfall bei meinem T-Zellen-Wert. Auch er sagte, daß die Zahlen von einem Monat zum anderen schwanken können und daß ich versuchen sollte, die Ruhe zu bewahren, bis ich wieder in Los Angeles sei.

Nach einem Tag voller Gespräche flog ich endlich nach Maine. Paul und Jake fehlten mir. Auch wenn wir nur einen Tag getrennt gewesen waren, fühlte ich mich einsam. Ich machte mir Sorgen um meine Gesundheit und brauchte meine Familie in meiner Nähe. Es war schwer für mich, nach Maine zu fliegen, als der erste Jahrestag von Aris Tod näherkam, doch ich wußte, es wäre schlimmer gewesen, wenn ich nicht zu meiner Familie zurückgekehrt wäre. Als das Flugzeug beim Landeanflug die Wolken durchstieß, war mir klar, daß ich in diesem Sommer mehr als je zuvor zwischen Freude und Traurigkeit hin und her gerissen sein würde. Ich freute mich darauf, Jake in den Wäldern herumtollen und im See planschen zu sehen. Ich wünschte mir, seinen Rücken mit Sonnenlotion einzureiben und ihm Eiscreme vom Kinn abzuwischen. Mit seinen Sommersprossen und seinem Mut hätte er Huckleberry Finn sein können. Aber ich wußte auch, daß ich einfach nicht in der Lage sein würde, bestimmte Dinge wieder zu tun, etwa am Pleasant Mountain Blaubeeren zu suchen.

Mal freute ich mich über die Zeit, die ich mit Jake verbringen konnte, aber dann vertiefte mein Glück mit ihm nur die Trauer über den Verlust von Ari. Ich konnte Jake nicht wie einen Strandläufer durch den Sand flitzen sehen, ohne mir gleichzeitig zu wünschen, daß seine Schwester ihn jagte.

Aber sobald ich am Flughafen von Portland angekommen war, fühlte ich mich besser. Die Berge und Wälder von Maine schenkten mir Zufriedenheit, seit ich als kleines Mädchen in Camp Fernwood gewesen war. Als das Auto mich immer näher zum See brachte, spürte ich, wie die Traurigkeit wich.

Mein Schwager Billy joggt jeden Morgen ein paar Kilometer in die Stadt, um die Zeitungen zu holen, und ich fing an, ihn zu begleiten. Ich war nicht sicher, daß ich es schaffen würde. Ich wußte nicht, ob das Absinken meines T-Zellen-Werts mich daran hindern würde, die Dinge zu tun, die ich am liebsten mochte. Aber das Laufen kräftigte mich, und ich bewies mir wieder einmal, daß Zahlen weder mein Durchhaltevermögen noch meine Begeisterung messen können.

Paul verbrachte jeden Tag ein paar Stunden damit, ein Fernsehspiel zu Ende zu schreiben, an dem er seit einigen Monaten arbeitete, aber er achtete immer darauf, Zeit für Jake zu haben. Eines Abends nahm er ihn nach Einbruch der Dunkelheit mit zum Fischen, was für den Jungen sehr aufregend war. Sie kauften in der Stadt Insekten, die in einem Karton mit nassem Schlamm aufbewahrt wurden, befestigten die Köder an den Angelhaken und saßen nebeneinander auf dem Kai. Jake fing mehrere kleine Guppys und fühlte sich wie ein echter Angler.

Es war eine Erleichterung, sich als Familie gut zu fühlen, ohne daß irgend etwas Schreckliches am Horizont drohte. Wir wußten, daß der erste Jahrestag von Aris Tod nur noch ein paar Wochen entfernt war, aber das war ein Schmerz, mit dem wir von Jahr zu Jahr zu leben lernen mußten. Das Gefühl der Erleichterung entsprang dem Wissen, daß Jakes Welt der Kindheit stabil und sicher war; er hatte Freunde und eine Schule, die er mochte, und durch die Therapie war auch ein Teil der intensiven Trauer und Wut, die er nach Aris Tod durchlebt hatte, abgebaut worden. Er war bei guter Gesundheit, und wir wollten alles genießen.

Auf dem Weg von Maine nach Martha's Vineyard blieben wir ein paar Tage in Boston. Wir wollten Pauls Mutter und meinen Bruder Peter und seine Frau Janet besuchen. Kitty Dukakis wollte gern, daß ich ihren Mann Mike kennenlernte, und wir verabredeten, am ersten Abend mit ihnen und Pauls Verwandten, Michael und Donna Moskow, die mit Michael Dukakis zur Schule gegangen waren, essen zu gehen.

Ich wußte nicht, was ich zu erwarten hatte, war aber sehr aufgeregt. Ohne es zu wissen, hatte Michael Dukakis mich durch eine kritische Phase meines Lebens gezogen. Dukakis war lustig, entspannt, und es war faszinierend, mit ihm über den Wahlkampf zu reden. Offen diskutierte er über die Fehler, die er begangen hatte, und umriß die Dinge, die er anders gemacht hätte.

Ich versuchte ihm zu sagen, wie wichtig er für mich war. Ohne zu rührselig zu werden, erzählte ich ihm, wie der Wahlkampf mir über die Monate unmittelbar nach Aris Tod hinweggeholfen hatte. Ich hatte etwas gebraucht, woran ich glauben konnte, und jemanden, für den ich kämpfen wollte. Ich erzählte ihm, wie Jake und ich an den Vorgärten der Nachbarn Plakate mit »Dukakis for President« angebracht und wie wir zusammen geweint hatten, als er der Unterlegene war.

Kitty sagte, wir sollten am nächsten Morgen ins Parlamentsgebäude kommen, damit Jake ihren Mann kennenlernte. Als wir Mikes Büro betraten, zeigte Jake sich von seiner lustigsten Seite und verschwand sofort unter dem Schreibtisch. Mike ließ ihn in seinem Sessel sitzen und ein Foto von ihm machen. Als wir gehen wollten, sagte Jake: »Warte mal, ich muß dir noch was zeigen!« Und dann machte er Purzelbäume quer über den dicken Teppich des Gouverneurs. Das war typisch Jake.

Natürlich war der wichtigste Teil der Reise in den Osten in vieler Hinsicht der Besuch von Aris Grab. Paul und ich hatten viel darüber gesprochen. Wir hatten beschlossen, es am zweiten Tag zu besuchen, weil wir eine gewisse Übergangszeit brauchten, um uns vorzubereiten, und wenn wir dann noch einmal hingehen wollten, dann konnten wir das tun. Ich wollte nicht nach Boston kommen und nur »Grab ... Grab ... Grab« denken.

Ich wußte nicht, was ich mit Jake machen sollte. Er war bei Aris Beerdigung nicht dabeigewesen. Ich hatte mit Jakes Therapeutin darüber gesprochen, auch mit seiner Lehrerin. Ich entschied schließlich, daß Paul und ich allein gehen würden, aber wir wollten ihm hinterher sagen, wo wir gewesen waren. Wenn es ihn interessierte, Aris Grab zu sehen, würden wir an einem anderen Tag mit ihm hingehen.

Wir besuchten den kleinen New England-Friedhof am Nachmittag. Schweigend saßen wir im Auto und hielten uns bei den Händen. Es war drei Uhr. Die Luft war heiß und feucht. Alles wirkte schwer, bedrückend und endgültig, als würde es unser Leben widerspiegeln.

Als Paul und ich den Friedhof erreichten, wußten wir kaum, was wir machen sollten. Da waren so viele Straßen, und wir wußten nicht, welche wir nehmen mußten. Aber die Erinnerung an die Fahrt des Vorjahres war stärker, als wir gedacht hatten, und instinktiv fuhren wir dahin, wo Ari und Pauls Vater begraben waren. Es gibt keine Grabsteine, nur Tafeln im Erdboden, umgeben von Bäumen und Rasen. Paul stieg als erster aus. Ich saß einfach nur im Auto und war unfähig, mich zu bewegen. Schließlich ging ich zu ihm — oder ich ging zu Ari —, ich weiß es nicht. Ich sah ihren Namen auf einem kleinen Quadrat. Paul saß weinend auf einer Steinbank.

Ich konnte nichts weiter tun, als mich auf den Rasen legen und weinen. Ari und ich hatten so viele Male nebeneinander im Bett gelegen, als sie krank war. Während der letzten Monate meiner Schwangerschaft hatte ich mit ihr im Bett gelegen und von ganzem Herzen gehofft, daß alles in Ordnung sein würde.

Acht Jahre später lag ich mit dem Gesicht nach unten auf ihrem Grab und wünschte, es gäbe irgendeinen Weg, durch all die Erde hindurch zu ihr zu kommen. Von der Sommersonne erwärmt, roch das Gras süß, aber an dem Tag konnte ich Ari nicht finden. Ich wußte, daß ihr Körper dort war, aber meine Ari war irgendwo anders, ich wußte nur nicht, wo. Ich konnte mich Ari am Grab nicht nahe fühlen. Ich mußte Ari in meinem Herzen finden.

Paul und ich sprachen kaum. Meistens ist unsere Trauer immer noch zu persönlich, als daß sie sich in Worten mitteilen ließe. Tränen sind das einzige Vokabular unseres Schmerzes. Wir hielten einander ganz fest, als wir da auf dem Friedhof neben dem Grab unserer Tochter standen. Dann stiegen wir ins Auto und fuhren davon.

Als wir bei Connie ankamen, hatten wir uns wieder gefangen. Im allgemeinen versuchen wir das wegen Jake. Wir erzählten ihm, wo wir gewesen waren, und ohne zu zögern fragte er, ob er sehen dürfte, wo seine Schwester begraben war. Wir sagten ja.

Und so fuhren wir am nächsten Tag noch einmal zum Friedhof. Vor der Abfahrt waren wir in Connies Hintergarten gegangen, und Jake zeigte uns die Blumen, die er pflücken wollte, um sie Ari mitzunehmen. Wir suchten uns eine alte Sodaflasche, füllten sie mit Wasser, und er stellte den Flieder, die Iris und die Rose sorgfältig hinein.

Wir blieben nur kurz an Aris Grab. Paul redete mit Ari, und Jake machte das auch. Er sagte: »Ich hab' dich lieb. Du fehlst mir, Ari. Ich hab' dir diese Blumen mitgebracht, und ich hab' gelernt, mit dem Zweirad zu fahren.« Wir standen da, machten eine »Familien-Umarmung« und schickten auch sie zu Ari. Dann stiegen wir ins Auto und fuhren zu Connie zurück. Jake war so ausgelassen wie immer, und das half mir und Paul, die notwendige Kraft zu finden.

Am nächsten Tag war ich erleichtert, als die Fähre endlich mit einem lauten Heulen der Sirene aus Woods Hole in Richtung Martha's Vineyard auslief. Möwen folgten dem dicken Dampfer auf seiner Reise von knapp fünfzehn Kilometern und tauchten und kreisten in riesigen Schleifen, um die Brotstücke und die Kartoffelchips zu fangen, die die Passagiere von Deck warfen. Ganz Wagemutige ließen mit ausgestrecktem Arm die Vögel die Brocken direkt von den Fingerspitzen schnappen, aber an dem Tag fühlten Jake und ich uns nicht so draufgängerisch.

Als wir in Martha's Vineyard ankamen, fühlte ich mich wie zu Hause. In meinem Herzen war Frieden, und ich fühlte mich durch die Liebe meiner Familie beschützt. Pauls Verwandte, die Moskows, haben ein Haus in Chilmark an der Straße zum Ozean, und David Kantar, unser Neffe, war aus New York angeflogen gekommen, um bei uns zu sein, was eine große Freude war.

Ari und Jake waren besonders gern hier, weil es Pferde, ein Schaf, Gänse und Kaninchen gab. Es ist ein Paradies für Kinder. Morgens folgten wir immer den Fährten des Wilds auf den sandigen Straßen.

Wir kamen Anfang des Monats an, kurz vor Aris Geburtstag am 4. August, dem sie acht Jahre alt geworden wäre. Vor der Abreise aus Los Angeles hatten wir überlegt, was wir an diesem Tag machen würden.

Jakes Lehrerin Lisa hatte ein Kind verloren, und sie erzählte mir, daß sie an diesem Tag jedes Jahr Luftballons steigen lassen. Ich dachte darüber nach und sprach mit Paul, und wir waren beide der Meinung, daß das hübsch wäre. Wir fragten Jake, und er sagte, daß er das wollte. Ich erzählte ein paar Freunden von der Idee, und sie sagten, daß sie gern mitmachen würden. Wir verabredeten, es alle zur selben Zeit zu tun, um sieben Uhr im Osten und um vier Uhr im Westen. Was wir nicht wußten, war, daß Freunde andere Freunde anriefen und die wiederum weitere Freunde, und so bereiteten sich viele Leute darauf vor, Luftballons steigen zu lassen.

Der Tag war für mich traumatisch. Vom Augenblick des Aufwachens an konnte ich nur noch an Ariel denken. Ihr Leben huschte an mir vorbei. Ich dachte an den Tag, an dem sie geboren worden war, und an den Tag, an dem sie gestorben war, und an alles dazwischen. Ich wollte durch die letzten 365 Tage zurückgehen und Ari in ihrem Bett in der Uniklinik wiederfinden, am Leben, mit blinzelnden Augen und sieben Kerzen auf ihrem Kuchen.

Jake hatte darauf bestanden, daß es einen Geburtstagkuchen für seine Schwester gab, und obwohl es mir fast das Herz brach, konnte ich nicht nein sagen. Er suchte ihren Lieblingskuchen aus, Schokoladenkuchen mit weißer Glasur und rosa und roten Blumen. Wir bestellten ihn in einer Bäckerei in der Stadt. Ich war entschlossen, die Stichworte von Jake aufzunehmen und das zu tun, was er für nötig hielt, um sich an seine Schwester zu erinnern. Aber ich mußte die Zähne zusammenbeißen, als ich bei dem jungen Mädchen am Ladentisch die Bestellung aufgab.

»Und was soll draufstehen?« fragte das Mädchen fröhlich.

»Herzlichen Glückwunsch, Ari«, sagte ich und unterdrückte die Tränen.

Um Viertel vor sieben machten Donna, ihr Sohn Cliff, David, Paul, Jake und ich uns auf den Weg nach oben auf die Dünen. Wir hatten acht rosa und rote gasgefüllte Ballons bei uns. Am Ende von jedem Band befestigten wir eine Feder, eine Muschel oder eine Blume. Um Punkt sieben Uhr ließen wir unsere Ballons los, genau wie die Freunde im ganzen Land es taten. Wir legten die Arme umeinander und sangen »Happy Birthday«. Während die Ballons über dem Ozean nach oben schwebten, starrten wir ihnen nach und sahen, wie sie immer kleinere Punkte am Himmel wurden. Es war schön und traurig zugleich. Paul hielt Jake fest und David mich.

Als ich am nächsten Morgen aufwachte, war ich so froh, daß wir den 5. August erreicht hatten. Als Nachwirkung von Aris Geburtstag fühlte ich mich leer, traurig und ruhig. Aber es war alles vorbei, und wir hatten es überstanden.

Noch sieben Tage, und es würde ein Jahr her sein, daß sie gestorben war, aber wir hatten bereits beschlossen, keinerlei Gedenkfeier zu begehen. Aris Todestag bedeutet mir nichts. Es ist ihr Geburtstag, der schwierig ist. Ich freute mich auf eine ruhige Woche mit Ozean, Dünen und Wiesen in Martha' Vineyard, wo ich Trost in der Stille meiner Seele und in der Schönheit dessen finden konnte, was ich mit Händen greifen konnte und unter meinen Füßen hatte.

*

Dann klingelte das Telefon.

Es war Susan. Im Universitätskrankenhaus ging irgend etwas Merkwürdiges mit unserer Versicherung vor. Sie sagte, Lloyd Zeiderman, der sich um unsere Geschäfte kümmerte, sei damit befaßt, und wir sollten ihn anrufen.

Paul wählte Lloyds Nummer. Die Guillotine fing an zu fallen.

In Dr. Stiehms Praxis war ein Anruf gekommen von der Versicherung, die etliche Informationen brauchte. Sie wollten einige Dinge über Ariel Glasers Tod durch AIDS bestätigt haben. Die Schwester, die es gewohnt war, daß Nachfragen von Versicherungen kamen, hatte arglos die Fragen beantwortet.

Sie hatte sich den Namen und die Telefonnummer des Anrufers geben lassen und Lloyd gebeten, ihn zurückzurufen. Als Lloyd das versuchte, war das eine Nummer ohne Anschluß. Lloyd sagte, ausgehend von den Informationen, die der Anrufer von Dr. Stiehms Praxis bekommen hatte, könnten wir seiner Meinung nach in Schwierigkeiten stecken. Wir wollten nicht in Panik verfallen, aber jetzt war Vorsicht angeraten. Wir riefen Josh Baran und unsere Freunde an, um sie vorzuwarnen, daß irgend jemand herumschnüffeln könnte.

Drei Jahre und drei Monate hatten Paul und ich alles getan, um das Privatleben unserer Familie zu schützen. Wir hatten nur aus einem einzigen Grund beschlossen, AIDS als Geheimnis zu bewahren: um unsere Kinder zu schützen.

Letzten Endes hatten wir keine Macht, zu bestimmen, ob Ariel und Jake starben, aber wir waren mit aller Macht darauf vorbereitet, ihnen um jeden Preis die Kindheit zu bewahren. Wir wollten nicht, daß sie wegen AIDS auf irgendeine Weise geächtet, gequält, verlacht oder stigmatisiert wurden.

In den nächsten zwei Tagen erreichten uns Berichte über merkwürdige Anrufe. Pauls Schwester Connie sagte, bei ihr zu Hause in Massachusetts hätte jemand angerufen und behauptet, er sei ein alter Freund von Paul aus der Schauspielklasse an der Universität in Boston. Er erzählte, daß er entsetzt und traurig war, von Aris Tod zu hören. Er sagte, seine Frau arbeitete am Zentrum für Krankheitskontrolle in Atlanta in der pädiatrischen AIDS-Forschung, und sie beide seien auf dem Weg zu einer AIDS-Konferenz in Paris. Er erzählte Connie, er wollte gern mit Paul reden, bevor er nach Frankreich flog, weil er meinte, er könne von dem Kongreß vielleicht Erkenntnisse für Paul mitbringen.

Connie notierte sich die Nummer des Mannes. Paul

und ich fanden, daß die Geschichte grotesk klang. Sofort mißtrauisch, versuchten wir ihn anzurufen. Unter der Nummer gab es den Mann nicht.

Was würde als nächstes passieren? Die Leute stellten Fragen. Fremde. Wodurch war das ausgelöst worden? Wer hatte ihnen was erzählt? Wieweit würden sie gehen wollen? Wer waren sie?

Jetzt hingen wir ununterbrochen am Telefon, warnten alle unsere Freunde zu Hause und baten sie, außerordentlich vorsichtig zu sein und nicht mehr über uns zu reden. Die Universitätsklinik in Los Angeles informierte sofort alle Schwestern und Ärzte, die mit uns zusammengearbeitet hatten, daß irgend jemand falsche Namen und Lügen benutzte, um etwas über unsere Familie zu erfahren, und diese Person würde vermutlich vor nichts halt machen.

Die Jagd war eröffnet. Meine Familie war das Ziel.

Ich kenne Angst, Trauer, Schmerz, Tod, Verlust und Tragik. Ich halte mich für eine starke Frau. Aber nichts, was ich je erlebt hatte, bereitete mich auf den brutalen Terror vor, der am Tag nach dem Geburtstag meiner Tochter gegen meine Familie ausbrach.

Während wir in Ferien waren, hüteten Beth, unsere Assistentin bei der Stiftung, und ihr Freund Adam unser Haus. Beth fiel auf, daß auf unserem Anrufbeantworter zu Hause zu hören war, daß viele Leute einhängten.

Also benutzte der Fremde jetzt unsere private Geheimnummer, um an Informationen heranzukommen. An einem Tag nahm Adam einen Anruf von einem Mann an, der behauptete, ein Freund von Paul zu sein. Er wollte wissen, wo wir waren und wann wir zurückkämen. Adam sagte, wir wären weg, riefen aber immer an, um zu hören, wer uns eine Nachricht hinterlassen hatte. Er fragte den Mann nach seinem

Namen und seiner Nummer, aber der Mann weigerte sich, sie zu nennen, und sagte, er würde in ein paar Tagen noch einmal anrufen. Er erzählte Adam, seine Frau hätte mich im Cedars-Sinai-Hospital kennengelernt, als Ari geboren wurde.

»Was den Glasers passiert ist, ist so traurig«, sagte der Mann. Adam tat so, als wüßte er nicht, was der Mann meinte. Dann sagte der Anrufer: »Also, Paul und ich werden losziehen und Schwule verprügeln.« Schockiert brach Adam das Gespräch sofort ab, weil er wußte, daß Paul nie einen Mann zum Freund hätte, der so redete.

Beth saß mitten im Epizentrum des Orkans. Sie riefen bei uns zu Hause an. Dann bekam sie jeden Tag am Arbeitsplatz merkwürdige Anrufe. Das Telefon klingelte immer wieder, und ein Mann verlangte, mit Elizabeth Glaser zu sprechen. Zu dem Zeitpunkt war meine Beteiligung an der Stiftung noch ein Geheimnis. Mein Name stand in keinerlei Zusammenhang mit ihr. Obwohl die Stiftung ein Büro hatte, war die Adresse nirgendwo verzeichnet, und mir blieb das Herz stehen, als ich hörte, daß mich jemand sprechen wollte.

Beth erzählte dem Fremden, daß es bei der Stiftung niemanden mit dem Namen Elizabeth Glaser gab. Dann fragte er nach »Betsy« und ließ so den Eindruck entstehen, er sei jemand, der mich schon vor Paul gekannt hatte. Beth behauptete weiter, daß der Mann sich geirrt hatte, und er hängte ein.

Joanie Greens Assistentin an der Crossroads Schule bekam einen Anruf von einem Mann, der sagte, er wäre der Vater eines Kindes mit AIDS. Er sagte, daß Elizabeth Glaser ihm diese Schule empfohlen hätte und daß er gern Informationen über die Anmeldung seines Kindes im Herbst hätte. Sie sagte nichts.

Während all das in Kalifornien passierte, fühlten wir uns auch in Martha's Vineyard nicht mehr sicher. Ich wußte nicht, ob nicht vielleicht ein Fotograf hinter einer Düne hervorspringen würde. Wenn ich einen langen Strandspaziergang machte, achtete ich immer darauf, wer vor mir war oder ob mir jemand zu dicht folgte. Ich war übertrieben wachsam, stets auf der Hut, in Alarmbereitschaft.

Wenn ich mit Jake nach Menemsha ging, um die einlaufenden Fischerboote zu beobachten oder eine Tüte gebratene Muscheln zu kaufen, stand ich sofort unter Hochspannung, wenn ich sah, daß ein Auto abbremste oder vor uns wendete. Man konnte nicht voraussagen, wann die nächste Bombe explodieren würde.

Jedesmal, wenn das Telefon bei den Moskows klingelte, sprangen Paul und ich auf. Es war immer für uns, und es war immer eine neue beunruhigende Nachricht. Wir konnten uns kaum zum Essen hinsetzen. Abends lagen wir im Bett und redeten darüber, was passieren würde, wenn unsere Geschichte herauskam. Was würden wir tun? Wir hatten es schon lange geahnt, daß es einmal soweit sein würde, aber wie schlimm die Dinge wirklich werden würden, konnten wir nicht wissen. Das einzige, was wir wußten, war, daß wir einander hatten und daß wir es gemeinsam durchstehen würden.

Die Woche nach Aris Geburtstag wäre für Paul und mich auf jeden Fall eine schwere Woche geworden. Aber jetzt fühlten wir uns, als ob sich jemand an uns heranpirschte. Wir hatten keine Ahnung, wer hinter uns her war, wie lange man uns verfolgen oder ob man versuchen würde, direkt an uns heranzutreten. Die Berichte über Nachfragen von Fremden fingen an, sich zu stapeln, einer auf dem anderen, und es baute sich langsam das auf, was wir uns nur als ein entsetzliches Crescendo vorstellen konnten.

Sie hatten ein Stückchen Information von der Schwester in der Uniklinik bekommen, und jetzt suchten sie die Bestätigung. Es gab keine Untiefe, die der Mann ausließ. Jedesmal wandte er eine andere Methode an. Er war gut. Er hielt sogar Leute zum Narren, die vorgewarnt waren.

Etwa am fünften Tag, als wir alle kurz vor der Explosion standen, kehrte Beth zu unserem Haus zurück und fuhr bis ans Ende der Auffahrt. Als sie aus dem Auto stieg, kam ein Fremder in Khakihosen und einem blauen T-Shirt in unserem Garten um die Hausecke.

Entschuldigend brachte er allen Charme auf und sagte: »Ich wollte Sie nicht erschrecken. Mein Name ist Bill. Ich bin gerade ein Stück weiter unten in der Straße eingezogen, und als ich Paul und Elizabeth kennenlernte, sagten sie mir, sie würden mir die Namen von ihrem Gärtner und dem Mann, der sich um ihren Pool kümmert, geben.« Der Eindringling war so geschickt und glaubwürdig, daß Beth nicht sofort mißtrauisch wurde.

Beth sagte, daß sie sich nur um das Haus kümmerte, und bot dem Mann an, sich seine Telefonnummer zu notieren, dann würde sie ihn anrufen, wenn sie die Information hatte. Er schob diesen Vorschlag beiseite und sagte, es wäre doch einfacher, wenn er eben mit ihr ins Haus käme, denn die Telefonnummern würden sicher an der Pinnwand in der Küche hängen. Beth lehnte ab. »Bill« sagte, er würde in ein paar Tagen noch einmal vorbeikommen. Beth rief uns an, und wir sagten ihr, daß wir keine neuen Nachbarn hätten. Beth hatte Angst, und uns ging es nicht anders. Er wäre fast in unser Haus gelangt.

An dem Tag, an dem unsere Haushälterin Anna sauber machte, klingelte es an der Haustür. Als sie öffnete, fragte ein Mann sie: »Haben Sie keine Angst, hier zu arbeiten? Wissen Sie nicht, daß diese Familie AIDS hat?« Entsetzt knallte Anna ihm die Tür vor der Nase zu.

Als Adam ein paar Tage später in der Wohnung, die er mit Beth teilte, saß und lernte, klingelte das Telefon. Der Mann, der sogar Adams Namen kannte, sagte, daß er Regisseur und ein Freund von Paul wäre und jemanden suchte, der sich um sein Haus kümmerte. Adam sagte, daß er mit Beth reden würde, und notierte Namen und Telefonnummer des Mannes. Als sie bei uns nachfragten, stellte sich alles als falsch heraus.

Beth war nervös, weil jetzt jemand ihren Namen und ihre Telefonnummer kannte. Ich war wütend. Wie konnte ein Mensch sowas überhaupt tun? Es war unanständig, unmoralisch und ein wahrer Skandal. Paul empfahl Beth, immer einen Fotoapparat bei sich zu haben, denn wenn sie eine Aufnahme von diesem Fremden machte, würde er zweifellos für immer verschwinden. Er sagte ihr, sie sollte wütend sein statt ängstlich. Paul kann so gewitzt sein.

Am nächsten Tag war Beth allein im Büro der Stiftung. Sie telefonierte mit Susan De Laurentis und erzählte ihr, wieviel Angst sie hatte. Plötzlich hatte sie das merkwürdige Gefühl, nicht allein zu sein. Sie sah auf, und da stand »Bill«.

Es verschlug ihr die Sprache. Er tat so, als hätte er Beth nie zuvor gesehen und wäre eine ganz andere Person. Er sagte, er wollte sich Informationen abholen, um die er vor ein paar Tagen gebeten hatte. Beth war die ganze Woche allein im Büro gewesen und wußte, daß niemand Informationen verlangt hatte.

Beth fragte ihn, wie er das Büro gefunden hätte, und er sagte, er hätte im Telefonbuch nachgesehen.

»Aber da stehen wir nicht drin«, sagte sie. Er überhörte ihre Bemerkung.

Beth bat ihn, einen Augenblick zu warten, und tat so, als wollte sie auflegen. Susan hatte an Beths Ende der Leitung genug von dem Gespräch gehört und sagte: »Das ist er, das ist er! Leg nicht auf, ich will in der Leitung bleiben, bis ich weiß, daß bei dir alles in Ordnung ist.«

Beth gab dem Fremden ein leeres Informationspaket und eine Broschüre. Nachmittags kam Susan ins Büro, und Beth ging zur Bank. Als sie die Straße hinunter ging, hatte sie ein unbehagliches Gefühl, und als sie aufblickte, sah sie den Mann vor sich.

Er war ihr vermutlich tagelang gefolgt. Nur so konnte er wissen, wo die Stiftung ihr Büro hatte. Beth ging zu ihm und starrte ihn an. Er drehte sich um, ging weg und belästigte sie nie wieder.

Die letzte und ungeheuerlichste Geschichte, die wir über diesen Mann herausfanden, war, daß er in der Uniklinik in dem Korridor auftauchte, auf dem Ari als Patientin gelegen hatte. Er log der diensthabenden Schwester vor, daß sein Vater unser Rabbi war, der nach der Rückkehr der Familie aus den Ferien einen besonderen Gedenkgottesdienst für Ari abhalten wollte, um an ihren ersten Todestag zu erinnern. Obwohl das Pflegepersonal gewarnt worden war, konnte niemand glauben, daß jemand so tief sinken konnte, eine solche Lüge zu gebrauchen. Er bat die Schwester, ihm ein paar Geschichten über Ari zu erzählen, und sie tat es.

Ich raste innerlich vor Wut. Dieser Mann war unser Feind. Obwohl Paul und ich nicht genau wußten, wer hinter uns her war, vermuteten wir, daß es eins von diesen Boulevardblättern war, eins von denen, die jede Tragödie ausschlachten.

Es ging nur um Geld. Unser Leben war allen egal. Unser Privatbereich war allen egal. Sie wollten Zeitungen verkaufen, um immer mehr Geld zu verdienen. Es war das absolute, voyeuristische Ungeheuer, und nichts war heilig außer der Dollarnote.

Die Tatsache, daß jemand versuchen könnte, unsere Tragödie zu benutzen, um seine Zeitschrift zu verkaufen, war ekelhaft und obszön zugleich. Es zeigte, wie schwach und amoralisch Amerika geworden war. Wir fühlten uns, als würden wir von Terroristen angegriffen, und in gewisser Weise war das auch so. Nirgends gab es Sicherheit. Wir wußten nie, woher die nächste Attacke kommen würde.

Der befürchtete Anruf kam am 11. April, einen Tag vor Aris Todestag. Nie mehr als ein paar Schritte vom Telefon entfernt, nahm ich es nach ein- oder zweimal Klingeln auf.

Eine Männerstimme sagte: »Hallo, ist da Mrs. Glaser?«

Am ganzen Körper zitternd, sagte ich: »Nein, tut mir leid, sie ist nicht da.« Krämpfe des Entsetzens packten mich.

Er sagte: »Hier ist der ›National Enquirer‹. Wir haben eine Geschichte über die Familie Glaser. Es ist eine sehr traurige Geschichte, und wir möchten den Glasers die Gelegenheit geben, etwas dazu zu sagen.«

»Ich lasse ihr die Nachricht zukommen«, sagte ich. Ich zitterte so stark, daß ich das Gefühl hatte, innerlich zu rasseln. Mein Mund war trocken, und mein Herz raste.

Das war es. Das war der Anruf, den wir nie bekommen wollten.

Jetzt wußten wir genau, mit wem wir es zu tun hatten. Wir riefen sofort unseren Anwalt in Los Angeles an, konnten ihn aber nicht erreichen. Wir riefen Peter Benzian an, Anwalt der Stiftung und unser Freund. Er entwarf einen Brief an den »Enquirer«, in dem er juristische Schritte androhte, wenn sie die Geschichte brachten.

Wir hatten jeden Tag mit Lloyd telefoniert. Josh Baran, unser Werbemann in L.A., behielt die Situation im Auge, so gut er konnte, und zählte Dutzende von Anrufen aus der ganzen Stadt.

Als der »Enquirer« Josh endlich in seinem Büro anrief, stellte er sich dumm und sagte, wir wären irgendwo außerhalb der Stadt. Der Anrufer sagte, daß wir in Martha's Vineyard wären, und gab ihm unsere Nummer dort. Josh fragte sich, ob die Leute uns gefolgt waren.

Josh forschte auf eigene Faust nach und bekam heraus, wann der »Enquirer« die Geschichte bringen wollte. Wir hatten noch etwa eine Woche, um uns einen Gegenangriff zu überlegen, mit dem wir sie erfolgreich lahmlegten.

Paul und ich hatten geplant, in dieser Woche nach Los Angeles zurückzukehren. Wir ließen unsere Reservierungen für den Flug, die auf unsere Namen liefen, streichen und buchten neu unter falschen Namen. Unsere Angst war, daß der »Enquirer« an einem der Flughäfen einen Fotografen hatte, der ein Foto von der Familie machen würde. Josh hielt es für möglich, daß der »Enquirer« bis zu fünfundzwanzigtausend Dollar für ein Foto von uns dreien angeboten hatte.

Wir fuhren nach Boston zurück, verbrachten eine Nacht bei Connie und machten uns dann auf den Heimflug. Wir waren fast verrückt vor Angst, daß auf den Flughäfen etwas passieren könnte. Aber zu unserer Erleichterung ging alles gut, aber wir wußten nicht, wer uns in Los Angeles auflauern könnte. Wir hatten das Gefühl, Schutz zu brauchen. Susan und Robert wollten uns am Flughafen abholen. Robert würde das Gepäck holen, und Susan wollte uns, wenn nötig, schnell wegfahren. Auch Cindy Wick kam, um einzugreifen. Zum Glück für Jake und mich war niemand da.

Sobald wir wieder in L.A. waren, trafen wir uns mit Josh und Jake Bloom, unserem Rechtsanwalt, um unsere Strategie zu entwickeln. Wir beschlossen, daß Josh den Herausgeber des »National Enquirer« anrufen sollte. Das Ziel war, Zeit zu gewinnen, entweder durch die Androhung rechtlicher Schritte oder durch irgendwelche Scheinverhandlungen, die Josh führen sollte.

Als Josh beim »Enquirer« anrief, sagte man ihm, daß die Zeitschrift nicht die ganze Geschichte bringen werde, wenn man ein Zitat von uns bekäme. Sie würden dann eine »Alternativgeschichte« drucken, in der es nur hieß, daß Ari an AIDS gestorben sei, nachdem sie durch eine Bluttransfusion infiziert worden war. Von mir oder Jake würde nicht die Rede sein.

Hier haben wir eine Zeitschrift, die vorgibt, anständig zu sein, und gleichzeitig unverfroren eine »Alternativgeschichte« anbietet, nur um ein Zitat zu bekommen!

Ich glaube, sie hatten Angst vor einer Klage. Wir vertraten zu Recht den Standpunkt, daß zwar Paul durchaus eine Person des öffentlichen Interesses sei, nicht aber Jake und ich, und Informationen über uns daher kein öffentliches Gut seien. Ich glaube, sie beschlossen nur wegen ihrer eigenen Angreifbarkeit, nicht die ganze Familiengeschichte zu bringen, aus keinem anderen Grund.

Der »Enquirer« beschloß dann, die Geschichte noch

eine Woche zurückzuhalten. Wir wissen nicht, warum – vermutlich, um sie umzuschreiben, so daß Jake und ich nicht auftauchten. Durch die Verzögerung gewannen wir wichtige Zeit.

Josh ging mit Verzögerungstaktik vor, erzählte dem »Enquirer«, daß er das Angebot mit uns besprechen wollte und sich in ein paar Tagen wieder melden würde. Wir waren überzeugt davon, daß die Geschichte laufen würde, egal, was wir taten. Josh sah keinerlei Möglichkeit, sie »sterben« zu lassen. Der einzige Weg war, die Leute in ihrem eigenen Spiel zu schlagen und die Geschichte in einem anderen Blatt zu veröffentlichen, aber zu *unseren* Bedingungen. Wenn wir die Geschichte nicht vom Tisch bringen konnten, dann konnten wir sie wenigstens als erste auf unsere Weise erzählen.

Josh kannte eine Reporterin von der »Los Angeles Times«, Janet Huck. Paul und ich konnten uns nicht sofort entscheiden, was wir tun wollten. Wir hörten uns an, was Lloyd und Josh und Jake Bloom zu sagen hatten, aber wir fürchteten uns. Was, wenn wir unsere Geschichte erzählten und der »Enquirer« an seiner festhielt? Aber uns stand nicht der Luxus von Zeit zur Verfügung, in der wir unsere Entscheidung treffen konnten. Wenn wir die Flucht nach vorn antreten und die Geschichte erzählen würden, dann brauchte die »Los Angeles Times« noch Tage, um sie zu schreiben. Ich wollte kneifen, aber Paul sagte: »Elizabeth, wir haben keine Wahl. Früher oder später kommt es heraus.« Er sah Josh an und sagte: »Ruf Janet Huck an.« Die Entscheidung war gefallen. Wir wußten, daß wir keinen Rückzieher machen würden.

Josh rief Janet an und erzählte ihr, was bei uns los war. Er sagte, daß wir der »Los Angeles Times« gern die ganze Geschichte exklusiv geben würden. Wir würden nur darum bitten, daß sie vor dem Artikel im »Enquirer« erschien. Janet Huck rief ihre Chefs an. Wir warteten darauf, wieder von ihr zu hören. Vierundzwanzig Stunden später hatte sie grünes Licht.

Doch wir wußten auch, daß wir den Eltern in Jakes Schule die Geschichte erzählen mußten, bevor sie in der »Los Angeles Times« erschien. Eilig trafen wir uns mehrmals mit Josh oder Mary Hartzell, der Direktorin der First Presbyterian School, oder Joanie Green, der Direktorin von Crossroads. Crossroads beschloß, den Eltern einen Brief zu schreiben, um ihnen die Rolle der Schule in unserem Leben zu erklären und sie zu informieren, daß die Geschichte demnächst bekannt werden würde.

Aber wir fanden, daß die Kindergarten-Eltern es von Paul und mir persönlich erfahren sollten, weil Jake in ein paar Wochen wieder die First Presbyterian besuchen würde.

Am Freitag, dem 18. August, rief Mary abends die Familien an, mit deren Kindern Jake in der Gruppe spielte, und sagte: »Ich brauche Ihre Hilfe. Bitte kommen Sie morgen früh um zehn in die Schule. Es ist wichtig. Es betrifft die Schule, aber es geht nicht nur um Ihr Kind.«

Alle zehn Familien waren am nächsten Morgen da. Paul und ich betraten den Raum, und ich hatte schreckliche Angst, denn da waren die Eltern, deren Kinder schon ein Jahr lang mit Jake in den Kindergarten gegangen waren. Ihre Kinder hatten bei uns zu Hause gespielt, und Jake war bei ihnen gewesen. Das einzige Paar, das Bescheid wußte, waren Annie und George Solomon, und die waren in New York. Wenn irgend jemand wütend werden durfte, daß er nichts von unserem Geheimnis erfahren hatte, dann diese Familien.

Mary stellte uns vor, und ich erzählte unsere Geschichte. Ich erklärte, daß der »National Enquirer« uns keine andere Wahl gelassen hatte, als an die Öffentlichkeit zu gehen. Ich sprach von Aris Krankheit und ihrem Tod und von meiner Hoffnung, daß es für Jake einen anderen Ausgang geben würde. Auch Paul sprach von seinen Hoffnungen und Ängsten.

Ein Paar, von dem wir erwartet hatten, daß es sehr verärgert sein würde, saß in meiner Nähe. Ich konnte nichts von ihren Gesichtern ablesen, und meine innere Spannung stieg so schnell, daß ich schließlich aufhörte zu reden, mich an sie wandte und sagte: »Bitte, ich muß einfach wissen, was Sie in diesem Augenblick von all dem halten.«

»Ach«, sagten sie, »wir haben schon vor drei Monaten davon erfahren, aber wir fanden, daß es in Ordnung war, wenn Eric und Jake weiter zusammen spielten wie bisher.« Ich war fassungslos. War es möglich, daß viele Leute Bescheid wußten und schon entschieden hatten, daß alles in Ordnung war?

Alle Eltern waren sehr hilfreich, und das Treffen verlief besser, als ich je gedacht hätte. Mary Hartzell war nicht überrascht. Sie hatte immer das Gefühl gehabt, daß die Schulgemeinschaft uns in die Arme schließen würde, wenn wir an die Öffentlichkeit gingen.

Am Montag, den 21. August, setzten wir uns morgens mit Janet Huck zum Interview zusammen. Paul und ich waren ängstlich und nervös. Wir würden jetzt die Geschichte erzählen, die alle Leute lesen würden, und wir machten uns natürlich Gedanken, wie sie aufgenommen werden würde. Wir wollten kein Mitleid. Wir wollten nicht wie Mißgeburten dastehen. Wir wollten, daß die Menschen Mitgefühl empfanden, und wir beteten, daß sie anständig sein würden. Nach der Veröffentlichung der Geschichte wollten wir behandelt werden wie ganz gewöhnliche Leute.

Wir dachten sorgfältig darüber nach, was wir sagten. Es schien, daß alles davon abhing, wie diese Reporterin unsere Geschichte erzählte. Würde unsere Gemeinschaft uns annehmen oder ablehnen? War es den Leuten wichtig genug, sich kundig zu machen, falls sie es noch nicht waren? Könnte das dazu beitragen, Washington über Kinder-AIDS zu informieren und gleichzeitig Spendengelder für die Forschung bringen? Es stand viel auf dem Spiel, aber nichts war uns wichtiger als Jakes Wohlergehen.

Am Tag nach dem Interview kam ein Fotograf, um ein Foto von uns zu machen. Paul und ich standen zusammen im Innenhof des Hauses. Hier standen wir also und wurden fotografiert, aber nicht weil wir etwas Wichtiges geleistet hatten, sondern weil unser Leben so tragisch war. Es erschien alles unwirklich. Ich fing an zu lächeln. Fast hätte ich gelacht. Es war sowieso alles sinnlos, warum also nicht lächeln und versuchen, hübsch auszusehen? Der Fotograf war nicht glücklich. Er war hergekommen, um ein ernstes Foto von einem trauernden Paar zu machen. Er sagte Paul und mir, daß wir versuchen sollten, nicht zu lächeln. Das machte es mir fast unmöglich, ernst zu gucken. Ich weiß noch, daß ich zu ihm sagte: »Sehen Sie, entweder lacht man in meinem Leben oder man weint, dazwischen gibt es nichts.« Aber er bekam seine »ernste« Aufnahme, und die veröffentlichte die »Times« auch.

Neben dem Tod unserer Kinder war es unsere größte Befürchtung, daß die Leute negativ reagieren könnten. Wir hatten von unseren Freunden verlangt, Geheimnisse zu bewahren, wir hatten Menschen, die wir kaum kannten, angerufen und sie gebeten, nicht mehr über uns zu reden. Wir hatten so viele Menschen so oft angelogen, nur um Ari und Jake zu schützen. Jetzt würden wir erfahren, wieweit die Welt gekommen war, seit man die Familie Ray mit Feuer aus ihrem Haus vertrieben hatte.

Würden die Leute uns Steine in die Fenster werfen? Würden sie Jake ächten? Würden sie uns im Vorbeigehen anglotzen? Wir hatten uns genauso angestrengt, AIDS als Geheimnis zu bewahren, wie wir uns angestrengt hatten, Ari am Leben zu erhalten. Jetzt war es demnächst vorbei mit dem Geheimnis, und wir hatten Angst.

Auf eine überraschende, doch natürliche Weise waren die Angst und die Beruhigung, daß wir eine Armee aus zwei Leuten waren, ein ungewöhnliches Band zwischen Paul und mir. Wir hatten ganz allein, jeder für sich, getrauert. Jetzt, als wir angegriffen wurden, waren wir wieder lebendig. Wir waren einander sehr nahe. Zum erstenmal nach einem Jahr hatten wir das Gefühl, eine Familie zu sein. Paul und ich standen Seite an Seite, führten uns gegenseitig durch das Minenfeld.

Ich weiß noch, daß ich Paul zu dieser Zeit zutiefst geliebt habe. Es war so tröstlich, nicht allein zu sein.

Der nächste Tag war Schritt zwei in Mary Hartzells Plan. Wir wollten mit *allen* Kindergarten-Eltern zusammenkommen. Mary, Paul und ich waren der Ansicht, daß dieses Problem zu wichtig war, als daß man die Familien in der Morgenzeitung darüber stolpern lassen dürfte, selbst wenn ihr Kind nicht direkt betroffen war.

Mary fand es wichtig, daß die Schule eine führende Position einnahm, weil AIDS so vielen Menschen Angst einjagte. Sie glaubte, daß eine starke moralische Führungsrolle verhindern würde, daß irrationale Furcht auftrat und die Menschen im Griff hielt.

Am Samstag, den 19. August, waren die Eltern angerufen worden. Sie wurden informiert, daß ein HIV-positives Kind an der Schule sei. Es wäre Jake Glaser, und die Glasers wollten, daß sie die ganze Geschichte kannten, bevor sie später in der Woche in der Zeitung erschien.

Susan und Susie arbeiteten unermüdlich, um Informationen zusammenzustellen, die die Eltern bei dem Treffen bekommen sollten. Mary Hartzell gab ihnen eine Liste aller Kinderärzte, die Kinder aus der Schule als Patienten hatten. Die beiden brachten persönlich Einladungen zu diesen Ärzten, erklärten, warum es zu diesem Treffen kam, und baten sie, auch zu kommen, weil wir wußten, daß ihnen am Tag danach viele Fragen gestellt werden würden.

Susan gelang es sogar, eine Kopie eines offiziellen Berichts zu bekommen, der demnächst veröffentlicht werden sollte und sich mit der Verbreitung von AIDS durch Kontakte innerhalb des Haushalts befaßte. Der Bericht kam zu dem Schluß, daß in keinem der vorliegenden Krankheitsfälle AIDS durch alltägliche Kontakte von einem Mitglied des Haushalts auf ein anderes übertragen worden war, und das sogar in Familien, in denen Menschen schon mehrere Jahre infiziert waren, bevor die Diagnose gestellt wurde. Viele Leute machten Überstunden, um den Dienstagabend vorzubereiten.

Alles in allem kamen etwa zweihundert Eltern, also fast die gesamte Elternschaft, und zwanzig Kinderärzte zu dem Treffen. Wir hatten einen Informationstisch aufgebaut, und jede Familie bekam ein Paket mit Material über Kinder und AIDS.

Dick Stiehm und Jay Gordon, Aris Arzt, kamen dazu, um Fragen zu beantworten, und viele unserer Freunde ließen sich zu unserer Unterstützung sehen.

Ich wußte nicht, was ich zu erwarten hatte, und ich dachte, wenn irgendwelche Probleme auftauchten, dann könnten unsere Freunde erklären, wie sie mit meiner Familie in den vergangenen drei Jahren umgegangen waren.

Der Raum war überfüllt und heiß. Ich war benommen und ängstlich. Das Treffen am Samstag war gut gelaufen, aber ich nahm nichts als selbstverständlich hin und konnte mich nicht entspannen. Die Erfahrung mit dem »Enquirer« hatte mich so gründlich traumatisiert, daß ich nicht sicher war, ob ich mich in meiner Welt je wieder sicher fühlen würde. Ich wußte nicht, ob ich je wieder in der Lage sein würde, meine Deckung aufzugeben. Drei Jahre lang war das Geheimnis eine Festungsmauer um unser Leben herum gewesen. Jetzt war sie geschleift worden, und ich fühlte mich schutzlos und schwach.

Robert De Laurentis stand neben mir. Ich brauchte frische Luft. Ich hatte das Gefühl, nicht mehr atmen zu können. Wir gingen ans Fenster, und ich sagte: »Robert, wenn es nicht sofort losgeht, werde ich ohnmächtig.« Er informierte Mary, und sie bat die Leute, Platz zu nehmen.

Mary begrüßte die Eltern und Ärzte, dann stellte sie mich vor. Ich begann. Ich weiß nicht mehr genau, was ich sagte. Als ich erst einmal zu sprechen angefangen hatte, nahm ich mich selbst gar nicht mehr wahr. Zwar hatte ich unsere Geschichte schon oft erzählt, aber ich hatte noch nie vor so vielen Leuten gesprochen, die so wichtig waren.

Als ich anfing, saß ich vor den Leuten auf einem Stuhl. Irgend jemand aus den hinteren Reihen bat mich aufzustehen. Ich wehrte das ab: »Ich bin so klein, da macht es keinen Unterschied, ob ich sitze oder stehe.« Alle lachten, wodurch die Spannung im

Raum abgebaut wurde. Ich konnte nicht glauben, daß im Augenblick des schieren Entsetzens diese Worte über meine Lippen gekommen waren.

Ich konnte kaum atmen, aber ich fing an zu reden. »Wir kommen in diesem Augenblick nicht aus freien Stücken zu Ihnen. Wir sind hier, weil wir Ihre Hilfe brauchen. Wenn ich Ihnen von unserem Leben erzähle, werden Sie verstehen, warum.« Dann erzählte ich die ganze Geschichte und endete mit dem »National Enquirer«. Dann sprach Paul darüber, wie wichtig jeder einzelne Mensch in diesem Raum für unser Leben war. Wie sehr wir die Hilfe jedes einzelnen brauchten, damit wir ein normales Leben führen konnten. Man hätte eine Stecknadel fallen hören können.

Als wir geendet hatten, herrschte Stille. Dann standen alle auf und klatschten Beifall. Es war überwältigend. Sie rannten nicht aus dem Raum. Sie sagten: »Mein Gott, Ihr Leben ist kompliziert und schwer. Sie haben es uns hier erzählt, und wir spenden Ihnen dafür Beifall.«

Als die Leute wieder ruhig waren, übermannten mich meine Gefühle. Ich dachte an etwas, bei dem ich Angst hatte, es mitzuteilen. Ich war verlegen, aber ich sagte mir: »Elizabeth, du hast nicht mehr viel zu verlieren. Folg einfach deinem Instinkt und sag, wie dir ums Herz ist.«

»Als die Diagnose gestellt wurde«, sagte ich, »litt ich ständig unter dem Alptraum, daß ich den Supermarkt betrete und alle vor mir weglaufen. Ich ging einen Gang hinunter, und die Leute gingen in die andere Richtung. Ich stand an der Kasse, und in Zeitlupe verschwanden alle anderen, flüsterten und starrten mich an. Aus diesem Alptraum wachte ich immer verängstigt und niedergeschlagen auf.

In meinen wildesten Träumen hätte ich mir nicht

vorgestellt, daß je ein Mensch mir oder meiner Familie Beifall spenden würde, aber genau das haben Sie gerade getan, und nun ist ein Teil des Alptraums vorbei. Ich danke Ihnen.« Meine Augen waren feucht. Ich fühlte mich schwach, aber glücklich.

Dann sagte Paul zu meiner Überraschung: »Ich hatte einen anderen Supermarkt-Traum. Ich dachte, wenn die Leute das mit meiner Familie herausfinden, dann gehe ich in den Supermarkt und bekomme die Lebensmittel umsonst.« Ich konnte nicht glauben, daß mein Mann in einem so ernsten Augenblick diese Geschichte erzählte, aber er tat es. Das war eine typische Witzelei von Paul – zynisch, lustig, realistisch. Die Leute lachten, die Atmosphäre wurde angenehmer und freundlicher.

Alan Miles, der Vater von Jakes gutem Freund Skylar, hob die Hand und stand auf. »Meine Frau und ich haben nur eine Frage«, sagte er. Ich hielt die Luft an. »Kann Jake morgen zu uns zum Spielen kommen?« Mir stiegen die Tränen auf. All die richtigen Einstellungen und alles Mitgefühl garantierten nicht, daß Jake Verabredungen zum Spielen hatte. Ich wußte das aus Erfahrung mit Ari. Jetzt, hier vor allen Leuten, stand eine Familie auf und gab ein Versprechen ab. Das war mehr, als wir uns in dem Augenblick gewünscht hatten.

Mehrere Elternpaare sagten uns, daß sie stolz waren, uns an der First Presbyterian School zu haben, und dankten uns dafür, daß wir der Schule die Gelegenheit gegeben hatten, sich als Gemeinschaft zusammenzuschließen und etwas zu tun, worauf alle stolz sein würden. Alles in allem standen etwa zehn Familien auf und sagten etwas Positives über die Gesamtsituation. Es war erstaunlich.

Wir waren überwältigt von der Liebe und dem Engagement von Jakes Schule. Uns wurde klar, daß wir diesen Kampf nicht allein durchfechten mußten. Wir waren Teil einer Gemeinschaft, die bereit war, sich unterzuhaken und an unserer Seite zu marschieren, ganz gleich, wie lang oder wie steil die Straße sein mochte.

Ein paar Minuten später gingen Paul und ich. Wir wollten den Leuten die Gelegenheit geben, Mary Hartzell, Dick Stiehm oder Jay Gordon die Fragen zu stellen, bei denen sie vielleicht in unserer Gegenwart gezögert hätten.

Wir stiegen ins Auto und sahen uns an. »Es ist gut gelaufen«, sagte ich.

Paul nickte. »Ich finde, es ist sehr gut gelaufen«, sagte er. »Ich kann gar nicht glauben, daß es vorbei ist. Jetzt kommt für sie alle der schwere Teil. Sie müssen sich damit befassen, ohne daß wir dabei sind, und sich ihren Ängsten stellen.« Wir waren beide so müde. Wir hatten all unsere emotionale Kraft aufgeboten, und nun fuhren wir wieder einmal nach Hause, um auf das abschließende Wort zu warten, und wir hofften, daß alles ein gutes Ende gefunden hatte.

Suzanne und Jeff Buhai begleiteten uns, um mit uns zu warten, bis wir hörten, wie alles gelaufen war. Gegen neun Uhr waren wir zu Hause. Um halb elf hatte noch niemand angerufen, und ich geriet langsam in Panik, weil ich dachte, daß die Stimmung umgekippt war, nachdem wir gegangen waren. Ich konnte nicht stillsitzen. Ich stand auf, setzte mich. Ziellos wanderte ich in die Küche. Schließlich sagte Paul: »Entspann dich, es liegt nicht mehr in unseren Händen.«

Später erfuhren wir, daß, genau wie wir erwartet hatten, die Fragen mehr in die Einzelheiten gegangen waren, nachdem wir das Treffen verlassen hatten.

Manche Eltern machten sich wegen des Beißens Sorgen. Aber einer der Kinderärzte erklärte, daß Beißen keine Gefährdung darstellt, weil das AIDS-Virus nicht mit dem Speichel übertragen wird. Beißen könnte nur ein Risiko sein, wenn jemand den Mund voll von infiziertem Blut hätte und dann einen anderen beißen würde.

Eine Familie meldete sich zu Wort und sagte, daß sie über Jakes Anwesenheit an der Schule nicht glücklich sei. Auf ihre bemerkenswerte Weise sagte Mary ihnen sehr ruhig und voller Mitgefühl, daß sie die Worte wohl gehört hätte, aber wenn dieser Familie die Einstellung der Schule nicht gefiele, könnte sie gehen. Alle anderen applaudierten, und es gab keine weiteren Kommentare in dieser Richtung. Das war die Art von Unterstützung, die jede Familie mit AIDS braucht, viele aber nicht bekommen.

Mary erzählte, daß ein Elternpaar, beide Ärzte, nach dem Treffen sagte: »Wir verstehen, was ein Kind mit HIV von dieser Einstellung der Schule hat, aber was hat unser Kind davon?«

Mary antwortete ihnen: »Ihre Tochter hat den Vorteil, eine Schule zu besuchen, an der es Menschen gibt, die aufgeschlossen sind und Probleme direkt angehen. Ihre Tochter hat den Vorteil, eine Schule zu besuchen, an der Lehrer und Eltern voller Mitgefühl sind und den Einzelmenschen genauso achten wie das Leben.«

Einige der anderen Eltern gestanden Mary, daß sie es zu schätzen wüßten, durch die Schule zum Nachdenken über AIDS gezwungen zu werden, denn sonst hätten sie versucht, diesem Problem aus dem Weg zu gehen.

Schließlich rief Lucy an, um uns zu sagen, daß das Treffen gut zu Ende gegangen war und wir uns entspannen sollten. Susan kam nachts um eins noch vorbei. Paul war ins Bett gegangen, und Susan und ich tranken ein Bier. Sie informierte mich über das, was passiert war, nachdem wir gegangen waren. Wir wunderten uns, daß alles vorbei war und wir es überstanden hatten. Wir saßen da und fühlten uns einander sehr verbunden, bis ein Teil der Kraft dieses Abends nachließ.

Schließlich erklärten zwei Familien Mary, daß AIDS ihnen zuviel Angst machte und sie nicht bereit wären, damit umzugehen. Mary akzeptierte ihre Furcht, sagte aber, daß die Haltung der Schule beschlossene Sache sei, und wenn sie sich damit nicht abfinden könnten, müßten sie gehen. Das taten sie.

Das Treffen, das alle gefürchtet hatten, war vorbei. Zur Ehre aller Familien an dieser Schule sei gesagt, daß wir mit Würde und Respekt behandelt wurden. An diesem Abend wurden uns viele neue Hände entgegengestreckt, um Hilfe anzubieten. Es war ein Wunder, das wir glücklich hinnahmen.

14

Josh rief den »Enquirer« am Dienstag an, an dem das Treffen in der Schule stattfand, und sagte, daß Paul und ich keinen Kommentar zu ihrer Geschichte geben würden. Wir wußten, daß das bedeutete, sie würden in der nächsten Woche ihre Story bringen. Vermutlich würde sie am kommenden Montag oder Dienstag veröffentlicht werden.

Am Mittwoch, dem Tag nach der Elternversammlung, rief die »Los Angeles Times« den Herausgeber des »Enquirer« an und bat ihn um eine Stellungnahme zu Berichten, daß seine Zeitschrift eine Hetzjagd auf die Familie Glaser machte. Der knallte den Hörer auf.

Dann besaß der »Enquirer« die Frechheit, Josh anzurufen und ihm zu sagen, daß sie am Ende der Geschichte die Adresse der Pediatric AIDS Foundation nennen wollten, damit die Leute Spenden schicken könnten. Wir lehnten ab. Wir würden nie zulassen, daß sie ihr skandalöses Verhalten mit einem Spendenaufruf vertuschten.

Am Freitag, den 25. August, öffnete ich wie zahllose andere Bewohner von Los Angeles die Haustür und hob die »Times« vom Boden auf. Und da war es: Der Aufmacher der Sektion »Meinung« war ein halbseitiges Farbfoto von Paul und mir. Wir wurden überall in Los Angeles über den Rasen vor den Häusern geworfen, auf Auffahrten und Treppenstufen. Ich fing sofort an, die Geschichte zu lesen. Unter der großen Schlagzeile »Sie brechen ihr Schweigen« stand: »Starsky-Star und seine Frau gemeinsam im schmerzlichen Kampf gegen AIDS in der Familie.«

Im Haus breitete ich die Zeitung auf unserem großen Küchentisch aus, damit wir gemeinsam lesen konnten. Paul und ich hatten keinen Vorabdruck des Textes zu sehen bekommen. Wir waren so aufgeregt, daß wir den ganzen Artikel im Stehen lasen. Als wir fertig waren, sah Paul mich an und sagte: »Nun wollen wir mal abwarten, was passiert.«

Wir hatten keine Ahnung, wie die Reaktion auf den Artikel ausfallen würde. Wir hatten einen Wachmann für das Haus angeheuert, für den Fall, daß irgend etwas geschehen sollte. Das Schultreffen war gut verlaufen, aber wir hatten immer noch sehr viel Angst davor, wie der Rest der Gemeinschaft reagieren würde. Wir wußten nicht, ob Fernsehkameras und Reporter auf dem Rasen vor unserem Haus standen und versuchten, einen Kommentar zu bekommen, oder ob Paparazzi in den Büschen hockten und darauf warteten, ein Foto von uns schießen zu können.

Unsere Angst war so groß, daß wir unverbindlich vereinbart hatten, daß Jake zum Spielen zu einem Freund ging, falls es zu hektisch wurde und er nicht ungefährdet zu Hause sein konnte. Ein anderer Freund hatte Jake zum Abendessen eingeladen, und wenn nötig, konnte er dort auch übernachten.

Paul und ich hatten darüber gesprochen, die Stadt zu verlassen, wenn der Artikel erschien. Wir hatten daran gedacht, nach Martha's Vineyard zurückzukehren und für einen Monat ein Haus zu mieten. Aber wir wußten, daß es lächerlich war, wegzulaufen, weil wir am Ende doch wieder nach Hause kommen mußten. Jetzt, wo die Geschichte bekannt war, wollten wir unser Leben nicht mehr mit Weglaufen und Verstekken verbringen. Also beschlossen wir, zu Hause zu bleiben und uns dem zu stellen, was auf uns zukam.

Wie sich herausstellte, verlief der Tag bemerkenswert ereignislos. Unsere größte Angst, daß wir im Mittelpunkt eines makabren Medienspektakels stehen würden, bestätigte sich nicht. Unsere Freunde riefen einer nach dem anderen an, um uns zu sagen, daß sie den Artikel gelesen hatten, und um Hilfe anzubieten. An diesem Abend kamen Ron und Carol Herman vorbei und brachten uns was zu essen. Als am nächsten Tag nichts passierte, fingen wir an, ruhiger zu werden. Wir schickten den Wachmann weg, und an dem Abend trauten wir uns unter Menschen. Wir waren entschlossen, uns nicht im Haus zu verstecken. Wir hatten Angst, aber wir wußten, daß wir sofort wieder mitmischen mußten. Wir dachten, daß die Angst nur immer größer werden würden, wenn wir mit dem

Ausgehen warteten. Also marschierten wir gemeinsam mit Lucy, Doug, Lynn und Frank wieder hinaus in die Welt.

Wir gingen in ein vietnamesisches Restaurant am Wilshire Boulevard, das wir schon seit Jahren besuchten. Niemand sagte ein Wort zu uns. Wir waren alle sechs erstaunt. Es schien, als hätte sich nichts verändert.

Der »Enquirer«-Artikel erschien, aber wir haben ihn nie gelesen. Ich hatte das Gefühl, das wäre irgendwie ein Sieg für das Boulevardblatt gewesen. Aber ich sah die Fotos. Ich hatte gedacht, sie hätten sich schon alle Gemeinheiten und Scheußlichkeiten geleistet, zu denen sie überhaupt fähig waren, aber ich irrte mich. Sie zeigten ein Foto von Aris Grab. Das war die letzte Körperverletzung im Prozeß einer brutalen Vergewaltigung. Der Gedanke, daß jemand auf den Friedhof gegangen war und an ihrem Grab gestanden hatte, um das Foto zu schießen, hätte mich ohne Bedauern oder Scham zur Mörderin machen können. Wir haben nie herausbekommen, wer der Fotograf war oder wieviel Geld er bekommen hatte, um unser Leben auszuschlachten. In diesem Fall hatte die menschliche Würde keine Chance gegen den dicken, fetten Dollar.

Ich habe viel über Verzeihen gelernt. Ich habe dem Spender des infizierten Blutes verziehen, der Regierung, die nichts unternahm, der Gesellschaft, die gleichgültig blieb, aber ich werde dem »National Enquirer« nie verzeihen, daß er die Unantastbarkeit meiner Familie und meiner Freunde verletzt hat. Ohne den »Enquirer« hätten Paul und ich unser Privatleben weiter für uns behalten. Aber diese Leute beim »Enquirer« beschlossen – angefeuert von einer Gesellschaft, die sie bereitwillig unterstützte –, daß wir dieses Recht verloren hatten. Und dann nahmen sie es uns einfach weg.

Wir wußten, daß die Bewahrung des Geheimnisses uns ungeheurem Druck aussetzte, aber wie groß er war, wurde uns erst bewußt, als alles vorbei war. Es war ein Gefühl, als wenn man uns einen riesigen Zementbrocken vom Rücken genommen hätte. Im Laufe der Jahre hatte ich mich an sein erdrückendes Gewicht gewöhnt und nicht gemerkt, wie sehr er mich schwächte, bis ich dann endlich ohne ihn wieder geradestehen konnte.

Verschwunden war die Angst vor Entdeckung. Ich war endlich frei, aktiv und öffentlich an der Stiftung mitzuarbeiten. Ich fürchtete nicht mehr, von unserer Gemeinschaft abgelehnt zu werden. Ich machte mir Sorgen, daß irgend jemand unabsichtlich irgend etwas zu Jake sagen könnte, aber ich wußte, daß keiner seiner Spielkameraden ihn ächten würde.

Im August 1989 wußte die Welt weit mehr über AIDS als 1986, als bei uns die Diagnose gestellt wurde. Am wichtigsten war, daß die Wissenschaft endgültig die Aussage gemacht hatte, daß AIDS nicht durch Alltagskontakte übertragen werden konnte. Beim Küssen, Umarmen, Niesen und Husten wurde das Virus nicht weitergegeben.

Überall im Land gab es noch eine wahrhaft epidemische Angst vor AIDS, und es kam immer noch zu hysterischen Zwischenfällen. Bei der Stiftung waren wir uns dessen bewußt. Die Leute riefen an und wollten Informationen haben, baten uns aber inständig, das Material ohne Angabe eines Absenders zu schikken, damit niemand merkte, daß es von einer AIDS-Organisation kam.

Als wir 1989 an die Öffentlichkeit gingen und die Leute in unserer Gemeinschaft nach Antworten suchten, konnten die Ärzte endgültige und beruhigende Tatsachen präsentieren, die sie noch nicht kannten, als vor drei Jahren bei uns die Diagnose gestellt wurde. Folglich war es 1989 viel einfacher, mit uns befreundet zu sein als 1986.

Präsident Reagan war nicht mehr im Amt und lebte in Los Angeles, als er den Artikel in der »Times« sah. Er rief die Reporterin Janet Huck an und bat sie um unsere Telefonnummer. Die Reagans wußten nichts von Aris Tod, bis sie die Geschichte in der Zeitung gelesen hatten, und sie wollten mit uns sprechen. Janet rief Josh an und der mich. »Rechne mit einem Anruf von Präsident Reagan. Überleg dir, was du sagen willst. Du wirst nur diese eine Chance bekommen.«

Es war Sonntagmorgen, und Paul lag auf der Couch und las die Zeitung, als das Telefon klingelte. Er nahm das Gespräch an, und ich hörte ihn sagen: »Oh, hallo, Mr. President!« Ich sah auf. »Sie ist hier. Bleiben Sie dran.« Er lächelte, als er mir den Hörer gab, und flüsterte: »Er ist es.«

Präsident Reagan sagte, daß es ihm leid tat, von Aris Tod erfahren zu müssen. Er sagte, er würde alles, was in seiner Kraft stand, tun, um zu helfen, auch wenn er nicht mehr im Amt war.

Ich dankte ihm für seine Freundlichkeit und sagte, es gäbe sicherlich einen Weg für ihn, der Stiftung zu helfen, ihre Ziele zu erreichen. Vielleicht könnte ich mich mit jemandem aus seinem Stab treffen, um die verschiedenen Möglichkeiten zu besprechen. Präsident Reagan hielt das für eine gute Idee und sagte, er würde dafür sorgen, daß sich in ein oder zwei Tagen jemand bei mir meldete.

Ich dankte ihm, und kurz nachdem ich aufgelegt hatte, klingelte das Telefon noch einmal. Es war der Präsident. »Elizabeth, hier ist noch einmal Präsident

Reagan. Tut mir leid, wenn ich Sie störe, aber Nancy wußte nicht, daß ich mit Ihnen telefoniert habe. Sie bedauert, daß ich aufgelegt habe, bevor sie mit Ihnen sprechen konnte. Bleiben Sie bitte einen Moment dran, damit ich sie holen kann.«

Nancy war außerordentlich mitfühlend und sagte mir, wie traurig sie über Aris Tod war. Sie sagte, daß sie aus ihrer eigenen Erfahrung mit Brustkrebs wußte, wie schwer es war, eine Krankheit in aller Öffentlichkeit durchzustehen. Aber sie sagte auch, daß das viel bewirken kann, so schwierig es auch sein mochte. Sie war erstaunt gewesen, wie viele Frauen ihr nach ihrer Operation geschrieben hatten, daß sie nun zur Mammographie gegangen seien.

Mrs. Reagan sagte, sie hätte das Gefühl, daß unser Schritt in die Öffentlichkeit viel dazu beitragen würde, die Aufmerksamkeit auf Kinder-AIDS und die Probleme der betroffenen Familien zu richten. Auch sie bot der Stiftung alle erdenkliche Hilfe an.

Am Montag meldete sich jemand aus dem Stab des Präsidenten und fragte, ob ich am nächsten Morgen vorbeikommen könnte. Ich sagte zu, erstaunt, daß so schnell etwas passierte. Ich hatte um ein Treffen gebeten, und es wurde verabredet.

Präsident Reagans Büro liegt in Century City, einer Ansammlung von modernen Hochhäusern zwischen Santa Monica und Beverly Hills. In dem Moment, in dem man durch die Tür geht, hat man das Gefühl, einen Tresorraum betreten zu haben. In ihrer aufrechten Haltung bringen einen Agenten des Geheimdienstes zu einem Empfangspult, wo man überprüft wird und dann nach oben in die oberste Etage zu Präsident Reagans Büro gehen darf. Die Atmosphäre ist kühl und gedämpft.

Ich setzte mich mit Mark Weinberg zusammen,

dem Pressechef des Präsidenten. Er war jung, effizient und sehr freundlich. Nach ein paar Minuten sagte er, daß Präsident Reagan da war und mich begrüßen wollte. Reagan und ich tauschten Freundlichkeiten aus, es wurde ein Foto von uns gemacht, dann gingen Mark und ich wieder an die Arbeit. (In den nächsten neun Monaten entstanden mehr Fotos mit Reagan, als ich mir je hätte vorstellen können, als ich zum erstenmal mit ihm im Weißen Haus zusammenkam.)

Um Spenden zu bitten, wäre das einzige, was der Präsident nicht machen würde, sagte Mark. Doch der Präsident würde gern im ganzen Land Reden über Kinder-AIDS halten. Ich sagte, daß das sehr hilfreich sein würde. Mark fügte hinzu, daß der Präsident bereit wäre, eine öffentliche Erklärung über Kinder und AIDS abzugeben, wenn ich meinte, daß das helfen könnte. Ich nahm das gern an. Er sagte auch, daß er und Mrs. Reagan vielleicht auch bereit wären, unserem geschäftsführenden Beratergremium beizutreten – was sie dann auch taten.

Als wir über Wege nachgedacht hatten, wie der Präsident helfen konnte, waren Susan, Susie und ich auch auf die Möglichkeit einer öffentlichen Erklärung gekommen. Wir hätten nie gedacht, daß man sie uns anbieten würde, ohne daß wir darum gebeten hatten. Ich rief die beiden gleich nach dem Treffen an, und sie waren genauso begeistert wie ich.

Unsere Geschichte war in der Öffentlichkeit bekannt – jetzt kam einiges in Bewegung. Dawn Steel, die damalige von Ideen übersprudelnde Chefin von Columbia Pictures, rief uns sofort an, nachdem sie den Artikel gelesen hatte. »Wir möchten eine Wohltätigkeitsveranstaltung für Sie organisieren, eine Filmpremiere, und zwar so schnell wie möglich. Wie wäre es mit ›Immediate Family‹ mit Glenn Close und James Woods?« Das war eine wunderbare Idee, weil die Produzenten unsere Freunde waren. Es würde wie ein Familienfest werden.

Die Premiere war sehr wichtig, denn sie würde unsere erste derartige Veranstaltung in Los Angeles sein, und zum erstenmal würden Paul und ich auch vor der Hollywood-Gemeinschaft stehen, seit unsere Geschichte bekannt war. Als Termin wurde der 24. Oktober festgelegt, das waren noch fast zwei Monate.

Zwei Tage später rief Marlene Canter, deren Tochter in der »Mutter und Kind«-Gruppe mit Ari und Francesca gewesen war, Susan an. Marlene wollte helfen. Sie und ihr Mann besitzen ein kleines Bürohaus in Santa Monica. Innerhalb von drei Tagen hatte die Pediatric AIDS Foundation endlich ein ständiges Büro, kostenlos.

Es ist reine Ironie, aber seit wir an die Öffentlichkeit gegangen waren, hatte sich unser Leben ungeheuer verbessert. Wir erhielten Hunderte Briefe von Fremden und Freunden, die uns mit Liebe und Unterstützung überschütteten. Wenn mich jetzt Leute fragten, was ich machte, konnte ich über die Stiftung reden. Das war eine große Erleichterung.

Wegen der Schwierigkeiten mit den Lügen und der Erschütterung durch den Verlust eines Kindes hatte ich nach und nach immer weniger Zeit in der Öffentlichkeit verbracht. Das brauchte ich zum Überleben, und ich gewöhnte mich daran.

Aber jetzt, wo ich nicht mehr lügen mußte und fast jeder wußte, daß ich ein Kind verloren hatte, war das Wiedersehen mit alten Bekannten oder das Zusammentreffen mit neuen Menschen nicht mehr bedrohlich. Ich war wieder mehr ich selbst, als ich es seit der Diagnose je gewesen war.

Die schlimmsten Seiten unseres Lebens gab es immer noch; Ari war tot, und Jake und ich waren HIV-positiv. Aber ich merkte, daß wir jetzt wenigstens in Würde leben konnten.

Zwei Wochen nach Erscheinen des Artikels lud Allyn Stewart, Pauls Freundin von Warner Bros., uns ein, bei ihr in Sun Valley ein langes Wochenende zu verbringen. Das erwies sich als wahrer Segen. Es waren wohl die glücklichsten Tage, die wir seit Aris Tod als Familie verbracht hatten. Weil Ari nie in Sun Valley gewesen war, gehörten alle Erinnerungen dort Jake.

Ich war glücklich, daß ich jetzt anfangen konnte, mit Jake Abenteuer zu erleben. Es war, als ob wir unsere Fußspuren in unberührtem Schnee hinterließen. Wir unternahmen Dinge mit ihm, die wir noch nie mit ihm unternehmen konnten. Er war fast fünf, konnte allein auf einem Pferd sitzen und langsam reiten. An einem Tag schnallten er und ich Rucksäcke auf und wanderten zu einem funkelnden, klaren See. Insgesamt waren das gut fünf Kilometer, und Jake hatte keine Schwierigkeiten mitzuhalten.

Die Turtletaubs, unsere Freunde, die den Kontakt zu Alan Alda hergestellt hatten, waren zur selben Zeit wie wir da. An einem Nachmittag wanderten wir zusammen, und Jake wurde müde und quengelig. Sol, der vor uns den Weg entlangwanderte, fing an, Pennys fallen zu lassen. Jake war begeistert. »Mama!« rief er, »ich finde einen Schatz!« Für Jake wurde die Welt wieder aufregend, und vielleicht für uns auch.

Endlich konnten wir uns entspannen und das genießen, was wir besaßen. Die paar Tage waren hinreißend, und wir empfanden Dank, wenn nicht gar Triumph, daß wir wieder mitten im Leben waren. Innerhalb eines Monats hatten wir uns von dem Alptraum der »Enquirer«-Hetzjagd befreit und führten ein Leben, das hektisch, glücklich und bedeutend besser war.

Erfüllt von wundervollen Erinnerungen an ein paar Tage in den Bergen kehrten wir nach L.A. zurück. Jake bereitete sich auf den Schulbeginn vor. Das schien unsere letzte große Hürde zu sein. Die Eltern hatten nur ein paar Wochen Zeit gehabt, um die Information zu verarbeiten. Vielleicht würde nicht alles so gut laufen, wie wir hofften. Vielleicht hatte die Veröffentlichung die Leute mehr beeinflußt, als wir ahnen konnten.

Um einen Teil meiner wachsenden Angst zu zerstreuen, luden wir zwanzig Kinder aus Jakes Gruppe ein paar Tage vor Schulbeginn zu einem Fest am Pool ein. Ich dachte: »Wenn sie alle zu uns nach Hause kommen, dann wird auch in der Schule alles in Ordnung sein.« Es war mein heimlicher Test.

Der Tag verlief fröhlich und chaotisch. Alle kamen und amüsierten sich prächtig. Ich war erleichtert. Die Angst vor der Schule legte sich, aber da war noch etwas.

Von dem Tag an, an dem ich unser Haus zum erstenmal gesehen hatte, war es in meiner Vorstellung voller Kinder, und jetzt war mein Traum zum erstenmal nach Aris Tod wieder Wirklichkeit geworden. Als ich den Pool voller paddelnder, fünfjähriger Kaulquappen sah, dachte ich daran, wie Paul und ich einmal gedacht hatten, wir züchteten AIDS in diesem Pool. Das schien ganz lange her zu sein.

Drei Tage später, um neun Uhr morgens, hielten Jake und ich vor der First Presbyterian School. Instinktiv wollte ich den Kopf senken, um direkten Blickkontakt zu vermeiden. Ich widerstand. Ich hielt den Kopf erhoben, sah den Leuten in die Augen und nickte oder lächelte. Niemand ging mir aus dem Weg. Die Blicke der Menschen ließen mir wortlose Botschaften von Liebe und Hilfe zukommen.

Wenn man wie meine Familie mit AIDS kämpft, kann jeder Mensch, den man trifft, für eine Veränderung zum Besseren beitragen. So einfach ist das. Wenn die Welt nur dem Beispiel unseres kleinen Kindergartens in Santa Monica folgen könnte, würden auch andere Familien wie wir Hilfe bekommen. Endlich war das Schulproblem für uns erledigt.

Der Artikel in der »Los Angeles Times« hatte zahlreiche Anfragen von anderen Medien zur Folge. Eine Zeitschrift wollte eine Titelgeschichte über uns bringen, was der Stiftung möglicherweise reichlich Spendengelder eingebracht hätte, aber bei dieser Vorstellung fühlten Paul und ich uns nicht wohl.

Paul und ich standen nun vor Entscheidungen, die wir nie treffen mußten, als wir uns versteckten. Sollten wir dieses Interview geben, weil es der Stiftung Geld bringen würde? Sollten wir jenem Fernsehauftritt zustimmen, weil er Washington beeinflussen könnte? Oder etwas anderes mitmachen, weil es sowohl Geld als auch Einfluß bringen würde?

Einerseits wünschten Paul und ich uns, daß es mit der Aufmerksamkeit vorbei wäre. Aber jetzt, wo wir an die Öffentlichkeit gegangen waren, fühlten wir uns auch verpflichtet, die Aufmerksamkeit auf Kinder-AIDS zu richten.

Nachdem Paul und ich über die Angebote diskutiert und mit ein paar Freunden gesprochen hatten, beschlossen wir, daß wir nichts außer »60 Minutes« machen wollten. Mit ihren fünfzig Millionen Zuschauern und ihrem Ruf für seriösen Journalismus schien diese Sendung die beste Möglichkeit zu sein, unsere Geschichte einem landesweiten Publikum mitzuteilen. Das einzige Problem bestand darin, daß »60 Minutes« nicht bei uns angefragt hatte.

Also rief ich Rita Braver in Washington an, und die sprach mit Don Hewitt, dem Produzenten von »60 Minutes«. Er sagte, sie wollten die Geschichte in Betracht ziehen, und vereinbarte ein Treffen zwischen den Produzenten von Ed Bradley und mir, was nach ein paar Wochen auch stattfand. Ich erzählte von unserem Leben und warum ich meinte, daß dies eine wichtige Geschichte sei, die »60 Minutes« bringen sollte.

Ich sagte, daß der Bericht sich meiner Meinung nach auf AIDS bei Kindern konzentrieren sollte, weil es anders verlief als bei Erwachsenen, und auf die Schwierigkeiten, die wir in Washington hatten. Es sollte nicht so sehr eine Geschichte über unsere Familie sein, sondern eine über die allgemeine Problematik. Wir brauchten keine Leute, die unser Leben anglotzten. Sie mußten mehr erfahren und sich mehr kümmern, damit die Dinge sich veränderten.

Sie schienen interessiert zu sein, mußten die Geschichte aber noch mit Hewitt und Bradley in New York absprechen. Ein paar Wochen später erhielten wir einen Anruf, daß »60 Minutes« einen Bericht über uns machen wollte. Die Dreharbeiten sollten später im Herbst beginnen.

Wunderbar! In einem Bericht von fünfzehn Minuten würden fünfzig Millionen Menschen erfahren, daß ihre Kinder mit AIDS sterben müßten und daß fast gar nichts unternommen wurde. Die Pediatric AIDS Foundation würde über Nacht landesweit bekannt werden. Das ganze Büro war aufgeregt.

Jetzt, wo Jake wieder in den Kindergarten ging, war ich jeden Tag im Büro. Es war sehr befriedigend. Viele Leute aus L.A. riefen an, um Hilfe anzubieten.

Brauchten wir jemanden, der Informationstexte schrieb? Brauchten wir ehrenamtliche Mitarbeiter im Büro? Konnte man uns helfen, Spenden zu beschaffen? Dougs Schwester Cindy Wick bot uns ihre Hilfe an, um eine Möglichkeit zu finden, unsere Drucksachen kostenlos zu bekommen. Ted und Susie Field versprachen, die Kosten für eine Wohltätigkeitsveranstaltung im Frühjahr in L.A. zu übernehmen. Wir wollten noch eine Million Dollar zusammenbekommen, aber dieses Mal bei einem Familienpicknick an einem Sonntagnachmittag. Ted sagte auch, daß wir seine Ranch in Santa Barbara nutzen konnten für die nächste »Denkfabrik«, die Susan für den Februar plante.

Eine der erfreulichen Folgen unseres Schrittes an die Öffentlichkeit war die positive Unterstützung, die ich in meiner Arbeit für die Stiftung erfuhr. Als ich mich noch versteckte, wußten nur wenige Menschen, was ich machte. Unsere Arbeit in L.A. war außerordentlich zurückhaltend, und wir hatten nicht viel Kontakt zu örtlichen AIDS-Gruppen, und wenn, dann waren Susan und Susie in den Gruppen bekannt.

Susan meinte, ich könnte jetzt auch an der Nationalen Pädiatrischen AIDS-Konferenz in Los Angeles teilnehmen. Wir beschlossen, daß ich mich an einer kleinen, formlosen Gruppe für Eltern und Familie beteiligen würde.

Es war das erstemal, daß ich öffentlich sagte: »Ja, wir sind eine der Familien mit AIDS.« Obwohl ich hinter den Kulissen so stark mitgearbeitet hatte, war es ein völlig anderes Gefühl, hinterher nicht um Verschwiegenheit bitten zu müssen.

Ich saß mit Menschen in einem Raum, deren Leben meinem sehr ähnlich war. Einige der Familien waren in unserem Dokumentarfilm aufgetreten, und ich war froh, offen mit ihnen zu reden. Es war ein gutes Gefühl, und es war ein unheimliches Gefühl. Es gab keine Möglichkeit mehr, zu irgendeinem Zeitpunkt irgendeinen Teil unseres Lebens zu leugnen. Wenn ich zuhörte, wie andere Familien über ihr Leben sprachen, wurde meins auf schmerzliche Weise real und unausweichlich.

In der Vergangenheit hatten Paul und ich einigen Leuten vorgemacht, daß unser Leben wunderbar war. Das funktionierte für kurze Augenblicke – hier eine Stunde, dort dreißig Minuten. Das war jetzt vorbei. Ich war empfindlich und ungeschützt.

Nach der Versammlung saß ich bei Susan im Auto und weinte. Wir hatten beide das Gefühl, daß es vielleicht zu schnell zu viel gewesen war. Wir beschlossen, sorgfältiger über die Angebote nachzudenken, die uns vorlagen. Wir wollten nicht nur daran denken, wie etwas anderen Leuten und der Stiftung helfen würde, sondern auch daran, welchen emotionalen Einfluß es auf mich haben würde.

Weil Susan und Susie so vieles bei mir miterlebt hatten und weil sie auch alles über die Stiftung wußten, konnten sie mir bei der Auswahl helfen. Es war viel einfacher für mich, nicht alles allein klären zu müssen.

Als wir die Stiftung im Jahr zuvor gegründet hatten, war uns nicht bewußt, worauf wir uns einließen, wie wir vorgehen sollten oder wie wir zum Erfolg kommen könnten. Wir verfügten über Motivation, Engagement, Entschlossenheit und gute Instinkte, aber wir waren nicht sicher, wohin das führen sollte und was wir leisten konnten.

Jetzt wußten wir es und waren stolz auf das, was wir drei geschafft hatten. Wir hatten schwer gearbeitet, bis dahin fast zwei Millionen Dollar zusammengebracht und konnten nun erste Früchte dessen, was wir getan hatten, erkennen. Ich hatte das Gefühl, daß wir die Menschen langsam wirklich dazu brachten, Kinder-AIDS Beachtung zu schenken. Man brachte uns als Stiftung Respekt entgegen, und ich fand, wir hatten es verdient.

Zu Hause war die unermeßliche Last der Sorge, das Geheimnis zu bewahren, verschwunden. Paul und ich hatten diesen Teil der Schlacht gemeinsam durchgestanden, und es hatte Augenblicke großer Vertrautheit gegeben. Die Jahre vor und nach Aris Tod waren sehr ermüdend, anstrengend und einsam gewesen. Angesichts unserer Trauer hatten wir beide unterschiedliche Wege gesucht, um mit ihr fertig zu werden. Paul spielte Golf und trieb fleißig Sport, wenn sein Rücken es zuließ. Er konzentrierte sich auf seine Karriere und die Entwicklung von Projekten bei verschiedenen Filmgesellschaften. Ich hatte meine Arbeit bei der Stiftung und sehr enge Beziehungen zu meinen Freundinnen.

Wenn ich traurig war, rief ich meistens eher eine meiner Freundinnen an, statt zu Paul zu gehen. Wir kämpften darum, mit unserem eigenen, persönlichen Schmerz klarzukommen, und es schien einfach zuviel für ihn zu sein, sich auch noch mit meinem zu befassen, genau wie ich ihm nicht bei seinem helfen konnte. Wenn wir Zeit gemeinsam verbrachten, dann oft im Kino, oder wir lagen im Bett und sahen fern oder unternahmen etwas mit Jake. Ich glaube, unbewußt ließen wir nur sehr wenig Zeit übrig, in der wir miteinander reden konnten. Wir hatten einfach nicht die Kraft, uns gegenseitig zu stützen.

Aber in vieler Hinsicht hatte uns die »Enquirer«-Belagerung für die paar Wochen wieder zusammengebracht. Wir redeten jeden Tag lange miteinander. Wir mußten ehrlich über viele Dinge sprechen, denen wir gewöhnlich auswichen. Wir mußten uns unseren Ängsten, unseren Verlusten, unserer Zukunft stellen und stark sein. Das war ein sehr gutes Gefühl. Ende August empfand ich tiefe Liebe und Vertrauen zu Paul. Aber als die Gefahr vorüber war, nahmen wir wieder Zuflucht zu unseren alten Methoden. Wieder redeten wir weniger und teilten uns weniger mit, waren in unsere getrennten Welten versponnen. Wir wußten, daß das passierte, und hatten Angst davor, welches Ende es mit uns nehmen würde.

An einem Abend waren wir besonders frustriert. Wir setzten uns hin und besprachen, was wir tun sollten. Wir beschlossen, wieder zu unserem Therapeuten zu gehen. Das war schwer, aber wir hatten das Gefühl, keine andere Wahl zu haben.

In Dr. Friedmans Praxis versuchten wir all das zu sagen, was wir im allgemeinen für uns behielten. All die Gefühle, die die Distanz und Isolation zwischen uns hervorgerufen hatten, kamen heraus. Das waren keine Gefühle der Liebe, sondern von Wut, Haß, Ärger und Trauer.

Manchmal wird Paul von Ärger und Angst wegen unseres Lebens aufgefressen, und dann ist es ihm unmöglich, irgendwelche Liebe für mich zu empfinden. Er ist nicht HIV-positiv und könnte ein normales Leben führen, wenn ich nicht wäre. Manchmal, das weiß ich, nimmt er das übel. Wie könnte es auch anders sein?

Bei diesen Sitzungen ließen wir unsere schlimmsten Gedanken heraus, und ich erinnere mich daran, daß ich dachte, die Ehe würde nicht halten. Trotz all dem, was wir durchgemacht hatten, war da noch soviel zu überwinden.

Einen Monat zuvor hatten Paul und ich eine dreitägige Reise nach Santa Fe geplant. Wir wußten, daß die Dinge auf der Kippe standen, und dachten, es könnte helfen, wenn wir wegführen und ein bißchen Zeit für uns allein hätten. Die Kurzreise sollte am Tag nach einer unserer schlimmsten Sitzungen beim Therapeuten losgehen. Wir schafften es kaum bis zum Flughafen. Im Auto stritten wir uns, und ich war überzeugt, daß Paul die ganze Reise zum Teufel schicken würde. Aber das tat er nicht. Wir bestiegen beide das Flugzeug. Während des gesamten Flugs heulte ich. Ich war müde, und mein Hals fühlte sich an, als würde er zugeschnürt. In meinem Kopf pochte es vom vielen Weinen, und ich hätte alles getan, um die Spannung zwischen uns zu beenden. Es schien keine Hoffnung für unsere Ehe zu geben.

Warum stritten wir? Warum waren wir plötzlich so zornig auf einander, wo doch schließlich alles besser geworden war?

Ich glaube, wenn das Leben schrecklich ist, wenn man sich in einem Krisenzustand befindet, blockt man alles andere ab, nur um zu überleben. Das Leugnen kann ein machtvoller Verbündeter sein, und es gehört zu der Rüstung, auf die wir uns in Extremsituationen verlassen. Wenn die Krise überwunden ist, überwältigen uns alle Gefühle, die wir in uns hineingestopft haben.

Vielleicht müssen Paul und ich mit einem Fuß über dem Abgrund schweben, bis wir merken, daß wir uns gegenseitig zurückreißen können.

Wir landeten in Albuquerque, und Paul ging los, um ein Auto zu leihen. Als er zurückkam, um mich abzuholen, kochte ich. »Gib mir die Schlüssel«, sagte ich, »du kannst nach L.A. zurückfliegen, und ich fahr' allein nach Santa Fe und komm' dann nach Hause. Ich kann nicht drei Tage lang mit all diesem Haß leben.«

Paul sah mich nur an und sagte: »Komm, wir fahren.« Er stieg ins Auto, knallte die Tür zu, und wir verließen Albuquerque in Richtung Santa Fe. Die Fahrt dauerte eine Stunde.

Wir saßen schweigend da und starrten in die Wüstenlandschaft. Keiner von uns beiden wagte den anderen anzusehen. Ich fragte mich: »Elizabeth, willst du dich von diesem Mann trennen? Willst du, daß er aus deinem Leben verschwindet?«

Die Antwort war nein. Also saß ich da und dachte nach: »Was kann ich machen? Wie höre ich auf, so wütend und traurig zu sein?«

In einem der wichtigeren Augenblicke meines Lebens streckte ich die Hand aus und legte sie auf seine. So saßen wir eine Weile da. Dann streckte Paul den Arm aus, legte ihn um mich und zog mich näher an sich heran. So fuhren wir schweigend nach Santa Fe und wußten, daß wir uns nicht trennen wollten. Als die Liebe langsam und leise in uns zurückströmte, entschwand der Zorn ebenso sanft.

Es gibt niemanden auf der Welt, der verstehen kann, was Paul und ich durchgemacht haben, außer uns beiden. Wir haben im selben Schützengraben gelegen, und wie Soldaten in der Schlacht haben wir eine Kameradschaft erlebt, die niemand je verstehen wird. Niemand kann uns soviel Unterstützung geben wie wir uns gegenseitig. Aber wenn wir wütend und verletzt sind, dann kann uns auch niemand so sehr das Gefühl der Isolation vermitteln wie wir einer dem anderen. Wenn Paul und ich uns einander entfremdet haben, steht zwischen uns eine Wand.

Der ganze Schmerz in unserem Leben kann alles andere zudecken, wenn wir es zulassen, und das hatten wir mit Sicherheit zu dem Zeitpunkt getan, als wir nach New Mexico kamen. Unsere Liebe hatte soviel überstehen müssen, daß unsere Beziehung zu ihr manchmal vollkommen abgeschnitten ist. Wir können sie überhaupt nicht mehr finden.

Was auf dieser Fahrt instinktiv geschah und was ich später an diesem Wochenende bewußt wahrnahm, war die Tatsache, daß es keine Möglichkeit gab, daß wir uns durch die Trauer hindurch zu unserer Liebe zurückarbeiteten. Ich mußte einen Umweg um all den Ärger und den Groll machen, um wieder Kontakt zu dem Teil von mir zu bekommen, der Paul liebte.

Ich glaube, als Paul und ich auf dieser Fahrt merkten, daß wir zu allem Überfluß auch noch dabei waren, unsere Beziehung zueinander zu verlieren, da waren wir in der Lage, die Spannung aufzulösen und zuzulassen, daß wir uns liebten.

Das Hotel war bezaubernd. Während des ganzen Abendessens hielten Paul und ich Händchen und genossen den Frieden, der bei uns beiden eingekehrt war. Das Zimmer war gemütlich, und nach langer, langer Zeit küßten wir uns wieder und schliefen miteinander.

Am nächsten Tag fuhren wir zum Bandolier National Park direkt unterhalb von Los Alamos. Die Lehmfelsen sind rosa und wirken sehr dramatisch. Paul und ich gingen einen Weg entlang, der zu einer alten Siedlung auf der Klippe führte. Wir kletterten schmale Pfade hinauf, die in Jahrhunderten von Reisenden ausgetrampelt worden waren. Die Luft war klar. Es gab keine Geräusche, nur der Wind sang leise in unsere Ohren.

Ich stellte mir die Menschen vor, die hier vor Hunderten, ja, vor Tausenden von Jahren gelebt hatten, und ich fühlte mich getröstet von dem großen Zusammenhang. Manchmal fühlt man sich sicher, wenn man sich klein vorkommt und sich daran erinnert, daß man

Teil all dessen ist, was schon vergangen ist und noch kommen wird.

Paul schlug vor, barfuß zu gehen wie einst die Indianer. Der Pfad war weich und beschaulich, und der Staub zwischen unseren Zehen fühlte sich warm und pulverig an. An einer Stelle war der Weg so schmal, daß wir uns kaum durch die Felsen hindurchzwängen konnten. Als wir die Hände ausstreckten, um an einer Felswand hochzuklettern, spürten unsere Finger die Abdrücke, die die Indianer hinterlassen hatten, als sie denselben Pfad immer wieder, Tag für Tag hinaufkletterten. Endlich fühlten Paul und ich uns wieder lebendig und verliebt, und das war eine große Freude.

Ich hatte das Gefühl, daß das Leben mir in den letzten vierundzwanzig Stunden die vermutlich wichtigste Lektion erteilt hatte. Ich wollte gern mit Paul über die Liebe reden. Es wirkte alles so einfach. Ich wollte nicht, das mir das Wesentliche dessen, was ich gerade begriffen hatte, verloren ging.

Ich bin sicher, daß es schon Zeiten in meinem Leben gegeben hat, zu denen eine schlichte Berührung große Auswirkungen hatte, aber ich kann mich mehr nicht daran erinnern.

Das war es, was ich an jenem Tag in Santa Fe begriff: Unser Leben hält unendlich viele Schichten von schmerzlichen Schwierigkeiten für Paul und mich bereit. Das führt zu Ärger, Angst, Frustration, Groll, Trauer, jeder schmerzhaften Emotion, die man sich vorstellen kann.

Während all diese Gefühle zwar verständlich sind, lebt es sich nicht gerade angenehm mit ihnen. Als Paul und ich ganz oben anfingen und versuchten, uns ganz systematisch durch alle diese Schichten hindurchzuarbeiten, blieben wir ständig hängen. Es war alles zu dick, zu kompakt, als daß wir je hindurchkommen würden.

Die Grundlage war, daß Paul und ich uns zutiefst liebten, aber das bedeutete wenig, wenn wir an diese Liebe nicht herankamen, um sie zu berühren. Wenn wir in all diesen oberen Schichten festsaßen, mußten wir den Schmutz abschütteln und uns zu den sauberen Wassern der Liebe hin bewegen. Jedem der Probleme Ärger, Frustration und Trauer konnte man sich stellen und es bearbeiten, wenn man auf der Grundlage der Liebe anfing.

Beide Seiten meines Lebens waren gleichermaßen wirklich, der Schmerz und die Liebe. Es hing nur davon ab, womit zu beginnen ich mich entschloß. Wenn ich oben mit dem Schmerz anfange, bleibe ich dort meistens hängen. Aber wenn ich unten mit der Liebe anfange, verringert sich die Last des Schmerzes im allgemeinen.

Für mich war es natürlich die schwerste Aufgabe, daran zu denken, zur Liebe zurückzukehren, wenn ich so zornig war. Die Furcht und der Zorn ließen für mich ein Labyrinth entstehen, in dem ich mich für immer verirren konnte – ein Leben, in dem ich nie mehr in der Lage war, um die nächste Ecke zu gucken.

Ich glaube, wir irren alle in unseren eigenen Labyrinthen umher, wenn wir täglich Entscheidungen treffen, täglich vor Problemen stehen. Soll ich nach links oder rechts gehen? Jede Entscheidung scheint so wichtig zu sein, und das Labyrinth sieht oft dunkel und finster und unheimlich aus. Was mir an diesem Tag klarwurde, als ich nach Pauls Hand griff, während wir am Rand der Scheidung standen, war, daß ich entscheiden konnte, mein Leben nicht in diesem Labyrinth zu verbringen. Ich konnte mich darüber erheben und es aus einer vollkommen anderen Perspektive betrachten. Ich hatte die Macht, mein Leben zu verändern.

An diesem Wochenende lernten Paul und ich viele Dinge gemeinsam. Wir flogen nach Hause und waren gleichzeitig berührt von der Kompliziertheit und der Einfachheit unseres Lebens. Aber wir wußten, daß der Kampf noch nicht vorüber war. Weisheit ist manchmal sehr schwer festzuhalten.

Das Flugzeug landete, und ich hatte wenig Zeit, über das Wochenende nachzudenken. Sobald ich wieder zu Hause war, spürte ich den Druck der Stiftung. Ich erfuhr, daß nur ein Drittel der Eintrittskarten für die Filmpremiere von »Immediate Family« verkauft worden war. Bis zu der Veranstaltung, die, wie wir hofften, eine Viertel Million Dollar einbringen sollte, war es jetzt nur noch eine Woche. Der Druck war da. Susie und ich riefen alle Leute an, die wir kannten, und baten sie, uns beim Kartenverkauf zu helfen.

Am Ende der Woche war die Veranstaltung ausverkauft, und wir wußten, daß wir unsere zweihundertfünfzigtausend Dollar bekamen. Ich war erleichtert, daß wir unser Ziel erreicht hatten, wurde aber außerordentlich nervös, als der Abend näherkam. Als Mitveranstalter mußten Paul und ich reden, bevor der Film anlief. Das Kino würde mit fünfzehnhundert Freunden und Kollegen aus der Gemeinschaft Hollywoods gefüllt sein. Öffentlich zu reden, ist mir nie leichtgefallen, und ich hatte mit Sicherheit noch nie vor so vielen Leuten gesprochen.

Zu allem Überfluß machte »60 Minutes« die ersten Aufnahmen von uns. Fast den ganzen Abend lang wurden Paul und mir Mikrophone hingehalten. Es war eine der Gelegenheiten, bei der es eine Hilfe gewesen wäre, wenn man sich an die humorvolle Seite des Lebens erinnert hätte.

*

Als wir ankamen, standen die Fotografen und die Teams der örtlichen TV-Sender in einer Reihe am Kinoeingang und schrien wie die Straßenhändler: »Hierher!« »Geben Sie einen Kommentar für uns ab?«

Jetzt, wo die Leute unsere Geschichte kannten, konnten sie uns jede Frage stellen, die sie wollten. Aber die Kameras, die an jenem Abend da waren, suchten nicht nach harten Nachrichten.

Nach Dawns kurzer Begrüßung wurden alle im Kino still. Der Saal war dunkel, bis auf den Scheinwerfer, der auf Paul gerichtet war. Er dankte Dawn und sprach von dem Schmerz, angesichts des Todes machtlos zu sein:

> Von dem Tag an, an dem AIDS unser Leben veränderte, scheinen wir die gesamte Skala der Gefühle durchlaufen zu haben – einschließlich aller Ängste, die man sich vorstellen kann. Doch die größte, schwächendste Angst war die, sich ohnmächtig zu fühlen. Ohnmächtig angesichts des Lebens, machtlos angesichts des Todes. Das ist eine verbreitete Angst. Meine kam aus der Erkenntnis, daß ich keine Wahl hatte – daß dieses mein Schicksal war.
> Ich habe lange Zeit mit dieser Angst gekämpft. Dann merkte ich, daß ich doch eine Wahl hatte. Ich konnte weglaufen und mich verstecken, oder ich konnte bleiben und kämpfen. Und da ich diese Wahl hatte und sie traf, gab ich mir selbst Kraft. Ich wurde wieder mächtig. Angesichts all meiner Ängste hatte ich die Macht der Wahl. Dann mußte ich

entsprechend dieser Wahl handeln. Das konnte ich nicht allein. Das hätte ich nicht ohne Sie tun können.

An jene Freunde, die wir oft sehen, an jene Freunde, die wir nur gelegentlich sehen, an die Filmindustrie, die, wie ich glaube, teilweise und manchmal auch nur gerüchteweise etwas von unserer Geschichte wußte und sich entschied, unser Privatleben zu respektieren und sich jetzt um uns versammelt hat und, wie dieser Abend beweist, weiter für die Belange der Kinder mit AIDS eintreten will – an Sie alle mein Dank aus tiefstem Herzen.

Ihm versagte die Stimme. Pauls Schmerz und seine Qualen, die er im allgemeinen ganz für sich behält, hallten im Saal nach. Als ich Pauls Worten zuhörte, war ich stolz auf seinen Mut und fühlte mich durch seine Liebe gesegnet. Ari und Jake hätten keinen besseren Vater haben können.

Als er sich wieder gefaßt hatte, stellte er mich vor und sagte: »Ich habe von ihr mehr gelernt als von jedem anderen Menschen, den ich je kennengelernt habe.«

Ich bemühte mich, die Fassung zu bewahren, und als der Applaus schließlich zu Ende war, dankte ich Paul und Dawn und sagte dann:

Bei manchen Dingen fällt es leicht, sich darum zu kümmern – Regenwälder, unsere Bucht, saubere Luft. Und dann gibt es andere, bei denen fällt es schwerer – und wir befassen uns eigentlich erst mit ihnen, wenn wir direkt betroffen sind.

Bis heute abend haben manche von Ihnen vielleicht nicht einmal gewußt, daß es so etwas wie

Kinder-AIDS gibt. Also, das gibt es, und Paul und ich wissen zuviel darüber . . .

Vor zwei Jahren, als Ari anfing, schwächer zu werden, gab es keine Hoffnung, keine Medikamente, keine Therapien, nur Fragen. Jetzt, zwei Jahre später, kämpfen wir darum, eine andere Geschichte zu schreiben, für unseren Sohn und für all die anderen Kinder und Familien, die mit AIDS zu kämpfen haben . . .

Alle standen auf und applaudierten. Die Gemeinschaft, von der wir einst befürchtet hatten, daß sie uns zurückweisen würde, öffnete voller Liebe das Herz.

Als der Abend zu Ende ging, hatten wir ganz rote Köpfe, weil wir soviel Unterstützung erfuhren. Susie war stolz, daß sie ihre erste eigene Veranstaltung durchziehen würde. Acht Monate später brachte sie bei einem einmalig hinreißenden Familienpicknick unter dem Motto »Zeit für Helden« eine Million Dollar zusammen.

Während ich im ersten Jahr mit Susan und Susie sehr eng zusammenarbeitete, verbrachten Susan und ich soviel Zeit zusammen, daß wir fast wie eine Person waren. Doch im zweiten Jahr, als Susan mehr Zeit für ihre Familie brauchte, kamen Susie und ich uns immer näher. Im Laufe der Zeit wurde unsere Freundschaft tiefer, als wir uns das je vorgestellt hätten. Sie und ich sind wie Schwestern geworden.

15

Ein paar Wochen nach der Wohltätigkeitsveranstaltung mußte ich aufhören, AZT zu nehmen. Im Sommer und Herbst 1989 hatte ich mich immer erschöpfter gefühlt. Das hielt mich nie davon ab, Dinge zu tun, die ich zu tun hatte, aber da war immer ein nagendes Gefühl der Müdigkeit. Schon wenn ich morgens die Augen öffnete, war ich müde.

Ich sprach mit Freunden und Ärzten darüber, aber alle gingen davon aus, daß es an der Spannung lag und an der Belastung, das immer schnellere Tempo unseres Lebens durchzuhalten. Ich glaubte das eigentlich nie, aber ich wollte nicht jammern. Ich wußte, es stimmte, daß ich jetzt an einem Tag mehr tat als früher in einer ganzen Woche, also machte ich weiter.

Doch abgesehen von der Erschöpfung ging etwas Merkwürdiges mit meinem Körper vor. Als Sportlerin hatte ich immer einen kräftigen, kompakten Körperbau gehabt. Jetzt sah ich in den Spiegel und bekam Angst angesichts des Nachlassens der Muskelspannung meines Körpers. Ich erzählte nur Paul und meinen Ärzten von meinen Sorgen.

»Elizabeth, du bist einundvierzig«, meinte Paul. »Du hast keinen Sport mehr getrieben, und du hast zwei Kinder zur Welt gebracht. Hör auf, dir Sorgen zu machen.« Das klang gut, aber ich kaufte ihm das nicht ab. Irgend etwas ging vor, aber ich kam nicht dahinter, was es war.

Meine Freunde bemerkten eigentlich keine dramatische Veränderung bei mir und zogen mich auf, weil in ein paar Wochen zweiundvierzig wurde. »Bleib ruhig, Elizabeth«, lautete der immer wiederkehrende Spruch. Niemand will, daß ich krank werde, und ich glaube, es gibt bei uns allen manchmal ein kollektives Leugnen. Wir halten uns an unseren schönsten Hoffnungen fest, bis Tatsachen uns zwingen, uns dem Schlimmsten zu stellen.

Schließlich ging ich zu Michael Gottlieb. Er machte den KPK-Test, um die Toxizität von AZT zu überprüfen. KPK steht für Kreatin-Phosphorkinase, ein Enzym, das von den Muskeln freigesetzt wird, wenn sie schwer geschädigt sind. Meine Testergebnisse waren in keiner Tabelle zu finden. Sie zeigten, das AZT führte dazu, daß meine Muskeln viel KPK produzierten, und es zerstörte sie. Mein Körper fraß sich selbst auf.

Ich setzte das Medikament sofort ab. AZT ist außerordentlich toxisch. Ich hatte Glück gehabt, denn ich hatte es fast zwei Jahre lang ohne jegliche Nebenwirkungen genommen. Bei manchen Leuten treten sofort scheußliche Reaktionen auf – Kopfschmerzen, Erbrechen, Anämie, Durchfall. Zu den ernsthafteren Komplikationen gehört die Schädigung des Knochenmarks, das die weißen Blutkörperchen produziert. Deshalb hatten wir AZT bei Ari absetzen müssen.

AZT war das einzige Medikament, das landesweit für die Behandlung von AIDS zugelassen war. Man geht davon aus, daß es das Leben der AIDS-Kranken verlängert, indem es das Fortschreiten der Krankheit verlangsamt, was wiederum den Ausbruch der begleitenden Infektionen verzögert, die die meisten AIDS-Patienten umbringen. Aber nicht jeder kann das Medikament nehmen; manche Menschen vertragen die kräftige und toxische Wirkung nicht.

Als Gottlieb mir sagte, daß ich mit dem AZT aufhören müßte, konnte er mir wenigstens eine andere Möglichkeit anbieten – DDI (Dideoxyinosin), was in ein paar Wochen zur Verfügung stehen würde. Manche nennen DDI einen »Vetter« von AZT. Wie AZT ist es ein Medikament gegen Viren, deren Wirkung gegen das Virus darin besteht, einen Teil der DNS-Kette des Virus zu unterbrechen, so daß das Virus sich nicht vermehrt. In frühen klinischen Versuchen hatte es relativ wenig Toxizität gegenüber dem Knochenmark gezeigt, aber wie toxisch – und wirksam – es letzten

Endes sein würde, mußte sich noch herausstellen. Es war von der Regierung noch nicht für die allgemeine Anwendung freigegeben worden, die klinischen Tests befanden sich in Phase II, und vielen Leuten war es schlicht aus Mitleid verabreicht worden. Ich wurde eins der Versuchskaninchen, an denen das Mittel getestet wurde. Ich hatte Glück, daß sich mir eine Alternative bot, sonst wäre es weit deprimierender gewesen, die einzige bewährte Rettungsleine loszulassen, die die Ärzte anzubieten hatten.

Aber der Übergang von AZT auf DDI ist nicht wie das Wechseln von einem Kopfschmerzmittel zum anderen. Es macht Angst. Es läßt einen sofort wieder spüren, wie verletzlich man ist. DDI ist wie AZT ein stark wirkendes und potentiell gefährliches Medikament. Als ich die Liste der festgestellten Nebenwirkungen auf der Einverständniserklärung las, hätte ich fast den Mut verloren:

> Schlaganfälle, Entzündung der Bauchspeicheldrüse; Störung der Leberfunktion; Schmerzen, Schwäche, Kribbeln oder Taubheit in Händen/Armen oder Füßen/Beinen (durch Schädigung von Nerven); Absinken der Werte bei den weißen Blutkörperchen; vorübergehender Hautausschlag; Kopfschmerzen; Benommenheit; vermehrte Harnsäure (kann zu Gicht, schmerzenden Gelenken- und Nierenschäden führen) und erhöhte Kreatin-Phosphorkinase (ein Protein, das von geschädigtem Herz- oder Muskelgewebe freigesetzt wird) im Blut; Reizbarkeit; Erregbarkeit; Schlafstörungen. Es kann zu elektrokardiographischen Veränderungen kommen, die möglicherweise auf einen Herzschaden hindeuten.

Das Lesen und Unterschreiben der Einverständniserklärung war schrecklich. Ich wußte, daß sie nicht wußten, was mit mir passieren könnte, wenn ich das Mittel nahm. Ich wußte, daß dieses Medikament vielleicht nicht wirken würde. Es könnte mich mehr schädigen als AZT, und es könnte sein, daß ich es auch absetzen mußte. Und was dann?

Aber trotz aller Risiken, wenn man HIV-positiv oder AIDS-Patient ist, fühlt man sich glücklich, wenn man ein DDI-Versuchskaninchen sein darf.

Ich beschloß zu unterschreiben. Ich würde das Medikament nehmen, das meine Ärzte mir empfahlen, aber ich wollte mich nicht darauf verlassen. Ich würde selbst auf jede erdenkliche Weise dafür sorgen, daß ich bei Kräften blieb. Richtige Ernährung, Vitamine, chinesische Kräuter, Akupunktur, Sport oder Therapie, alles war erlaubt. Ich würde gegen die Toxine von AZT kämpfen und mich nicht von dem Virus als Geisel nehmen lassen.

Wo wir jetzt das Problem erkannt hatten, wollte ich wissen, ob sich die Schäden an meinen Muskeln rückgängig machen ließen. Keiner wußte es genau, aber Michael hielt es für möglich. Ich wollte meinen Körper zurückgewinnen, indem ich ab sofort an fünf Tagen in der Woche trainierte und mich so schnell wie möglich wieder in Form brachte. Aber ein Muskelspezialist verbot mir sportliche Betätigung, denn ich könnte meine Muskeln dauerhaft schädigen, wenn ich nicht wartete, bis der Körper vollständig von den Giften befreit war. Ich wartete und machte mich dann an die Arbeit.

Gaylene, eine neue, aber liebe und wundervolle Freundin, und ich trainierten an zwei Tagen in der Woche: Haltung, Gehen, Langlauf-Skitrainer; ich stemmte Hanteln und stellte mir vor, daß Kraft in meinen Körper zurückfloß. Ich fing an, mich wieder richtig stark zu fühlen, und es war wunderbar. Mein Körper gehörte wieder mir.

Mitte Oktober erfuhren wir das Ergebnis unserer einjährigen Arbeit in Washington. Zehn Millionen waren für die pädiatrische AIDS-Forschung bewilligt worden. Tom Harkin hatte getan, was er versprochen hatte. Es war ein Anfang, aber mit Sicherheit nicht genug. Die Zeitbombe tickte weiter. Jetzt mußten wir ein weiteres Jahr warten, bis wir mehr bekamen.

Im Oktober und November feierten wir Geburtstag, Jake seinen fünften, ich meinen zweiundvierzigsten. Jake ging es gut. Sein T-Zellen-Wert sank einmal, war dann aber wieder gestiegen. Alle sechs Wochen, wenn bei ihm Blutuntersuchungen gemacht wurden, waren wir immer noch sehr besorgt. Auf die Zahlen zu warten, wird nie einfach sein. Wir guckten dann immer unseren Sohn an und sahen ein Kind, das wirklich zu einer Persönlichkeit wurde. Er war lustig und gewitzt. Ich liebte die Morgen, an denen er ins Bett geklettert kam und sagte: »Mama, laß uns kuscheln.« Ich sah es mit Begeisterung, wenn er den Baseball glatt über das Feld schlug. Er ist stark und hat ein sicheres Gespür für seine Möglichkeiten, was die Ängste oft ausglich.

Ich glaube, wir fanden beide, daß wir unsere Geburtstage in diesem Jahr genießen sollten, und wir taten es. Jake bekam einen eigenen mit Bonbons gefüllten Luftballon, denn er wollte *alle* haben, und ich wiederholte meine Feier vom Vorjahr. Es wurde ein wunderbarer, heiser machender Wahnsinn mit Tanz. Da ich DDI nahm, steckte ich voller Energie. Ich erinnere mich dunkel daran, daß Susan und ich am späteren Abend auf den Tischen standen und tanzten. In diesem Jahr ging es Paul mit seinem Rücken besser, und so konnte er auch tanzen. Alle amüsierten sich großartig, ich ganz besonders.

In diesen Monaten entwickelten sich viele Dinge umfangreich weiter. Die Leute von »60 Minutes« filmten viele Stunden, die sie dann zu einem fünfzehnminütigen Bericht über mich, Paul und die Stiftung zusammenschneiden wollten. Susie, Susan und ich arbeiteten mit der Werbeagentur Chiat/Day/Mojo zusammen, die uns half, Reagans offizielle Erklärung zu entwerfen, und Susan und ich bereiteten das Material vor, das wir 1990 für den Angriff auf Washington brauchten, um Gelder für die pädiatrische AIDS-Forschung locker zu machen. Es war eine aufregende, anregende Zeit.

An Halloween, dem Tag vor Allerheiligen, kam »60 Minutes« zu uns nach Hause und filmte Susan und mich, wie wir an meinem Küchentisch arbeiteten. Vor dem Eintreffen des Teams versuchten wir so zu tun, als wären wir nicht aufgeregt, aber natürlich waren wir es. Doch als die Leute erst einmal da waren, fand ich es erstaunlich, wie entspannt wir waren. Wir machten einfach weiter, als ob niemand da wäre. Tatsächlich standen wir ziemlich unter Druck und konnten keine Zeit darauf verschwenden, uns Gedanken über Kameras und Licht zu machen. Wir waren uns in dem Jahr in Washington nicht sonderlich erfolgreich vorgekommen. Die für die Forschung bewilligten zehn Millionen Dollar waren nur die Hälfte dessen, was wir benötigten, und es standen keine zusätzlichen Mittel für klinische Tests mit Kindern zur Verfügung. Wieder einmal mußten wir unsere Informationen mit Nachdruck bekanntmachen, damit die Leute begriffen, wo die Probleme lagen und wie man sie unserer Meinung nach angehen sollte. Wir arbeiteten unermüdlich. Wir waren entschlossen, 1990 bessere Ergebnisse zu erreichen.

Ein paar Tage vor einer Reise nach Washington liegt immer Spannung in der Luft. Unser Büro ist ein ziemlich kleiner Raum. Darin stehen sieben Schreibtische, und im allgemeinen sind mindestens fünf Personen anwesend. Wenn etwas Aufregendes passiert oder wir unter großem Druck stehen, spüren das alle. Wir baten zwar immer um Gespräche und Treffen, aber die Bestätigungen kamen eigentlich stets erst in letzter Minute. Dann legte Susan den Hörer auf, um sich umzudrehen und zu verkünden, daß wir die Zusage von irgendeinem Kongreßabgeordneten hatten und zwei Stunden später mit zwei Senatoren verabredet waren. Das Büro von Senator Hatch rief an; das Treffen mit der Arzneimittelfirma stand fest. Das Büro von Senator Metzenbaum rief an; das Gespräch mit Kennedy war endlich vereinbart. Jedesmal, wenn ein Anruf kam, stieg die Energiemenge. Man konnte sie fast mit Händen greifen.

Susan und ich flogen nach Washington. Wir hatten einen förmlichen Brief an das Weiße Haus geschrieben in der Hoffnung, daß es zu einem Gespräch mit Präsident Bush kommen würde. Leider hatten wir eine Standardantwort erhalten, in der es hieß, daß man bedauerte, aber er sei »sehr beschäftigt«.

Wir rechneten eigentlich nicht mit viel Hilfe aus dem Weißen Haus. Die Reagan-Administration war nicht in der Lage gewesen, Geld und eine Führungsrolle anzubieten. Die Bush-Administration gab zwar die richtigen Worte von sich, war aber auch nicht bereit, richtungweisende Entscheidungen zu treffen. Sechs Monate später, am Eröffnungstag der Internationalen AIDS Konferenz in San Francisco, war Präsident Bush in North Carolina und brachte eine Million Dollar als Spende für Jesse Helms zusammen. Ich habe gelernt, Taten zu vertrauen, nicht Worten. Worte retten keine Leben, wenn nicht das notwendige Engagement dahintersteht. Meiner Meinung nach kann man nicht den Kampf gegen AIDS unterstützen und gleichzeitig Jesse Helms helfen.

Es scheint, daß Präsident Bush inzwischen sogar in bezug auf den Kampf selbst zögert. Am 17. September 1990 sagte er bei einer Pressekonferenz in Washington, daß ihn die Tausende von AIDS-Toten zwar traurig stimmten, er aber nicht überzeugt sei, daß mehr Geld dazu beitragen würde, die Welle der Epidemie zu brechen. »Ich wünschte, irgend jemand könnte mich überzeugen, daß man einfach eine Viertelmilliarde Dollar ausgeben müßte und Lösungen bekäme«, sagte Bush.

Es scheint, daß wir zu diesem Zeitpunkt merkten, daß es keine Garantien gibt. Es gibt keine Garantie, daß eine Milliarde Dollar, die wir jeden Monat im Persischen Golf ausgeben, ein freies Kuwait sichern, die Ölpreise senken oder für Stabilität in der Region sorgen. Wir sind bereit, anderweitig, wo es keine Garantien gibt, riesige Summen zu zahlen, aber mir kommt es so vor, als ob das Weiße Haus nach Ausreden sucht, um diesen Krieg zu Hause nicht voll zu unterstützen. Hier sind mehr Menschen an AIDS gestorben als am Golf oder in Vietnam, aber wieder einmal scheint sich niemand wirklich darum zu kümmern.

Doch auch ohne einen Besuch im Weißen Haus war unsere Reise nach Washington wichtig. Als erstes war ein Treffen mit einem Vertreter von Burroughs Wellcome geplant, der Arzneimittelfirma, die AZT herstellt. »60 Minutes« folgte uns auch bei dieser Reise in die Hauptstadt.

Jeder schien zu glauben, daß die Pediatric AIDS Foundation mein Werk war. In dem ganzen öffentlichen Rummel, der um Paul und mich gemacht wurde, nahm man Susan und Susie, die Mitbegründerinnen, fast gar nicht wahr. Ich war besonders froh, daß Susan mich auf dieser Reise begleitete, denn ich wollte, daß sie in dem politischen Teil von »60 Minutes« zu sehen war. Wir hatten fast alle Reisen nach Washington gemeinsam gemacht, und sie war ungeheuer wichtig für unseren Erfolg gewesen. Die Stiftung war meine Idee, aber ohne Susan und Susie wäre sie nie Wirklichkeit geworden. Wenn »60 Minutes« mich in Washington zeigen wollte, dann auch so, wie es in Wirklichkeit aussah: Susan und ich zusammen.

Nach zwei Tagen haßten wir die Dreharbeiten. Wir waren dankbar, daß die Leute da waren, aber sie waren auch außerordentlich lästig. Sie folgten uns überallhin. Es war keine unserer üblichen Reisen nach Washington, aber wir wußten, daß die Sendung große Wirkung haben würde. Sie würde die Stiftung ins Licht der Öffentlichkeit rücken und darüber entscheiden, ob man uns ernstnahm oder nicht. Sie könnte Millionen von Zuschauern über die Probleme von Kinder-AIDS informieren. Wir spielten mit und drückten die Daumen, daß der Bericht dazu beitragen würde, unsere Ziele zu erreichen. Als alles vorbei war, lachten wir darüber, wie überraschend und unberechenbar das Leben sein kann. Wir hatten es geschafft, für »60 Minutes« gefilmt zu werden. Am liebsten hätten wir uns gegenseitig gekniffen, um sicher zu sein, daß es Wirklichkeit war.

Nach anderthalb Tagen wollte Susan wieder nach Hause fliegen. Ich blieb noch einen Tag, um die vereinbarten Gespräche zu Ende zu führen.

Es war ein langer Tag, und er stellte sich schließlich als einer der schwersten heraus, die ich je in Washington verbracht hatte. Wir waren im Gespräch mit Mel Levine, dem Kongreßabgeordneten unseres Heimatbezirks. Weil er in keinem der Komitees saß, die sich direkt mit Problemen von Kinder-AIDS befaßten, waren wir mit Mel noch nicht zusammengekommen.

Mel erklärte erst einmal, daß seine Frau mich aus einer »Mutter und Kind«-Gruppe kannte; damals war Ariel gerade neun Monate alt gewesen. Damit hatte ich nicht gerechnet, denn ich gebe mir große Mühe, mein Privatleben und meine Arbeit in Washington emotional zu trennen.

Plötzlich war Ari bei dem Gespräch dabei, und ich hatte sie nicht eingebracht. Das hatte Mel getan. Während ich versuchte, intelligent zu wirken, versuchte ich auch, ruhig zu bleiben. Dann sah Susan auf ihre Uhr, stand auf und sagte, daß sie zum Flughafen müßte. Wir umarmten uns, sie verabschiedete sich von den anderen, und ich beendete das Gespräch mit Mel.

Ich ging hinaus und hatte das Gefühl, daß sich meine innere, emotionale Verwerfungslinie gleich weit öffnen würde. Plötzlich vermißte ich Ari ganz schrecklich. Ich wollte wieder die Mutter in der Spielgruppe sein und mein Kind großziehen wie alle anderen auch. Ich versuchte, das Rayburn-Gebäude zu erreichen, und ich hielt einen Fremden an, um nach der Richtung zu fragen. Er konnte sehen, daß ich weinte, und fragte, ob alles in Ordnung wäre. Für mich war alles verkehrt. Ich fühlte mich fehl am Platz. Ich konnte das alles nicht zusammenhalten. Ich hätte nicht hier sein sollen. Ich sagte, daß ich einen schwierigen Tag hinter mir hätte, und versuchte zu lächeln. Ich wußte, daß ich mich zusammenreißen mußte, daß das nächste Gespräch schwierig sein würde. Ich wußte nicht, ob ich es schaffen konnte.

Zehn Minuten später zwang ich mich, nicht mehr zu weinen, und traf mich mit Mike Stephens, der der wichtigste Mann für den Kongreßabgeordneten Natcher ist; er sitzt im Gesundheits-Komitee des Repräsentantenhauses, das die Gelder bewilligt.

Wir waren enttäuscht gewesen, daß wir 1990 nicht in der Lage gewesen waren, Mike Stephens von unserer Sicht der Dinge zu überzeugen. Ich wollte wissen, was passiert war. Waren wir irgendwie zu naiv? Hatten wir einen Teil des Vorgangs mißverstanden? Ich fühlte mich verletzbar, als ich sein Büro betrat. Nur wenige Leute in Washington gehen sanft mit einem um, daher wußte ich, daß ich hellwach bleiben mußte.

Sein Argument war, daß genügend Geld in die bereits existierenden Einrichtungen der Nationalen Gesundheitsämter floß. Er war fest davon überzeugt, daß Leute wie Sam Broder, der Chef des Nationalen Krebsinstituts, und Tony Fauci über die notwendigen finanziellen Mittel verfügten, aber sie *wollten* nichts für die pädiatrische AIDS-Forschung ausgeben. Er glaubte einfach nicht, daß sie ehrlich zu mir gewesen wären, sondern daß sie dafür sorgen würden, Geld zur Verfügung zu haben, wenn sie das für wichtig hielten. Ich war ganz durcheinander. Vorher war ich schon empfindlich gewesen, jetzt lagen meine Nerven blank.

Sam Broder hatte mich mit seiner Integrität beeindruckt und mir genau erklärt, daß er nicht das Geld hatte, das er brauchte, um sein bestehendes Programm weiterzuführen, von neuen gar nicht zu reden. Tony Fauci war nicht in Einzelheiten gegangen, aber es war schmerzlich, mir überhaupt vorzustellen, daß sie sich nur im Kreis um mich herumbewegt hatten, ohne daß ich es wußte.

Ich sah auf die Uhr und stellte fest, daß es Viertel vor fünf war. Ich war spät dran für mein Treffen mit

Senator Kennedy, um das ich mich bei jeder meiner bisherigen Washington-Reisen bemüht hatte.

Der erste Mensch, den ich sah, als ich in das Russell-Gebäude eilte, war Sam Broder, der Mann, über den ich erst vor wenigen Augenblicken gesprochen hatte. Als ich Sam ansah, wußte er, daß ich bekümmert war.

Er fragte mich, was nicht stimmte. Ich platze heraus: »Ich komme gerade von einem Gespräch mit Mike Stephens, und er hat gesagt, Sie könnten die Programme durchführen, die Sie nicht durchführen. Ich weiß einfach nicht, wem ich noch glauben soll. Manchmal denke ich, daß mich alle nur benutzen, und ich werde nie begreifen, was in dieser verdammten Stadt vorgeht. Ich muß Jake helfen, und ich habe Angst, daß ich das nicht kann. Jetzt verspäte ich mich sogar bei Senator Kennedy, also auf Wiedersehen!« Armer Sam, ich bin sicher, er wußte gar nicht, was ihm da geschah.

Ich flog in Kennedys Büro. »Hallo, ich bin Elizabeth Glaser, und es tut mir leid, daß ich zu spät komme.«

Der Mitarbeiter sah mich an und sagte in dem gedämpften Ton, wie ihn der Anstand im Umkreis eines Senators erfordert: »Er hat eine Weile auf Sie gewartet, aber dann konnte er nicht länger bleiben.«

»Aber als ich angerufen habe, sagten Sie, daß er sich auch verspäten würde.«

»Ja, Mrs. Glaser, aber nicht eine halbe Stunde.«

Ich fragte, ob ich auf Senator Kennedys Rückkehr warten konnte. Aber als er kam, dauerte das Treffen nur zehn Minuten, und ich ging mit dem Gefühl, daß ich es nicht geschafft hatte, ihn zu bewegen.

Der Tag war vorüber. Ich war leer, und mein Vorrat an Optimismus war verbraucht. Müde und entmutigt trottete ich hinüber zum Büro von Senator Metzenbaum und hoffte, daß Joel Johnson da sein und mir helfen würde zu verstehen, was mit Mike Stephens passiert war.

Er war da. Aber als er auf seine ruhige, freundliche Weise »Was stimmt nicht?« fragte, klappte ich einfach zusammen. »Joel, ich weiß nicht, was ich mache. Sie laufen im Kreis um mich herum. Ich weiß nicht, wie ich den ganzen Scheiß durchbrechen soll. Vielleicht sollte ich diese Arbeit überhaupt nicht tun. Ich bin so durcheinander. Ich will nur noch nach Hause und bei meiner Familie sein und nie, nie wieder zum Capitol Hill zurückkommen!«

Ich weinte, schrie und putzte mir die Nase, und der persönliche Berater, dessen Schreibtisch neben Joels stand, erhob sich und sagte: »Ich geh' ins Bad.« Er flog förmlich aus dem Büro.

Joel ließ mich noch ein paar Minuten gewähren, dann sagte er: »Elizabeth, hören Sie zu. Seien Sie solange ruhig, bis ich Ihnen etwas erzählt habe. Sie sind vielleicht naiv in bezug darauf, wie Washington funktioniert, aber Sie sind nicht dumm. Ihre Arbeit ist wichtig. Das wissen Sie. Sie machen keine großen Fehler, und Sie haben in sehr kurzer Zeit verdammt viel erreicht. Sie sind neu in diesem Spiel, deswegen müssen Sie mir glauben: Sie machen das prima. Washington ist der Ort der ständigen Veränderungen – einen Schritt nach vorn, zwei zurück. Verzweifeln Sie nicht an sich selbst, wenn Sie einen Tag wie heute erleben, denn das ist ganz normal.«

Joel konnte mich mit seinen Versicherungen beruhigen. Er fuhr mich in mein Hotel zurück, und ich ging nach oben, um mich für das Abendessen fertig zu machen. Ich rief Sam Broder an, um mich zu entschuldigen und ihm zu erklären, warum ich so durcheinander gewesen war. »Sam, lügen Sie mir was vor? Haben Sie das Geld für diese Arbeit?«

»Nein«, antwortete er, »unser gesamtes Geld steckt schon in Programmen.«

»Was hätte ich dann also sagen sollen?«

Und dann erteilte Sam mir eine großartige Lektion über Washington – wie man den ganzen Scheiß beenden kann. Er erklärte mir, daß ich bei einem ähnlichen Treffen in Zukunft einfach sagen sollte, daß ich nicht gekommen wäre, um zu erfahren, was Sam Broder oder Tony Fauci unternehmen könnten, sondern um herauszufinden, was Mike Stephens – oder wer auch immer mein Gesprächspartner war – tun konnte.

Sechs Monate später, bei meinem nächsten Gespräch mit Mike Stephens, sagte ich genau das. Und mit seiner Hilfe und der Unterstützung von zwei wunderbaren Kongreßabgeordneten – Steny Hoyer aus Maryland und Silvio Conte aus Massachusetts – bewilligte das Repräsentantenhaus zusätzlich zehn Millionen Dollar für die Grundlagenforschung im Bereich Kinder-AIDS und 23,8 Millionen Dollar für die klinischen Untersuchungen auf Kinderstationen. Was auch immer der Senat diesmal machen würde, wenigstens das Repräsentantenhaus hatte gehandelt.

Am Ende des Tages war ich erschöpft, aber ich hatte mich bereits zum Abendessen mit Harold Steinitz, meinem alten Freund aus Studentenzeiten, verabredet. Wir sprachen von den alten Zeiten und über das, was unsere Studienfreunde heute machten. Wir redeten über unser Leben und darüber, daß die Dinge nicht immer den erwarteten Verlauf nehmen.

Nachdem Harold sich verabschiedet hatte, ging ich ins Bett und dachte lange über mein Leben nach. Ich blickte zurück auf all die Wendepunkte und auf die

Entscheidungen, die ich getroffen hatte, und ich wußte, daß es nichts gab, was ich anders machen würde.

Es mag merkwürdig klingen, aber mein ganzes Leben ist ziemlich beständig gewesen. Eine Lektion, die ich durch AIDS gelernt habe, ist nicht neu. Wir kennen sie alle. Der Unterschied für mich besteht darin, daß AIDS es unmöglich macht, sie nicht zu beachten.

Die Lektion ist die, daß ich mein Leben schätzen muß. Ich muß das schätzen, was ich habe, statt mich nach dem zu sehnen, was ich nicht habe. Ich habe gelernt, mir Gedanken um das zu machen, was wirklich wichtig ist, und mich von dem Rest zu verabschieden. Manche Menschen beschäftigen sich so sehr mit unbedeutenden Einzelheiten, daß sie zu erschöpft sind, um sich an der Schönheit und Güte zu freuen, die sie umgeben.

Ich lebe mit einem Gefühl der Dringlichkeit, weil mir keine andere Wahl bleibt. Die Herausforderung meines Lebens besteht darin, daß ich nicht aufgebe. Ich stehe vor der Herausforderung, eine Methode zu finden, mit der ich weiterkämpfen kann. Ich stehe vor der Herausforderung, mein Leben möglichst voll auszuleben, daher verschwende ich keine Zeit und genieße die Zeit, die mir bleibt. Ich stehe vor der Herausforderung, mich weiterhin zu kümmern und zu lieben.

Aber diese Herausforderung gibt es auch in jedem anderen Leben. Die meisten Menschen sind sich dessen einfach nur nicht bewußt, aber wenn man sein Leben nicht genießt, verschwendet man Zeit. Wenn man keinen Weg findet, die eigenen Probleme zu lösen und hart daran zu arbeiten, verschwendet man Zeit. Wenn man klagt, ohne nach einer Lösung zu suchen, verschwendet man Zeit. Seine Zeit zu verschwenden bedeutet, sein Leben zu verschwenden. Menschen, die ihr Leben verschwenden, machen mich ärgerlich.

An diesem letzten Tag in Washington war ich entmutigt, traurig und hatte Selbstmitleid. Wenn das passiert, suche ich mir jemanden, mit dem ich reden kann, denn ich habe gelernt, daß ich in noch tieferer Verzweiflung versinke, wenn ich das nicht tue. Ich hatte Glück, daß Joel da war. Wenn ich zu Hause niedergeschlagen bin, rufe ich immer Lucy oder Lynn an und sage: »Ich will mein Leben nicht mehr haben, ich will das von einem anderen Menschen. Alle haben ein besseres Leben als ich.«

Und dann antworten Lucy oder Lynn gewöhnlich: »Das stimmt. Du hast jedes Recht auf Selbstmitleid, aber du gibst dein Bestes.«

Wenn ich dann den Hörer auflege, frage ich mich immer, wie lange ich mich noch so fühlen will. Die Antwort lautet: »Nicht lange.« Denn es ist kein gutes Gefühl. Und so sage ich mir, daß ich mich morgen hoffentlich besser fühlen werde.

Als ich nach L.A. zurückflog und die Reise in Gedanken noch einmal durchging, wurde mir klar, daß viele Leute in Washington nicht bereit sind, Risiken einzugehen, weil sie sowohl sich selbst als auch ihren Arbeitsplatz schützen wollen. Sich nicht zu verändern ist gleichbedeutend mit sich nicht in Gefahr zu begeben.

Aber in den fast zwei Jahren, in denen ich nach Washington gereist war, hatte ich auch Menschen gefunden, die bereit waren, Risiken einzugehen und das zu tun, was richtig war. Orrin Hatch, der Republikaner und Mormone aus Utah ist, vertritt einen überzeugten konservativen Wahlkreis, aber er ist den AIDS-Problemen nie ausgewichen.

Genauso hat Howard Metzenbaum uns immer geholfen, ganz gleich, wen er damit vielleicht verärgerte. Er hat keine Angst vor Auseinandersetzungen, und solche Menschen brauchten wir, die nicht warteten, daß wir um Hilfe baten, sondern sie sofort anboten.

Jetzt wußten wir, daß wir das Bewußtsein für die Probleme wachhalten mußten. Wir brauchten mehr Menschen, die bereit waren, Risiken einzugehen und hart zu kämpfen. In Washington hält die Aufmerksamkeit nicht lange vor, und wir wußten, daß wir weiter für Druck auf den Gesetzgeber sorgen mußten, damit sich keine Selbstzufriedenheit einstellte. Hier konnte »60 Minutes« eine ganz große Hilfe sein.

Für den Rest des Novembers waren wir damit beschäftigt, an der Reagan-Erklärung zu arbeiten, die Dreharbeiten für »60 Minutes« zu beenden und die Möglichkeiten zu erforschen, eine Dokumentation über Kinder-AIDS zur Hauptsendezeit auszustrahlen. Medizinisch war ich stabil und hatte mich an das DDI gewöhnt, ohne daß es zu den schrecklichen Nebenwirkungen kam, von denen ich auf der Einverständniserklärung gelesen hatte. Obwohl meine T-Zellen-Werte immer noch niedrig waren, war ich ansonsten asymptomal und fühlte mich großartig. Die Zeit verging schnell, und bevor wir uns versahen, stand Weihnachten vor der Tür.

Paul und ich hatten beschlossen, die Ferien auch diesmal nicht zu Hause zu verbringen, und wir fuhren in der Woche vor Weihnachten mit Jake und unseren Freunden, den Seymours, zum Skilaufen nach Telluride in Colorado. Es gab nicht viel Schnee, aber er reichte, damit Jake vergnügt blieb.

Zunächst weigerte Jake sich, in die Skischule zu gehen. Als ich ihm sagte, daß er erst mit mir laufen durfte, wenn er Unterricht genommen hatte, ging er am nächsten Tag hin. Am dritten Tag konnte ich mich mit Jake mittags unten am Hügel treffen und den ganzen

Nachmittag mit ihm laufen. Ich hätte nie gedacht, daß ich es miterleben würde, daß eins meiner Kinder das Skilaufen lernt. Ich finde Skilaufen aufregend, und ich hatte von dem Tag geträumt, an dem ich mit Ari und Jake auf die Piste gehen konnte.

Ari hatte versucht zu laufen, aber sie war zu jung und dann zu krank, um es zu lernen. Aber Jake ist so gut koordiniert und beweglich, daß er es sofort begriff, als er erst einmal beschlossen hatte, daß Skilaufen etwas war, was er machen wollte. Es war, als ob die Tage von Zauber erfüllt waren. Es war schwer vorstellbar, aber ich fing an, mich heil und ganz zu fühlen. Skilaufen mit Jake erfüllte mich mit Freude. Ihm zuzusehen, wie er einen Lauf meisterte und mit ausgestreckten Armen den Berg heruntergeflogen kam, war der wunderbarste Augenblick, den ich mir vorstellen konnte.

Bis Heiligabend ging es mir gut. Wir fuhren mit dem Bus zu unserem Ferienhaus zurück. Der Abend war friedlich, ruhig und leise. Er war so schön und still. Die Tränen liefen, aber ich wischte sie fort, damit niemand merkte, daß ich weinte. Ich schaffte es, mich gerade solange zusammenzureißen, bis wir zu unserer Wohnung kamen, und als Jake nach nebenan ging, um die Seymours zu begrüßen, fiel ich aufs Bett, und die Trauer überwältigte mich.

Ich weinte und weinte, bis ich anfing zu zittern. Paul saß neben mir und nahm mich in die Arme. »Mir fehlt Ari, mir fehlt Ari so sehr«, war alles, was ich sagen konnte. Er antwortete sanft: »Ich weiß . . . ich weiß.«

Es waren Tränen der Wut, und hinterher war ich erschöpft. Paul blieb bei mir. Er war ruhig und stark, und ich konnte mich bei ihm anlehnen.

Jake kam zurück, ich wischte mir das Gesicht mit

einem Waschlappen ab, zog Jake den Pyjama an und machte ihn bettfertig. Ich las ihm eine Geschichte vor, aber er war so müde, daß er einschlief, bevor ich zu Ende war. Ich blieb noch einen Moment neben ihm liegen, eingelullt durch den Rhythmus seines Atmens, und von seinem kleinen Körper neben meinem gewärmt.

Ich dachte daran, wie ich als kleines Mädchen am Heiligabend vor Aufregung übergeschäumt war. Für mich war es der zauberhafteste Abend des Jahres. Selbst jetzt in Telluride. Ich spürte den Zauber immer noch. Und das hatte mich weinen lassen. Ich war umgeben von Schönheit, Geheimnis und Freude, und das erinnerte mich an meine Trauer und meinen Verlust.

Ich ging mit Paul ins Bett. Ich war müde, aber dankbar für die Kraft seiner Gegenwart und die Beständigkeit seiner Liebe. Als ich langsam in den Schlaf hinüberglitt, hoffte ich, von Ari zu träumen. Das war meine einzige Gelegenheit, sie noch einmal zu sehen und zu berühren. Doch alles, was ich in dieser Nacht tat, war schlafen.

Wie im Jahr zuvor verbrachten wir die zweite Hälfte unseres Urlaubs auf Hawaii. Paul und ich hatten ein wenig Angst davor, dorthin zurückzukehren, weil das vergangene Jahr so schwierig und deprimierend für uns gewesen war. Doch wir hatten viel Spaß beim Schwimmen und Schnorcheln. Paul spielte Golf, ich Tennis. Jake ist eine richtige Strandratte und schloß Freundschaft mit jedem Kind in Laufentfernung. Wir hatten viel geschafft in einem Jahr.

Auf Hawaii fühlen wir uns alle Ari sehr nahe, weil es so schön ist und wir so viele Regenbogen sehen. Immer wenn wir sehen, wie sich einer groß und bunt über den Himmel spannt, haben wir das Gefühl, daß Ari uns grüßt.

Es ist vielleicht nicht überraschend, daß ich auf Hawaii den Traum hatte, nach dem ich mich in Colorado gesehnt hatte. Es war der Traum, auf den ich gewartet hatte. Ich ging allein durch einen Wald, der auf eine magische Weise geheimnisvoll war. Der Himmel war übersät mit Haufenwolken, aber sie hingen so niedrig, daß sie fast meinen Kopf berührten.

Während ich spazierenging, erschienen drei Regenbogen in einer Reihe, einer hinter dem anderen. Warmes Sonnenlicht ließ die Farben der drei Regenbogen in einander verschmelzen wie auf einem wunderschönen Glasfenster. Als ich unter dem Regenbogen hindurchging, spürte ich, wie Aris Hand aus der Wolke kam, um mich zu berühren. »Hallo, Mama!« sagte sie.

Verwirrt blickte ich nach oben und sagte: »Hallo!« Durch die niedrige Wolke hindurch streckte ich die Hand nach ihr aus, und sie ergriff sie.

Ich fragte: »Ari, kann ich nach oben zu dir kommen?«

»Ja, das kannst du«, antwortete sie und zog mich nach oben an ihre Seite.

»Kannst du mich umarmen?« fragte ich.

Sie legte die Arme um mich, und im Traum konnte ich sie spüren, ich konnte tatsächlich die Wärme ihres Körpers fühlen, nach der ich mich gesehnt hatte.

Dann wachte ich auf. Ich ließ die Augen geschlossen und versuchte, bewegungslos dazuliegen, damit ich in der Stille wieder in den Traum zurückgleiten konnte. Ich wollte Aris Hand in meiner spüren. Ich wollte ihre Umarmung fühlen, ihre Wärme. Mir fehlt alles, was Ari betrifft, aber ihre Umarmungen fehlen mir bis zur Verzweiflung.

In den sechzehn Monaten nach ihrem Tod war dieses das erstemal, daß ich Ari überhaupt in einem Traum wiederfand. Der Traum segnete mich mit Zufriedenheit und Zuversicht. Wenn ich jetzt schlafen gehe, weiß ich jeden Abend, daß ich Ari vielleicht wiedersehen werde.

Silvester auf Hawaii war für Paul so schwierig wie Heiligabend in Colorado für mich. Der Beginn eines neuen Jahrzehnts war nichts, was Paul feiern wollte, denn es erfüllte ihn mit durchdringender Angst.

Paul und ich heirateten 1980, und Ari kam im Jahr darauf zur Welt. Das Jahrzehnt hatte für uns mit Hoffnung und verheißungsvollen Aussichten begonnen, und es endete in Verzweiflung. Der Eintritt in ein neues Jahrzehnt steigerte Pauls Ängste. Nicht in der Lage zu sein, auf die Zukunft zu vertrauen, ist ein merkwürdiges Gefühl. Ich werde damit fertig, indem ich jeweils von Tag zu Tag lebe. Gerade jetzt kann ich viel besser als Paul in der Gegenwart leben.

Paul neigt dazu, die Straße hinunterzusehen, und wenn er das macht, erfüllt ihn Entsetzen. Silvester machte ihn angstvoll und niedergeschlagen. Er wurde launisch und verschlossen, und obwohl ich mir alle Mühe gab, im Gespräch zu ihm durchzudringen, gelang mir das nicht. Die Lektionen von Santa Fe waren nutzlos. Ich brachte sie nicht zum Funktionieren. Wieder einmal waren wir jeder allein in unserem Kampf.

Ich habe jetzt einen direkten Mittelpunkt in meinem Leben: Jake und die Stiftung. Beide erfordern ungeheure Energie, Engagement und Antrieb. Pauls Dynamik ist anders, und ich glaube, viel schwieriger in unserer Lage. Wenn er bei einem Film für dreißig Millionen Dollar Regie führt und für eine Mannschaft von hundertvierzig Leuten verantwortlich ist, hat er wenig Zeit, an andere Dinge zu denken.

Aber wenn Paul zwischen Filmen Drehbücher schreibt, geht er auf eine Reise nach innen. Jeden Tag muß er tiefer und tiefer in sich eindringen, und das ist eine einsame und oft klaustrophobische Erfahrung.

Während das neue Jahr für Paul mit Schwierigkeiten begann, fing es für mich optimistisch an. Jake und ich waren stabil und kräftig. Im Januar machte ich meinen alljährlichen Skiausflug nach Aspen. Er war schön wie immer. Die Stiftung kam in Schwung, und wir hatten eine ganze Liste mit gesetzgeberischen Zielen. Für den frühen Winter planten wir eine pädiatrische »Denkfabrik« in Santa Barbara. Eine weitere Veranstaltung, die eine Million Dollar Spendengelder einbringen sollte, war für das Frühjahr in L.A. geplant. Der Bericht in »60 Minutes« sollte im Februar ausgestrahlt werden.

Paul war mit seinem Freund Gene Seymour zum Skilaufen nach Aspen gefahren, und so war er am 4. Februar, als die Reportage gesendet wurde, nicht zu Hause. Ich hatte darum gebeten, sie mir vorher ansehen zu dürfen, doch CBS erklärte, das sei nicht möglich. So sah ich sie wie alle anderen zum erstenmal. Ich lud einige meiner engsten Freundinnen zum Abendessen ein. Ich mußte am Sonntagnachmittag irgend etwas zu tun haben, denn ich konnte kaum stillsitzen.

Freunde an der Ostküste riefen an, nachdem sie den Bericht schon gesehen hatten, und alle reagierten begeistert. Sie fanden, der Bericht sei anrührend und informativ zugleich. Das war beruhigend, aber ich mußte es selbst sehen.

Um sieben Uhr versammelten sich meine Freundinnen und ich um den Fernsehapparat im Arbeitszimmer, und als wir das »Tick, tick, tick« der Stoppuhr am Beginn der Sendung hörten, wurden wir still. Ed Bradleys tiefe Stimme füllte den Raum, als die Sendung begann:

1981 bekamen die Glasers ein Baby, ein Mädchen. Die Geburt war schwierig, und der Mutter wurden fast dreieinhalb Liter Blut übertragen. Sie kamen überhaupt nicht auf die Idee, daß das Blut infiziert sein könnte . . .

Stärker hatte ich nie zuvor in der Öffentlichkeit gestanden. Bei der Wohltätigkeitsveranstaltung »Immediate Family« waren wir vor Hunderten von Leuten aufgetreten, aber sie waren alle aus Hollywood gewesen, und viele von ihnen kannten wir. Jetzt sahen fünfzig Millionen Amerikaner meine Familie, unsere Geschichte.

Als Aris Gesicht in Großaufnahme auf dem Bildschirm erschien, war ich stolz. Es wurden einige unserer Lieblings-Schnappschüsse von ihr gezeigt, und sie sah so hübsch aus. Wir hatten viele, viele Stunden mit ihr im Arbeitszimmer verbracht, wo sie abgestützt auf dem Sofa gesessen hatte. Daß ich in demselben Raum war und ihr Gesicht den Bildschirm füllte, war schwer zu glauben.

Paul und ich sprachen über den Schmerz der Isolation, als die Diagnose gestellt worden war. Bradley faßte Aris Krankheit zusammen, und wir erzählten die Geschichte, wie sie durch das intravenöse AZT wieder gehen und sprechen konnte. Wir sprachen über die Stiftung, und dann zeigten sie Susan und mich in Washington und Susie hier in L.A.

Eine der Einstellungen, die mir in der Reportage am besten gefiel, weil sie zum Ausdruck brachte, was ich tief in meinem Herzen empfinde, kam ganz am Ende. Ich sagte: »Man darf die Hoffnung nicht aufgeben. Wir wissen nicht, wann ein Mittel gegen diese Krankheit gefunden wird, das unser aller Leben verändern kann. Wohin geht man? Man liebt sein Kind jeden

Tag. Man geht nach draußen und liebt das Leben, weil man es hat, auch wenn es schrecklich ist. Man lernt das zu lieben, was man jetzt besitzt.«

Als der Bericht in L.A. beendet war, waren alle aufgeregt. Sie hatten uns nicht tragisch aussehen lassen. Die Stiftung kam gut weg. Wir waren ernstzunehmende Spieler in Washington. Susies Rolle beim Aufbringen von Spenden wurde nicht erwähnt, aber wir waren stolz auf das, was wir drei geschafft hatten.

Am nächsten Morgen wollte ich nach Washington. Ich durchquerte den Flughafen von L.A. und merkte, daß Leute mir mit erhobenem Daumen Zeichen machten. Gelegentlich sahen mich Leute an und sagten: »Sie haben noch viel vor sich!« oder »Wir beten für Sie.«

Das waren alles Menschen, die »60 Minutes« gesehen hatten. Ich war verblüfft über die positiven und begeisterten Reaktionen. Auf einmal war da der Eindruck, als ob die ganze Welt wußte, wer ich war, und alle machten mir Mut. Fremde reagierten auf mich, das war noch nie passiert.

Das war ungeheuer erfreulich, aber auch beunruhigend. Ich war ganz durcheinander. Es schien, als ob diese positiven Dinge nur passierten, weil Ari tot war. Die Stiftung hatte ein Forschungslabor an der Universitätsklinik von Los Angeles finanziell unterstützt, das nach Ari benannt wurde. Bei der Feier zur Inbetriebnahme hatten die Leute applaudiert, doch hier war der Ort, an dem meine Tochter gestorben war. Es ergab keinen Sinn, für etwas gelobt zu werden, das die Folge von Aris Tod war.

»60 Minutes« sendete, und plötzlich wurde ich wie eine Heldin behandelt, aber ich redete über all das, was ich durch Aris Tod gelernt hatte. Ich wußte, daß erstaunliche Dinge in meinem Leben passierten, aber ich konnte sie nicht wirklich aufnehmen, weil alles irgendwie verkehrt wirkte, wenn ich es aus diesem Blickwinkel betrachtete.

Ich tat das, von dem ich das Gefühl hatte, es tun zu müssen, weil ich glaubte, daß meine Offenheit anderen nützen könnte und mir half, mich nicht als Opfer zu fühlen. Wenn die Leute zu mir als einer HIV-positiven Frau eine Beziehung aufbauen können, dann sind sie vielleicht auch mitfühlender gegenüber anderen, die mit dieser Krankheit leben. Wenn Leute verstehen können, daß meine Kinder HIV-positiv sind, haben sie vielleicht mehr Mitleid mit den Tausenden anderer HIV-infizierter Kinder.

Aber im Februar, als ich stolz sein durfte auf das, was ich tat, konnte ich mich nicht darüber freuen. Ich machte eine Arbeit, und es gab noch so viel, das getan werden mußte. Ich werde eher nicht ruhen, als bis das Mitleid sich genauso schnell ausbreitet wie das Virus. Santa Monica ist nicht typisch für den größten Teil des restlichen Landes. Wo sich AIDS im ländlichen Amerika ausbreitet, werden viele Menschen weiter in tiefer Angst und entsetzlicher Heimlichkeit leben.

Ein Arzt, der im Süden AIDS behandelt, erzählt von einem Patienten, der an dem Tag, an dem er zur Behandlung geht, vor Sonnenaufgang aufsteht und sich im Auto seiner Mutter auf dem Rücksitz unter einer Decke versteckt. Sie kommt einige Stunden später aus dem Haus und fährt ihn in die Klinik. Wenn sie nach Hause kommen, bleibt er unter der Decke, bis es wieder so dunkel ist, daß er sich zurück ins Haus schleichen kann.

Darum muß die Spitze des Staates unbedingt eine führende Rolle übernehmen. Wenn Präsident Bush die Gelegenheit nicht wahrnimmt, vor einer AIDS-Konferenz in San Francisco zu sprechen, und sich statt dessen um Spenden für Senator Jesse Helms bemüht, ist das ein Signal dafür, daß der moralische Kompaß Amerikas noch immer in die falsche Richtung zeigt.

Als ich in Washington ankam, mußte ich mich gleich ums Geschäft kümmern. Jede Reise nach Washington wurde wichtiger. Wir brauchten mehr Geld für 1991.

Vor einem Monat hatte Barbara Boxer, die Kongreßabgeordnete aus San Francisco, angefragt, ob Paul und ich an Anhörungen zu AIDS teilnehmen würden. Wir lehnten zunächst ab, weil die Anhörungen in Los Angeles stattfinden sollten. Paul und ich hatten noch nie öffentliche Zeugenaussagen gemacht. Wir hielten das für wichtig, aber wenn wir beide aussagten, sollten wir unserer Überzeugung nach versuchen, ein möglichst großes Publikum zu bekommen. So teilten wir Barbara Boxer mit, daß wir vielleicht zu Aussagen bereit wären, wenn die Anhörung in Washington stattfände. Das war in Arbeit, und wir blieben dauernd mit ihr im Gespräch.

Barbara Boxer wurde zu einer der Personen in Washington, die wir am liebsten mochten. Sie wurde zu einer der neuen Führungspersönlichkeiten, die wir suchten. Sie ist eine außerordentlich dynamische und aufregende Frau. Sie sagt, daß sie helfen möchte, und dann sorgt sie dafür, daß was passiert. Sie war unsere Frau.

Sie hatte dafür gesorgt, daß Susan und ich uns mit dem Sprecher des Repräsentantenhauses, Tom Foley, und dem Kongreßabgeordneten und Vorsitzenden der Mehrheit im Repräsentantenhaus, Richard Gebhardt, trafen. Im letzten Augenblick kam der Kongreßabgeordnete Steny Hoyer, Vorsitzender des AIDS-Ausschusses, dazu. Zu dem Zeitpunkt wußten wir das noch nicht, aber Hoyer war der andere neue Freund, den wir suchten. Steny wurde in dem Jahr unser stärkster Anwalt, und es war weitgehend seinem Einsatz zu verdanken, daß die pädiatrische AIDS-Forschung das Geld bekam, die sie 1991 so dringend brauchte.

Susan reiste an dem Abend wieder ab, und ich blieb noch einen Tag, um Gespräche zu führen, und dieser Tag endete mit einem Auftritt in der Fernsehshow »Larry King Live!« CNN ist der Sender, der die harten Nachrichten bringt, und genau da wollten wir dabeisein. Ich war nie live im Fernsehen aufgetreten, und es war eine Herausforderung. Ich hatte das Gefühl, mich durchgesetzt zu haben.

Kurz nach meiner Heimkehr nach Los Angeles förderte die Stiftung die »Denkfabrik« in Santa Barbara, auf Ted und Susie Fields Ranch am Ozean, mit finanziellen Mitteln. Es war unsere zweite Veranstaltung, und sie verlief ganz anders als die im Jahr zuvor in Bethesda.

Susan stimmte das gesamte Wochenende mit Art Amman, Dick Stiehm und Phil Pizzo ab. Ein Jahr zuvor hatten wir zwölf Ärzte dabei, aber jetzt kamen dreißig Ärzte und Forscher aus dem ganzen Land zusammen, um ein Wochenende lang intensiv und kreativ über Kinder-AIDS nachzudenken und zu reden. Alle von der Stiftung geförderten Forscher waren dabei. Es ging darum, einzuschätzen, wo wir standen und welchen Weg wir beschreiten mußten. Alles war entspannt und locker, was wichtig ist, weil es so wenig Koordination im Umgang mit der Seuche gibt. Die Ärzte mußten sich gegenseitig als Freunde sehen, die auf dasselbe Ziel hinarbeiteten. Forscher sind leicht isoliert in ihren Labors oder Krankenhäusern, und normalerweise sehen sich sie nur bei großen Kongressen.

Es gab keine offiziellen Berichte. Statt dessen hatte Susan die Konferenz so organisiert, daß Vorträge von fünfundvierzig Minuten gehalten wurden, denen dann Diskussionen folgten. Die Stiftung hatte auch unsere ersten Stipendiaten eingeladen. Wir hatten drei herausragende junge Forscher ein Jahr lang finanziell gefördert, damit sie auf bestimmten Gebieten arbeiten konnten.

Ich war ungeheuer stolz, als ich sah, wie die besten und klügsten Ärzte und Forscher miteinander redeten und voneinander lernten. Ich war so stolz auf Susan und Susie und auf alles, was wir geschafft hatten seit den Tagen vor achtzehn Monaten, als wir wir mit Block und Filzstiften am Küchentisch gesessen hatten.

Als wir die Pediatric AIDS Foundation gegründet hatten, hofften wir, nach einem Jahr nichts mehr damit zu tun zu haben. Wir wollten soviel Geld wie möglich zusammenbringen, es in die Forschung fließen lassen und dann die Tür hinter uns schließen, wenn die Regierung die Sache in die Hand nahm. Niemand hätte sich vorstellen können, daß in nur etwas mehr als einem Jahr die Stiftung zur treibenden Kraft werden sollte, wo es um die Belange von Kinder-AIDS ging.

Der Grund, daß wir uns nie vorstellen konnten, das zu tun, was wir taten, lag darin, daß wir sicher waren, andere – professionelle Lobbyisten, Regierungsvertreter – würden diese Arbeit für uns machen. So stolz ich auf unsere Leistung auch bin, ich hasse immer noch die Tatsache, daß wir das alles überhaupt tun mußten.

Meine Tochter starb an AIDS. Das Leben meines Sohnes ist in der Schwebe, und ich bin seit neun Jahren HIV-positiv. Niemand soll glauben, wir seien ein Einzelfall. Es gibt mindestens anderthalb Millionen weitere Amerikaner wie mich, die entweder mit AIDS leben oder HIV-positiv sind. Es gibt zwanzigtausend Kinder wie meine Kinder. Und keine Familie kann ganz sicher sein.

Die Zahlen steigen täglich. Alle zwölf Minuten stirbt in Amerika ein Mensch an AIDS. Alle vierundfünfzig Sekunden infiziert sich jemand mit dem AIDS-Virus. *Jeden Tag* werden in Amerika 212 neue Fälle mit dem Vollbild von AIDS diagnostiziert.

Wo bleibt die Empörung? Wo bleibt der Alarm? Es besteht wirklich kein Grund zur Selbstzufriedenheit. In ihrem ersten Jahrzehnt hat die Seuche AIDS mehr als achtzigtausend Leben gefordert. Nach Schätzungen der Regierung werden viermal so viele Menschen innerhalb der nächsten drei Jahre sterben.

In unserem Krieg gegen AIDS machen wir Fortschritte, aber er ist noch lange nicht vorbei. Und er ist mit Sicherheit nicht gewonnen.

Wenn man wartet, bis man persönlich von AIDS betroffen ist, wird es zu spät sein. Heute müssen wir uns kümmern. Heute müssen wir unseren Kindern das beibringen, was sie wissen müssen, damit sie sich nicht infizieren. Heute muß jemand sein Verhalten verändern, wenn er zu einer Risikogruppe gehört.

Für AIDS gibt es noch kein medizinisches Mittel, aber man kann der Krankheit vorbeugen. Millionen von Forschungs-Dollar werden ausgegeben, um einen Impfstoff gegen AIDS zu entwickeln. Aber was die meisten Leute zum gegenwärtigen Zeitpunkt schützt, ist Gummi für ein paar Pfennige – in Form eines Kondoms. Aufklärung ist unser einziger Impfstoff. Eltern und Schulen müssen sich zusammentun, um Kindern und Jugendlichen das beizubringen, was sie wissen müssen, damit sie nicht in Gefahr geraten. Und die Welt muß sich selbst zur Hilfe für Menschen mit AIDS erziehen, statt sie zu ächten.

Ich bin Lehrerin. Die Lektion meines Lebens ist letzten Endes ganz einfach. Liebe. Mein Leben ist keine Lektion über AIDS; mein Leben ist eine Lektion über Liebe. Man muß sein Leben lieben. Man muß das Leben lieben, das man jetzt führt. Man darf nicht darauf warten, morgen anzufangen. Man darf nicht darauf warten, daß irgend jemand oder irgend etwas das Leben vollkommen macht. Ich wünsche mir ein langes Leben, aber wenn das nicht so kommt, weiß ich, daß ich mein Leben voll gelebt habe bis zum letzten Augenblick.

*

Am 13. März 1990 machten Paul und ich unsere Aussagen in Washington. Barbara Boxer hatte ihre Anhörungen vor dem Haushaltsunterausschuß im Bereich Gesundheit angesetzt.

Es war ein ungeheurer Augenblick in unserem persönlichen Leben, der Höhepunkt in unserem Kampf, trotz unseres eigenen Schmerzes voranzukommen und zu versuchen, im Leben anderer etwas zu verändern. Wir hatten hart an unseren Aussagen gearbeitet, weil wir das Gefühl hatten, daß viel auf dem Spiel stand. Paul, mein widerstrebender Held, war nicht gerade froh bei der Aussicht, sich in den Mittelpunkt eines Medienspektakels zu begeben. Er haßte es, berühmt zu sein, als er eine Hauptrolle in einer Krimiserie spielte. Daß sich die Aufmerksamkeit wegen der Tragödie der Familie auf ihn konzentrierte, war weit schwerer zu ertragen. Aber er begleitete mich. Er stand als Ehemann zu mir und sagte: »Das ist auch mein Problem, und wenn Sie nicht aufwachen, wird es auch das Ihre sein.«

Paul war klar, daß bei der verzerrten Wertestruktur unserer Gesellschaft die Leute uns Aufmerksamkeit schenken würden, weil er eine Rolle in einer erfolgreichen Fernsehserie gespielt hatte. Wir wußten, daß die Anhörungen uns eine Chance boten, uns für jedes Kind und jeden Menschen mit AIDS öffentlich einzusetzen. Jeder der AIDS hat, ist das Kind von irgend jemandem.

Wir hatten keine Ahnung, wieweit sich die Nachrichten mit der Anhörung befassen würden. Wir hofften, daß die harten Nachrichten-Leute anwesend sein würden. Sie konnten etwas verändern, indem sie auf den Bildschirmen im ganzen Land die Aufmerksamkeit auf das Problem richteten. Wir wachten angespannt und nervös auf.

Der Tag der Anhörung war ein Marathon. Er fing an mit »Good Morning America«. Sie waren froh, nur Susan und mich im Studio zu haben, Prominente wurden nicht benötigt. Wir waren die Experten. Der Tag endete mit »Nightline«. Dazwischen lagen Interviews für Zeitungen, Hörfunk und Fernsehsender.

An diesem Tag fuhren wir morgens um neun zum Capitol Hill. Im Auto schwiegen wir alle. Keiner wußte, was wir zu erwarten hatten. Paul und ich gingen unsere Aussage noch einmal durch. Das Auto fuhr am Rayburn-Gebäude vor, und Susan, Paul und ich stiegen aus. Wir gingen schweigend in das Gebäude und fuhren mit dem Fahrstuhl in den dritten Stock, stiegen aus, gingen um die Ecke und standen vor einer Mauer aus Kameras und Fotografen.

Ich sah Paul an und er mich. Wir faßten uns bei den Händen, erhoben die Köpfe und gingen weiter.

Der Anhörungssaal war vollgestopft mit Reportern

und Fernsehkameras. Es schien, als ob jeder Fernsehsender der Stadt, einschließlich ABC, CBS und NBC, anwesend war. CNN berichtete über unsere Anhörung fast in voller Länge. Die Scheinwerfer waren grell und brennend heiß. Als wir mit unserer Aussage an der Reihe waren, begann Paul mit kräftiger, langsamer Stimme zu sprechen. Er erzählte dem Komitee, wie ich infiziert wurde, wie wir Ariel verloren hatten, wie ich in Washington nach Lösungen gesucht hatte. Dann sagte er:

> Hier geht es nicht einfach um ein Kind mit einer Krankheit. Hier geht es um eine Erkrankung, die ganze Familien trifft. Betrachtet man es aus der besten Sicht, habe ich Glück gehabt. Mir wurde die Hilfe einer starken Unterstützung durch Familie und Freunde zuteil. Das ist jedoch ungewöhnlich – die meisten Familien mit AIDS finden überhaupt keine Unterstützung, manchmal nicht einmal von den Eltern. Wie sollen sie überleben, wenn wir keine Einrichtungen schaffen, um ihnen zu helfen?
> Die grundlegenden medizinischen Fragen, die meinem Kind das Leben schwermachten, sind immer noch nicht beantwortet, und das Engagement seitens der Regierung setzte zu langsam ein, und unsere Tochter Ariel starb. Ich rede hier nur über die Vergangenheit, damit Sie begreifen, daß das Leben mit AIDS ein Leben mit einer Zeitbombe ist.

Paul sprach noch ein paar Minuten, dann war ich an der Reihe. Ich spürte, daß viele Emotionen mich innerlich zerrissen. Während Pauls Aussage hatte ich mit den Tränen zu kämpfen. Mein Stimme war heiser, aber ich fing ganz, ganz langsam an.

»Keine Mutter glaubt wirklich daran, daß ihr Kind

sterben wird. Ich glaubte es nicht.« Mir traten Tränen in die Augen, aber ich wollte ihnen nicht freien Lauf lassen. Ich sprach von unseren Anstrengungen, Jake zu retten, von allem, was wir im Zusammenhang mit Ariel immer noch nicht verstanden.

»Warum hatte sie aufgehört zu wachsen? Warum hatte sich mein Sohn angesteckt, wo doch nicht alle Kinder von infizierten Müttern auch infiziert auf die Welt kommen?«

Ich sprach davon, wie zusätzliche Mittel für die Forschung dazu beitragen konnten, viele Fragen zu beantworten, und darüber, wie zu der Zeit kaum jemand die Fragen überhaupt stellte, von der Beantwortung ganz zu schweigen.

»Wenn die Bundesregierung sich in dem gewohnten Tempo weiterbewegt, wird mein Sohn vermutlich nicht am Leben bleiben.« Diese Worte auszusprechen, war schmerzlich, deshalb machte ich einen Moment Pause. »Phantasievolles Anpacken der Dinge kann Leben retten. Wir brauchen einen Handlungsplan, aber er muß jetzt durchgeführt werden, nicht erst morgen ganz langsam.«

Ich umriß die benötigte Summe und bat um eine hundertprozentige Finanzierung. Nach einigen weiteren Minuten waren wir fertig. Die Kongreßabgeordnete Boxer stellte einige Fragen. Dann standen wir auf und verließen den Anhörungssaal. Die Kameras liefen nicht mehr; die Blitzlichter flackerten nicht mehr auf. Wir gingen in die Halle und sahen uns noch einmal an.

Wir waren weitergekommen, als sich einer von uns je vorgestellt hätte. Wir hatten in Washington ausgesagt, die Stiftung war fest etabliert, und Paul und ich waren immer noch zusammen.

Wir kletterten auf einen Berg, dessen Spitze wir nie

erreichen würden. Aber mit Klugheit und Liebe fühlte sich jeder Schritt fest an, und darum hatten wir nicht allzu viel Angst vor dem Weitergehen.

Als wir das Rayburn-Gebäude verließen, hörten wir das widerhallende Echo unserer eigenen Stimmen und hofften nur, daß irgend jemand da draußen hinhören würde.

Im Dezember 1994 starb Elizabeth Glaser an den Folgen von Aids. Bei ihrem Sohn Jake ist die Krankheit noch nicht ausgebrochen.

Epilog

Das ist das wahrlich Erstaunliche im Leben: Die Dinge verändern sich. Im Mai 1990 reiste ich noch einmal nach Santa Fe, um mich mit einer Therapeutin namens Darby Long zu treffen. Darby hatte sechzehn Jahre lang mit Krebspatienten gearbeitet und in den vergangenen Jahren auch eine Reihe von Menschen mit AIDS betreut. Sie glaubt, daß innere Einstellungen, Überzeugungen und Gefühle einen bedeutenden Einfluß auf die Gesundheit haben. Eine Freundin wußte intuitiv, daß Darby in der Lage sein würde, einige der Dinge zu klären, mit denen ich nicht zurechtkam. Ich war nicht sicher, aber nachdem Paul mich ermutigt hatte, beschloß ich, einen Versuch zu machen.

Ich kam in Santa Fe an in dem Glauben, daß bestimmte Dinge so waren und nicht anders. Ich dachte, ich könnte nie einen Weg finden, um dem Schmerz und der Trauer zu entkommen, die Aris Tod in mir hinterlassen hatte. Ich glaubte, daß ich sie für immer verloren hatte. Ich dachte, daß ich niemals mit Jake zum Blaubeerenpflücken am Pleasant Mountain gehen könnte.

Ich irrte mich. Am ersten Tag gab ich mich all der Trauer und dem Verlust hin, die ich normalerweise in mir verschloß. Ich sagte zu Ari: »Ich vermisse dich so sehr, und ich weiß nicht, was ich machen soll.« Und Darby sagte etwas wirklich sehr Merkwürdiges: »Fragen Sie Ari, was Sie machen sollen.« Ich dachte: »Das ist dumm, Ari kann nicht sprechen. Sie ist tot.« Weinend lag ich da und sagte mir dann: »Elizabeth, versuch es doch einfach.« Mit meiner inneren Stimme, die nur ich hören konnte, sagte ich: »Ari, du fehlst mir so sehr. Was soll ich machen?«

Und dann passierte etwas Erstaunliches. In mir war eine Antwort. Es war meine Stimme, aber es war auch Aris Stimme. Sie sagte: »Mama, sei nicht traurig. Es geht mir gut. Ich bin immer bei dir.« Sie sagte: »Wir machen diese Arbeit gemeinsam. Vertrau deinen Instinkten, mach weiter. Du kannst es schaffen.« Sie sagte: »Dein Leben ist erstaunlich, Mama. Freu dich darüber. Freu dich über Jake. Freu dich über Papa. Freu dich über alles.« Als ich Aris Stimme fand, erfüllte mich ihre Liebe, und irgendwie kehrte innerer Friede bei mir ein.

Ich weiß, daß Jake und ich anfällig sind, aber niemand weiß, was geschehen wird. Gegenwärtig will ich glauben, daß alles gut wird.

Ich bin befreit worden. Ein großer Teil meines Schmerzes ist verschwunden. Wenn ich jetzt zusehe, wie Jake einen Baseball schlägt, strahle ich vor Stolz. Ich lese ihm abends ein Buch vor, und ich kann ihn ganz und gar lieben. Wir können schmusen, herumtollen, springen und spielen, und ich sehe ihn, nicht mehr seine Schwester.

Ich ging mit ihm zum Blaubeerenpflücken, und wir genossen die Süße des Lebens.

Am 12. September 1990 ging ich mit Jake zu Fuß zur Crossroads Grundschule. Es war sein erster Tag in der Vorschule. Wir hielten uns bei der Hand, als wir die Straße überquerten. Mit seinem kurzen Haar und den Sommersprossen, dem Schulranzen und der Dose mit dem Pausenbrot sah er aus wie der gewitzteste Junge der Welt. Wir kamen am Tor an, und ohne zu zögern wandte er sich mir zu, sagte »Tschüß, Mama« und marschierte davon. Ich stand da mit derselben Mischung aus Stolz und Trauer, die ich immer spüre, wenn meine Liebe zu Jake groß ist. Einige Eltern umarmten mich freundschaftlich, und als ich sah, wie Jake in sein Klassenzimmer ging, kamen mir die Tränen. Endlich waren wir bis Crossroads gekommen. Jake war fast sechs, und wir hofften immer noch. Mein Leben war mit Sicherheit nicht so verlaufen, wie ich es mir vorgestellt hatte. Mochte mir das Morgen bringen, was es wollte, das Heute war einfach großartig.

*

Am Anfang hatte ich das Gefühl, daß es keine Engel gab, die uns halfen. Ich fühlte mich alleingelassen im Kampf um das Leben meiner Kinder. Aber im Laufe der Jahre sind Engel in unser Leben getreten. Wirkliche, lebendige Engel, die die Hand zur Hilfe reichten, einer nach dem anderen. Langsam zunächst, aber sie kamen, und ich glaube, daß sie noch für lange, lange Zeit kommen werden.

Ich weiß, daß ich eine Aufgabe zu erfüllen habe, und jetzt genieße ich sie, weil ich weiß, daß Ari auf ihre besondere Weise bei mir ist. Mein Leben fordert mich heraus. Ich habe keine Vorstellung, wohin es führen wird, und das macht es aufregend. Jeder Tag ist zu einem Abenteuer geworden.

Ich weiß, daß es entsetzliche Probleme in der Welt gibt, und ich möchte mich daran beteiligen, sie zu lösen. Ich möchte daran teilnehmen, der Welt zu helfen, daß sie nicht mehr gleichgültig ist. Ich habe erkannt, daß das, was ich mit Paul in Santa Fe über die Liebe gelernt habe, weit über uns hinausreicht. Ich kann mich der Welt stellen mit dieser Liebe. Ich kann sie in mein Zuhause hineintragen. Ich kann sie in mein Büro hineintragen. Ich kann sie nach Washington tragen. Sie gehört mir, und ich habe viel davon zu verschenken.

Jetzt, wo ich weiß, daß Ari immer bei mir ist, brauche ich mich nicht mehr an Trauer und Schmerz festzuhalten. Sie können davontreiben, und an ihrer Stelle finde ich große Freude.

Jetzt ist jeder Tag ein Wunder, und das Wissen darüber läßt mich lächeln.

Danksagung

Ich möchte meinen ganz besonderen Dank aussprechen an Laura Palmer, die unerschrocken in mein Leben trat. Sie reiste mit mir zusammen in eine schmerzliche Vergangenheit, wobei ich lernte und reifer wurde, und arbeitet mit mir daran, eine Zukunft zu gestalten, in der es mehr Hoffnung, mehr Liebe und mehr Fürsorge gibt.

Meiner Verlegerin Phyllis Grann möchte ich danke sagen dafür, daß sie mir die Gelegenheit gegeben hat, dieses Buch zu schreiben. Ihre Hilfe gab mir das Selbstbewußtsein, meinen Gefühlen und Worten zu vertrauen.

Dank an meinen Lektor George Coleman, es war Ihre Idee. Sie waren überzeugt, daß ich etwas von Wert zu erzählen hatte. Ohne Sie gäbe es dieses Buch nicht. Sie haben Anleitung, Führung und Urteilskraft angeboten.

Dank an Andrew Zeller, dessen Arbeit an diesem Manuskript unbezahlbar war. Dank Ihnen allen beim Verlag G. P. Putnam's Sons.

Dank an Esther Newberg, deren Humor und Hilfe mir soviel bedeutete, danke, daß Sie mit Mut und Integrität meine Hand gehalten haben.

*

Es gibt so viele Menschen, die uns in den vergangenen vier Jahren geholfen haben. Es mag schwer sein, sich vorzustellen, daß so viele Menschen wichtig sein könnten. Aber es ist wirklich so, jede einzelne Person hat etwas in meinen Leben verändert, seit die Diagnose bei mir gestellt wurde. Manche sind die ganze Zeit dagewesen, andere nur für kurze Augenblicke, aber alles in allem haben wir Glück gehabt, daß viele Freunde und Familienmitglieder Hilfe angeboten haben.

Was meine Familie, die Meyers, angeht, so gibt es keine Worte, die meine Dankbarkeit für Eure unendliche Liebe und Hilfe ausdrücken könnten. Für Mom und Dad, Edith und Max, die ihr Leben auf den Kopf stellten, um mir zu helfen, meins zusammenzuhalten, die mich zu dem Menschen erzogen, der ich heute bin, wird es niemals genug Dank geben. Meinem Bruder Peter und seiner Frau Janet und meinem heute zweiundneunzigjährigen Kindermädchen Belle danke ich für beständige Liebe.

Dank an Pauls Familie: seinen Vater und seine Mutter, Sam und Dorothy Glaser, die ihm Verständnis und eine Weisheit gaben; an seine Schwester und seinen Schwager, Connie und Billy Kantar, und ihre wunderbaren Kinder Alisa, David, Deborah, Jonathan und Ruth; Pauls Schwester Penny und ihre Kinder Manuel, Eva und Rachel; an unsere Cousine und unseren Cousin Donna und Michael Moskow und ihre Kinder Keith, Allison, Kenny, Cliff und Carla – Ihr alle seid zu meiner eigenen Familie geworden. Wir haben Euch gebraucht, und Ihr habt uns nie im Stich gelassen.

Dank an Lynn und Lucy, meine ältesten Freundinnen, die mich liebten, als ich mich nicht liebenswert fühlte; die zusahen, wie ich mich weiterentwickelte, und mich nie bremsten, sondern mich eher antrieben;

die mich unterstützten, als ihre eigenen Familien sie brauchten. Und Dank an Lynns wunderbaren Ehemann Doug, der auch Liebe und Unterstützung anbot. Ich liebe Euch und danke Euch.

Dank an Susie und Susan, die beiden besten Freundinnen, die man sich vorstellen kann. Eure Liebe und Euer Engagement für mich, meine Familie und die Pediatric AIDS Foundation waren unvergleichlich. Wir haben alles geteilt – Schmerz und Freude, Rückschläge und Fortschritte. Ohne Euch könnte ich nicht die Person sein, die ich heute bin. Dank an Susans Familie, Robert, Francesca und Daniela De Laurentis, und an Susies Familie, Peter, Erik und Heather Zeegen: Ihr habt mir nicht nur Eure Ehefrauen und Mütter ausgeliehen, Ihr habt mich aufgenommen. Mein Dank geht über alle Worte hinaus.

Dank an die Seymours: Judie, Gene, Amanda und Josh. Ihr habt jeden von uns auf Eure ganz eigene Weise in die Arme genommen und in den schwersten Zeiten unsere Familie in Eure einbezogen. Ich danke Euch von ganzem Herzen.

Dank an unsere Freunde – die Liste scheint endlos zu sein, aber die Liebe und Loyalität jedes einzelnen Menschen hat unser Leben verändert. Rena und Jerry Kramer, Suzanne und Jeff Buhai, Hilary und David Neumeister, Priscilla und James Stephens, Carol und Ron Herman, Jodie und Jeff Gold, Claudia und Walter Teller, Linda und Jimmy Burrows, Jan und Mark Victor und ihre Kinder Shannon, Bret und Haydn, Ellen und Bruce Gilbert, Andrea Eastman, Preston Fisher, Bill und Denny Friedman, Marlo und Steve Erlich, Barbara und Billy Finklestein, Dawn Steel, Ally Stewart, Cynthia Wick, Gary Adelson, Jeremy und Richard Dreyfuss, Tim Zinnemann und Meg Tilly, Janet und Steve Goldstein und ihre Kinder Jarred und Maris, Havi Sceindlin, Jane Fonda, Rita Braver und Bob Barnett, Sol und Shirley Turtletaub, Arlene und Alan Alda, Cher, Marlene und Lee Canter, Jake Bloom, Robert Pipes, Gaylene Ray und Forrest Stewart – Euch allen großen Dank.

Graciela, Maria, Anna, Palma und Alfonsina danke ich aus tiefstem Herzen, weil Ihr geholfen habt, aus unserem Haus trotz aller Widrigkeiten ein Heim zu machen. Ihr seid alle in unsere Familie gekommen, vor allem aber habt Ihr Zugang zu unseren Herzen gefunden.

Dank an unsere Nachbarn, die uns in der Gemeinschaft behielten trotz unserer gesundheitlichen Situation. Sie verhalfen uns zu dem Gefühl dazuzugehören und zu der Kraft, weiterzumachen. Dank an Lynda und Allen Jayne und ihre Kinder Andrew und Cathy, Madeleine und Greg Gorski und ihre Kinder Brigid, Pete und Leo, Genie und Gene Shank, Valerie und Richard Hermann, ihre Kinder Douglas, Michael und Jason, Joyce und Jack Zimmerman.

Dank an die Familien von der First Presbyterian Nursery School. Sie halfen uns, das zu überleben, von dem wir annahmen, daß wir es nicht überleben konnten. Sie boten Ihre Liebe und Unterstützung an und nahmen uns in die Arme. Worte werden nie ausreichen. Und ein spezieller Dank an einige ganz besondere Menschen. An unsere Direktorin Mary Hartzell, an Jakes Lehrer Joanne Mandakas, Gwen Rinehart, Lisa Scemama und Scott Davis und an die Eltern von Jakes Freunden und unsere Freunde Alan und Nina Miles, Fatenah und John Barbow, Dana und John Meyer, Diana und Daniel Attias, Belita und Joel Rudnick, Christine und Gustof Soderberg, Marianne und Guy Dill, Charlotte und Charlie Morgan. Und Dank an Jakes ganz besondere, liebe Freunde Tommy, Louie,

Neemah, Skylar, Zakary, Eric, Rachel, Ali, Harry, Cindy; Ihr habt dazu beigetragen, daß jeder Tag aufregend blieb, und dafür danken wir Euch.

Dank an unsere Crossroads-Familie Joanie Green, Mimi Baer, Paul Cummins, Cathe Jacobs; in den schlimmsten Zeiten waren Sie unsere Familie. Sie sahen unsere Tränen und Ängste und wichen nie zurück. Ihre Kraft ließ uns durchhalten.

Und besonderer Dank an Aris ganz besondere Lehrerinnen – Akimi Watanabe, Bonnie Hockman, Evelyne Winkler –, weil Sie sie erblühen ließen.

Dank an unsere wundervollen Ärzte Dr. Richard Stiehm, Dr. Jay Gordon, Dr. Linda Nussbaum, Dr. Chris Ito, Dr. Michael Gottlieb, Dr. Jim Blechman, Dr. Peter Vink, Dr. Napoleon Lee, Dr. Cassandra Mayhan, Dr. Richard Fine und Shawnee Fine und Dr. Paul Geller. Danke, daß Sie uns bei der Hand nahmen, als wir durch das tiefe Tal wanderten.

Dank an unsere guten und engagierten Therapeuten und Berater, die uns halfen, das Durcheinander in unserem Leben zu ordnen. Ein besonderes Dankeschön an Dr. Harry Brickman, Dr. Beatriz Foster, Dr. Susan Jay, Jonathan Omer-Man, Marianne Williamson, Dr. Richard Friedman und Darby Long. Dank an die wunderbaren Krankenschwestern, die uns über die allerschwerste Zeit hinweggeholfen haben. Unsere Liebe und unser Dank gelten Lesa Grovas, Nancy Potash, Laurie Reyen, Peggy Gong, Debbie Delaney, Donna Yoshamura und Herb.

Dank an Lloyd Zeiderman und Peter Benzian, und Freunde und Berater, die im Vorstand der Stiftung sitzen. Danke für all die Augenblicke, in denen ich nicht die Zeit hatte, es auszusprechen. Sie haben mir geholfen, meine Träume zu verwirklichen.

Dank an meine Zweitfamilie, die unser kleines Büro

zu einem wunderbaren und zauberhaften Aufenthaltsort macht. Ich danke Euch allen dafür, daß Ihr jeden Tag zu einem Abenteuer voller Herausforderungen, Liebe, Zuneigung und Spaß macht. Mein Dank an Beth Freeman, Francesca Bill, Jan Fox, Leslie Russo, Allison Moskow, Sherri Rivera, Patricia Stitch und Cyd Wilson.

Dank an die Mitglieder des Beratungsgremiums; ich danke Ihnen, daß Sie uns geholfen haben, Ziele zu erreichen, die fast unmöglich schienen: Präsident und Mrs. Ronald Reagan, Mrs. William E. Brock, Bob Burkett, Alfred und Kathryn Checci, Kitty Dukakis, Michael Eisner, Susie Field, Senatorin Paula Hawkins, Elton John, Michael Ovitz, Steven Spielberg, Jonathan Tisch und Mrs. Pete Wilson.

Und Dank an die Mitglieder des medizinischen Beratergremiums: Mary Boland, Yvonne Bryson, Margaret Heagarty, Anne Belle Kaufman, James Oleske, Gwendolyn Scott, Coleen Conway-Welch und Lori Wiener.

Dank an meine besonderen Freunde, die durch die Arbeit in der Stiftung so sehr geholfen haben. Ich danke Ihnen, Bob Johnson, Scott Iverson, Laurie Coots von Chiat/Cay/Mojo, Cami Pollack, Ruth Spitzer Rosenfield und Rob White. Dank an Chuck Sloan und Mark Pollack, an Diana Ho und Larry Dressler, Denise Martin, Josh Baran und Paul Costello.

Dank an die wertvollen Menschen in Washington, die mir halfen, das zu lernen, was ich wissen mußte. Die sich die Zeit nahmen, um mit mir zu reden und auf meine Anrufe reagierten. Wie sich die Dinge auch entwickeln werden, ich habe das sehr zu schätzen gewußt. Ich danke Joel Johnson, Kevin McGuiness, Nancy Taylor, Tim Westmoreland, Maureen Burns, Polly Gault, Mike Iskowitz, Terry Burn, Susan Campbell, Mike Hall, Mike Stephens, Kay Casstevens, Barbara Masters und Johnny Hemphill.

Ganz besonderen Dank an Senator Orrin Hatch und Senator Howard Metzenbaum. Sie schlossen sich zusammen und das taten soviel Gutes. Ihr Engagement hat Kindern mit HIV die Hoffnung auf eine bessere Zukunft geschenkt, auf ein verständnisvolleres und mitfühlenderes Amerika.

Ich danke Senator Tom Harkin, Senator Lowell Weicker, Senator Alan Cranston, dem Kongreßabgeordneten Steny Hoyer, der Kongreßabgeordneten Barbara Boxer, dem Kongreßabgeordneten Silvio Conte, dem Kongreßabgeordneten Mel Levine, dem Kongreßabgeordneten Henry Waxman für die Hilfe bei dem, was oft wie ein einsamer Kampf aussah.

Dank an meine Helden an den Nationalen Instituten für Gesundheit, die Profis und Freunde waren und für die ich den höchsten Respekt empfinde und tiefste Dankbarkeit dafür, daß Sie sich so engagiert haben. Ein besonderer Dank aus tiefstem Herzen an Dr. Phil Pizzo. Meine Dankbarkeit gilt auch Dr. Sam Broder, Dr. Tony Fauci und Lori Weiner. Dank auch an Dr. Dwane Alexander und Dr. Toni Novello.

Ein besonderer Dank an Jim Allen und Sam Matheny.

Und ein besonderes Dankeschön an Dr. Art Amman, der Vorsitzender des medizinischen Beratergremiums der Stiftung und ein lieber und treuer Freund ist.

Dank an die Rays, die Whites, die Kushniks, die Frieds, die Rodgers, die Lykins und all die anderen Familien, die hart arbeiten, um für Veränderungen zu sorgen. Ich bin stolz, mich in solcher Gesellschaft zu befinden.

Und Dank an Aris liebe Freundinnen Francesca,

Amy, Taylor, Sara, Nicole, Sophie, Allwyn und Vanessa, die mehr vom Leben wissen, als sie sollten. Ari und ich werden Euch immer liebhaben.

Und Dank an meinem Mann Paul, der mit seiner Familie durchs Feuer gegangen ist und überlebt hat. Du bist einer der stärksten und einfühlsamsten Männer, die ich mir vorstellen kann. Ich liebe Dich tiefer, als ich es wirklich begreifen kann. Danke, daß Du Du bist und daß Du mein bist.

Band 60399

Markus Commerçon
Mut zum Träumen
Kraft zum Kämpfen

»Mein erster Eindruck nach der Lektüre dieses Buches: Es klärt auf, geht an Grenzen, ist voll Leben und sagt wohl so ziemlich alles darüber aus, was ein Leben mit Aids schwierig und doch lebenswert macht. Markus Commerçon macht mich traurig, bringt mich zum Schmunzeln, ist schonungslos offen, macht mich wütend und zeigt, wieviel Schmerz, Hoffnungen und Träume sein Leben begleiten. Michael Steinbrecher provoziert und tastet sich heran, fordert und hört zugleich sehr genau zu. Aids ist immer Thema und doch geht dieses Buch viel weiter.«

Rita Süßmuth

Michael Steinbrecher ist Diplom-Journalist. Neben seiner Tätigkeit als Fernsehmoderator (Doppelpunkt, Aktuelles Sportstudio) dreht er Reportagen und Dokumentationen. Für seine Filme und Moderationen erhielt er neben vielen anderen Auszeichnungen den Grimme-Preis und den Telestar.

BASTEI
LÜBBE